中国交通教育研究会职业教育分会推荐教材

高等职业院校船舶技术类专业教学用书

高等职业教育规划教材

船舶工程机械基础(上册)

刘桂香 主 编 / 李香琪 副主编

徐得志 主 审 / 谢桂芬 副主审

CHUANBO GONGCHENG JIXIE JICHU

人民交通出版社

内 容 提 要

本书为高等职业教育船舶技术类中国交通教育研究会职业教育分会船舶技术专业委员会规划教材之一，按照《船舶工程机械基础》课程标准的要求而编写的。

全书分为上、下两册，共四篇。《船舶工程机械基础》（上）共有两篇，第一篇船舶工程力学，其主要内容：静力学基本知识与物体的受力分析、平面力系、空间力系、构件运动学基础、构件的轴向拉伸与压缩、剪切、圆轴的扭转、直梁的弯曲、组合变形；第二篇机械设计基础，其主要内容：平面机构的运动简图和自由度、平面连杆机构、凸轮机构、棘轮机构和槽轮机构、齿轮传动、带传动、螺纹连接、轴及联轴器、轴承。

本规划教材主要是针对高等职业教育编写的，其他形式的职业教育、职工培训、专业考证训练以及相关技术人员也可参考使用。

图书在版编目（CIP）数据

船舶工程机械基础. 上册 / 刘桂香主编. —北京 ：人民交通出版社，2012. 12

ISBN 978-7-114-10187-8

Ⅰ. ①船… Ⅱ. ①刘… Ⅲ. ①船舶工程－高等职业教育－教材 Ⅳ. ①U664

中国版本图书馆 CIP 数据核字（2012）第 266170 号

书　　名：船舶工程机械基础（上册）
著 作 者：刘桂香
责任编辑：周　凯　杨　川
出版发行：人民交通出版社
地　　址：（100011）北京市朝阳区安定门外外馆斜街 3 号
网　　址：http://www.chinasybook.com
销售电话：（010）64981400，59757915
总 经 销：北京交实文化发展有限公司
印　　刷：北京虎彩文化传播有限公司
开　　本：787×1092　1/16
印　　张：19.25
字　　数：457 千
版　　次：2012 年 12 月　第 1 版
印　　次：2021 年 3 月　第 4 次印刷
书　　号：ISBN 978-7-114-10187-8
定　　价：50.00 元

高等职业院校“十二五”船舶规划教材编审委员会名单

主任委员：杨　震

副主任委员：陆春其　丛培亭　陈晓琴

委　　员：（按姓氏笔画排序）

马希才　马瑶珠　方晓勤　曲鲁滨　向　阳

刘明伟　刘桂香　刘继辉　许宝森　阮秉瑞

吴邦文　张心宇　张依莉　陈　彬　苗永臣

周　涛　周启学　赵晓玲　胡强生　倪依纯

徐曼平　徐得志　高新春　唐永刚　黄兴娜

彭　辉　蒋　璐　鲁凤莲　谢　荣　蔡厚平

前　　言

为规范高等职业教育船舶技术类专业的教学,积极推进课程改革与教材建设,提高教学质量,更好地满足我国船舶工业快速发展的需要,中国交通教育研究会职业教育分会船舶技术专业委员会组织全国开办有船舶技术类专业的职业院校及其骨干教师,编写了“十二五”高职船舶规划教材。

这些教材分别适用于船舶工程技术专业、船舶动力工程技术专业和船舶电气工程技术专业,以及船舶检验、船舶舾装、焊接技术及自动化、游艇设计与制造等船舶技术类专业。

“十二五”高职船舶规划教材大部分是在“十一五”高职船舶规划教材的基础上修订而成的。本规划教材注重以就业为导向,以职业能力培养为核心,面向行业企业,充分体现职业教育的特色,满足高素质实用型、技能型船舶技术类专业高等职业人才培养的需要。

本规划教材主要是针对高等职业教育编写的,其他形式的职业教育、职工培训、专业考证训练以及相关技术人员也可参考使用。

《船舶工程机械基础》是高等职业教育船舶技术类规划教材,按照《船舶工程机械基础》课程标准的要求而编写。本书重点介绍了船舶工程力学、机械设计基础、船舶工程材料工艺学及热工基础等内容,为高等职业学院船舶工程技术、轮机工程技术、船舶检验、船舶舾装、焊接技术及自动化和机械制造技术等船舶技术类的专业基础教材,同时也可供船舶电气工程技术专业学生及有关专业技术人员参考。

参加本书编写工作的有:主编江苏海事职业技术学院刘桂香(编写上册第一篇第五至第九章, 第二篇第七至第九章);副主编青岛远洋船员职业学院李香琪(编写下册第三篇第一至第九章);参编江苏海事职业技术学院金铮(编写上册第一篇第一至第二章),武汉交通职业学院卢永全(编写上册第一篇第三至第四章),江苏海事职业技术学院张国成(编写上册第二篇第一至第六章),青岛远洋船员职业学院宋雪静(编写下册第四篇第一至第八章),江苏海事职业技术学院韦伟(编写下册第四篇第九至第十二章)。

本书由武汉交通职业学院徐得志担任主审,威海职业学院谢桂芬担任副主审。在此表示感谢!

限于编者经历和水平,书中难免有疏漏与不足之处,恳请读者批评指正,以便修订时完善。

中国交通教育研究会职业教育分会船舶技术专业委员会

2015 年 12 月

目　录

第一篇　船舶工程力学

第二篇　机械设计基础

第一篇

船舶工程力学

第一章　静力学基本知识与物体的受力分析

学习目标

知识目标

1. 掌握力的三种表示方法;
2. 掌握力的四个基本公理和两个推论;
3. 掌握力矩的概念和力矩的求解;
4. 掌握力偶的概念和力偶的基本性质;
5. 理解约束和约束反力的概念,掌握几种约束类型约束反力的画法。

能力目标

1. 会利用力在坐标轴上的投影已知合力求分力和已知分力求合力;
2. 会应用力矩的定义和合力矩定理求力对点的矩;
3. 会对一个平面力偶系进行合成;
4. 会熟练绘制受平面力系作用的单个物体的受力图和物体系统中每个物体的受力图。

工程静力学研究的是刚体在力系作用下的平衡规律。它包括确定研究对象、进行受力分析、简化力系、建立平衡条件及求解未知量等内容。

工程静力学研究的物体大都抽象成为刚体。所谓刚体,是指在力的作用下其大小和形状都不变的物体。刚体是一种抽象的力学模型,在现实中并不存在。所谓平衡,是指物体相对于地面保持静止或作匀速直线运动。平衡是物体各种运动状态的特殊情形,是相对的。所谓力系,是指作用在物体上的一群力。如果物体在力系的作用下保持平衡,则该力系称为平衡力系;若两力分别对同一物体的作用效果相同,则二力系等效,互称为等效力系;若力系与一力等效,则此力称为该力系的合力。所谓力系的简化就是用简单的力系代替复杂的力系。

第一节　力的概念

一、力的定义及表示方法

1. 力的定义

力的概念来自于人们的生产实践,在日常劳动或生活中推、拉、提、举物体时,会产生肌肉有紧张之感,使人们渐渐产生了对力的感性认识,大量的感性认识经过科学的抽象概括,形成了力的概念。力是物体之间的相互机械作用,这种作用对物体产生两种效应,其一是使物体的空间位置和运动状态发生变化,称为力的外效应;其二是使物体的形状发生改变,称为力的内效应。理论力学研究物体受力以后的外效应,材料力学研究物体受力以后的内效应。

在理解力的概念时,特别要强调"机械作用"。如果物体之间的作用不是机械作用产生的,可能就不是力,而是其他形式的热或能量。如果物体之间只有相互接触而没有机械作用,则也不会产生力。同时,谈到力时,必须指明相互作用的两个物体。

力对物体的作用效应,决定于力的三要素:①力的大小;②力的方向;③力的作用点。这三要素中,任何一个要素的改变都会改变对物体的作用效应。

按照国际单位制的规定,力的单位用牛顿(N)或千牛顿(kN)。

2. 力的表示

1)用带箭头的线段来表示

力既有大小又有方向,是一个矢量。和其他矢量一样,力通常用带箭头的线段来表示。如图 1-1-1 所示,线段 AB 按照一定的长度比例表示力的大小;线段的箭头表示力的方向;线段的起始点(或终点)表示力的作用点。本书中,矢量用黑色斜体字母表示,所以经常用一黑色斜体字母来表示一个力,如 $\boldsymbol{F}$、$\boldsymbol{N}$、$\boldsymbol{R}$、$\boldsymbol{S}$ 等。在力的表达式中,也可以用带箭头的字母来表示,如$\vec{F}$;$\vec{N}$等。

2)用矢量式表示

可将力 $\boldsymbol{F}$ 沿两个互相垂直的两个方向(x、y)分解,如图 1-1-2 所示。x 方向的单位矢量是 $\boldsymbol{i}$,y 方向的单位向量是 $\boldsymbol{j}$,x 方向的分力大小为 $\boldsymbol{F}_x$,y 方向的分力大小为 $\boldsymbol{F}_y$,则力 $\boldsymbol{F}$ 可用矢量式表示为:

$$\boldsymbol{F} = \boldsymbol{F}_x + \boldsymbol{F}_y = \boldsymbol{F}_x \boldsymbol{i} + \boldsymbol{F}_y \boldsymbol{j} \tag{1-1-1}$$

3)用力在坐标轴上的投影表示

在力 $\boldsymbol{F}$ 所在平面建立一平面坐标系 xoy,将力 $\boldsymbol{F}$ 沿两坐标轴进行投影,如图 1-1-2 所示,若力 $\boldsymbol{F}$ 与 x 轴所夹角度是 α,则力 $\boldsymbol{F}$ 在两坐标轴上的投影为:

$$\begin{cases} \boldsymbol{F}_x = \boldsymbol{F}\cos\alpha \\ \boldsymbol{F}_y = -\boldsymbol{F}\sin\alpha \end{cases} \tag{1-1-2}$$

从以上可以看出,力在平面直角坐标轴上的分力大小等于力在同轴上的投影值,方向由投影的正负号表示。所以在平面直角坐标系中,我们可以用投影来表示分力。

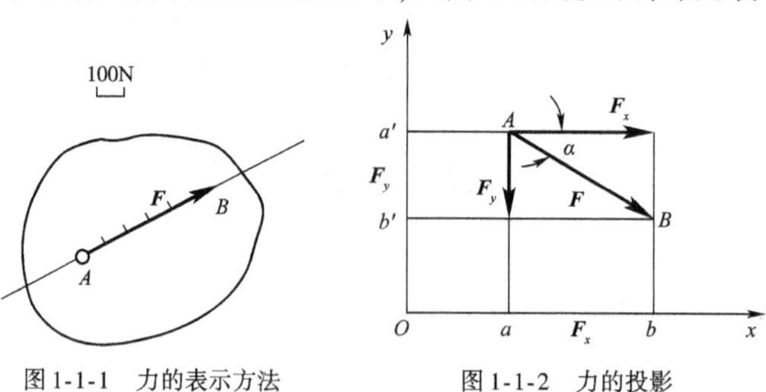

图 1-1-1　力的表示方法　　图 1-1-2　力的投影

3. 已知分力求合力

1)合力大小

若已知力的矢量式,就可知道力在坐标轴上的分力值,则这时 $\boldsymbol{F}$ 的大小为:

$$F=\sqrt{F_x^2+F_y^2} \tag{1-1-3}$$

2）合力方向

F 与 x 轴所夹锐角的正切为合力方向。

$$\tan\alpha=\left|\frac{F_y}{F_x}\right| \tag{1-1-4}$$

3）合力指向

合力的指向由 F_x、F_y 的正负确定。

以上三条确定了，该分力的合力就确定了。

二、力的四个基本公理

人们经过长期的生产和生活实践积累，总结出了以下四条力的公理。所谓公理就是指不需理论证明但符合客观现实的真理。

公理一　二力平衡公理

作用于刚体上的两个力使刚体处于平衡状态的充要条件是：这两个力大小相等、方向相反，且作用在同一条直线上。

如图 1-1-3、1-1-4 所示，物体上作用了两个力，要使物体平衡，此两力一定要等值、反向、共线。但必须指出，对于柔体此公理只是必要条件，不是充分条件，作用在柔体上的若是一对等值、反向、共线的压力，柔体不能平衡，如图 1-1-5 所示。

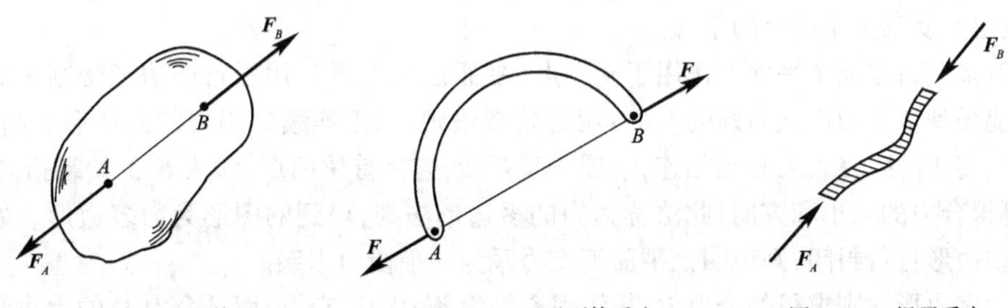

图 1-1-3　实心刚体受力　　图 1-1-4　环形刚体受力　　图 1-1-5　绳子受力

公理二　加减平衡力系公理

在作用于刚体的任意力系上，加上或者减去一个或几个平衡力系，都不会改变原力系对刚体的作用效果。由此可得如下推论：

推论一　力的可传性原理

刚体上的力可沿其作用线移到该刚体内的任意位置，并不改变该力对该刚体的作用效应。

证明：设力 F 作用在刚体上的 A 点，如图 1-1-6 所示，在力 F 的作用线上任选一点 B，在 B 点上加上一对平衡力 F_1 和 F_2，使 $F_1=-F_2=F$，将平衡力系 F、F_2 减去，则 F_1 与 F 等效，相当于力 F 已由 A 点沿作用线移到 B 点。

由此可见，力的作用点对刚体来说已不是决定力作用效应的要素。因此，作用于刚体上的力的三要素是力的大小、方向和作用线。由此也可知道，作用于刚体上的力是滑移矢量。

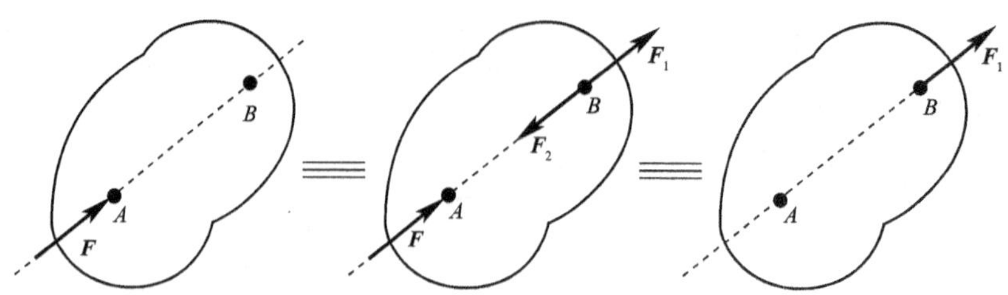

图 1-1-6　力沿作用线移动

公理三　力的平行四边形法则

作用于物体上同一点的两个力可以合成为一个合力,合力的作用点仍在该点,合力的大小和方向由这两个力为邻边所构成的平行四边形的对角线来确定,如图 1-1-7a)所示。其矢量表达式为:

$$\boldsymbol{R} = \boldsymbol{F}_1 + \boldsymbol{F}_2 \tag{1-1-5}$$

为方便起见,在利用矢量加法求合力时,可不必画出整个平行四边形,而是从 a 点作矢量 $\boldsymbol{F}_1$,再由 $\boldsymbol{F}_1$ 的末端 b 作矢量 $\boldsymbol{F}_2$,则矢量 ac 即为合力 $\boldsymbol{R}$。这种求合力的方法称为力的三角形法则,如图 1-1-7b)所示。显然,若改变 $\boldsymbol{F}_1$、$\boldsymbol{F}_2$ 的顺序,其结果也不变。

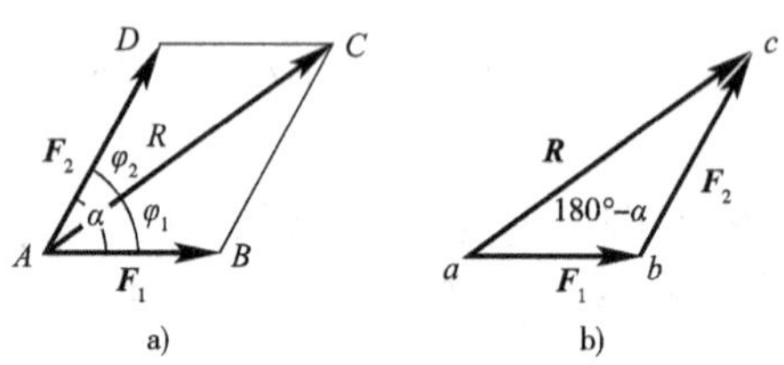

图 1-1-7　力的合成

力的平行四边形法则是力系合成的法则,也是力系分解的法则。该法则表明了最简单力系简化的规律,它也是复杂力系简化的基础。

如有多个力在同个平面上作用于同一点(平面汇交力系),用平行四边形法则只需两两合成就能得到该平面汇交力系的合力;用三角形法则,只需连续应用力的三角形法则,如图 1-1-8b),将 $\boldsymbol{F}_1$、$\boldsymbol{F}_2$、$\boldsymbol{F}_3$、$\boldsymbol{F}_4$ 首尾相连,形成一条折线,连接首尾两点,即从 $\boldsymbol{F}_1$ 的始端指向 $\boldsymbol{F}_4$ 的末端,可得合力的大小和方向,此法称为力的多边形法则,得到的图形为力多边形。如果最后的力多边形自行封闭,则说明该平面汇交力系为一平衡力力系。

由力多边形法则求得的合力 $\boldsymbol{R}$,其作用点仍为各力的汇交点,而且合力 $\boldsymbol{R}$ 的大小和方向与相加的次序无关,如图 1-1-8c)所示。如有 n 个力,求合力的矢量表达式为:

$$\boldsymbol{R} = \boldsymbol{F}_1 + \boldsymbol{F}_2 + \cdots + \boldsymbol{F}_n = \Sigma \boldsymbol{F} \tag{1-1-6}$$

由于连续利用力的平行四边形法则计算合力比较麻烦,用力的多边形法则计算合力误差较大,实际中常用解析法求合力(详见第二章第一节)。

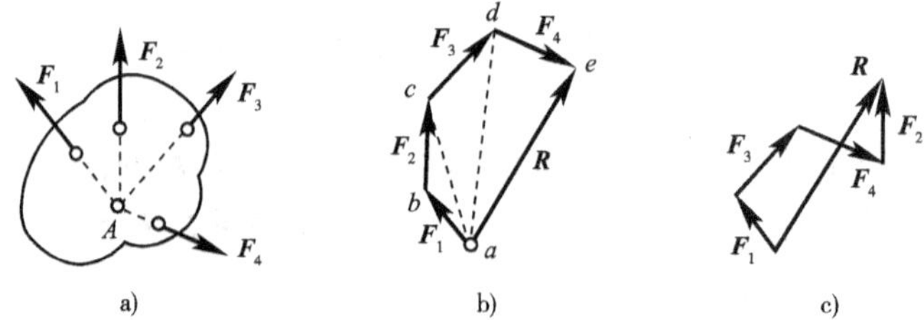

图 1-1-8　力的平行四边形法则

推论二　三力平衡汇交定理

刚体受三个共面但互不平行的力作用而平衡时,此三力必汇交于一点。

此定理说明了三个共面但互不平行的力平衡的必要条件，而且，当两个力的作用线相交时，可用来确定第三个力的作用线方位。如果刚体同时受三个力作用而平衡时且已知有两个力平行时，则可肯定第三个力也与它们平行。

证明：设在刚体上三点 A、B、C 分别作用有同平面的三个力 $\boldsymbol{F}_1$、$\boldsymbol{F}_2$ 和 $\boldsymbol{F}_3$，其互不平行，且为平衡力系，如图 1-1-9 所示。根据力的可传递性，将 $\boldsymbol{F}_1$ 和 $\boldsymbol{F}_2$ 移到汇交点 O，根据力的平行四边形法则，得 $\boldsymbol{F}_1$ 和 $\boldsymbol{F}_2$ 的合力 $\boldsymbol{R}$，由于 $\boldsymbol{F}_1$、$\boldsymbol{F}_2$ 和 $\boldsymbol{F}_3$ 组成的力系是平衡力系，则力 $\boldsymbol{F}_3$ 必与 $\boldsymbol{F}_1$ 和 $\boldsymbol{F}_2$ 的合力 $\boldsymbol{R}$ 平衡，由公理一知，$\boldsymbol{F}_3$ 与 $\boldsymbol{R}$ 必等值、反向、共线，所以力 $\boldsymbol{F}_3$ 必与 $\boldsymbol{F}_1$ 和 $\boldsymbol{F}_2$ 共面，且通过 $\boldsymbol{F}_1$ 与 $\boldsymbol{F}_2$ 的交点。

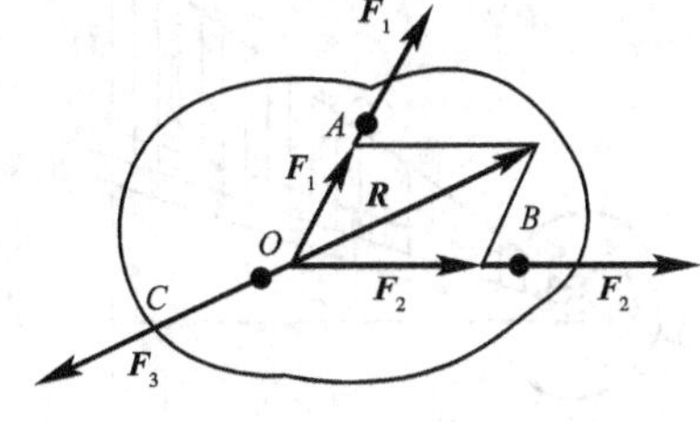

图 1-1-9　三力汇交

公理四　作用与反作用公理

两物体间的作用力与反作用力，总是大小相等，方向相反，沿同一条直线，分别作用在这两个物体上。

如图 1-1-10 所示的人推小车，人推小车的力 $\boldsymbol{F}$ 与小车作用在人手上的力 $\boldsymbol{F}'$ 是作用与反作用力；小车两个车轮对地面的压力与地面对小车的支持力是作用与反作用力；小车受到地心的引力与小车对地球的引力也是作用与反作用力。再如放置在地面的物体，如图 1-1-11 所示，地面对物体的支持力 $\boldsymbol{N}$ 与物体对地面的压力 $\boldsymbol{N}'$ 也是作用与反作用力；用绳索悬挂的重物，如图 1-1-12 所示，绳索对重物的拉力 $\boldsymbol{T}$ 和重物对绳索的拉力 $\boldsymbol{T}'$ 也是作用与反作用力。

此定律概括了自然界中物体间相互作用关系，表明了一切力总是成对出现、成对消失的，揭示了力的存在形式和力在物体间的传递方式。

特别要注意的是，必须把作用与反作用定律与二力平衡公理严格地区分开来。作用与反作用定律是表明两个物体相互作用的力学性质，而二力平衡公理则说明一个刚体在两个力作用下处于平衡时两力满足的条件。

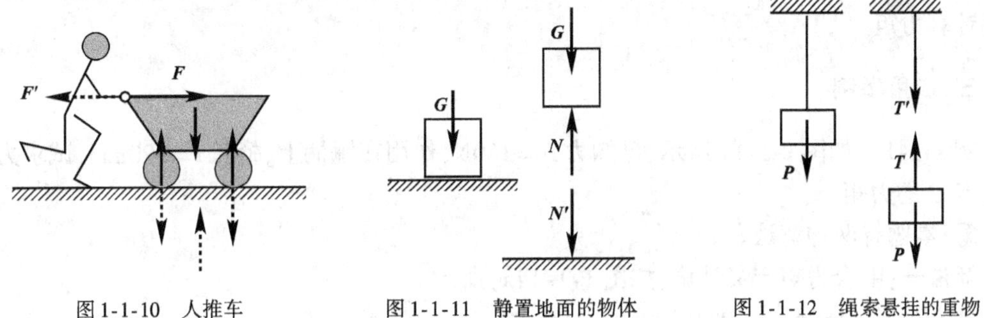

图 1-1-10　人推车　　图 1-1-11　静置地面的物体　　图 1-1-12　绳索悬挂的重物

第二节　力对点之矩

一、力矩的概念

人们从生产实践活动中得知，力不仅能够使物体沿某方向移动，而且还能够使物体绕某点产生转动。例如人用扳手拧紧螺母时，施于扳手的力 $\boldsymbol{F}$ 使扳手与螺母一起绕转动中心 O

转动。由经验可知,螺母转动效应的大小不仅与 $\boldsymbol{F}$ 的大小和方向有关,而且与转动中心点 O 到 $\boldsymbol{F}$ 作用线的垂直距离有关。因此,在 $\boldsymbol{F}$ 作用线和转动中心点 O 所在的同一平面内,我们将点 O 称为矩心,点 O 到 $\boldsymbol{F}$ 作用线的垂直距离 d 称为力臂,如图 1-1-13 所示。力使物体绕转动中心的转动效应,就用力 $\boldsymbol{F}$ 的大小与力臂 d 的乘积并冠以适当的正负号来度量,该量称为力对 O 点之矩,简称力矩,记作 $m_o(\boldsymbol{F})$,即:

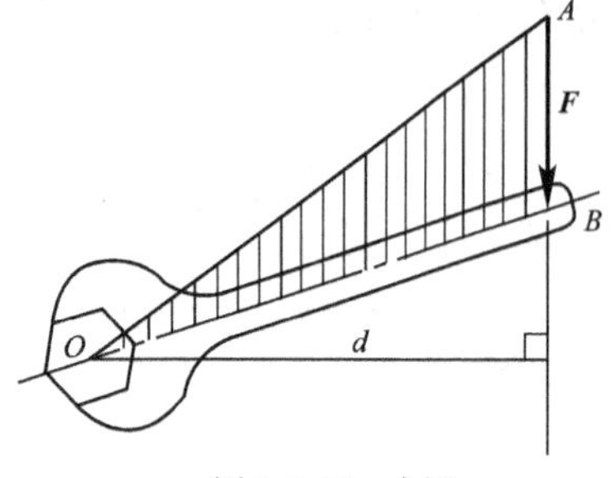

图 1-1-13　力矩

$$m_o(\boldsymbol{F}) = \pm Fd \tag{1-1-7}$$

式中正负号规定为:若力使物体绕矩心逆时针方向转动时,则力矩为正;反之,力矩为负。力矩的常用单位为 N · m或 kN · m。

由力矩的定义可知:

(1)力对点之矩的大小,不仅取决于力的大小,还与力到矩心的位置有关。

(2)力对任意点之矩的大小,不因该力的作用点沿其作用线移动而改变。

(3)力的作用线通过矩心时,力矩为零。

二、合力矩定理

设物体上作用有一个平面汇交力系 $\boldsymbol{F}_1$、$\boldsymbol{F}_2$、…、$\boldsymbol{F}_n$,其合力为 $\boldsymbol{R}$。由于合力与力系等效,因此合力对平面内任意点之矩等于力系中所有分力对同一点之矩的代数和,这就是合力矩定理,用数学公式表示为:

$$m_o(\boldsymbol{R}) = m_o(\boldsymbol{F}_1) + m_o(\boldsymbol{F}_2) + \cdots + m_o(\boldsymbol{F}_n) = \Sigma m_o(\boldsymbol{F}) \tag{1-1-8}$$

对于有合力的其他力系,在以后各章的研究中会发现,合力矩定理对其他形式的力系同样成立。

当力矩的力臂不易求出时,常将力正交分解为两个易确定力臂的分力,然后应用合力矩定理计算力矩。

三、应用举例

例 1-1-1　如图 1-1-14 所示,已知力 $\boldsymbol{F}$ = 150N,作用在锤柄上,柄长 l = 320mm,试求力 $\boldsymbol{F}$ 对支点 O 的力矩。

解:本题有两种解法。

解法一:由合力矩定义计算,如图 1-1-14a)所示。

$M_o(\boldsymbol{F}) = -150 \times \cos30° \times 320 = -41568\text{N} \cdot \text{mm} = -41.568\text{N} \cdot \text{m}$

解法二:由合力矩定理计算。

将 $\boldsymbol{F}$ 力分解为 $\boldsymbol{F}_1$、$\boldsymbol{F}_2$,如图 1-1-14b)所示。

$$M_o(\boldsymbol{F}) = M_o(\boldsymbol{F}_1) + M_o(\boldsymbol{F}_2) = \boldsymbol{F}_1 \times l + \boldsymbol{F}_2 \times 0$$
$$= -150 \times \cos30° \times 320 = -41568\text{N} \cdot \text{mm} = -41.568\text{N} \cdot \text{m}$$

本例两种解法结果相同,当力臂不易确定时用第二种方法比较简单。

下面再举一例。

例 1-1-2　试计算图 1-1-15 中力 $\boldsymbol{F}$ 对 A 点之矩。

解:本题也可用两种解法。

解法一:由力矩定义计算。

$m_A(\boldsymbol{F}_1)=\boldsymbol{F}\cdot d=\boldsymbol{F}(a\sin\alpha-b\cos\alpha)$

解法二:由合力矩定理计算。

将力 $\boldsymbol{F}$ 在 C 点分解为正交的两个分力,由合力矩定理可得:

$m_A(\boldsymbol{F})=m_A(\boldsymbol{F}_x)+m_A(\boldsymbol{F}_y)=-\boldsymbol{F}_x\cdot b+\boldsymbol{F}_y\cdot a=\boldsymbol{F}(a\sin\alpha-b\cos\alpha)$

本例两种解法结果也是完全相同的,而第二种方法比较清晰明了。

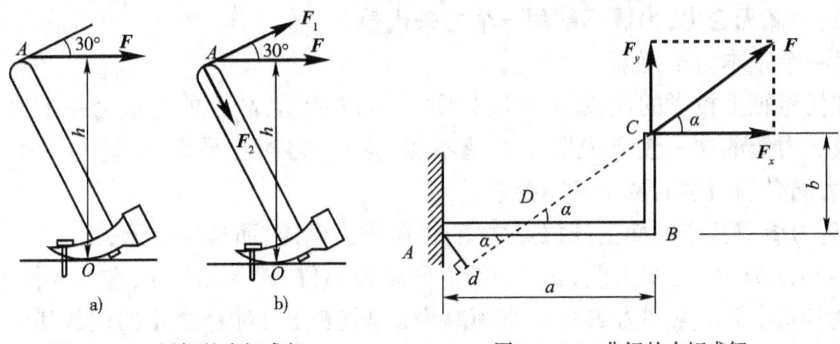

图 1-1-14　锤柄的力矩求解　　图 1-1-15　曲杆的力矩求解

第三节　力　　偶

一、力偶与力偶矩

在人们的生活和实践中,经常会见到两个大小相等、方向相反、作用线相互平行但不共线的两个力作用在同一个物体上。例如:手指加在水龙头开关上的力(图 1-1-16a);驾驶员用两手驾驶汽车时作用在方向盘上的力(图 1-1-16b);工人使用丝锥用双手攻丝时加在丝锥把手上的力(图 1-1-16c)。力学上把这一对等值、反向、不共线的两个平行力称为力偶,用符号($\boldsymbol{F}$,$\boldsymbol{F}'$)表示。力偶两力作用线之间的垂直距离 d 称为力偶臂,如图1-1-16d)所示。力偶的两力作用线所决定的作用面称为力偶作用面,力偶使物体转动的方向称为力偶的转向。实践证明,力偶只能使物体转动,力偶对物体的转动效应,可用力偶中的力与力偶臂的乘积再冠以适当的正负号来确定,称为力偶矩,记作 $m(\boldsymbol{F},\boldsymbol{F}')$ 或简写为 m,即:

$$m(\boldsymbol{F},\boldsymbol{F}')=m=\pm\boldsymbol{F}\cdot d \tag{1-1-9}$$

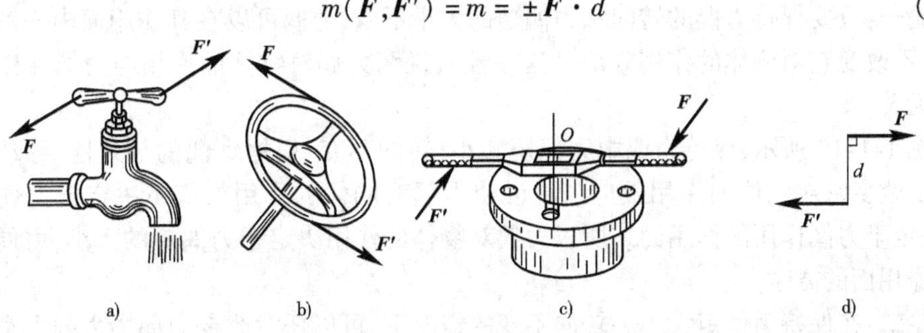

图 1-1-16　力偶

力偶矩与力矩一样是一个代数量。式中的正负号表示力偶的转向,通常规定,力偶的转向为逆时针时取正,反之取负。力偶矩的单位是 N·m 或 kN·m。

二、力偶的性质

性质一:力偶只能使物体转动而不能使物体平动。

力可以使物体产生平动,也可以使物体产生转动。而力偶只能使物体转动而不能使物体平动。

性质二:力偶无合力,力偶不能用一个力来代替。

力偶是一个基本力学元素。

力偶在任意轴上投影的代数和为零,如图 1-1-17 所示,故不能合成为一个力,也不能与一个力等效。力偶的这一性质说明了力偶不能与一个力相互平衡,只能与一个力偶平衡。可见,力与力偶是静力学的两个基本要素。

性质三:力偶对其作用面上任意点之矩,恒等于力偶矩,而与矩心无关。

如图 1-1-18 所示,已知力偶($\boldsymbol{F},\boldsymbol{F}'$)的力偶矩为 $\boldsymbol{m}(\boldsymbol{F},\boldsymbol{F}')=\boldsymbol{F}\cdot d$,在力偶作用平面内任取一点 O 为矩心,设 O 点到力 $\boldsymbol{F}$ 的垂直距离为 x,则($\boldsymbol{F},\boldsymbol{F}'$)对 O 之矩的代数和为:

$$\boldsymbol{M}_O(\boldsymbol{F})+\boldsymbol{M}_O(\boldsymbol{F}')=-\boldsymbol{F}x+\boldsymbol{F}'(x+d)=\boldsymbol{m}(\boldsymbol{F},\boldsymbol{F}') \tag{1-1-10}$$

显然,力偶矩 $\boldsymbol{m}(\boldsymbol{F},\boldsymbol{F}')$ 与 x 无关,即与矩心位置无关。

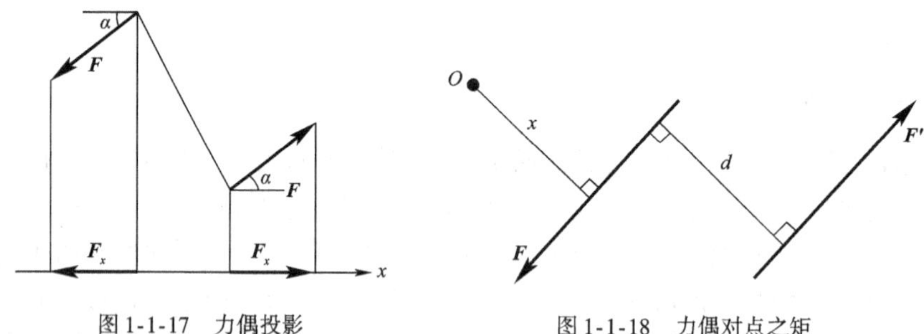

图 1-1-17　力偶投影　　图 1-1-18　力偶对点之矩

性质四:力偶的等效性。同一平面内的两个力偶,如果它们力偶的转向相同,力偶矩的大小相等则两个力偶等效。

这一点可以进行证明,证明略。

推论一:只要保持力偶的转向和力偶矩的大小不变,力偶可以在其作用面内任意转动和移动,而不改变它对刚体的作用效应。这一性质说明力偶对物体的作用与力偶在作用面内的位置无关。

如图 1-1-19 所示,保持力偶中力偶矩大小、转向不变,根据力偶的等效性,移动和转动力偶都不改变它对物体的作用效应。这说明力偶对刚体的作用效应不决定于力偶作用的点,而决定于力偶作用的作用面。所以力偶对物体的作用决定于力偶矩的大小,力偶的转向和力偶作用面的方位。

推论二:在保持力偶矩大小和转向不变的情况下,可以任意改变力偶中力的大小和力偶臂的长短,而不会改变对物体的转动效应。

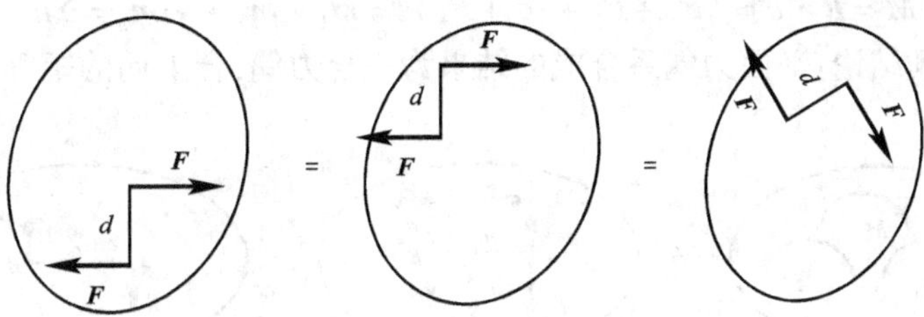

图 1-1-19　力偶的移动与转动

如图 1-1-20 所示，反映了同时改变力偶中力的大小和臂的长短，但不改变它们乘积大小和转向，根据性质四，改变前后力偶作用效果不变。这一性质说明力偶中的力或力偶臂都不是力偶的特征量，只有力偶矩才是力偶作用的度量参数。因此，力偶常用一带箭头的折线(或弧线)来表示，其中折线(或弧线)所在的平面代表力偶的作用面，箭头的指向表示力偶的转向，再标注力偶矩的大小，如图 1-1-21 所示。因此我们可以把力偶矩的大小、力偶转向和力偶作用面归结为力偶的三要素，凡此三要素相同的力偶彼此等效。

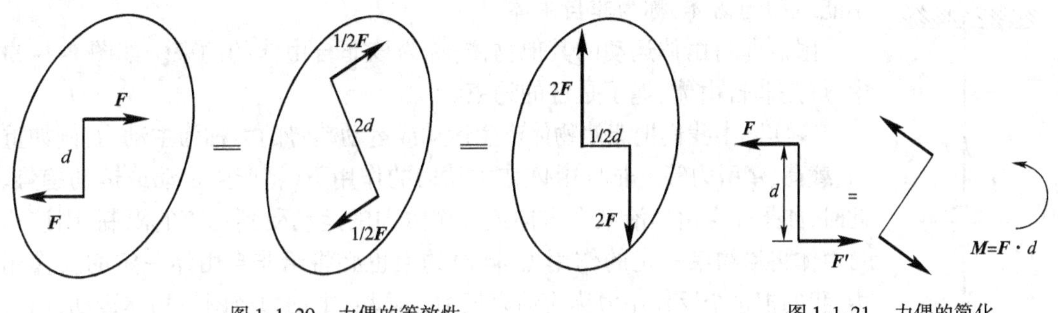

图 1-1-20　力偶的等效性　　　图 1-1-21　力偶的简化

三、力偶系的合成

当两个或两个以上的力偶 $\boldsymbol{M}_1$、$\boldsymbol{M}_2$、…、$\boldsymbol{M}_n$ 在某平面内对一物体作用时即组成平面力偶系，记为平面力偶系($\boldsymbol{M}_1$、$\boldsymbol{M}_2$、…、$\boldsymbol{M}_n$)，各力偶的力偶矩为 $\boldsymbol{m}_1$、$\boldsymbol{m}_2$、…、$\boldsymbol{m}_n$。从上面的力偶性质可知，力偶对刚体只产生转动效应，且转动效应的大小完全取决于力偶矩的大小和转向，那么，力偶系可以简化，其简化结果也应是一个力偶。力偶系简化所得到的结果称为力偶系的合力偶。可以证明，合力偶矩的大小等于各个分力偶矩的代数和。下面我们来给予证明。

平面上作用 $\boldsymbol{M}_1$、$\boldsymbol{M}_2$、…、$\boldsymbol{M}_n$ 个力偶，各力偶的力偶矩为 $\boldsymbol{m}_1$、$\boldsymbol{m}_2$、…、$\boldsymbol{m}_n$，如图 1-1-22a)所示。现在力偶平面上取一线段，长度为 d，将各力偶都换算成力臂为 d 的力偶，但保持力偶的矩和转向不变。根据力偶的等效性，变化前后各力偶等效。由此可算出各力偶变成等力臂后各力偶中力的大小为 $\boldsymbol{F}_1=\frac{\boldsymbol{M}_1}{d}$，$\boldsymbol{F}_2=\frac{\boldsymbol{M}_2}{d}$，…，$\boldsymbol{F}_n=\frac{\boldsymbol{M}_n}{d}$，方向如图 1-1-22b)所示。

将同一线上的外力合成，得合力：

$$\boldsymbol{R}=\boldsymbol{F}_1+\boldsymbol{F}_2+\cdots+\boldsymbol{F}_n=\Sigma\boldsymbol{F}$$

$$\boldsymbol{R}'=\boldsymbol{F}_1'+\boldsymbol{F}_2'+\cdots+\boldsymbol{F}_n'=\Sigma\boldsymbol{F}'$$

$\boldsymbol{R}$ 与 $\boldsymbol{R}'$ 大小相等，方向相反，距离为 d，组成合力偶(图 1-1-22c)，其合力偶的矩为：

$$M = R \cdot d = (F_1 + F_2 + \cdots + F_n)d = m_1 + m_2 + \cdots m_n = \Sigma m \quad (1\text{-}1\text{-}11)$$

由此我们得到结论:平面力偶系合成的结果为一合力偶,合力偶的矩等于各分力偶矩的代数和。

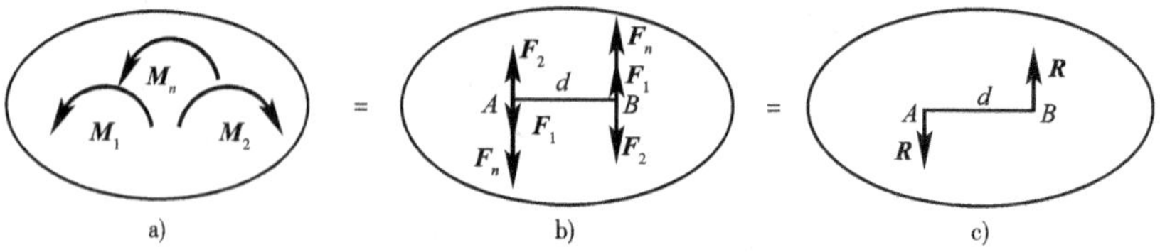

a) b) c)

图 1-1-22 力偶系的合成

第四节 约束与约束反力

在实际工程中,我们所遇到的物体通常分为两种:不受任何限制,可向一切方向运动的物体,称为自由体,例如飞行的飞机、炮弹、鸟等;另一种是受其他物体的限制,沿着某些方向不能运动的物体,称为非自由体。

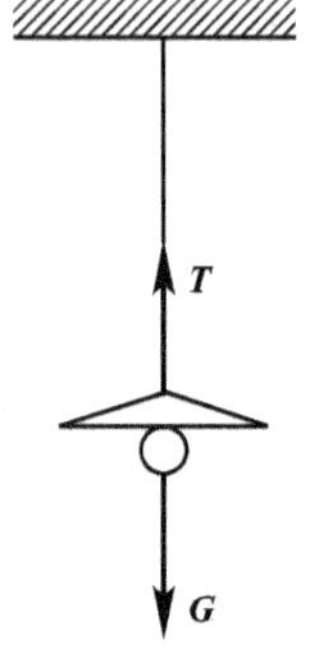

图 1-1-23 灯的约束

限制非自由体运动的其他物体,称为该非自由体的约束。如图 1-1-23 中,灯是非自由体,绳子是灯的约束。

在实际中我们把能使物体产生运动或运动趋势的力称为主动力,例如重力、载荷、牵引力等。非自由体在主动力的作用下,将产生运动或运动趋势。此时,如果非自由体沿某个方向或几个方向的运动受到约束的限制,则该非自由体将给约束一定的作用力,同时约束也必将给非自由体一定的反作用力,我们把这个反作用力称为约束反力。显然,主动力企图使物体运动,而约束反力则限制物体的运动。如图 1-1-23 中,绳子限制了灯的向下运动。

约束反力的方向与物体被限制的运动方向或运动趋势方向相反。

下面介绍工程中常见的几种约束及确定约束反力方向的方法。

一、柔性约束

由柔软的绳索、链条、皮带等柔性物体所构成的约束称为柔性约束。柔性约束只能限制物体沿柔体伸长的方向运动,而不能限制其他方向的运动,所以柔性约束的约束反力的方向总是沿柔体中心线方向且背离被约束的物体,即为拉力,通常用符号 T、F、F_T等表示,如图 1-1-24与图 1-1-25 所示。

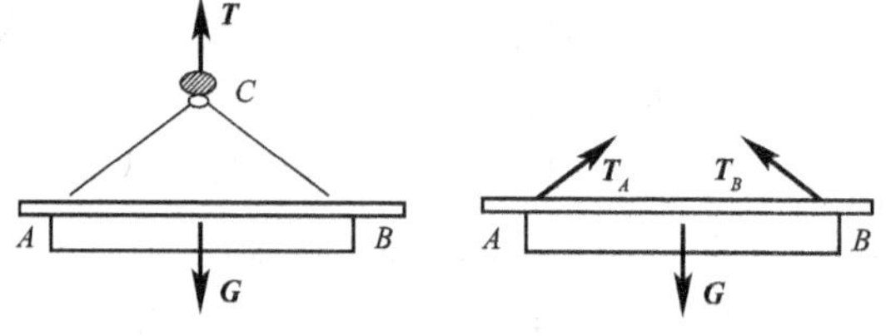

图 1-1-24 绳索约束

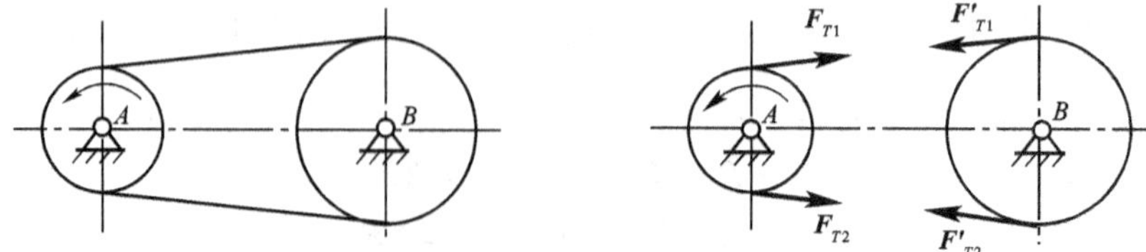

图 1-1-25 皮带约束

二、光滑接触面约束

当物体之间以刚性的点、线、面形式接触且认为两物体接触面之间的摩擦很小，可以忽略不计时，则构成光滑接触面约束。光滑接触面约束的接触方式有多种（如：平面与平面；平面与曲面、曲面与曲面等），但光滑面约束对被约束物体在过接触点处的公切面内任意方向的运动不加限制，同时也不限制物体沿接触面处的公法线脱离接触面，但限制物体沿该公法线方向进入约束内部，因此，光滑接触面约束的约束反力必沿接触面处的公法线指向被约束物体，常用符号 $\boldsymbol{N}$、$\boldsymbol{F}$、$\boldsymbol{F}_N$ 等表示，图 1-1-26a) ~ 图 1-1-26c) 所示。

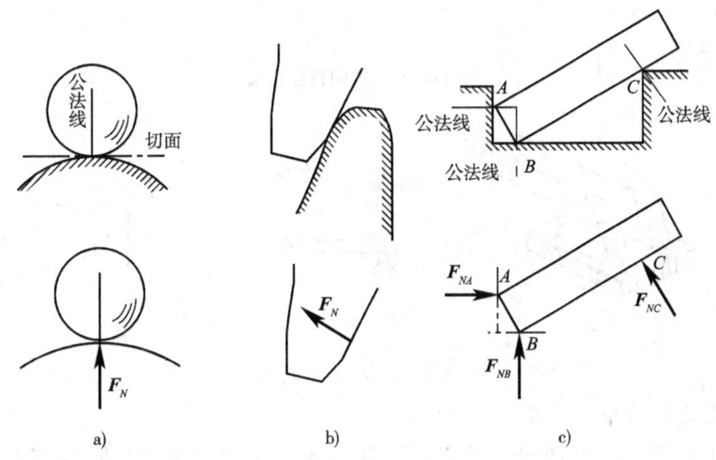

图 1-1-26　光滑接触面约束

三、光滑圆柱铰链约束

工程中，将两个物体用圆柱形销钉连接起来，接触处的摩擦忽略不计，受约束的两个物体都只能绕销钉轴线转动，销钉对被约束的物体沿垂直于销钉轴线的方向的移动形成约束。这类约束，根据连接的物体形状、位置及作用，可以分为以下四种形式。

1. 中间铰链约束

如图 1-1-27a) 所示，1、2 分别是带圆孔的两个物体，用销钉将 1、2 两个物体连接起来，便构成了中间铰链约束，如图 1-1-27b) 所示，简图通常用图 1-1-27c) 表示。

由于销与物体之间的接触面是光滑的，在主动力的作用下，销与物体产生局部接触，本质上是属于光滑接触面约束。但由于主动力的方向不能预先确定引起接触点也不确定，所以约束反力的方向也不能预先确定，如图 1-1-27d) 所示。在力学中常以正交的两个分力 $\boldsymbol{F}_x$、$\boldsymbol{F}_y$（或 $\boldsymbol{R}_x$、$\boldsymbol{R}_y$ 等）来代替方向不能确定约束反力，如图 1-1-27e) 所示。

2. 固定铰链支座约束

如图 1-1-28a) 所示，将中间铰链结构中物体换成支座，且与固定机架或支承面连接起来，则构成固定铰链支座约束，简图通常用图 1-1-28b) 表示。约束反力的方向与中间铰链约束相同，如图 1-1-28c) 所示。

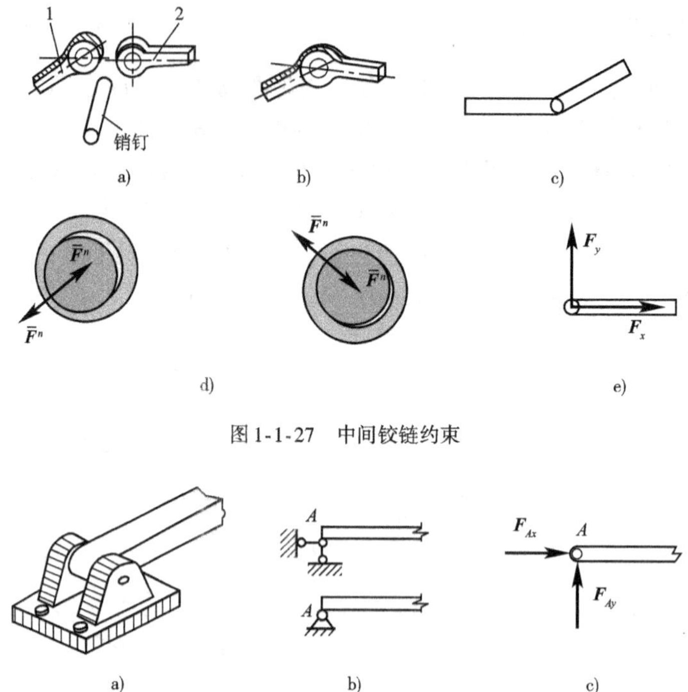

图 1-1-27　中间铰链约束

图 1-1-28　固定铰链约束

3. 活动铰链支座约束

将固定铰链支座底部安放若干个滚子,并与支承面连接起来,则构成活动铰链支座约束,又称辊轴支座,如图 1-1-29a)所示。这类支座常见于桥梁、屋架等结构中,简图通常用图 1-1-29b)表示。由于活动铰链支座只能限制物体沿支承面垂直方向的移动,不能限制物体沿支承面方向的运动和绕销钉轴线的转动。因此活动铰链支座的约束反力垂直于支承面,如图 1-1-29c)所示。

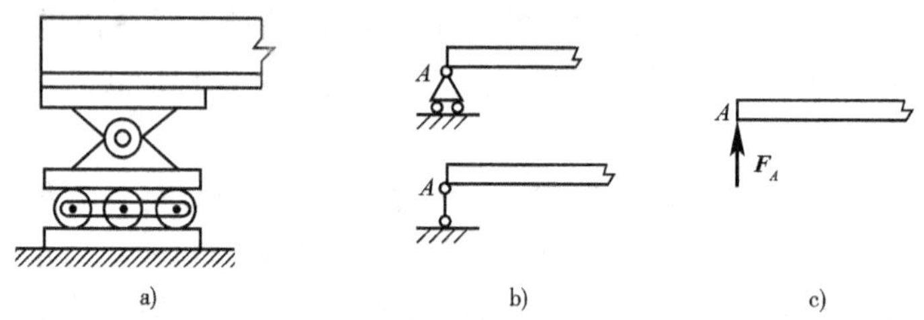

图 1-1-29　活动铰链约束

4. 固定端约束

物体的一部分固嵌于另一物体所构成的约束,称为固定端约束,如图 1-1-30a)所示。这种约束不仅限制了物体沿任何方向的平动,也限制了物体在约束处的转动。如建筑物中的阳台、跳水用的跳台等都是固定端约束的实例。所以固定端约束用两个正交的约束分力 $\boldsymbol{F}_x$、$\boldsymbol{F}_y$(或 $\boldsymbol{R}_x$、$\boldsymbol{R}_y$ 等)来表示固定端约束对物体移动的限制,用 m 表示固定端约束对物体转动的限制,如图 1-1-30b)所示。

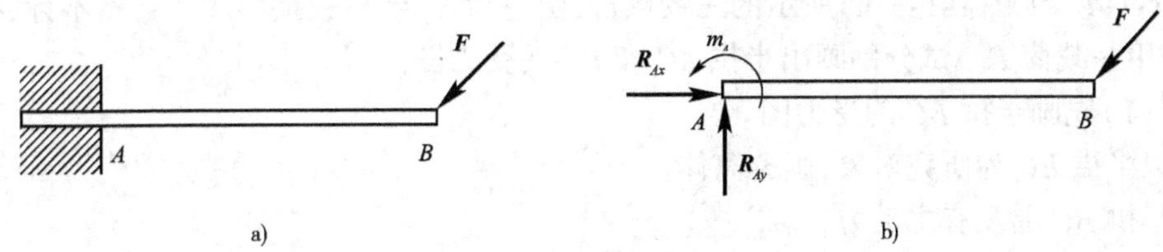

图 1-1-30　固定端约束

第五节　船舶构件的受力分析与受力图

在实际工程结构中,无论是结构还是受力情况都是比较复杂的,为了清楚地表达出某个物体的受力情况,必须将它从与其相联系的周围物体中分离出来,成为人为的自由体,称为分离体。分离的过程就是解除约束的过程,在解除约束的地方用相应的约束反力来代替约束。在分离体上画上物体所受的全部主动力和全部约束反力,这样得到的图形称为受力图,作受力图的过程,称为受力分析。

为了能正确画出表示构件受力图,并便于认识和分析,画受力图的一般步骤为:

(1)明确研究对象,画分离体。

(2)在分离体上画出全部主动力。

(3)在分离体上画出全部约束反力。

下面举例说明受力图的画法。

例 1-1-3　梁 *AB*,*A* 端为固定铰链支座,*B* 端为活动铰链支座,梁的中间 *C* 处作用一力 $\boldsymbol{F}$,如图 1-1-31a)所示,梁重不计。试分析梁的受力情况。

解:(1)以梁 *AB* 为研究对象,画分离体。

(2)画上主动力 $\boldsymbol{F}$(载荷)。

(3)画出全部约束反力。活动铰链支座 *B* 处约束反力 $\boldsymbol{N}_B$ 垂直向上且通过铰链的中心。固定铰链支座 *A* 处的约束反力方向不定,可以用相互垂直的两个分力 $\boldsymbol{N}_{Ax}$ 和 $\boldsymbol{N}_{Ay}$ 来表示,如图 1-1-31b)。因梁 *AB* 受同平面内的三个力作用而平衡,根据三力平衡汇交定理,*A* 处的约束反力 $\boldsymbol{N}_A$ 的方向可以确定。延长 $\boldsymbol{N}_B$ 和 $\boldsymbol{F}$ 力的作用线交于 *D* 点,则 $\boldsymbol{N}_A$ 必通过 *D* 点,如图1-1-31c)所示。

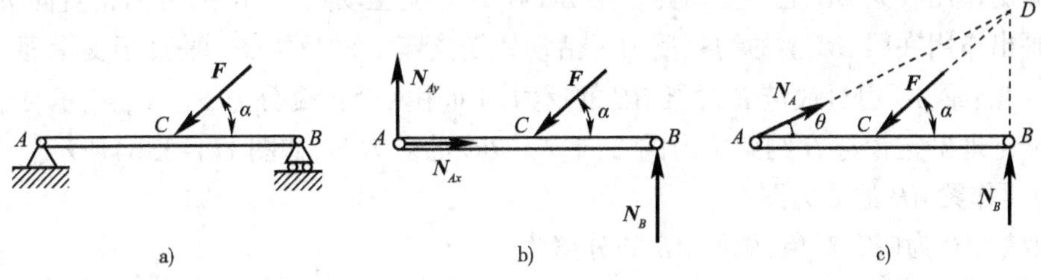

图 1-1-31　*AB* 梁受力图

有时,我们研究的问题是由几个物体组成的一个系统,称为物体系或物系。下面说明物体系受力图的画法。

例1-1-4 如图1-1-32a)所示的三铰拱桥,由左、右两半拱铰接而成。自重不计,在半拱AC上作用一载荷$\boldsymbol{F}$。试分别画出半拱AC和BC的受力图。

解:(1)先画半拱BC的受力图。

①以半拱BC为研究对象,画分离体。

②半拱BC上没有主动力。

③在B、C处受到铰链的约束反力$\boldsymbol{F}_B$、$\boldsymbol{F}_C$的作用。考虑到半拱BC只在B、C两点受力,根据二力平衡公理,B、C两点的力$\boldsymbol{F}_B$和$\boldsymbol{F}_C$必定等值、反向在一直线上。$\boldsymbol{F}_B$、$\boldsymbol{F}_C$的方向可根据实际情况而定,如图1-1-32b)所示。

在力学中,我们把只受两个力作用而平衡的构件,称为二力杆。它所受的两个力必定等值、反向在一直线上,如图1-1-32b)中的BC杆。在实际中,两端用铰链连接,中间没有受到载荷,而自重不计的构件往往都是二力杆。

(2)画半拱AC的受力图。

①以半拱AC为研究对象,画分离体。

②画上主动力$\boldsymbol{F}$。

③画约束反力:铰链C处的约束反力可根据作用力与反作用力的关系画出$\boldsymbol{F}_C' = -\boldsymbol{F}_C$;铰链$A$处的约束反力可以用$\boldsymbol{F}_{Ax}$和$\boldsymbol{F}_{Ay}$来表示,如图1-1-32c)所示;也可以用三力平衡汇交定理确定$\boldsymbol{F}_A$的方向,如图1-1-32d)所示。

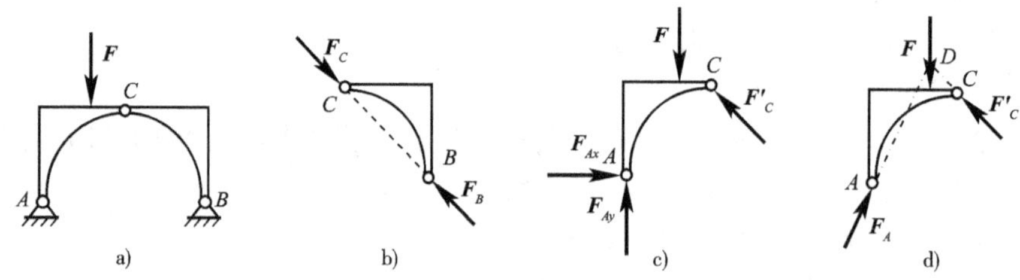

图1-1-32 三铰拱桥受力图

例1-1-5 组合梁由梁AB和BC在B处铰接而成,所受载荷和约束如图1-1-33a)所示。自重不计,试分别做出梁AB、BC的受力图及整体的受力图。

解:(1)先作梁BC的受力图。

①取梁BC为研究对象,画梁BC的分离体。

②画出作用在梁BC上的主动力。梁BC在D点受主动力$\boldsymbol{F}$作用,方向铅直向下。

③画出作用在梁BC上的约束反力。活动铰链支座C的反力$\boldsymbol{F}_C$垂直于支承面,故与铅垂线呈α角;梁AB通过铰链B对梁BC的反力则可用两个正交分力$\boldsymbol{F}_{Bx}$、$\boldsymbol{F}_{By}$表示,或用三力平衡汇交定理确定铰链B约束反力的方向。梁BC的受力图,如图1-1-33b)所示。

(2)再作梁AB的受力图。

①取梁AB为研究对象,画梁AB的分离体。

②画出作用在梁AB上的主动力。梁AB受主动力偶$\boldsymbol{M}$作用,转向为顺时针方向。

③画出作用在梁AB上的约束反力。梁BC通过铰链B对梁AB的反力是$\boldsymbol{F}'_{Bx}$、$\boldsymbol{F}'_{By}$它们与$\boldsymbol{F}_{Bx}$、$\boldsymbol{F}_{By}$的方向相反。固定端A的约束作用可用两正交分力$\boldsymbol{F}_{Ax}$、$\boldsymbol{F}_{Ay}$和反力偶$\boldsymbol{M}$表示。梁AB的受力图,如图1-1-33c)所示。

(3)再作整体梁 ABC 的受力图。

①取梁 ABC 为研究对象,解除梁 ABC 上的全部约束,即取分离体。

②画出作用在梁 ABC 上的主动力,即主动力 $\boldsymbol{F}$ 和主动力偶 $\boldsymbol{M}$。

③画出作用在梁 ABC 上的约束反力。由于梁没有拆分开,所以铰链 B 处的力就是物体间的内力,内力在作受力图时不用画出,只要画出物体系的外力即可。所以我们只要画出作用在固定端 A 的约束反力和可动铰链支座 C 上的约束反力即可。梁 ABC 整体的受力图,如图 1-1-33d)所示。

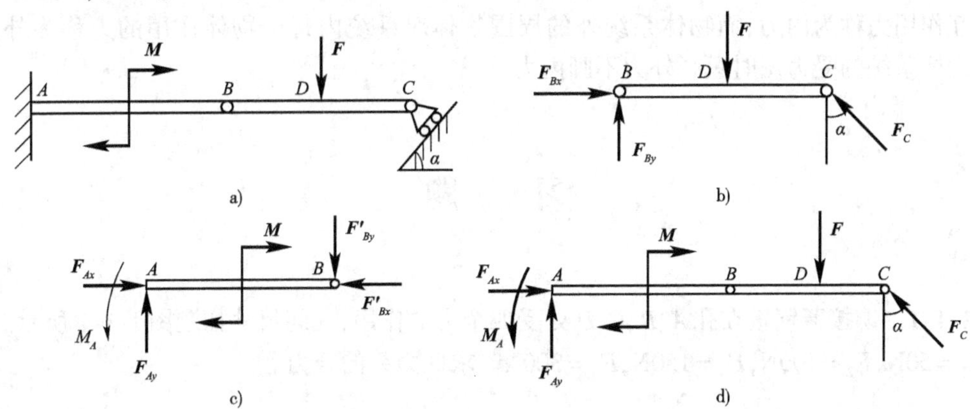

图 1-1-33 组合梁受力图

例 1-1-6 画出图 1-1-34 所示构件系统中,AB、DE、BD 构件的受力图。

解:(1)先作 AB 杆的受力图。

AB 为二力杆,受力如图 1-1-34b)所示。

(2)再作 ED 的受力图。

ED 上受一重力 $\boldsymbol{Q}$,D 点与横梁接触,垂直横梁受铅直向上的力 $\boldsymbol{N}_D$,由于 $\boldsymbol{Q}$、$\boldsymbol{N}_D$ 两力平行,而物体仅受三个力,要使物体在这三力作用下平衡,铰链 E 点处的力一定与其余两力平行,而且方向铅直向上,如图 1-1-34c)所示。

(3)再作横梁 BD 的受力图。

根据作用与反作用关系,可作出横梁上三个受力点 B、C、D 的约束反力,如图 1-1-34d)所示。

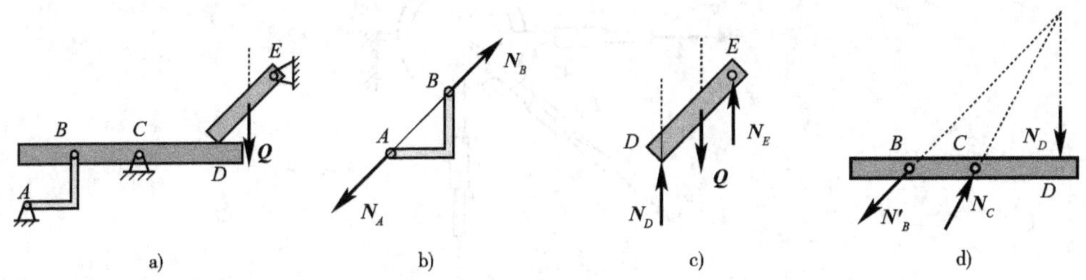

图 1-1-34 构件系统受力图

综合以上几例,我们可以总结在画受力图时应注意以下几个方面:

(1)在画每一个约束反力时,一定要明确是哪个物体施加的,不要多画力、少画力或随意移动力。

(2)要熟练使用规定的字母和符号,标记各个约束反力,对作用力和反作用力一般用相同的字母,反作用力加一个上标“′”。在画相邻两物体间作用力与反作用力的方向时,若其中一个力的方向已经明确或假定,则另一个力的方向应随之而定。

(3)运用二力平衡公理或三力平衡汇交定理确定某些约束反力。凡是二力构件必须按二力平衡公理来画约束反力;当物体受三个共面但不平行的力作用处于平衡时,已知其中两力作用线的交点,第三个力为未知的约束反力,则此约束反力的作用线必通过此交点。

(4)当所取分离体是由某几个物体组成的物体系统时,通常将物体系统内部各物体之间的相互作用力称为内力,而物体系统外的周围物体对系统内每个物体作用的力称为外力。在画物体系统的受力图时只画外力不画内力。

习　题

1-1-1　铆接薄钢板在孔 A、B、C、D 处受四个力的作用,孔间尺寸如题图 1-1-1 所示。已知:$\boldsymbol{F}_1=50\text{N}$,$\boldsymbol{F}_2=100\text{N}$,$\boldsymbol{F}_3=150\text{N}$,$\boldsymbol{F}_4=300\text{N}$。求此力系的合力。

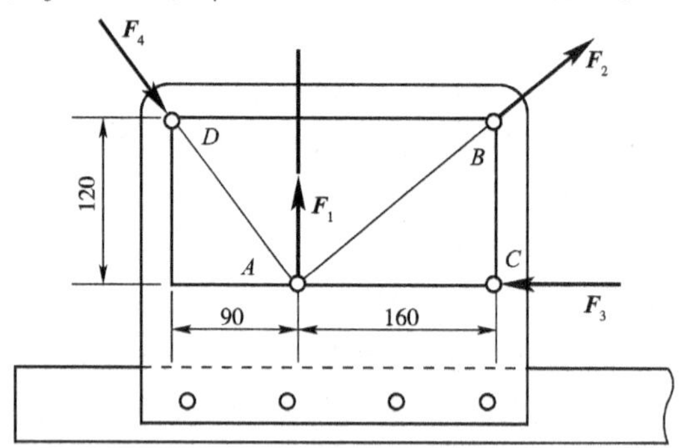

题图　1-1-1

1-1-2　如题图 1-1-2 所示的吊环上作用有三个力,已知:$\boldsymbol{F}_1=2000\text{N}$,$\boldsymbol{F}_2=2500\text{N}$,$\boldsymbol{F}_3=1500\text{N}$。求:力系的合力。

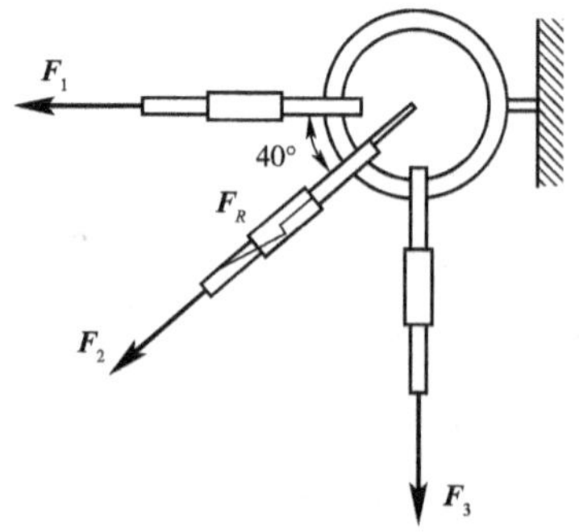

题图　1-1-2

1-1-3　计算题图 1-1-3 所示各图中力 $\boldsymbol{F}$ 对 O 点的矩。

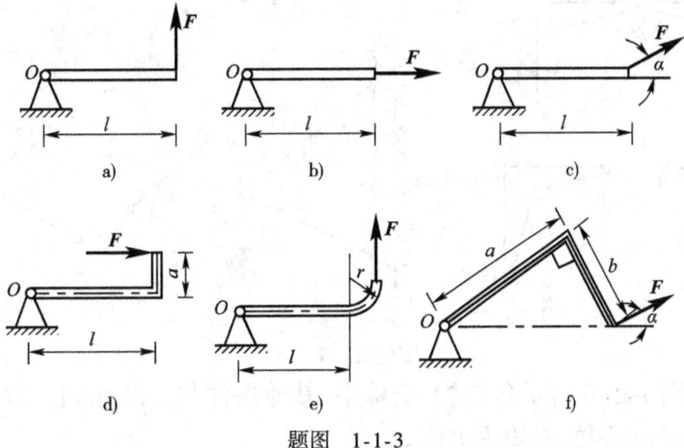

题图　1-1-3

1-1-4　如题图 1-1-4 所示，已知图中的 a、b、$\boldsymbol{F}$ 和 θ；计算 $\boldsymbol{M}_A(\boldsymbol{F})$，$\boldsymbol{M}_B(\boldsymbol{F})$。

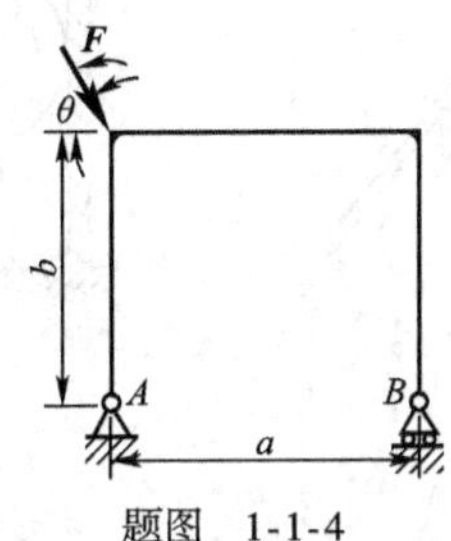

题图　1-1-4

1-1-5　如题图 1-1-5 所示各结构、机构中，图中未画出重力的物体重量均为不计，所有接触均为光滑接触；求：画出各图中物体 A、AB、AC 或 ABC 的受力图。

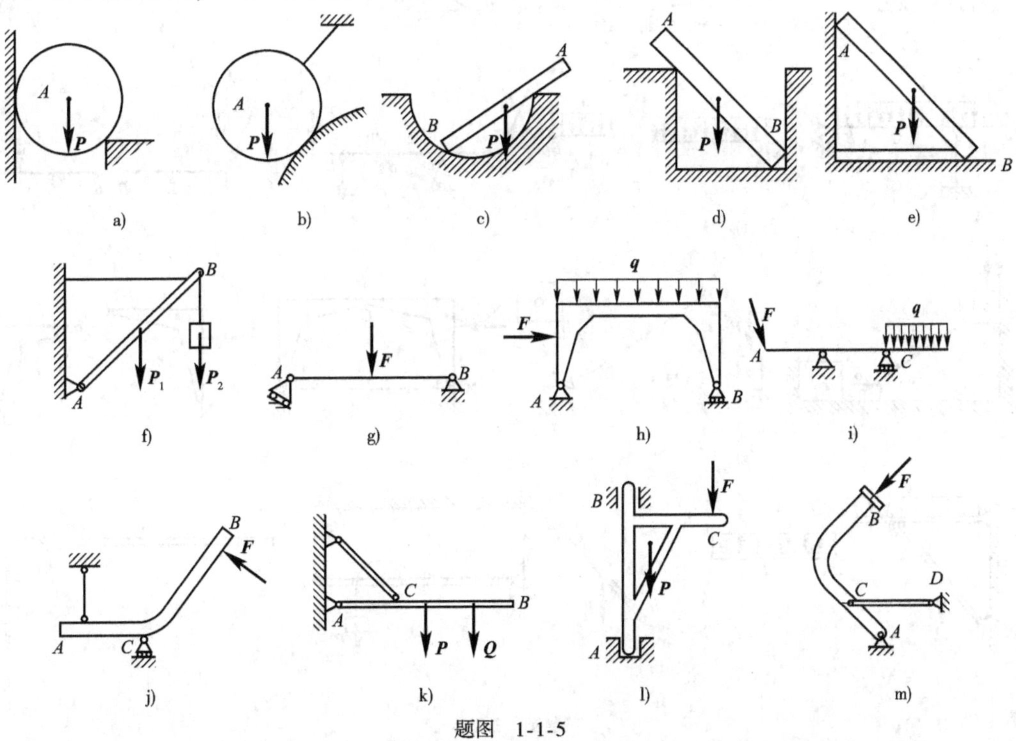

题图　1-1-5

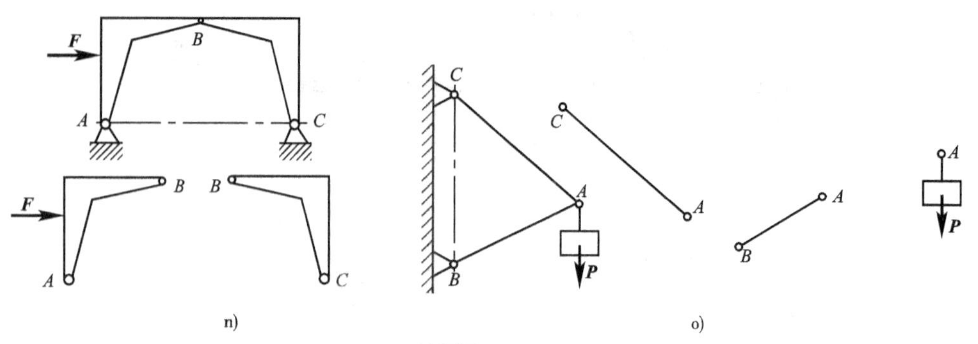

续题图 1-1-5

1-1-6 如题图 1-1-6 所示各结构、机构中,其他条件与上题相同。求:画出各标注字符的物体的受力图及各小题的整体受力图。

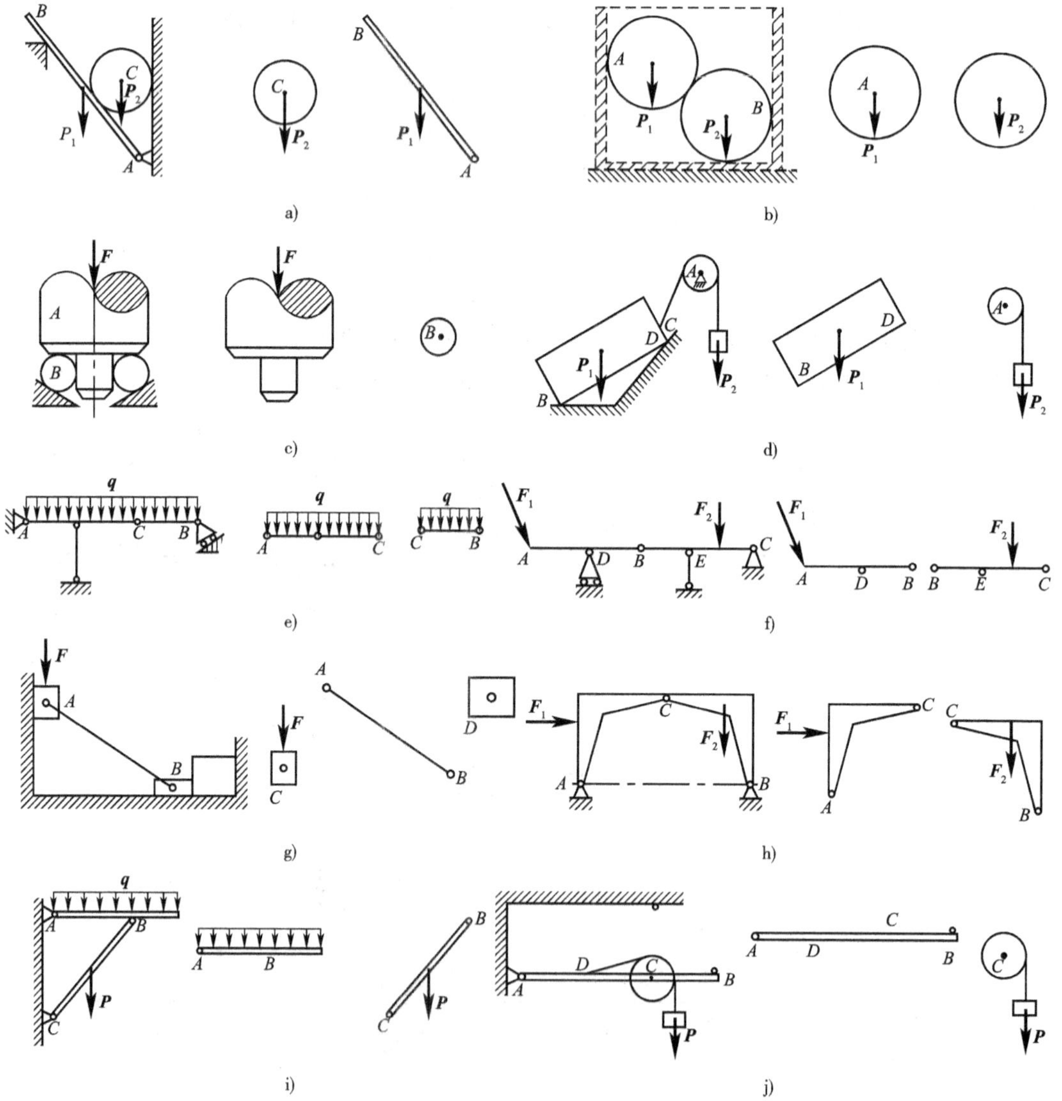

a) b) c) d) e) f) g) h) i) j)

题图 1-1-6

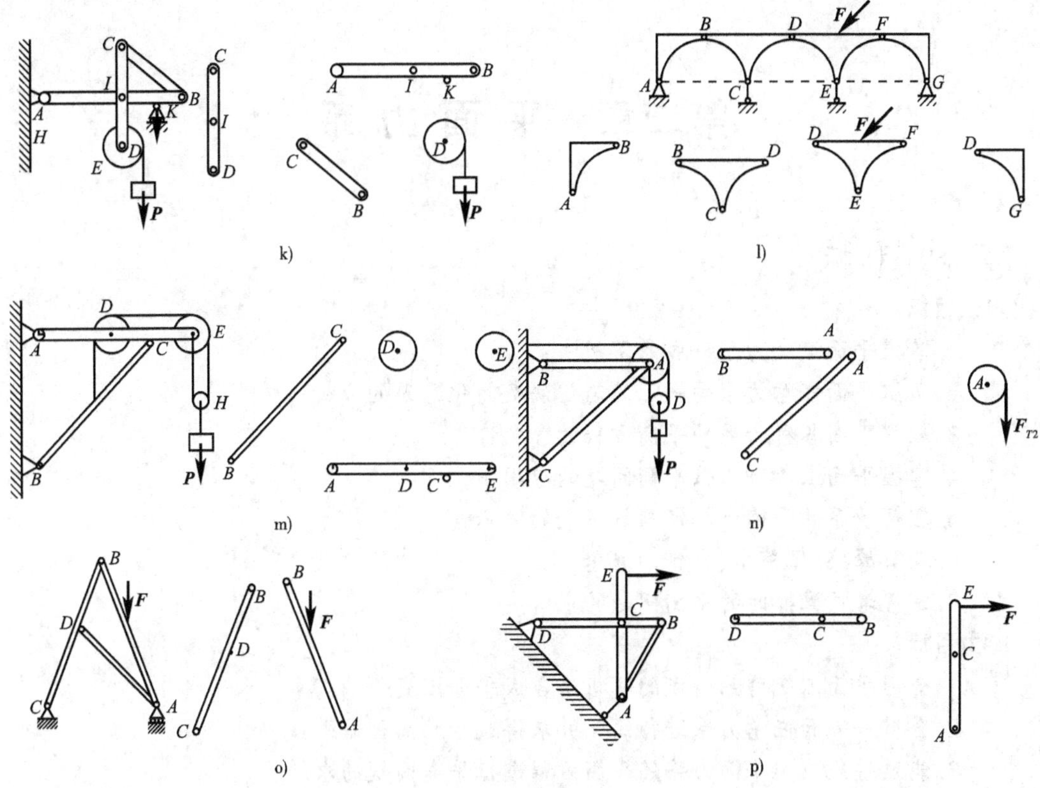

续题图　1-1-6

1-1-7　题图1-1-7各结构、机构中，销钉A穿透各结构，其他条件与上题相同。求：画出各标注字符的物体、销钉A及整个结构的受力图。

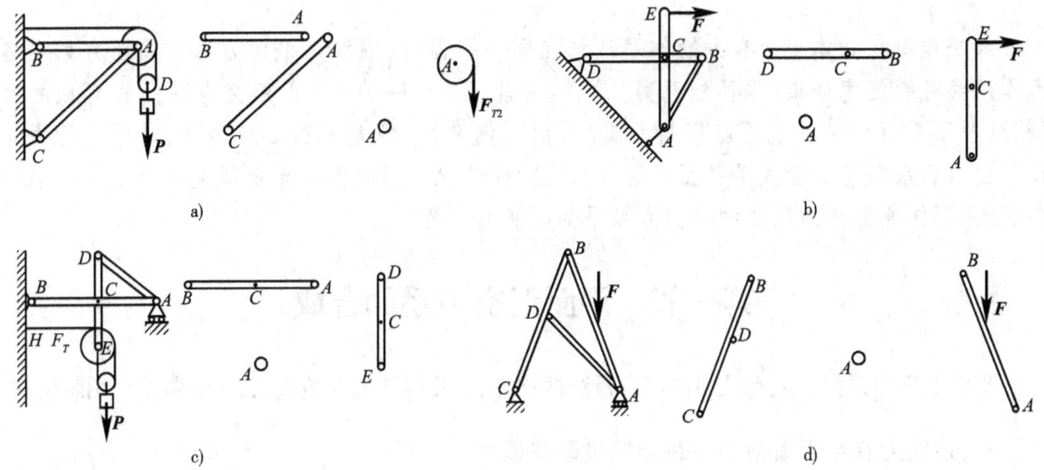

题图　1-1-7

第二章　平 面 力 系

学习目标

知识目标

1. 掌握平面汇交力系合成的解析法;
2. 认识平面任意力系向一点的简化法及简化结果的分析;
3. 理解平面各种力系的平衡方程的含义;
4. 掌握平面上各种力系平衡问题的应用;
5. 理解物系的平衡和静定与静不定的概念;
6. 理解摩擦、摩擦角、自锁的概念;
7. 掌握考虑摩擦时的平衡问题的求解。

能力目标

1. 会用平面汇交力系合成的解析法合成平面汇交力系;
2. 会将一平面任意力系进行简化并求得最后的简化结果;
3. 能熟练地应用平面力系的平衡方程进行平衡问题的求解;
4. 能分析物系的平衡并利用平衡方程进行物系平衡问题的求解;
5. 能熟练地考虑摩擦时的平衡问题进行求解。

如果作用在物体上所有力的作用线均在同一平面内,则称为平面力系。平面力系中各力作用线可能任意分布(平面任意力系),也可能汇交于一点(平面汇交力系),也可能相互平行(平面平行力系),也可能都是力偶(平面力偶系)。但是平面汇交力系、平面平行力系和平面力偶系都可以看成是平面任意力系的特殊情况。因此本章着重研究平面汇交力系的合成、平面任意力系的简化和平面力系平衡问题的求解。

第一节　平面汇交力系的合成

平面汇交力系的合成有几何法与解析法两种,由于几何法的误差较大,这里着重介绍解析法。

一、已知力在平面直角坐标轴上的投影求该力

如图 1-2-1 所示,在 xoy 平面内的力 $\boldsymbol{F}$,其 $\boldsymbol{F}_x$ 和 $\boldsymbol{F}_y$ 分别为力 $\boldsymbol{F}$ 在平面直角坐标轴 x、y 上的投影,由上一章的内容可知,我们可得力 $\boldsymbol{F}$ 在两坐标上的投影分别为:

$$\begin{cases} \boldsymbol{F}_x = \boldsymbol{F}\cos\alpha \\ \boldsymbol{F}_y = -\boldsymbol{F}\sin\alpha \end{cases}$$

若首先知道力 $\boldsymbol{F}$ 在平面直角坐标轴上的投影 $\boldsymbol{F}_x$ 和 $\boldsymbol{F}_y$，则 $\boldsymbol{F}$ 力的大小和方向我们可以用平行四边形法则求得合力 $\boldsymbol{F}$ 的大小和方向为：

$$\begin{cases} \boldsymbol{F} = \sqrt{\boldsymbol{F}_x^2 + \boldsymbol{F}_y^2} \\ \tan\alpha = \left|\dfrac{\boldsymbol{F}_y}{\boldsymbol{F}_x}\right| \end{cases} \tag{1-2-1}$$

式中，α 表示力 $\boldsymbol{F}$ 与 x 轴所夹的锐角，$\boldsymbol{F}$ 的指向由 $\boldsymbol{F}_x$ 和 $\boldsymbol{F}_y$ 的正负来确定。

二、合力投影定理

力系的合力在某一直角坐标轴上的投影等于力系中各分力在同一轴上投影的代数和，此即为合力投影定理。

证明：设一平面汇交力系 $\boldsymbol{F}_1$、$\boldsymbol{F}_2$、$\boldsymbol{F}_3$、$\boldsymbol{F}_4$ 作用于刚体上，其力多边形 $abcde$ 如图 1-2-2 所示，其封闭边 ae 表示该力系的合力 $\boldsymbol{R}$，在力多边形平面内取一坐标系 xoy，将所有的力都投影到 x 轴和 y 轴上，得：

$$\boldsymbol{R}_x = a_1e_1, \boldsymbol{F}_{1x} = a_1b_1, \boldsymbol{F}_{2x} = b_1c_1, \boldsymbol{F}_{3x} = c_1d_1, \boldsymbol{F}_{4x} = d_1e_1$$

由图 1-2-2 可知：

$$a_1e_1 = a_1b_1 + b_1c_1 + c_1d_1 + d_1e_1$$

$$\boldsymbol{R}_x = \boldsymbol{F}_{1x} + \boldsymbol{F}_{2x} + \boldsymbol{F}_{3x} + \boldsymbol{F}_{4x} = \Sigma\boldsymbol{F}_x$$

同理可得：

$$\boldsymbol{R}_y = \boldsymbol{F}_{1y} + \boldsymbol{F}_{2y} + \boldsymbol{F}_{3y} + \boldsymbol{F}_{4y} = \Sigma\boldsymbol{F}_y$$

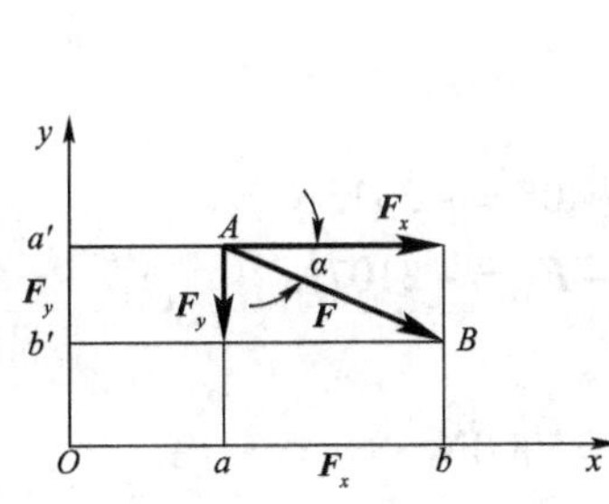

图 1-2-1　力在坐标图上投影

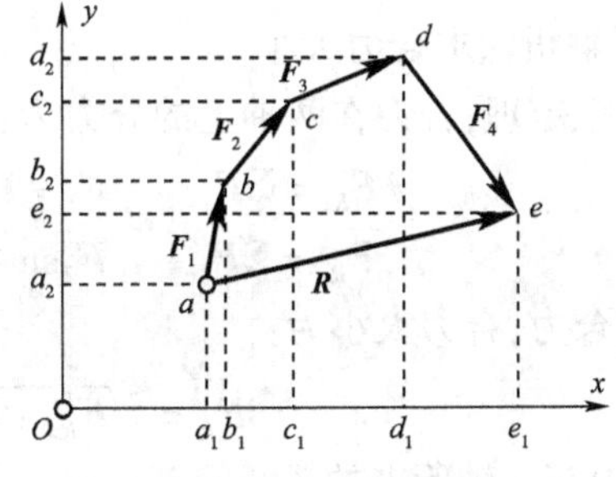

图 1-2-2　合力的投影

以上结论可推广到一般情形，得到合力投影定理的数学表达式：

$$\begin{cases} \boldsymbol{R}_x = \boldsymbol{F}_{1x} + \boldsymbol{F}_{2x} + \cdots + \boldsymbol{F}_{nx} = \Sigma\boldsymbol{F}_x \\ \boldsymbol{R}_y = \boldsymbol{F}_{1y} + \boldsymbol{F}_{2y} + \cdots + \boldsymbol{F}_{ny} = \Sigma\boldsymbol{F}_y \end{cases} \tag{1-2-2}$$

三、解析法求平面汇交力系的合力

如图 1-2-3 所示，刚体上作用由 n 个力 $\boldsymbol{F}_1$、$\boldsymbol{F}_2$、…、$\boldsymbol{F}_n$ 组成的平面汇交力系，为求出它们的合力，首先选定 xoy 平面直角坐标系，求出力系中各力在 x，y 轴上的投影 $\boldsymbol{F}_{1x}$、$\boldsymbol{F}_{1y}$、$\boldsymbol{F}_{2x}$、$\boldsymbol{F}_{2y}$、…、$\boldsymbol{F}_{nx}$、$\boldsymbol{F}_{ny}$。再由下面公式可求得：

$$\begin{cases} \boldsymbol{R}_x = \Sigma\boldsymbol{F}_x \\ \boldsymbol{R}_y = \Sigma\boldsymbol{F}_y \end{cases} \tag{1-2-3}$$

$$\begin{cases} R = \sqrt{R_x^2 + R_y^2} = \sqrt{(\Sigma F_x)^2 + (\Sigma F_y)^2} \\ \tan\alpha = \left|\dfrac{R_y}{R_x}\right| \end{cases} \tag{1-2-4}$$

式中,α 表示力 $\boldsymbol{R}$ 与 x 轴所夹的锐角,$\boldsymbol{R}$ 的指向由 $\boldsymbol{R}_x$ 和 $\boldsymbol{R}_y$ 的正负来确定。

四、汇交力系求合力的应用举例

下面举一例说明合力大小和方向的求解。

例 1-2-1 如图 1-2-4 所示平面汇交力系,已知:$F_1 = 2000\text{N}, F_2 = 2500\text{N}, F_3 = 1500\text{N}$。求:力系的合力。

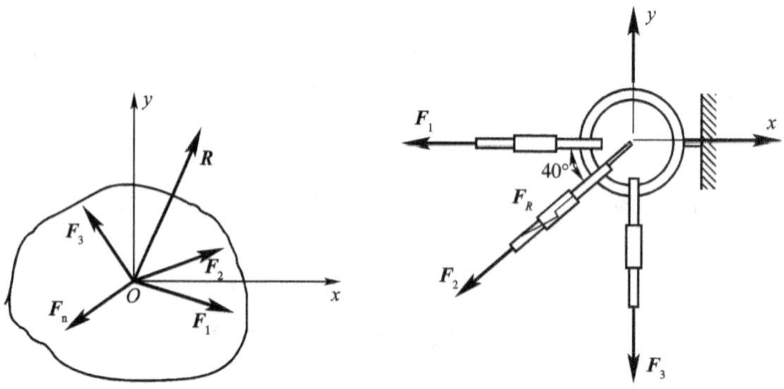

图 1-2-3 刚体上的平面汇交力系　　图 1-2-4 三个汇交力

解:(1)用解析法求合力大小。

应用合力矩定理,合力在两轴上的分力为:

$$F_{Rx} = \Sigma F_x \qquad F_1 - F_2\cos40° = -3915\text{N}$$

$$F_{Ry} = \Sigma F_y \qquad F_2\sin40° - F_3 = -3107\text{N}$$

由分力求合力,合力大小为:

$$F_R = \sqrt{F_{Rx}^2 + F_{Ry}^2} = 5000\text{N}$$

(2)求合力与 x 轴所夹的锐角。

$$\theta = \arctan\left|\frac{F_{Ry}}{F_{Rx}}\right| = \arctan\left|\frac{-3107}{-3915}\right| = \arctan 0.7936 = 38°28'$$

(3)判断合力指向。

由于合力在两坐标轴上的投影均为负,所以合力指向第三象限。

所以,所求得的合力大小为 5000N,与 x 轴夹角为 $38°28'$,作用线方向指向第三象限。

第二节　平面任意力系向一点简化

一、力的平移定理

作用于刚体上的力可以平行移动到刚体上的任意指定点,但必须同时在该力与指定点所决定的平面内附加一力偶 $\boldsymbol{M}$，其力偶矩的大小等于原力对指定点之矩。这就是力的平移定理。

即附加的力偶为：

$$\boldsymbol{M}=\boldsymbol{F}\cdot d=\boldsymbol{m}_B(\boldsymbol{F}) \tag{1-2-5}$$

证明：作用于刚体上 A 点的力 $\boldsymbol{F}$，要平行移动到刚体上 B 点去，如图 1-2-5a）所示。作等效力系，在 B 点加一平衡力系 $\boldsymbol{F}'$、$\boldsymbol{F}''$，此两力与 $\boldsymbol{F}$ 大小相等，作用线平行，则由 $\boldsymbol{F}$、$\boldsymbol{F}'$、$\boldsymbol{F}''$ 组成的力系与原力 $\boldsymbol{F}$ 等效，如图 1-2-5b）所示。重新组合这三个力，由于 $\boldsymbol{F}$、$\boldsymbol{F}''$ 组成力偶，用力偶符号 $\boldsymbol{M}$ 表示，力偶 $\boldsymbol{M}$ 的矩等于力偶中力 $\boldsymbol{F}$ 的大小乘以力 $\boldsymbol{F}$ 到 B 点的距离，即 $\boldsymbol{M}=\boldsymbol{F}\cdot d$ 力 $\boldsymbol{F}$ 对 B 作用点的矩为 $\boldsymbol{M}_B(\boldsymbol{F})=\boldsymbol{F}\cdot d$，所以有附加力偶的矩等于原力对新作用点的矩，如图 1-2-5c）所示。这时作用于 A 点的力 $\boldsymbol{F}$ 与平行移动到 B 点的力 $\boldsymbol{F}'$ 和原力 $\boldsymbol{F}$ 对 B 点的矩的共同作用等效，定理得证。

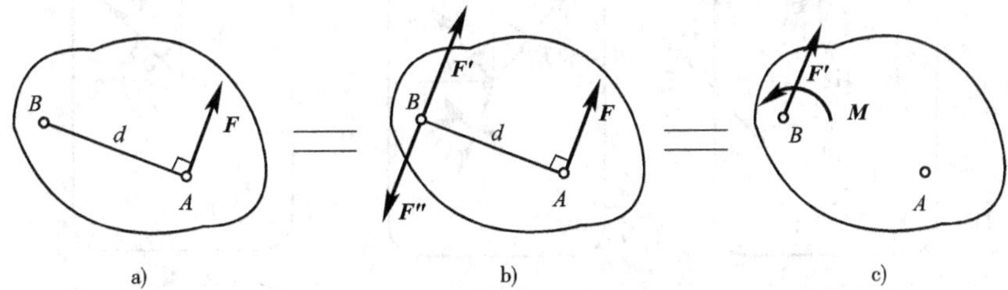

图 1-2-5　力的平移

力的平移定理揭示了力对物体产生移动和转动两种效应的实质。根据力的平移定理，可以将一个力分解为一个力和一个力偶；也可以将同一平面内的一个力和一个力偶合成为一个力。力的平移定理说明了力与力偶在对物体作用效应之间的区别和联系：一个力不能与一个力偶等效，但一个力可以和另一个与它平行的力及一个力偶的联合作用等效。

二、平面任意力系向一点简化

设刚体上作用一平面任意力系（$\boldsymbol{F}_1$、$\boldsymbol{F}_2$、…、$\boldsymbol{F}_n$），如图 1-2-6a）所示。力系所在的平面内任取一点 O（称为简化中心），按力的平移定理，把力系中的各力平移至 O 点，如图 1-2-6b）所示。在各力的移动过程中会产生附加力偶（$\boldsymbol{m}_1$、$\boldsymbol{m}_2$、…、$\boldsymbol{m}_n$）。因此原力系等价于作用于 O 点的平面汇交力系（$\boldsymbol{F}'_1$、$\boldsymbol{F}'_2$、…、$\boldsymbol{F}'_n$）及力偶矩为（$\boldsymbol{m}_1$、$\boldsymbol{m}_2$、…、$\boldsymbol{m}_n$）的平面力偶系。

平面汇交力系（$\boldsymbol{F}'_1$、$\boldsymbol{F}'_2$、…、$\boldsymbol{F}'_n$）的合力用 $\boldsymbol{R}'$ 表示，称为原平面任意力系的主矢。大小方向等于汇交力系中所有分力的矢量和。计算方法由求合力的大小和方向的计算方法确定，即为：

$$\begin{cases}\boldsymbol{R}_x{}'=\Sigma\boldsymbol{F}_x{}'\\ \boldsymbol{R}_y{}'=\Sigma\boldsymbol{F}_y{}'\end{cases} \tag{1-2-6}$$

$$\begin{cases}\boldsymbol{R}'=\sqrt{\boldsymbol{R}'^2_x+\boldsymbol{R}'^2_y}\\ \tan\alpha=\left|\dfrac{\boldsymbol{R}_y{}'}{\boldsymbol{R}_x{}'}\right|\end{cases} \tag{1-2-7}$$

式中，α 表示力 $\boldsymbol{R}'$ 与 x 轴所夹的锐角，$\boldsymbol{R}'$ 的指向由 $\boldsymbol{R}_x{}'$ 和 $\boldsymbol{R}_y{}'$ 的正负来确定。

附加的平面力偶系 $\boldsymbol{m}_1=\boldsymbol{m}_o(\boldsymbol{F}_1)$、$\boldsymbol{m}_2=\boldsymbol{m}_o(\boldsymbol{F}_2)$、…、$\boldsymbol{m}_n=\boldsymbol{m}_o(\boldsymbol{F}_n)$ 的合力偶矩的大小为 $\boldsymbol{M}_o$，$\boldsymbol{M}_o$ 称为原平面任意力系对简化中心 O 点的主矩，$\boldsymbol{M}_o$ 等于力系中各力对简化中心 O 点

之矩的代数和,即:

$$M_o = m_1 + m_2 + \cdots + m_n = \Sigma m_o(F) = \Sigma m \qquad (1\text{-}2\text{-}8)$$

需要注意的是,选取不同的简化中心,主矢不会改变,因为主矢总是等于原力系中各力的矢量和,也就是说主矢与简化中心的位置无关;而主矩等于原力系中各力对简化中心之矩的代数和,一般来说主矩与简化中心有关,提到主矩时一定要指明是对哪一点的主矩。主矢与主矩的共同作用才与原力系等效。

综上所述,平面任意力系向平面内任一点 O 简化后,可以得到一个力和一个力偶,如图 1-2-6c)所示,该力称为主矢,该力偶的力偶矩称为主矩。

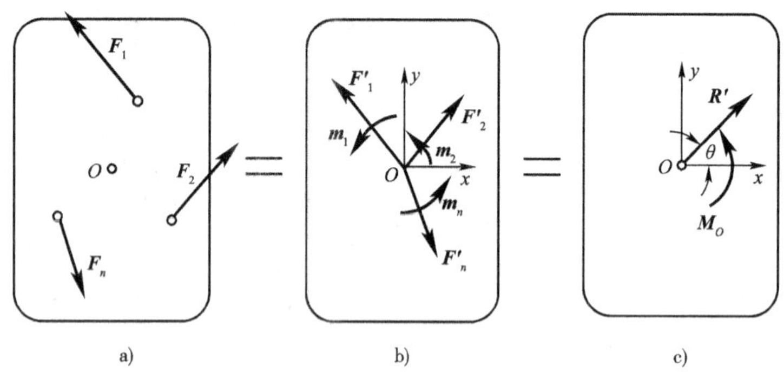

图 1-2-6　力向一点简化

三、平面任意力系简化结果的分析

(1)$R'=0, M_o=0$　原力系处于平衡状态,原力系为一平衡力系。

(2)$R'\neq 0, M_o=0$　原力系与一个力等效,原力系简化为作用在简化中心的一个合力。合力等于主矢,合力的作用线通过简化中心。该平面任意力系相当一个平面汇交力系。

(3)$R'=0, M_o\neq 0$　原力系与一个力偶等效,原力系简化为一个合力偶。合力偶矩等于主矩,此时,主矩与简化中心的位置无关。该平面任意力系相当一个平面力偶力系。

(4)$R'\neq 0, M_o\neq 0$　根据力的平移定理的逆过程,可将主矢 R' 与主矩 M_o 简化为一个合力 R,合力 R 的大小、方向与主矢 R' 相同,R 的作用线与主矢的作用线平行,到主矢的距离为 $d=\left|\frac{M_0}{R'}\right|$。合力与主矢的方位由主矢的方向和主矩的转向来确定,从主矢的正向看,当作用在简化中心上的主矩为正(逆时针转向)时,合力在主矢的右侧,反之,合力在主矢的左侧。如图 1-2-7 所示的简化力系,从主矢的正向看,主矩为正,所以合力 R 在主矢的右侧。由此我们知这种简化的最后结果为一合力 R,即 $R'\neq 0, M_o\neq 0$ 时平面任意力系简化为一个合力。

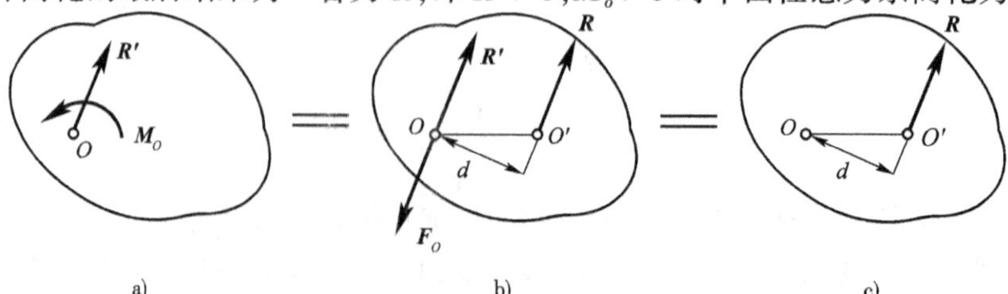

图 1-2-7　平面任意力系简化

四、平面任意力系求合力的应用举例

下面举一平面任意力系求合力的例子。

例 1-2-2　如图 1-2-8a)所示正方形平面板，边长为 $4a$，在板上分别作用有力 $\boldsymbol{F}_1$、$\boldsymbol{F}_2$、$\boldsymbol{F}_3$、$\boldsymbol{F}_4$，其中 $\boldsymbol{F}_1=\boldsymbol{F}$，$\boldsymbol{F}_2=2\sqrt{2}\boldsymbol{F}$，$\boldsymbol{F}_3=2\boldsymbol{F}$，$\boldsymbol{F}_4=3\boldsymbol{F}$，求作用在板上此力系的合力。

解：(1)选 o 为简化中心，建立直角坐标系 xoy，求力系的主矢。

主矢在两坐标上的投影为：

$$F'_{Rx}=\Sigma F_x=F_{1x}+F_{2x}+F_{3x}+F_{4x}=0+2F+2F-3F=F$$

$$F'_{Ry}=\Sigma F_y=F_{1y}+F_{2y}+F_{3y}+F_{4y}=-F+2F+0+0=F$$

主矢的大小：

$$F'_R=\sqrt{(F'_{Rx})^2+(F'_{Ry})^2}=\sqrt{F^2+F^2}=\sqrt{2}F$$

主矢的方向：

$$\tan\alpha=\left|\frac{\Sigma F_{Ry}}{\Sigma F_{Rx}}\right|=\frac{F}{F}=1,\alpha=45^\circ$$

由于 $\Sigma \boldsymbol{F}_x$ 和 $\Sigma \boldsymbol{F}_y$ 都为正，因此主矢 $\boldsymbol{F}_R'$ 指向第一象限。

(2)求力系的主矩。

$$M_o=\Sigma M_o(F)=M_o(F_1)+M_o(F_2)+M_o(F_3)+M_o(F_4)$$

$$=F_1\times\alpha+0+F_3\times 2\alpha-F_4\times\alpha=F\times\alpha+4\times F\times\alpha-3F\times\alpha=2F\alpha$$

主矩的大小为正，所以转向为逆时针方向。作用在简化中心的主矢和主矩如图 1-2-8b)所示。

(3)进一步求力系的合力。

由于 $\boldsymbol{F}_R'=0$，$\boldsymbol{M}_o\neq 0$，进一步合成为一合力 $\boldsymbol{F}_R$，$\boldsymbol{F}_R$ 大小方向与 $\boldsymbol{F}_R'$ 相同，作用线与 $\boldsymbol{F}_R'$ 作用线平行，相距：

$$d=\frac{|M_o|}{F'_R}=\frac{2Fa}{\sqrt{2}F}=\sqrt{2}a$$

合力 $\boldsymbol{F}_R$ 作用线通过 D 点，大小、方向如图 1-2-8c)所示。

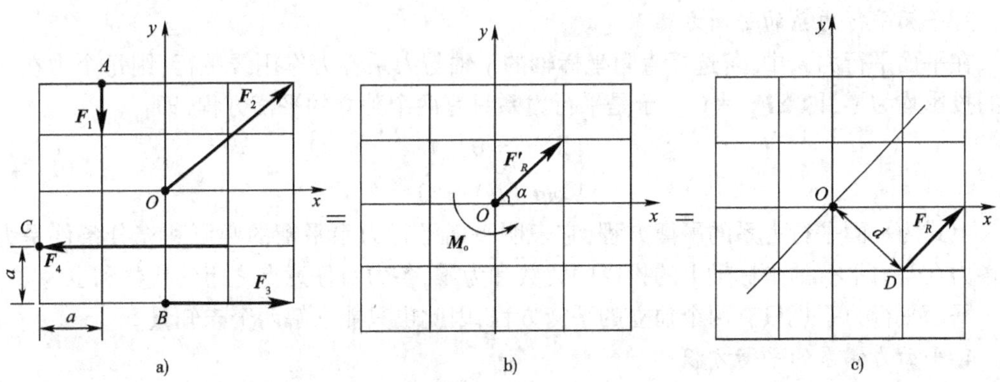

图 1-2-8　平面任意力系求合力

第三节　平面力系平衡方程及其应用

一、平面力系的平衡方程

1. 平面任意力系的平衡方程

在前面的平面任意力系简化结果的分析中可知,当主矢和主矩都等于零时,物体即不能移动也不能平动,力系平衡。因此平面任意力系平衡的充分与必要条件为:力系的主矢及力系对任一点的主矩均为零,即:

$$\begin{cases} \boldsymbol{R}' = 0 \\ \boldsymbol{M}_o = 0 \end{cases} \tag{1-2-9}$$

以上平衡条件可以用解析式表示。由式(1-2-6)和式(1-2-8)知,当式(1-2-9)满足时,必有:

$$\begin{cases} \Sigma \boldsymbol{F}_x = 0 \\ \Sigma \boldsymbol{F}_y = 0 \\ \Sigma \boldsymbol{m}_o(\boldsymbol{F}) = 0 \end{cases} \tag{1-2-10}$$

上式为平面任意力系平衡的解析条件,也称为平面任意力系的平衡方程,即平面任意力系平衡的解析条件为:力系中各力在两个任选的直角坐标轴上投影的代数和等于零,以及各力对任一点的力矩的代数和也等于零。这三个方程是各自独立的三个平衡方程,能求解三个未知量。

2. 平面汇交力系的平衡方程

由于平面汇交力系中各力的作用线汇交于一点,合成结果是一合力,平面汇交力系对汇交点的力矩和恒为零,即 $\Sigma \boldsymbol{m}_o(\boldsymbol{F}) \equiv 0$ 。于是平面汇交力系只有两个独立的平衡方程,即:

$$\begin{cases} \Sigma \boldsymbol{F}_x = 0 \\ \Sigma \boldsymbol{F}_y = 0 \end{cases} \tag{1-2-11}$$

由此可得平面汇交力系平衡的必要且充分条件为:力系中各力在两个坐标轴上投影的代数和分别为零,即平面汇交力系只有两个独立的平衡方程,可以求出两个未知量。

3. 平面平行力系的平衡方程

在平面平行力系中,若选择直角坐标轴的 y 轴与力系各力作用线平行,则每个力在 x 轴上的投影均为零,即 $\Sigma \boldsymbol{F}_x \equiv 0$ 。于是平行力系只有两个独立的平衡方程,即:

$$\begin{cases} \Sigma \boldsymbol{F}_y = 0 \\ \Sigma \boldsymbol{m}_o(\boldsymbol{F}) = 0 \end{cases} \tag{1-2-12}$$

上式为平面平行力系的平衡方程,它表明平面平行力系平衡的必要和充分条件是力系中各力在与力平行的坐标轴上的投影的代数和为零,各力对任意点之矩的代数和也为零。

平面平行力系也只有两个独立的平衡方程,因此也只能求解两个未知量。

4. 平面力偶系的平衡方程

平面力偶系的合成结果为一合力偶,合力偶的矩等于力偶系中各分力偶矩的代数和,而力偶在任意坐标轴上的投影恒为零,即 $\Sigma \boldsymbol{F}_x \equiv 0, \Sigma \boldsymbol{F}_y \equiv 0$,所以平面力偶系平衡方程即为:

$$\Sigma M_i \equiv 0 \tag{1-2-13}$$

即要使平面力偶系平衡,其充要条件是:平面力偶系中各分力偶矩的代数和为零。

平面力偶系只有一个平衡方程,只能求解一个未知数,一个力偶矩,或一个力偶中的两个力或力偶中的力臂值。

从上面的推导可以看出,平面汇交力系、平面平行力系、平面力偶系是平面任意力系的特殊力系,他们都满足平面任意力系的平衡方程,只是其中有的方程是恒等式,不能求解出未知数,所以要在方程组中去掉,去掉恒等式后的方程组即为对应力系的平衡方程。

二、平面力系平衡方程的应用举例

下面分别就各种平面力系举例说明平衡问题的求解。

例 1-2-3　重 $G = 20\text{kN}$ 的物体被绞车吊起,绞车的绳子绕过光滑的定滑轮 B,如图 1-2-9a)所示。滑轮由重量不计的 AB 杆和 BC 杆支撑,A、B、C 三点都由光滑铰链连接,滑轮 B 的大小不计。试求 AB 杆和 BC 杆所受的力。

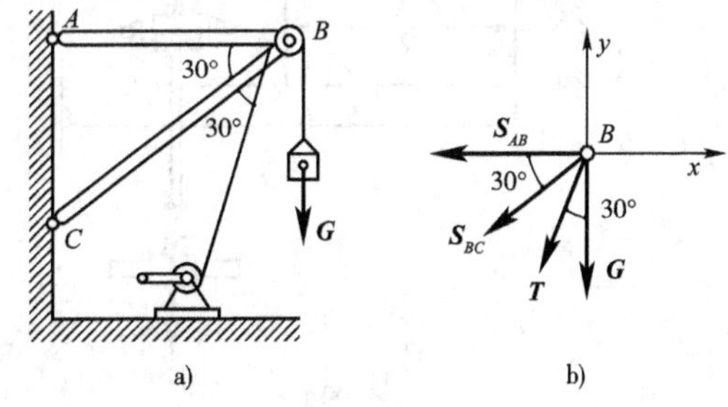

图 1-2-9　物体系统受力分析

解:(1)取滑轮 B 为研究对象,画出受力图,建立坐标,如图 1-2-9b)所示。

(2)列平衡方程。

$$\begin{cases}\Sigma \boldsymbol{F}_x = 0 & -S_{AB} - S_{BC}\cos30° - \boldsymbol{T}\sin30° = 0 \\ \Sigma \boldsymbol{F}_y = 0 & -S_{BC}\sin30° - \boldsymbol{T}\cos30° - G = 0\end{cases}$$

(3)解方程得未知量。

$$\begin{cases}S_{AB} = 54.6\text{kN} \\ S_{BC} = -74.6\text{kN}\end{cases}$$

S_{AB}前符号为正,表示实际方向与所设方向一致;S_{BC}前符号为负,表示实际方向与所设方向相反。

例 1-2-4　如图 1-2-10a)所示,为简易起吊机的平面力系简图。已知横梁 AB 的自重 $\boldsymbol{G}_1 = 4\text{kN}$,起吊总量 $\boldsymbol{G}_2 = 20\text{kN}$,$AB$ 的长度 $l = 2\text{m}$;斜拉杆 CD 的倾角 $\alpha = 30°$,自重不计;当电葫芦距 A 端距离 $a = 1.5\text{m}$ 时,处于平衡状态,试求拉杆 CD 的拉力和 A 端固定铰链支座的约束反力。

解:(1)以横梁 AB 为研究对象,画受力图,建立 xAy 平面直角坐标系,如图 1-2-10b)所示。

(2)列平衡方程。

$$\begin{cases}\Sigma \boldsymbol{F}_x = 0 & \boldsymbol{F}_{Ax} - \boldsymbol{F}_{CD}\cos\alpha = 0 \\ \Sigma \boldsymbol{F}_y = 0 & \boldsymbol{F}_{Ay} - \boldsymbol{G}_1 - \boldsymbol{G}_2 + \boldsymbol{F}_{CD}\sin\alpha = 0 \\ \Sigma \boldsymbol{m}_A(\boldsymbol{F}) = 0 & \boldsymbol{F}_{CD} l\sin\alpha - \boldsymbol{G}_1 \dfrac{l}{2} - \boldsymbol{G}_2 a = 0\end{cases}$$

(3)解方程得未知量。

$$\begin{cases} F_{Ax} = 29.44\text{kN} \\ F_{Ay} = 7\text{kN} \\ F_{CD} = 34\text{kN} \end{cases}$$

F_{CD}、F_{Ax}、F_{Ay}都为正值,表示力的实际方向与所设方向相同。

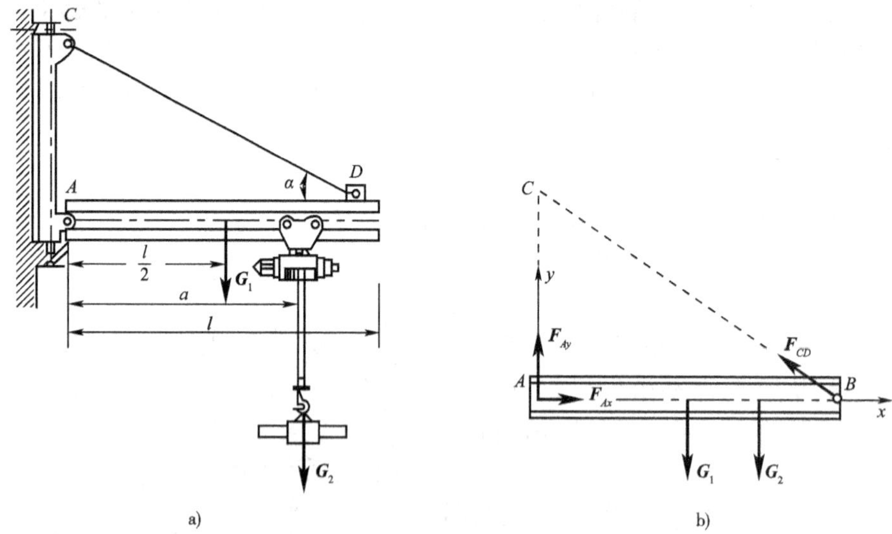

图 1-2-10　简易起吊机受力图

由上面两个例题,可得求解平面力系平衡问题的步骤如下:

(1)取研究对象,画受力图　根据问题的已知条件和未知量,选择合适的研究对象;取分离体,画出全部作用力(主动力和约束反力)。

(2)选取坐标轴,列平衡方程　选取合适的平面直角坐标系,为了简化计算,通常尽可能使力系中多数未知力的作用线平行或垂直于投影轴;尽可能把未知力的交点作为矩心,力求做到列一个平衡方程解一个未知数,以避免联立解方程。

(3)解平衡方程,校核结果　将已知条件代入方程求出未知数。但应注意由平衡方程求出的未知量的正、负号的含义,正号说明求出的力的实际方向与假设方向相同,负号说明求出的力的实际方向与假设方向相反,不要去改动受力图中原假设的方向。必要时可根据已得出的结果,代入再列出的任何一个平衡方程,检验其正误。

下面再列举几例。

例 1-2-5　一木屋架如图 1-2-11a)所示,A、B 两端分别为固定铰链和活动铰链支座,已知屋面的载荷 $F_1 = F_2 = 10\text{kN}$,AC 均布载荷(均匀连续分布的力),其载荷集度为 $q = 1\text{kN/m}$,屋架的宽度为 $4a = 6\text{m}$,试求支座 A、B 的反力。

解:(1)选取屋架为研究对象,画出受力图,建立坐标如图 1-2-11b)所示。

(2)列平衡方程。

列平衡方程时,均布载荷可以视为一集中力 Q(图中不要画出)。Q 力的大小等于载荷的集度与均布载荷作用的长度的乘积,作用点在均布载荷的中点。即:

$$Q = AC \cdot q = \frac{2a}{\cos 30^\circ} \times q = 3.46\text{kN}$$

列平衡方程如下：

$$\begin{cases}\sum F_x = 0 \quad N_{Ax} + Q\sin30° = 0 \\ \sum F_y = 0 \quad N_{Ay} - F_1 - F_2 - Q\cos30° + N_B = 0 \\ \sum m_A(F) = 0 \quad -F_1 a - 3aF_2 - Q \times \dfrac{a}{\cos30°} + 4aN_B = 0\end{cases}$$

(3)解方程得未知量。

$$\begin{cases}N_{Ax} = -1.73\text{kN} \\ N_{Ay} = 12\text{kN} \\ N_B = 11\text{kN}\end{cases}$$

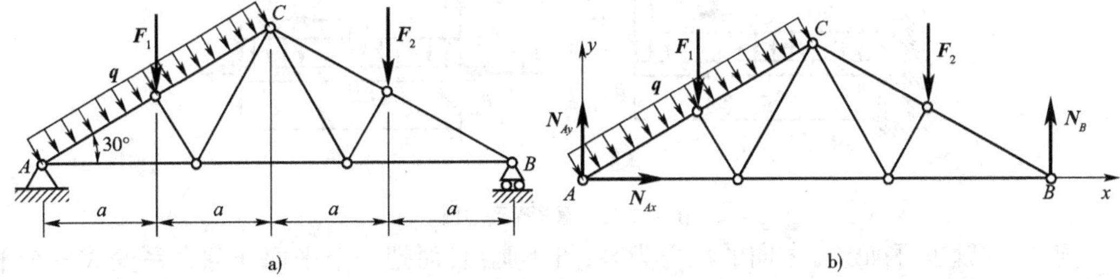

图 1-2-11　木屋架受力图

例 1-2-6　外伸梁受力如图 1-2-12 所示，已知：F、M、P、a；求：支座 A、B 处的约束反力。

解：(1)取横梁 DC 为研究对象，作受力分析图，A、B 支座作用的约束反力 F_{Ax}、F_{Ay}、F_{NB}。

(2)列 xAy 平面直角坐标系，对梁列平衡方程有：

$$\begin{cases}\sum F_x = 0 \quad F_{Ax} = 0 \\ \sum F_y = 0 \quad F_{Ay} - Pa + F_{NB} - F = 0 \\ \sum M_B(F) = 0 \quad Pa \cdot \dfrac{5}{2}a - 2aF_{Ay} - M - Fa = 0\end{cases}$$

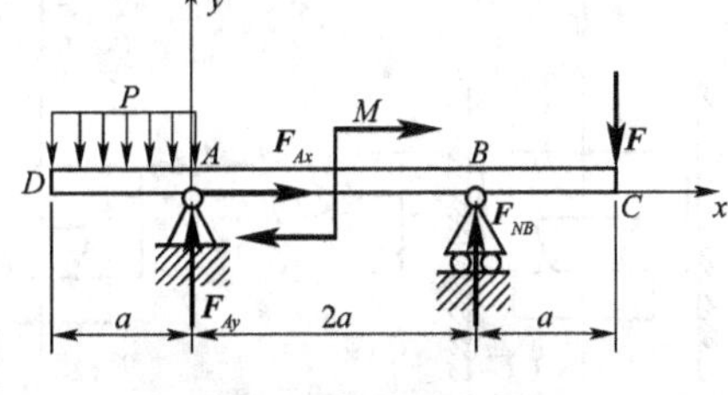

图 1-2-12　外伸梁受力图

(3)解平衡方程。

解得：

$$F_{Ay} = -\frac{1}{2}\left(F + \frac{M}{a} - \frac{5}{2}Pa\right)$$

$$F_{Ax} = 0, F_{NB} = \frac{1}{2}\left(3F + \frac{M}{a} - \frac{1}{2}Pa\right)$$

此题由于梁上所有外力都是与梁轴线垂直，铰链 B 处为一可动铰链，约束反力也一定与梁的轴线垂直，力偶也在轴线平面内，所以铰链 A 处不可能有水平方向的力 F_{Ax}。所以在画受力图的时候，可不画出 F_{Ax}，这样梁上作用的力系就变成了平面平行力系，用平行力系的两个平衡方程即可求出未知力 F_{Ay}、F_{NB}。这种情况的结构和受力在工程上大量存在，大家要能熟练掌握对其约束反力的求解。

例 1-2-7　如图 1-2-13a)所示一悬臂梁 AB，已知：$q = 10\text{kN/m}$，$F = 20\text{kN}$，$M = 10\text{kN} \cdot \text{m}$，$l = 2\text{m}$，求梁支座 A 的约束反力。

解：(1)取悬臂梁 AB 为研究对象，画受力图，如图 1-2-13b)所示。

(2)建立 xAy 平面直角坐标系,列平衡方程

$$\begin{cases}\Sigma F_x = 0 & F_{Ax} = 0 \\ \Sigma F_y = 0 & F_{Ay} - q \times l - F = 0 \\ \Sigma M_A(F) = 0 & M_A - \frac{1}{2} q \times l^2 - M - F \times l = 0\end{cases}$$

(3)解方程求支反力。

解得:
$$F_{Ax} = 0, F_{Ay} = q \times l + F = 20 + 20 = 40\text{kN}$$

$$M_A = \frac{1}{2} \times q \times l^2 + M + F \times l = \frac{1}{2} \times 10 \times 2^2 + 10 + 20 \times 2 = 70\text{kN} \cdot \text{m}$$

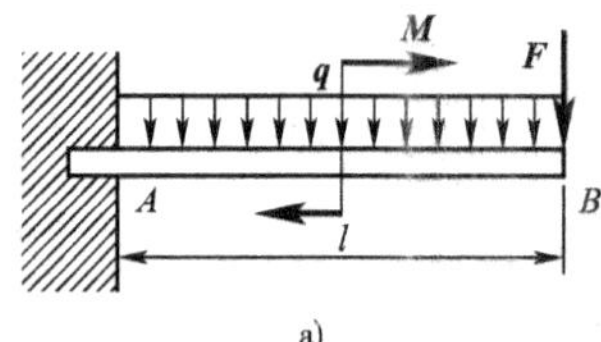

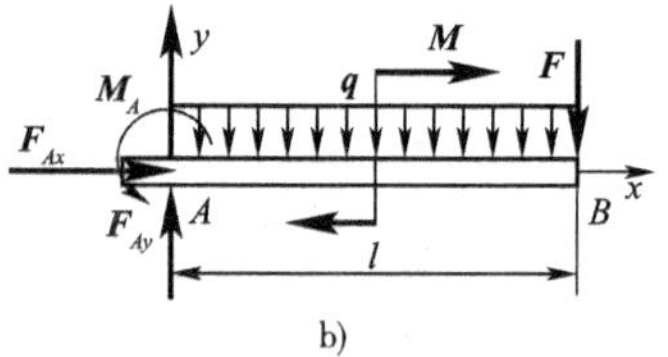

图 1-2-13　悬臂梁受力图

同样,本题也可确定 x 方向的反力为零,可不画出,而把一个平面任意力系变成一个平面平行力系来求解,同学们可以自己做一下。

例 1-2-8　如图 1-2-14a)所示轨道中的锤头,已知其上受的力 $F = F' = 1000\text{N}$,距离 $e = 20\text{mm}, h = 200\text{mm}$,求:锤头加给两侧导轨的压力。

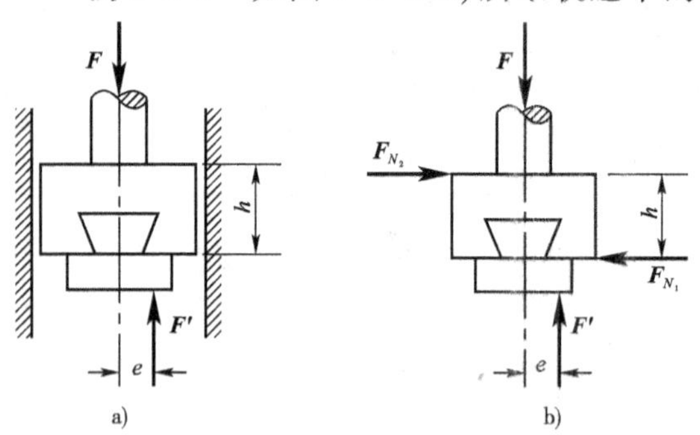

图 1-2-14　轨道锤头受力图

解:(1)取锤头为研究对象,作受力分析图,如图 1-2-14b)所示。由于 F、F'组成力偶,使锤头有顺时针转动的趋势,轨道处对锤头必作用一反力偶 F_{N_1}、F_{N_2},所以锤头受一平面力偶系作用。

(2)列平衡方程。

由平面力偶系的平衡方程,有:

$$\Sigma M_i = 0 \quad Fe - F_{N_1} h = 0$$

(3)解平衡方程。

由上式解得:

$$F_{N_1} = F_{N_2} = \frac{Fe}{h} = \frac{1000 \times 20}{200} = 100\text{kN}$$

由作用反作用关系知,锤头加给两侧轨道的压力为 100kN。

例 1-2-9　如图 1-2-15a)所示塔式起重机,轨距 4m,机身重 $G = 500\text{kN}$,重心至机架中心距离 4m;最大起吊 $G_1 = 260\text{kN}$,作用线至机架中心最大距离 12m,平衡块 G_2 至机架中心 6m,欲使起重机满载时不右倾倒、空载时不左倾倒,求平衡块 G_2 重量;平衡块 $G_2 = 600\text{kN}$ 时,求满载时轮子对轨道的压力。

解:(1)取起重机为研究对象,画受力图,如图 1-2-15b)所示。

①满载情况结构不倾倒,必有 $F_A \geqslant 0$,等于 0 是极限情况,极限情况下的受力如

图 1-2-15c)所示,如果平衡锤重量小于此状态下的重量,结构将向左倾倒。列平衡方程求平衡锤最小值。

$\Sigma M_B(F_i)=0 \quad G_{2\min}\times(6+2)-G\times(4-2)-G_1\times(12-2)=0$

解方程得:

$$G_{2\min}=450\text{kN}$$

②空载情况结构不倾倒,必有 $F_B\geqslant 0$,等于 0 是极限情况,极限情况下的受力如图 1-2-15d)所示,如果平衡锤重量大于此状态下的重量,结构将向右倾倒。列平衡方程求平衡锤最大值。

$$\Sigma M_A(F_i)=0 \quad G_{2\max}\times(6-2)-G\times(4+2)=0$$

解方程得:

$$G_{2\max}=750\text{kN}$$

所以结构不倾倒,平衡锤的重量范围为:$450\text{kN}\leqslant G_2\leqslant 750\text{kN}$

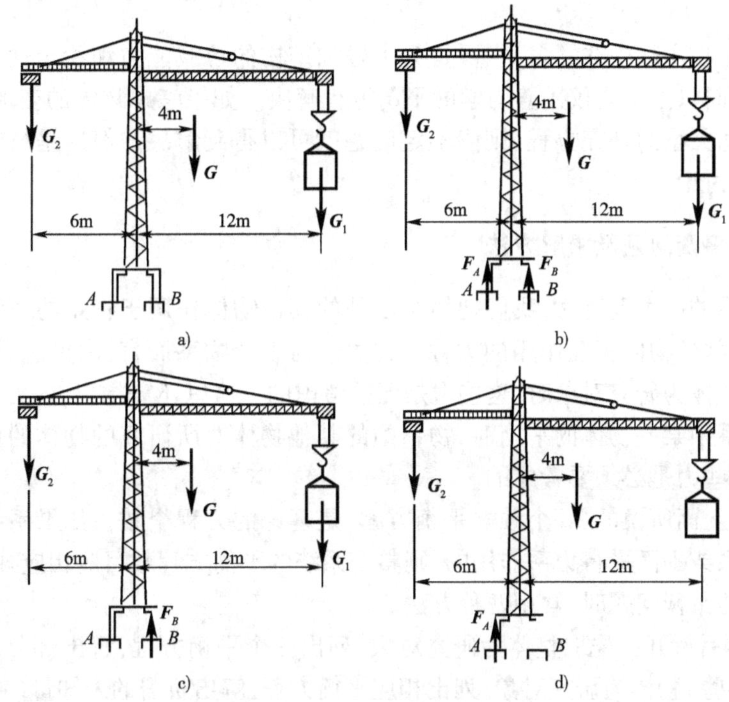

图 1-2-15　塔式起重机受力图

(2)平衡块 $G_2=600\text{kN}$ 时,满载时求轮子对轨道的压力。

由于 $G_2=600\text{kN}$ 在平衡范围内,结构不会倾倒,此时受力如图 1-2-14b)所示。

列平衡方程:

$$\begin{cases}\Sigma M_B(F_i)=0 \quad G_2\times(6-2)-F_A\times 4-G\times(4-2)-G_1\times(12-2)=0\\ \Sigma M_A(F_i)=0 \quad G_2\times(6-2)+F_B\times 4-G\times(4+2)-G_1\times(12+2)=0\end{cases}$$

解平衡方程得:

$$F_A=300\text{kN},F_B=1060\text{kN}$$

所以当平衡块 $G_2=600\text{kN}$ 时,满载时轮子对轨道的压力为 $F_A=300\text{kN},F_B=1060\text{kN}$。

第四节 船舶构件系统的平衡、静定与静不定问题的概念

一、静定与静不定问题的概念

所谓物系就是指由若干个物体通过约束按一定方式连接而成的系统。当整个物系处于平衡时,系统中每一个物体或某一个局部一定平衡,因此,可取整个系统为研究对象,也可取单个物体或系统中部分物体的组合为研究对象。对于每个研究对象,一般情况下我们都可以写出三个独立的平衡方程。假设物系由 n 个物体组成,则可以写出 $3n$ 个独立的方程,因而可以确定 $3n$ 个未知量。如果我们研究的物系中,未知量的数目不超过 $3n$ 个,则所有的未知量都可以由平衡方程求出。我们把这类问题称为静定问题。反之,如果物系中,未知量的数目超过 $3n$ 个,则所有的未知量仅用平衡方程无法求出。我们把这类问题称为静不定问题或超静定问题。

静不定问题在实际中非常多,主要是为了增加结构的承载能力和稳定性。静不定问题不是不能解决,而只是不能仅用静力学的平衡方程解决。如果考虑物体的变形情况,列出变形与作用力之间关系的补充方程,则静不定问题就可以得到解决。但这是材料力学研究的内容,在此不作讨论。

二、物系的平衡问题及求解方法

在研究物系的平衡问题时,我们把物系以外的其他物体作用于物系的力称为该物系的外力,把物系内部各物体相互作用的力称为内力。对整个物系而言,内力总是成对出现的,所以在取物系整体为研究对象时,这些力是无须考虑的。这里还需指出,内力和外力是相对的。当研究物系中某一物体的平衡时,物系中的其他物体对所研究的物体的作用力就转化为外力,这时这些力是必须要考虑的。

必须指出,上面所说的 $3n$ 个独立平衡方程,是理论的方程个数。如果系统中的物体有受平面汇交力系或平面平行力系作用的,则整个系统的平衡方程数目应相应减少。

求解物系的平衡问题时,常用两种方法。

(1)先整体后拆开　先取整体为研究对象,列出三个平衡方程,解出部分未知量。再选物系中某个(某些)物体为研究对象,列出相应平衡方程,解出所需的未知量。

(2)逐次拆开　选择单个物体为研究对象(注意:先选择哪个物体是关键),列出对应的平衡方程,依次解出未知量。

不管选择哪种方法,先列出的平衡方程,必须要能解出相应的未知量,以免解联立方程。

三、物系平衡问题求解的应用举例

下面举例说明物系的平衡问题的解法。

例 1-2-10　组合梁由 AB 梁和 BC 梁用中间铰链 B 连接而成,支承与载荷情况如图 1-2-16a)所示;已知 $\boldsymbol{F}=20\text{kN}$,$\boldsymbol{q}=5\text{kN/m}$,$\alpha=45°$,求支座 A、B、C 处的约束反力。

解:(1)经过对组合梁的受力分析,可知 BC 梁上未知数少,可从平衡方程求出。所以先

取 BC 梁为研究对象，画出受力图，建立坐标如图 1-2-16b）所示，列平衡方程。

$$\begin{cases}\Sigma F_x = 0 \quad F_{Bx} - F_{NC}\cos\alpha = 0 \\ \Sigma F_y = 0 \quad F_{By} - F + F_{NC}\cos\alpha = 0 \\ \Sigma m_C(F) = 0 \quad 1 \times F - 2 \times F_{By} = 0\end{cases}$$

解之得：

$$\begin{cases}F_{Bx} = 10\text{kN} \\ F_{By} = 10\text{kN} \\ F_{NC} = 14.14\text{kN}\end{cases}$$

（2）再取 AB 梁为研究对象，将均布载荷合成为集中力 F_1，画出受力图，建立坐标如图 1-2-16c）所示，列平衡方程。

$$\begin{cases}\Sigma F_x = 0 \quad F_{Ax} - F'_{Bx} = 0 \\ \Sigma F_y = 0 \quad F_{Ay} - F_1 + F'_{By} = 0 \\ \Sigma m_A(F) = 0 \quad M_A - 1 \times F - 2 \times F'_{By} = 0\end{cases}$$

解之得：

$$\begin{cases}F_{Ax} = 10\text{kN} \\ F_{Ay} = 20\text{kN} \\ M_A = 30\text{kN} \cdot \text{m}\end{cases}$$

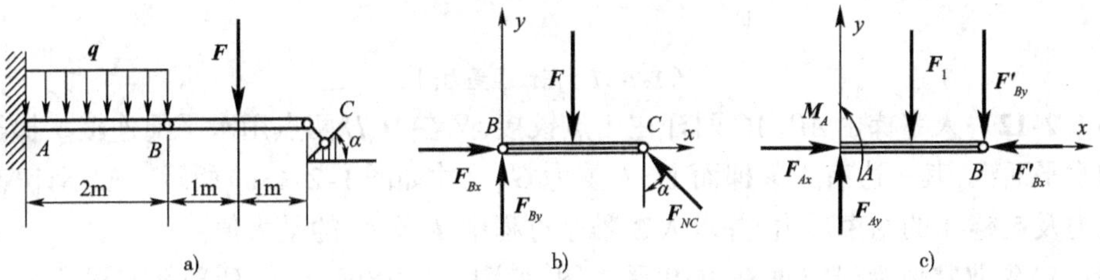

图 1-2-16　组合梁受力图

例 1-2-11　如图 1-2-17a）所示三铰拱，每半拱重 $G = 300\text{kN}$，跨长 $l = 32\text{m}$，拱高 $h = 10\text{m}$，求铰链支座 A、B、C 约束反力。

解：分析：本题可用两种解法。第一种解法：先取整体为研究对象，再取半拱 AC（或 BC）为研究对象进行求解。第二种解法：分别取半拱 AC、BC 为研究对象进行求解。第一种解题方法比较简单，下面就介绍第一种。

（1）取整体为研究对象，作受力分析图，如图 1-2-17b）所示。

建立坐标列平衡方程并求解：

$$\Sigma M_A(F_i) = 0 \quad -G \times 4 - G \times (l - 4) + F_{By} \times l = 0$$

$$F_{By} = 300\text{kN}$$

$$\Sigma F_y = 0 \quad F_{Ay} - G - G + F_{By} = 0, F_{Ay} = 300\text{kN}$$

$$\Sigma F_x = 0 \quad F_{Ax} - F_{Bx} = 0, F_{Ax} = F_{Bx}$$

（2）取半拱 AC 为研究对象，画出受力分析图，如图 1-2-17c）所示。

列平衡方程并求解：

$$\Sigma M_C(F) = 0 \quad F_{Ax} \times h - F_{Ay} \times \frac{l}{2} + G \times \left(\frac{l}{2} - 4\right) = 0$$

$$F_{Ax}=F_{Bx}=120\text{kN}$$

$$\Sigma F_x=0 \quad F_{Ax}-F_{Cx}=0, F_{Cx}=120\text{kN}$$

$$\Sigma F_y=0 \quad F_{Ay}-G+F_{Cy}=0, F_{Cy}=0$$

大家可试着用第二种方法,一部分一部分地求解。

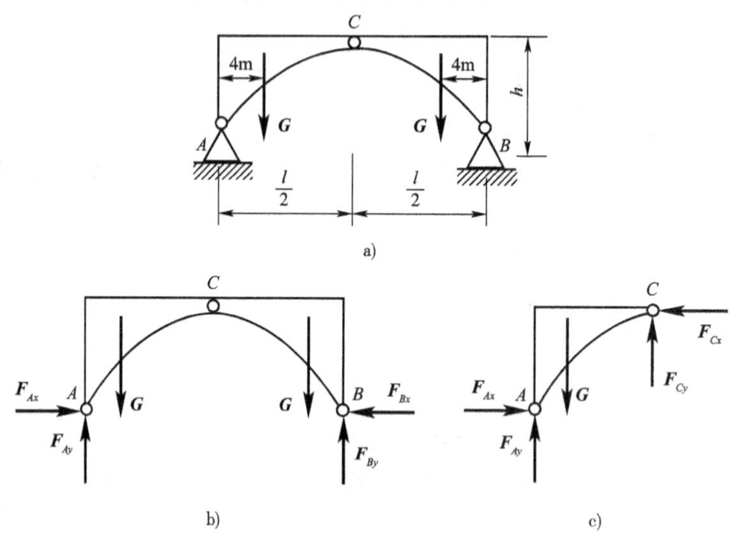

图 1-2-17　三铰拱受力图

例 1-2-12　人字梯由 AB、AC 两杆在 A 点铰接,又在 D、E 两点用水平绳连接。梯子放在光滑的水平面上,其一边有人攀梯而上,人重为 $\boldsymbol{G}$,尺寸如图 1-2-18a)所示。如不计梯重,求绳的拉力及铰链 A 的约束反力,并求人在攀登过程中 $\boldsymbol{T}$ 及 $\boldsymbol{N}_A$ 的最大值。

解:(1)先取整体为研究对象,画出受力图,如图 1-2-18b)所示,列平衡方程。

$$\Sigma m_O(F)=0 \quad G\cdot a\cdot\cos\alpha-N_B2l\cos\alpha=0$$

可得:

$$N_B=G\frac{a}{2l}$$

(2)再取 AB 杆为研究对象,画出受力图,如图 1-2-18c)所示,列平衡方程。

$$\begin{cases}\Sigma F_x=0 \quad N_{Ax}+T=0\\ \Sigma F_y=0 \quad N_{Ay}+N_B=0\\ \Sigma m_A(F)=0 \quad T\cdot h-N_Bl\cos\alpha=0\end{cases}$$

解之得:

$$\begin{cases}N_{Ax}=-\dfrac{G\cdot a\cdot\cos\alpha}{2h}\\ N_{Ay}=-G\dfrac{a}{2l}\\ T=\dfrac{G\cdot a\cdot\cos\alpha}{2h}\end{cases}$$

(3)由以上结果知,其他条件不变的情况下,当 a 取最大值时 $\boldsymbol{T}$、$\boldsymbol{N}_{Ax}$、$\boldsymbol{N}_{Ay}$ 均为最大值。

$$T_{\max}=\frac{G\cdot l\cdot\cos\alpha}{2h};N_{Ax\max}=-\frac{G\cdot l\cdot\cos\alpha}{2h};N_{Ay\max}=-\frac{G}{2}$$

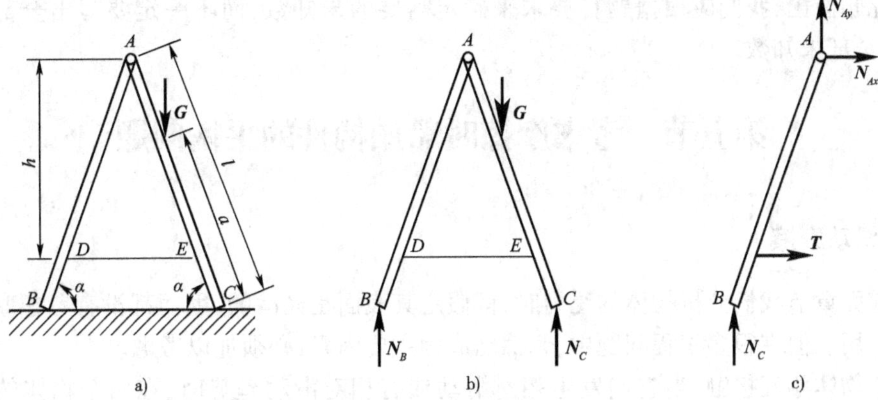

图 1-2-18　人字梯受力图

例 1-2-13　压力机构如图 1-2-19a）所示，已知：汽缸直径 $D = 120\text{mm}$，气压 $P = 6\text{N/mm}^2$，$\alpha = 30°$，各杆自重不计；求：机构的夹紧力 $\boldsymbol{F}$。

解：(1)取销钉 B 为研究对象，作受力分析图，如图 1-2-19b）所示。

图中：

$$\boldsymbol{F}_1 = p\frac{\pi D^2}{4} = 21.6\pi\text{kN}$$

建立 xoy 平面直角坐标系，对销钉 B 列平衡方程：

$$\begin{cases}\Sigma \boldsymbol{F}_x = 0 & \boldsymbol{F}_{BA}\cos30° - \boldsymbol{F}_{BC}\cos30° = 0 \\ \Sigma \boldsymbol{F}_y = 0 & -\boldsymbol{F}_{BA}\sin30° - \boldsymbol{F}_{BC}\sin30° + \boldsymbol{F}_B = 0\end{cases}$$

解得：

$$\boldsymbol{F}_{BC} = \boldsymbol{F}_{BA} = \boldsymbol{F}_B = 21.6\pi\text{kN}$$

(2)取滑块 C 为研究对象，作受力分析图，如图 1-2-19c）所示，列平衡方程有：

$$\Sigma \boldsymbol{F}_x = 0 \quad -\boldsymbol{F} + \boldsymbol{F}'_{CB}\cos30° = 0$$

得：

$$\boldsymbol{F} = \boldsymbol{F}'_{CB}\cos30° = 21.6 \times 3.14 \times 0.866 = 58.76\text{kN}$$

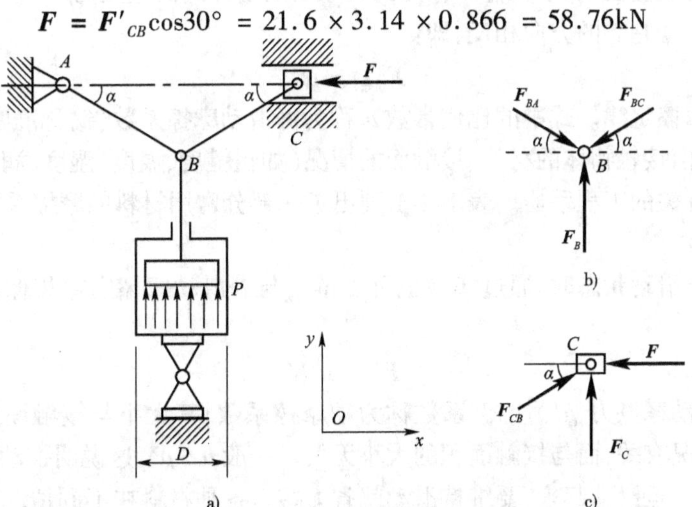

图 1-2-19　压力机构受力图

从此题看出,我们应根据题目要求来确定需要的未知数,而不一定要写出全部平衡方程,求出全部未知数。

第五节 考虑摩擦时船舶构件的平衡问题

一、滑动摩擦

在前面章节我们分析物体的受力时,都假定其表面是光滑的,因而都没有考虑摩擦力对物体的作用。但在很多工程问题中,摩擦已成为主要因素,必须加以考虑。

两个物体相互接触,当它们发生相对滑动或有相对滑动趋势时,在两个物体的接触面上,就会出现阻止彼此滑动的力,该力称为滑动摩擦力(简称摩擦力)。摩擦力的方向与物体相对运动(或相对运动趋势)的方向相反。

当物体仅有滑动趋势而没有发生相对滑动时,两物体间产生的摩擦力称为静摩擦力;当两物体已经产生相对滑动时,两物体间的摩擦力称为动摩擦力。当物体处于将动而未动的状态,称之为临界平衡状态(简称临界状态)。这时的摩擦力是所有静摩擦力中的最大值,称为最大静摩擦力 $\boldsymbol{F}_{max}$。

1. 静摩擦力

1)静摩擦力

(1)当物体与接触面之间有法向力存在,且有滑动趋势时,沿接触面的切线方向有静摩擦存在,其方向与滑动趋势方向相反。

(2)静摩擦力的大小由平衡条件确定,其值在零与最大静摩擦力 $\boldsymbol{F}_{max}$之间,即:

$$0 \leqslant \boldsymbol{F} \leqslant \boldsymbol{F}_{max}$$

(3)当物体处于临界平衡状态时,摩擦力达到最大静摩擦力 $\boldsymbol{F}_{max}$。

2)静摩擦定律

通过大量的实验证明:最大静摩擦力的大小与两物体间的正压力(即法向反力)成正比,其方向与相对滑动趋势的方向相反,即:

$$\boldsymbol{F}_{max} = \mu \boldsymbol{N} \tag{1-2-14}$$

这就是静滑动摩擦定律。式中的比例常数 μ 称为静滑动摩擦系数(简称静摩擦系数,它是个无量纲的正数,由接触物体的材料、接触面的情况(如粗糙度、温度、湿度、润滑情况)等决定。其数值可查阅有关的工程手册。表 1-2-1 列出了一部分常用材料的摩擦系数。

2. 动摩擦力

当物体处于滑动状态时,通过实验也可以得出与静滑动摩擦定律相似的动滑动摩擦定律,即:

$$\boldsymbol{F}' = \mu' \boldsymbol{N} \tag{1-2-15}$$

式中,$\boldsymbol{F}'$为动滑动摩擦力,μ'为比例系数称为动摩擦系数,其大小与接触面的材料、粗糙度、湿度、温度等情况有关,而与接触面积的大小无关。一般 $\mu > \mu'$,这说明推动物体从静止开始滑动比较费力,一旦滑动起来,要维持滑动就省力些。各种材料在不同情况下的动摩擦系数是由实验测定的,几种常见材料的动摩擦系数如表 1-2-1 所示。在精确程度要求不高的情况时,可以近似认为静摩擦系数和动摩擦系数相等。

常用材料的摩擦系数　　表 1-2-1

材 料 名 称	静摩擦系数	动摩擦系数
钢 - 钢	0.15	0.15
钢 - 铸铁	0.3	0.18
钢 - 青铜	0.15	0.15
软钢 - 铸铁	0.2	0.18
木材 - 木材	0.4 ~ 0.6	0.2 ~ 0.5
皮革 - 铸铁	0.3 ~ 0.5	0.6

由上述所知:当考虑摩擦问题时,首先要分清物体处于那种状态,静止、临界还是运动。根据不同的状态用相应的方法来计算摩擦力。

但是在计算前并不知道物体所处的状态,因此首先需假设物体处于静止状态,然后根据平衡方程求出摩擦力 $\boldsymbol{F}$,再和最大静摩擦力 $\boldsymbol{F}_{max}$ 作比较:

(1) $\boldsymbol{F} < \boldsymbol{F}_{max}$　物体处于静止状态。

(2) $\boldsymbol{F} = \boldsymbol{F}_{max}$　物体处于临界状态。

(3) $\boldsymbol{F} > \boldsymbol{F}_{max}$　物体处于运动状态,这时的摩擦力需根据动摩擦力的计算公式重新计算。

下面举一例说明摩擦力的求解。

例 1-2-14　物体重为 $\boldsymbol{G} = 1000\text{N}$,放在一倾角 $\alpha = 30°$ 的斜面上。已知接触面的静摩擦系数 $\mu = 0.2$。今有一大小为 $\boldsymbol{Q} = 600\text{N}$ 的力沿斜面推物体,如图 1-2-20a)所示。问物体在斜面上所处的状态? 并求摩擦力的大小。

解:假设物体处于静止状态,画出受力图,建立坐标如图 1-2-20b),列平衡方程。

$$\begin{cases} \Sigma \boldsymbol{F}_x = 0 & \boldsymbol{F} + \boldsymbol{Q} - \boldsymbol{G}\sin\alpha = 0 \\ \Sigma \boldsymbol{F}_y = 0 & \boldsymbol{N} - \boldsymbol{G}\cos\alpha = 0 \end{cases}$$

解之得:

$$\boldsymbol{F} = \boldsymbol{G}\sin\alpha - \boldsymbol{Q} = 1000 \times 0.5 - 600 = -100\text{N}$$

$$\boldsymbol{F}_{max} = \mu \boldsymbol{N} = \mu \boldsymbol{G}\cos\alpha = 0.2 \times 1000 \times \frac{\sqrt{3}}{2} = 173\text{N}$$

由于 $\boldsymbol{F} < \boldsymbol{F}_{max}$,所以物体处于静止状态,摩擦力的负号说明方向和原假设的方向相反,所以物体有向上运动的趋势。

二、摩擦角和自锁现象

在考虑摩擦的情况下,平衡物体受到的约束反力包括法向反力 $\boldsymbol{N}$ 和沿接触面的摩擦力 $\boldsymbol{F}$,两者的合力称为全约束反力,简称全反力,用符号 $\boldsymbol{R}$ 表示。如图 1-2-21a)所示,全反力 $\boldsymbol{R}$ 与法向反力 $\boldsymbol{N}$ 之间的夹角为 φ。全反力 $\boldsymbol{R}$ 和夹角 φ 的大小随静摩擦力 $\boldsymbol{F}$ 的增大而增大,当物体处于平衡的临界状态时,静摩擦力达到最大值 $\boldsymbol{F}_{max}$,夹角 φ 也达到最大值 φ_m,这时的全反力与法向反力 $\boldsymbol{N}$ 夹角的最大值 φ_m 称为摩擦角,如图 1-2-21b)所示。由此可得:

$$\tan\varphi_m = \frac{\boldsymbol{F}_{max}}{\boldsymbol{N}} = \mu \tag{1-2-16}$$

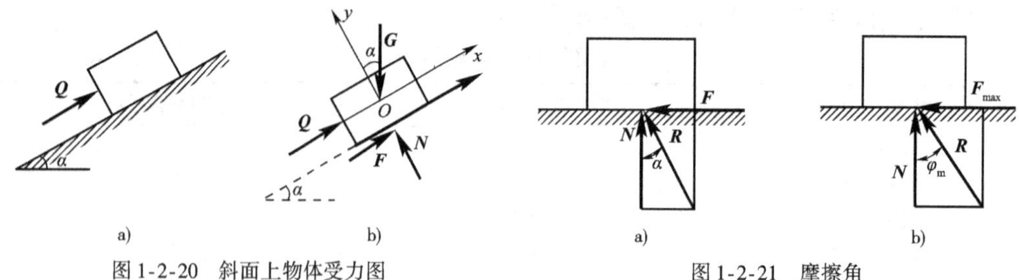

图 1-2-20 斜面上物体受力图

图 1-2-21 摩擦角

即摩擦角的正切值等于静摩擦系数。摩擦角和静摩擦系数是两接触物体同一摩擦性能的两种不同度量方式。

物体平衡时，静摩擦力总是小于或等于最大静摩擦力，因此，全反力 $\boldsymbol{R}$ 与接触面法线间的夹角 α 也总是小于或等于摩擦角 φ_m，即全反力的作用线不可能超出摩擦角的范围。若主动力的合力 $\boldsymbol{Q}$ 作用线在摩擦角范围内，约束面必产生一个与之等值、共线、反向的全反力 $\boldsymbol{R}$ 与之相平衡，不论 $\boldsymbol{Q}$ 怎样增大，物体总能处于静止平衡状态。这种只需主动力的合力作用线在摩擦角范围内，物体依靠摩擦总能静止而与主动力大小无关的力学现象称为自锁现象。

自锁的条件为：

$$\alpha \leqslant \varphi_m \tag{1-2-17}$$

三、考虑摩擦时的平衡问题求解

考虑摩擦时物体的平衡问题，其解题方法、步骤与不考虑摩擦时基本相同，所不同的是：在画物体受力图时，一定要画出摩擦力，并要注意摩擦力总是沿着接触面的公切线并与物体相对滑动或相对滑动趋势方向相反，当方向不定时可假设；除列出物体的平衡方程外，还应附加静摩擦力的求解条件作为补充方程，因静摩擦力有一个变化范围，故所得结果也是一个范围值，称为平衡范围，在临界状态时，补充方程为 $\boldsymbol{F}_{max} = \mu\boldsymbol{N}$，所得的结果也是平衡范围的极限值。

下面列举几个考虑摩擦时的平衡问题的求解。

例 1-2-15 将重为 $\boldsymbol{G}$ 的物体放在斜面上，斜面倾角为 α，静摩擦系数为 μ，求能使物体静止在斜面上的水平推力 $\boldsymbol{Q}$ 的大小，如图 1-2-22a) 所示。

解：若 $\boldsymbol{Q}$ 力较小，物体将向下滑动。若 $\boldsymbol{Q}$ 力较大，物体将向上滑动。因此所求 $\boldsymbol{Q}$ 为一范围即 $\boldsymbol{Q}_{min} \leqslant \boldsymbol{Q} \leqslant \boldsymbol{Q}_{max}$。

(1) 求物体不致下滑的 $\boldsymbol{Q}_{min}$。画出受力图，建立坐标如图 1-2-22b) 所示，列平衡方程。

$$\begin{cases} \Sigma \boldsymbol{F}_x = 0 \quad \boldsymbol{Q}\cos\alpha - \boldsymbol{G}\sin\alpha + \boldsymbol{F} = 0 \\ \Sigma \boldsymbol{F}_y = 0 \quad \boldsymbol{N} - \boldsymbol{G}\cos\alpha - \boldsymbol{Q}\sin\alpha = 0 \end{cases}$$

补充方程：

$$\boldsymbol{F} = \mu\boldsymbol{N}$$

解之得：

$$\boldsymbol{Q}_{min} = \boldsymbol{G}\frac{\sin\alpha - \mu\cos\alpha}{\cos\alpha + \mu\sin\alpha}$$

(2) 求物体不致下滑的 $\boldsymbol{Q}_{max}$。画出受力图，建立坐标如图 1-2-22c) 所示，列平衡方程。

$$\begin{cases} \Sigma \boldsymbol{F}_x = 0 \quad \boldsymbol{Q}\cos\alpha - \boldsymbol{G}\sin\alpha - \boldsymbol{F} = 0 \\ \Sigma \boldsymbol{F}_y = 0 \quad \boldsymbol{N} - \boldsymbol{G}\cos\alpha - \boldsymbol{Q}\sin\alpha = 0 \end{cases}$$

补充方程：

$$F = \mu N$$

解之得：

$$Q_{max} = G\frac{\sin\alpha + \mu\cos\alpha}{\cos\alpha - \mu\sin\alpha}$$

所以能使物体静止在斜面上的水平推力 Q 的大小为：

$$G\frac{\sin\alpha - \mu\cos\alpha}{\cos\alpha + \mu\sin\alpha} \leqslant Q \leqslant G\frac{\sin\alpha + \mu\cos\alpha}{\cos\alpha - \mu\sin\alpha}$$

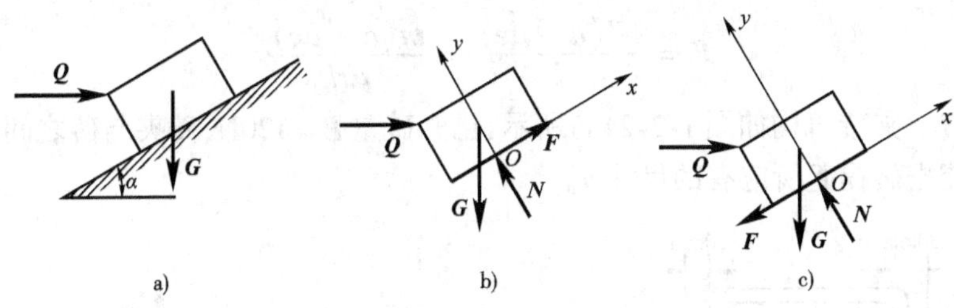

图 1-2-22　带摩擦的平衡

例 1-2-16　图 1-2-23a) 为一制动器的示意图。已知制动器摩擦块与滑轮表面的静摩擦系数为 μ，作用在滑轮上的力偶的力偶矩为 m，A 和 O 都是铰链，几何尺寸如图所示。求制动滑轮所必需的最小力 P_{min}。

解：当摩擦块与滑轮表面产生的摩擦力的力矩刚好等于力偶矩 m 时，滑轮刚刚能停止转动，并处与临界状态，此时力 P 值最小。

(1) 先取滑轮为研究对象，画出受力图，建立坐标如图 1-2-23b) 所示，列平衡方程。

$$\Sigma m_O(F) = 0 \quad m - Fr = 0$$

补充方程：

$$F = \mu N$$

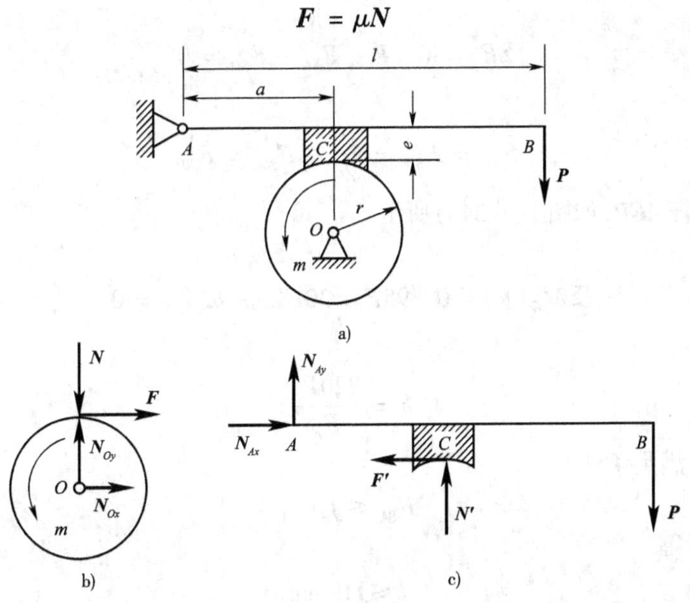

图 1-2-23　制动器平衡受力图

解得:

$$F=\frac{m}{r},\qquad N=\frac{m}{\mu r}$$

(2)再制动杆 AB 为研究对象,画出受力图,建立坐标如图 1-2-23c)所示,列平衡方程。

$$\Sigma m_A(F)=0\quad N'a-F'e-Pl=0$$

补充方程:

$$F'=\mu N'$$

解得:

$$P=\frac{N'(a-\mu e)}{l}=\frac{m(a-\mu e)}{\mu rl}$$

例 1-2-17 夹砖机构如图 1-2-24a)所示,已知砖重 $P=120\text{N}$,砖夹与砖之间的摩擦系数 $f_s=0.5$;求:能把砖提起所应有的尺寸 b。

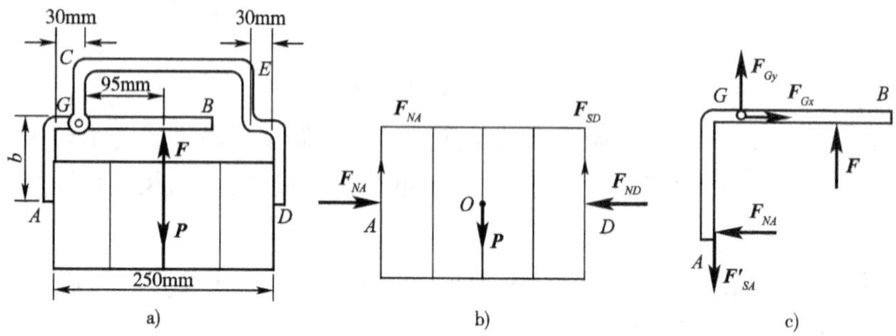

图 1-2-24 夹砖机构受力图

解:设提起砖时系统处于平衡状态,则由图 1-2-24a)可知,$F=P$。

(1)取砖为研究对象(图 1-2-24b),由 $\Sigma M_O(F)=0$,可得 $F_{SA}=F_{SD}$。

再由:

$$\Sigma F_y=0\quad P-F_{SA}-F_{SD}=0$$

得

$$F_{SA}=F_{SD}=\frac{P}{2},\quad F_{NA}=F_{ND}$$

(2)研究曲杆 AGB,如图 1-2-24c)所示。

由

$$\Sigma M_G(F)=0\quad 95F+30F'_{SA}-bF'_{NA}=0$$

解出

$$b=\frac{220F_{SA}}{F_{NA}}$$

砖不下滑需满足条件

$$F_{SA}\leqslant f_S F_{NA}$$

由此两式可得

$$b\leqslant 110\text{mm}$$

习　题

1-2-1　若某一平面力系向 O 点简化得到一个合力(即主矩为零),问该力系向另一点 A 简化会得到什么结果？合成的最后结果是什么？如果恰当地选取简化中心,该力系是否能合成为一个力偶？

1-2-2　如题图 1-2-1 所示平面汇交力系,已知 $\boldsymbol{F}_1=100\mathrm{N}$,$\boldsymbol{F}_2=50\mathrm{N}$,$\boldsymbol{F}_3=50\mathrm{N}$;求:该汇交力系的合力。

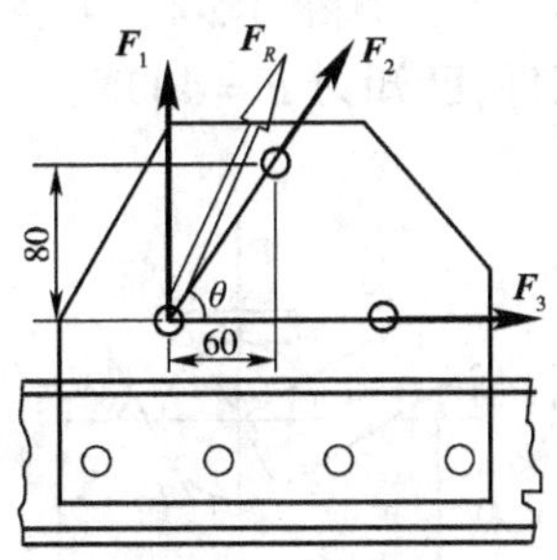

题图　1-2-1

1-2-3　已知 $\boldsymbol{F}_1=2000\mathrm{N}$,$\boldsymbol{F}_2=1500\mathrm{N}$,$\boldsymbol{F}_3=2500\mathrm{N}$,$\boldsymbol{F}_4=3000\mathrm{N}$,各力的方向如题图 1-2-2 所示,求力系合力 R 的大小及方向。

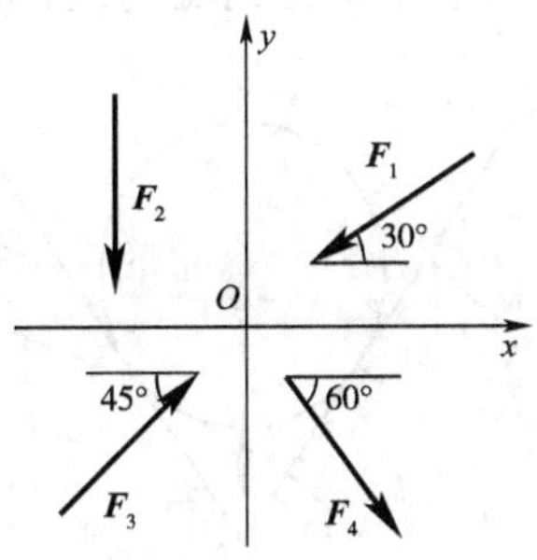

题图　1-2-2

1-2-4　如题图 1-2-3 所示力系,力系向 B 点简化后得主矢 $\boldsymbol{F}'_{RB}=10\mathrm{N}$,主矩 $\boldsymbol{M}_B=20\mathrm{N}\cdot\mathrm{mm}$,若 $AB=20\mathrm{mm}$,$ABCD$ 为正方形,问向 D 点简化的主矢和主矩各等于多少？

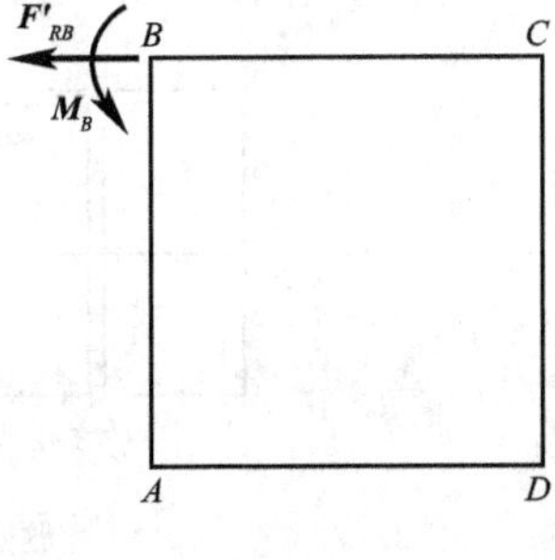

题图　1-2-3

1-2-5 如题图 1-2-4 所示一平面力系,每方格边长为 10cm,$\boldsymbol{F}_1=\boldsymbol{F}_2=10\text{N}$,$\boldsymbol{F}_3=\boldsymbol{F}_4=10\sqrt{2}\text{N}$试求出该力系向 O 点简化的结果。

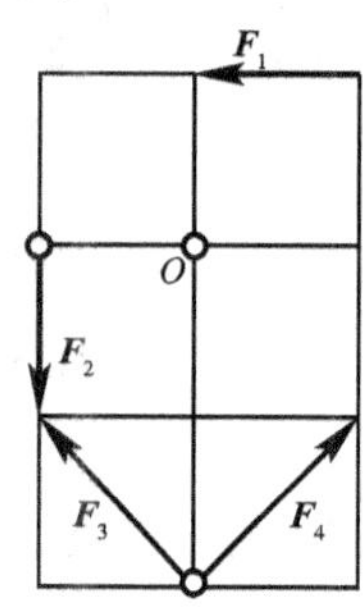

题图 1-2-4

1-2-6 如题图 1-2-5 所示工件,已知力 $\boldsymbol{F}=400\text{N}$,不计工件自重;求:工件对 V 形铁的压力。

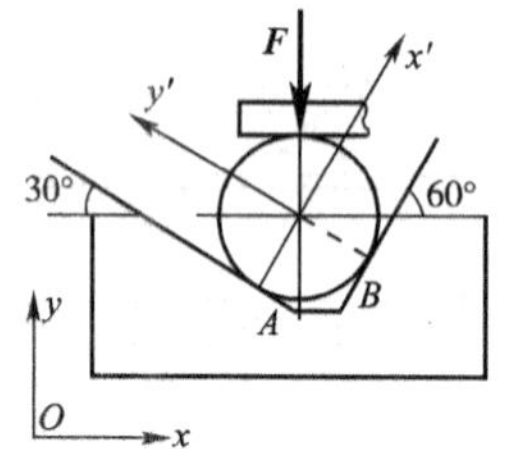

题图 1-2-5

1-2-7 如题图 1-2-6 所示一球放在 V 形的墙内,已知球重为 $\boldsymbol{G}$,墙面光滑,夹角为 60°,则墙球的作用力为多少。

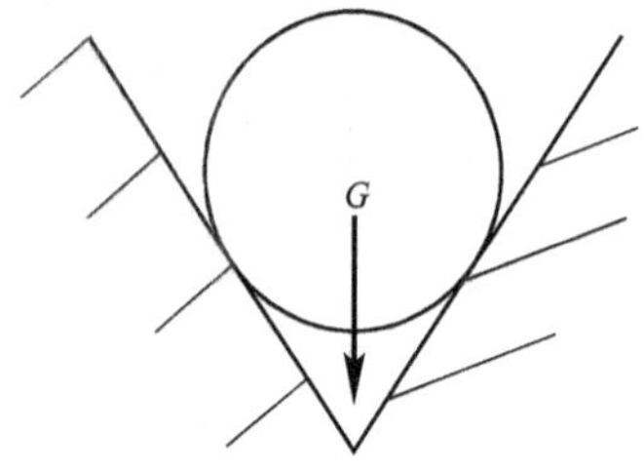

题图 1-2-6

1-2-8 如题图 1-2-7 所示框架,已知 a、b、$\boldsymbol{F}$、θ;求:A、B 支座的支座反力。

1-2-9 如题图 1-2-8 所示结构,已知 a 和 $\boldsymbol{M}$,杆重不计;求:支座 A 和 C 的约束反力。

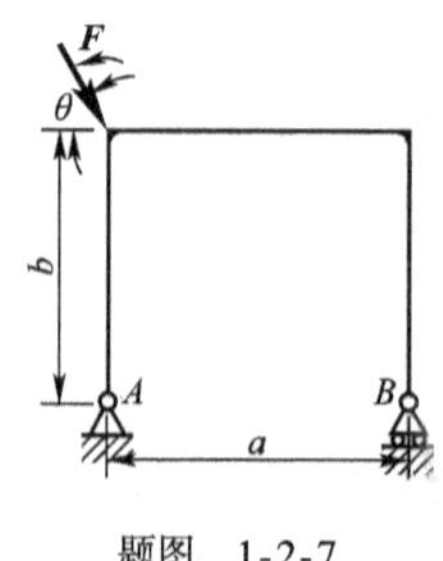

题图 1-2-7

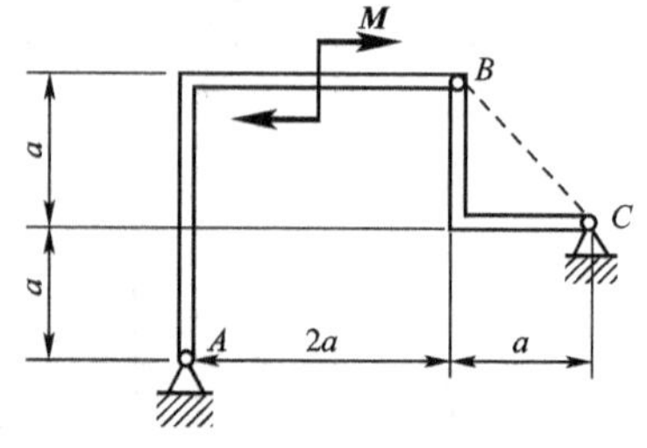

题图 1-2-8

1-2-10　如题图 1-2-9 所示梁，已知力偶矩 $\boldsymbol{M}$，无重梁长 l；求：题图 1-2-9a) ~ 1-2-9c) 三图的支座反力。

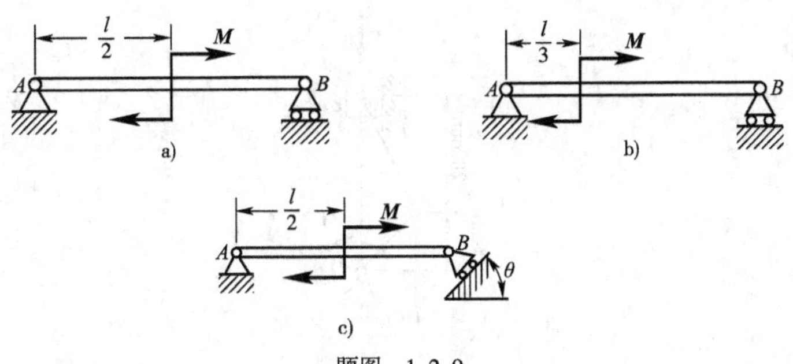

题图　1-2-9

1-2-11　如题图 1-2-10 所示各梁，已知 $\boldsymbol{F}$、$\boldsymbol{M}$、$\boldsymbol{P}$、a；求：分别在题图 1-2-10a)、题图 1-2-10b) 情况下，支座 A、B 处的约束反力。

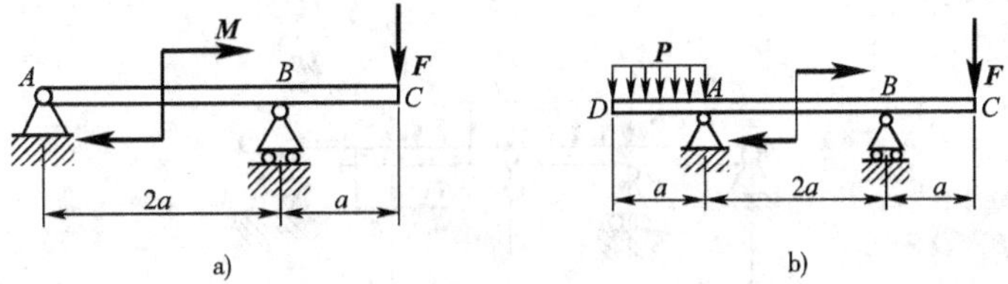

题图　1-2-10

1-2-12　如题图 1-2-11 所示塔式起重机，已知塔身重 $\boldsymbol{P}=500\text{kN}$，最大起吊重量 $\boldsymbol{P}_1=250\text{kN}$，几何尺寸图中所示；求：欲使起重机满载和空载时均不翻倒，平衡锤的最小重量及平衡锤到左轨的最大距离 x 应为多大？

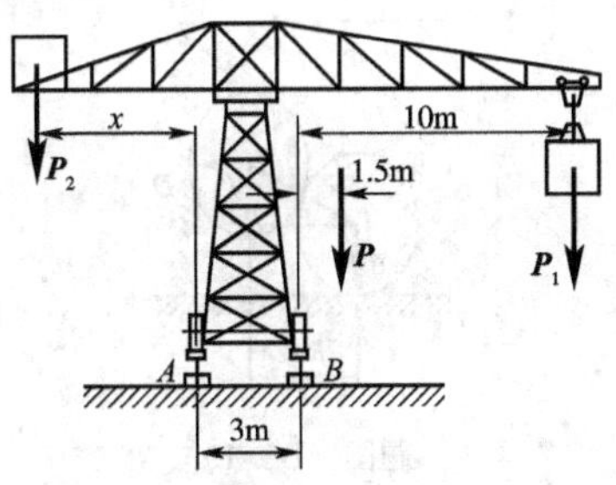

题图　1-2-11

1-2-13　已知梁重 $\boldsymbol{P}=5000\text{N}$，长为 4m，$\alpha=45°$，受力如题图 1-2-12 所示；求：梁保持平衡时的 β 角及 A 与 B 的重量。

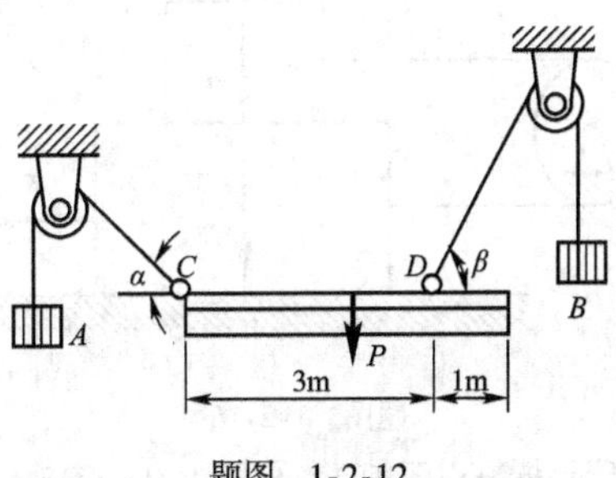

题图　1-2-12

1-2-14 如题图 1-2-13 所示结构,已知 $\boldsymbol{F}=400\mathrm{N}$,尺寸如图所示;系统此时平衡,求:力偶矩 $\boldsymbol{M}$ 为多少。

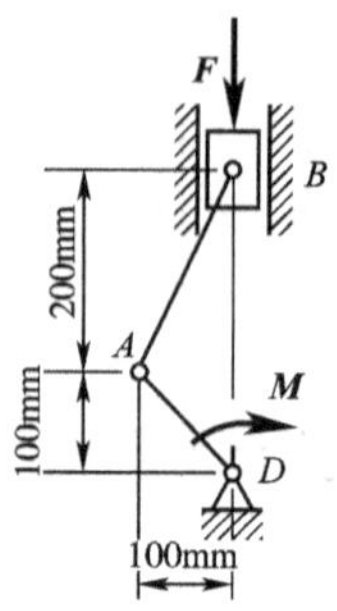

题图 1-2-13

1-2-15 如题图 1-2-14 所示连续梁,已知 $\boldsymbol{q}=10\mathrm{kN/m}$,$\boldsymbol{M}=40\mathrm{kN\cdot m}$,梁重不计;求:支座 A、B、C、D 处受力。

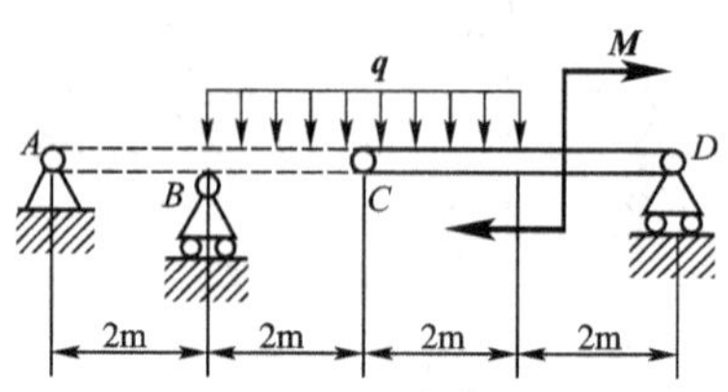

题图 1-2-14

1-2-16 如题图 1-2-15 所示圆桶,已知其中每个球重为 $\boldsymbol{P}$,半径为 r,圆桶半径为 R,求:圆桶不致翻倒的最小重量 $\boldsymbol{P}_{\min}$。

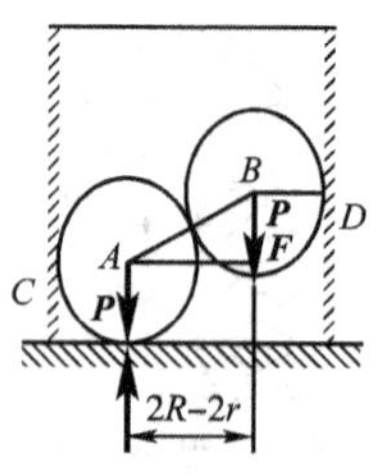

题图 1-2-15

1-2-17 如题图 1-2-16 所示物块,已知 $\boldsymbol{P}_A=5000\mathrm{N}$,$\boldsymbol{P}_B=6000\mathrm{N}$;$A$ 与 B、B 与地之间的静滑动摩擦系数分别为 $\mu_1=0.1$、$\mu_2=0.2$;求:使系统运动的水平力 $\boldsymbol{F}$ 的最小值。

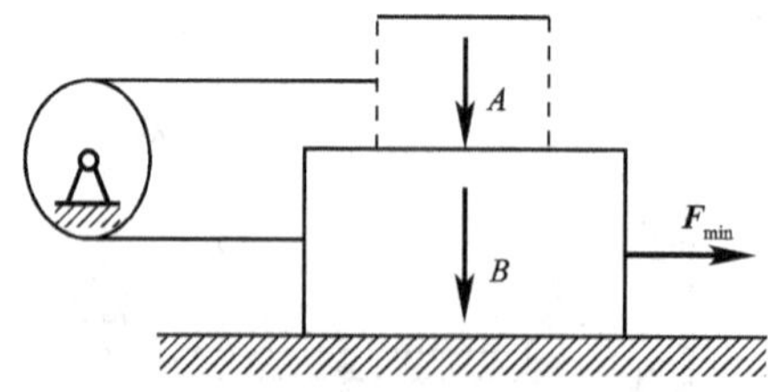

题图 1-2-16

1-2-18 如题图 1-2-17 所示梯子,已知梯子长 l,$\theta=60°$,重 $\boldsymbol{P}=200\mathrm{N}$,重 $\boldsymbol{P}_1=650\mathrm{N}$;$A$、$B$

处的摩擦系数均为$\mu=0.25$；求：人所能达到的最高点C到A点的距离s。

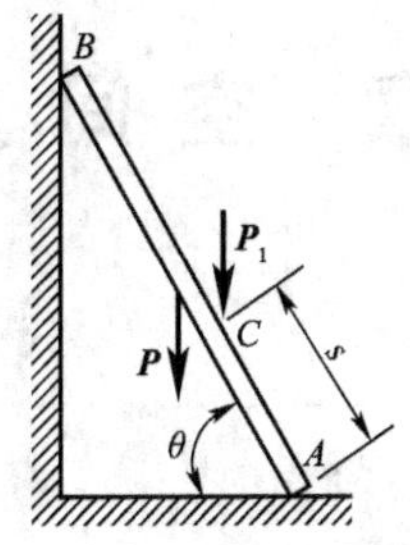

题图　1-2-17

1-2-19　如题图1-2-18所示轮子，已知轮重$\boldsymbol{P}_B=500\text{N}$，$R=200\text{mm}$，$r=100\text{mm}$，轮与地板面间的静摩擦系数$\mu=0.25$，墙壁光滑；求：为保持平衡，物$A$的最大重量$\boldsymbol{P}$为多少？

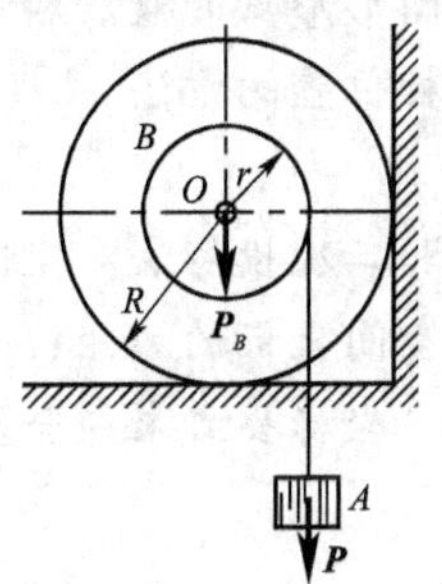

题图　1-2-18

1-2-20　如题图1-2-19所示均质物体，已知物体与斜面间的摩擦系数$\mu=0.4$；求：当斜面倾角逐渐增大时，物体在斜面上翻倒与滑动同时发生时，边长a与b的关系。

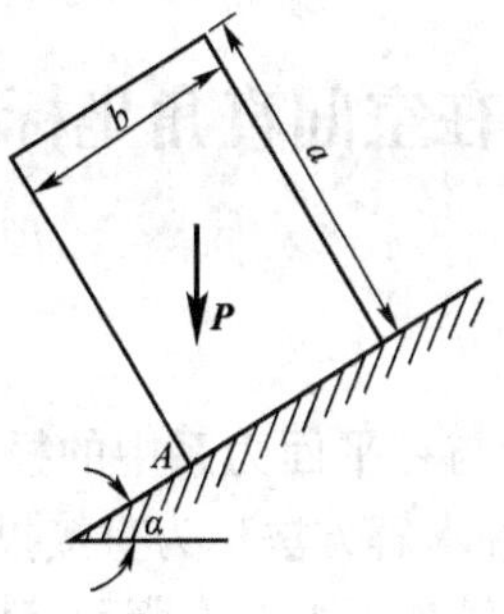

题图　1-2-19

第三章　空 间 力 系

学习目标

知识目标

1. 掌握力在空间直角坐标系上投影的两种方法;
2. 理解力对轴之矩的含义和符号规定;
3. 理解空间各种力系平衡方程的意义,掌握平衡问题的求解;
4. 理解重心、体积形心、平面图形形心的概念和计算形心的公式;
5. 了解和掌握几种求形心坐标位置的方法。

能力目标

1. 会熟练地运用直接投影法和二次投影法对空间进行投影求其沿坐标的分力;
2. 会熟练地将空间力求其对空间坐标的力矩;
3. 会熟练地利用组合图形形心坐标公式求组合图形的形心坐标。

本章主要研究空间力在空间直角坐标轴上的分解和投影,空间力系的平衡问题,并介绍重心的概念及重心位置的求解方法。所谓空间力系,是指各力的作用线不在同一平面内的力系。与平面力系一样,空间力系分为空间汇交力系、空间平行力系和空间任意力系。

第一节　力在空间直角坐标轴上的投影

一、直接投影法

力在空间直角坐标轴上的投影与在平面力系中的投影相同。若已知力与轴的夹角,就可以直接求出力在轴上的投影,这种求解方法称为直接投影法。

设空间直角坐标系的三个坐标轴如图 1-3-1 所示,已知力 $\boldsymbol{F}$ 与三轴间的夹角分别为 α、β、γ,则力在轴上的投影为:

$$\begin{cases} \boldsymbol{F}_x = \boldsymbol{F}\cos\alpha \\ \boldsymbol{F}_y = \boldsymbol{F}\cos\beta \\ \boldsymbol{F}_z = \boldsymbol{F}\cos\gamma \end{cases} \tag{1-3-1}$$

力在轴上的投影为代数量,其正负号规定:从力的起点到终点若投影后的趋向与坐标轴正向相同,力的投影为正;反之为负。

二、二次投影法

当力与坐标轴的夹角没有全部给出时,可采用二次投影法,即先将力投影到某一坐标平面上,然后再进一步投影到所选的坐标轴上,这种求解方法称为二次投影法。

如图1-3-2所示,已知力 $\boldsymbol{F}$ 的值和 $\boldsymbol{F}$ 与 z 轴的夹角 γ,以及力 $\boldsymbol{F}$ 在 xy 平面上的投影 $\boldsymbol{F}_{xy}$ 与 x 轴的夹角 φ,则 $\boldsymbol{F}$ 在 x、y、z 三轴上的投影可列写为:

$$\begin{cases} \boldsymbol{F}_x = \boldsymbol{F}\sin\gamma\cos\varphi \\ \boldsymbol{F}_y = \boldsymbol{F}\sin\gamma\sin\varphi \\ \boldsymbol{F}_z = \boldsymbol{F}\cos\gamma \end{cases} \tag{1-3-2}$$

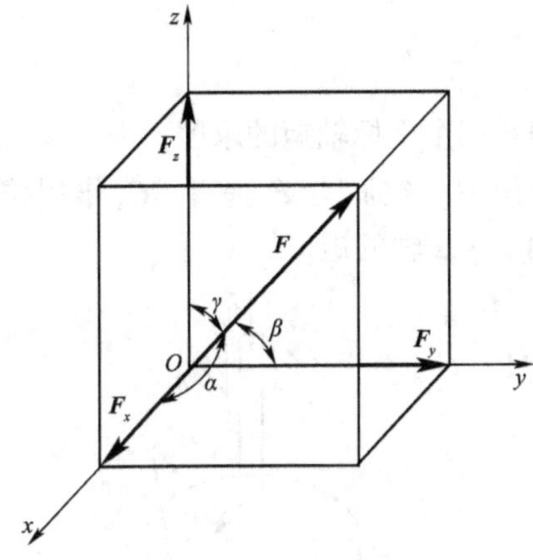

图1-3-1　空间力的直接投影

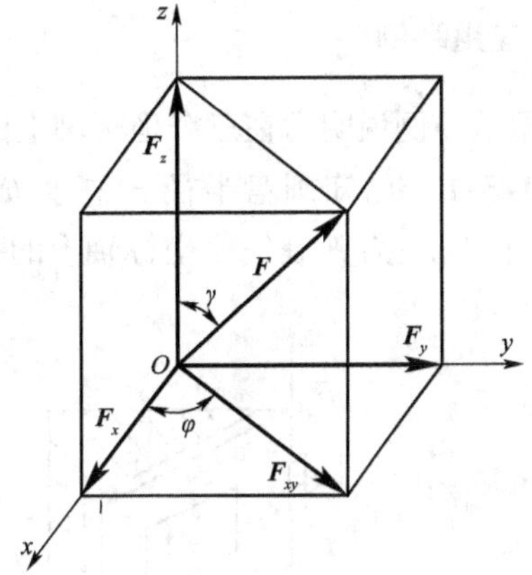

图1-3-2　空间力的二次投影

三、已知分力(投影)求合力

若已知力 $\boldsymbol{F}$ 在 x、y、z 三个坐标轴上的投影 $\boldsymbol{F}_x$、$\boldsymbol{F}_y$、$\boldsymbol{F}_z$,则合力 $\boldsymbol{F}$ 的大小、方向可由式(1-3-3)求得:

$$\begin{cases} \boldsymbol{F} = \sqrt{\boldsymbol{F}_x^2 + \boldsymbol{F}_y^2 + \boldsymbol{F}_z^2} \\ \cos\alpha = \left|\dfrac{\boldsymbol{F}_x}{\boldsymbol{F}}\right|;\cos\beta = \left|\dfrac{\boldsymbol{F}_y}{\boldsymbol{F}}\right|;\cos\gamma = \left|\dfrac{\boldsymbol{F}_z}{\boldsymbol{F}}\right| \end{cases} \tag{1-3-3}$$

其中,α、β、γ 分别为力 $\boldsymbol{F}$ 与 x、y、z 轴之间所夹之锐角。

第二节　力对轴之矩

一、力对轴之矩

在工程实际中,经常遇到刚体绕定轴转动的情形,为了度量力使物体绕定轴转动的效果,我们引入力对轴之矩的概念。

如图1-3-3所示,可把推门的力 $\boldsymbol{F}$ 分解为平行于 z 轴的分力 $\boldsymbol{F}_z$ 和垂直于 z 轴的平面内的分力 $\boldsymbol{F}_{xy}$。由经验可知,分力 $\boldsymbol{F}_z$ 不能使静止的门转动,力 $\boldsymbol{F}_z$ 对 z 轴的矩为零,只有分力 $\boldsymbol{F}_{xy}$ 才

能使静止的门绕 z 轴转动。现用符号 $\boldsymbol{m}_z(\boldsymbol{F})$ 表示力 $\boldsymbol{F}$ 对 z 轴之矩。点 O 为 $\boldsymbol{F}_{xy}$ 所在平面与 z 轴的交点，d 为点 O 到 $\boldsymbol{F}_{xy}$ 作用线的距离，即：

$$\boldsymbol{m}_z(F) = \boldsymbol{m}_z(\boldsymbol{F}_{xy}) = \boldsymbol{m}_o(\boldsymbol{F}_{xy}) = \pm \boldsymbol{F}_{xy} \cdot d \qquad (1\text{-}3\text{-}4)$$

上式表明：空间力对轴之矩等于此力在垂直于该轴平面上的分力对该轴与此平面交点之矩。

力对轴之矩的单位是 N · m，它是一个代数量，正负号规定：从转轴正端看过去，逆时针转向的力矩为正，顺时针转向力矩为负。

力对轴之矩等于零的情形：①当力与轴相交时($d=0$)；②当力与轴平行时。

需要注意的是，合力投影定理和合力矩定理在空间力系中也适用。

二、应用举例

下面举一例说明力在三个坐标轴上的投影和对三个坐标轴矩的求解。

例 1-3-1 已知圆盘半径 r，高度 h，圆盘上作用一空间力 $\boldsymbol{F}$ 垂直 OC，作用位置如图 1-3-4所示。求：力 $\boldsymbol{F}$ 在三个坐标轴上的投影和对 x、y、z 轴的矩。

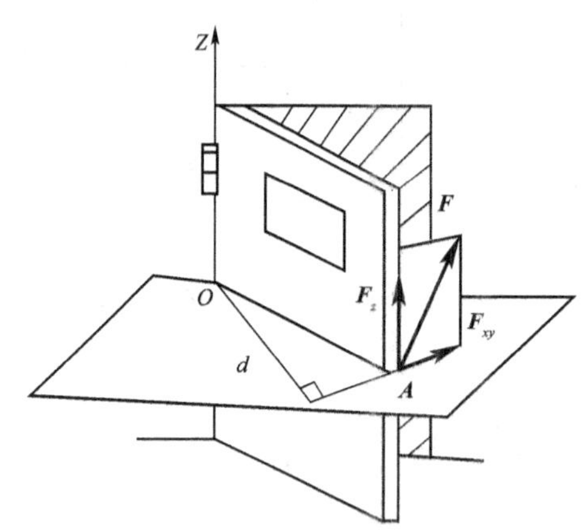

图 1-3-3 力对轴之矩

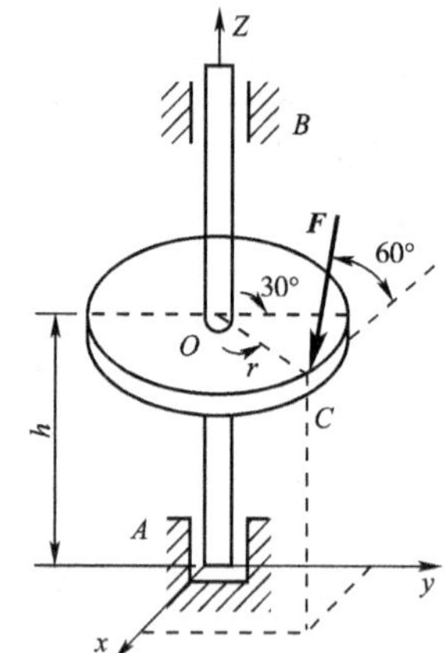

图 1-3-4 $\boldsymbol{F}$ 力对 x、y、z 轴之矩

解：(1)求力 $\boldsymbol{F}$ 在三个坐标轴上的投影。

此题用二次投影法求三个投影值：

$$\boldsymbol{F}_x = \boldsymbol{F}\cos60°\cos30° = \frac{\sqrt{3}}{4}\boldsymbol{F}$$

$$\boldsymbol{F}_y = \boldsymbol{F}\cos60°\cos30° = \frac{\boldsymbol{F}}{4}$$

$$\boldsymbol{F}_z = \boldsymbol{F}\sin60° = \frac{\sqrt{3}}{2}$$

(2)求力 $\boldsymbol{F}$ 在三个坐标轴上的矩。

由合力矩定理有：

$$\boldsymbol{m}_x(\boldsymbol{F}) = \boldsymbol{F}_y h - r\boldsymbol{F}_z\cos30° = \frac{\boldsymbol{F}}{4}(h - 3r)$$

$$m_y(\boldsymbol{F}) = \boldsymbol{F}_x h + r\boldsymbol{F}_z \sin 30^\circ = \frac{\sqrt{3}}{4}\boldsymbol{F}(h + r)$$

$$m_z(\boldsymbol{F}) = -r\boldsymbol{F}\cos 60^\circ = -\frac{1}{2}r\boldsymbol{F}$$

第三节　空间力系平衡方程及应用

一、空间力系平衡方程

1. 空间任意力系平衡方程

与平面任意力系相同，空间任意力系也可向一点简化，得到一个空间汇交力系和一组空间力偶系，前者可合成为主矢，后者可合成为主矩。若主矢、主矩同时为零，则该空间任意力系必定平衡；反之，若空间任意力系平衡，则该主矢、主矩必同时为零。故空间任意力系平衡的充要条件是：空间力系的主矢、主矩同时为零。由此可得空间任意力系的平衡方程为：

$$\begin{cases} \Sigma \boldsymbol{F}_x = 0 \\ \Sigma \boldsymbol{F}_y = 0 \\ \Sigma \boldsymbol{F}_z = 0 \\ \Sigma \boldsymbol{m}_x(\boldsymbol{F}) = 0 \\ \Sigma \boldsymbol{m}_y(\boldsymbol{F}) = 0 \\ \Sigma \boldsymbol{m}_z(\boldsymbol{F}) = 0 \end{cases} \tag{1-3-5}$$

前三个方程称为投影方程，表示力系中各力在三个坐标轴上投影的代数和分别等于零，表明物体无任何方向的移动。后三个方程为力矩方程，表示力系中各力对三个坐标轴的力矩代数和分别为零，表明物体无绕任何轴的转动。

空间任意力系有六个独立的平衡方程，所以空间任意力系的平衡问题最多可解六个未知量。

2. 空间汇交力系平衡方程

若物体受空间汇交力系的作用，则力系简化结果为一个合力，若取汇交点为坐标原点，合力对三个坐标轴的矩均为零。要使力系平衡，必须有合力在三个坐标轴上的投影为零。所以空间汇交力系的平衡方程只有三个，即：

$$\begin{cases} \Sigma \boldsymbol{F}_x = 0 \\ \Sigma \boldsymbol{F}_y = 0 \\ \Sigma \boldsymbol{F}_z = 0 \end{cases} \tag{1-3-6}$$

3. 空间平行力系平衡方程

若物体受空间平行力系的作用，设所有的力和 z 轴平行，则力系中各力对坐标轴 z 的矩都等于零，同时各力在 x 轴与 y 轴上的投影也都等于零。所以空间平行力系平衡时的平衡方程也是三个，即：

$$\begin{cases}\Sigma \boldsymbol{F}_z = 0 \\ \Sigma \boldsymbol{m}_x(\boldsymbol{F}) = 0 \\ \Sigma \boldsymbol{m}_y(\boldsymbol{F}) = 0\end{cases} \tag{1-3-7}$$

二、空间力系平衡问题应用举例

下面举几例说明空间力系平衡问题的求解。

例 1-3-2 用起重杆吊起重物,如图 1-3-5 所示,A 端用球形铰链固体在地面上,B 端用绳 CB 和 DB 拉住,两绳分别系在墙上的 C 点和 D 点。已知 $CE = EB = DE$,$\alpha = 30°$,CDB 平面与水平面间的夹角为 $\angle EBF = 30°$,物重 $\boldsymbol{Q} = 10\text{kN}$。起重杆重量不计,试求起重杆所受的压力及绳子的拉力。

解:(1)取节点 B 为研究对象,画受力图,建立坐标如图 1-3-5 所示。从受力图可知 B 点受一空间汇交力系作用,所以本题为空间汇交力系的平衡问题,可用式(1-3-6)求解。

(2)列平衡方程。

由题意知 $\angle CBE = \angle DBE = 45°$

$$\begin{cases}\Sigma \boldsymbol{F}_x = 0 \quad \boldsymbol{T}_1 \sin 45° - \boldsymbol{T}_2 \sin 45° = 0 \\ \Sigma \boldsymbol{F}_y = 0 \quad S\sin 30° - \boldsymbol{T}_1 \cos 45° \cdot \cos 30° - \boldsymbol{T}_2 \cos 45° \cdot \cos 30° = 0 \\ \Sigma \boldsymbol{F}_z = 0 \quad \boldsymbol{T}_1 \cos 45° \cdot \sin 30° + \boldsymbol{T}_2 \cos 45° \cdot \sin 30° + S\cos 30° - \boldsymbol{Q} = 0\end{cases}$$

(3)解之得:

$$\boldsymbol{T}_1 = \boldsymbol{T}_2 = 3.45\text{kN}$$

$$S = 8.66\text{kN}$$

例 1-3-3 三轮起重机如图 1-3-6 所示,已知 $AD = DB = 1\text{m}$,$CD = 1.5\text{m}$,$CM = 1\text{m}$,$GH = 0.5\text{m}$,机身和平衡锤共重 $\boldsymbol{P}_1 = 100\text{kN}$,吊重 $\boldsymbol{P}_2 = 30\text{kN}$;求:当平面 LMN 平行于 AB 时,车轮对轨道的压力。

解:(1)以起重机为研究对象,作受力分析图如图 1-3-6 所示,结构受力为空间平行力系。

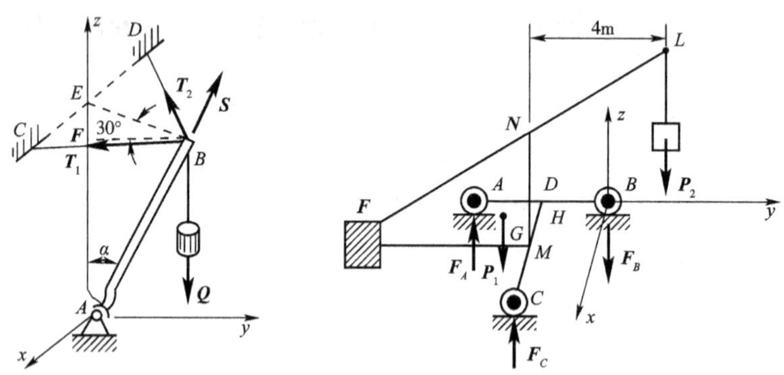

图 1-3-5 起重杆的平衡　　图 1-3-6 三轮起重机的平衡

(2)列平衡方程求解。

由于诸力与 z 轴平行,所以可列的平衡方程为:

$$\Sigma \boldsymbol{M}_y(\boldsymbol{F}) = 0 \quad -\boldsymbol{F}_C \cdot CD + (\boldsymbol{P}_1 + \boldsymbol{P}_2) \cdot DM = 0$$

$$\Sigma M_x(F)=0 \quad -F_A\cdot AB-F_C\cdot DB-3P_2+1.5P_1=0$$

$$\Sigma F_z=0 \quad F_A+F_B+F_C-P_1-P_2=0$$

解平衡方程可得：

$$F_C=43\frac{1}{3}\text{kN}, F_A=8\frac{1}{3}\text{kN}, F_B=78\frac{1}{3}\text{kN}$$

例 1-3-4　某传动轴如图 1-3-7a) 所示。已知皮带拉力 $T=5\text{kN}, t=2\text{kN}$，带轮直径 $D=160\text{mm}$，齿轮分度圆直径为 $d=100\text{mm}$，压力角（齿轮啮合力与分度圆切线间夹角）$\alpha=20°$，求齿轮圆周力 F_t、径向力 F_r 和轴承的约束反力。

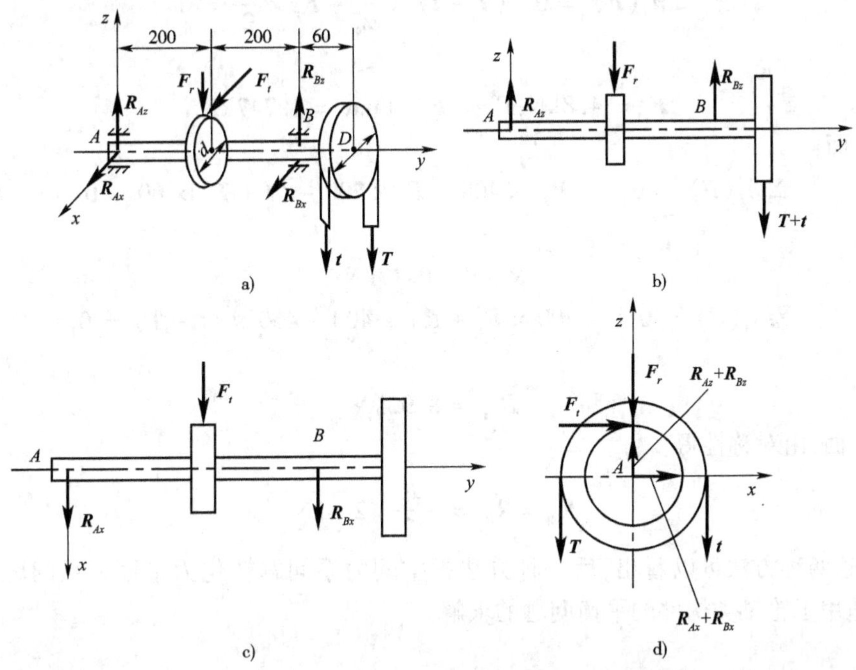

图 1-3-7　传动轴的平衡

解：取传动轴为研究对象，画受力图如图 1-3-7a) 所示。由图可知，传动轴共受八个力作用，为空间任意力系。对于空间力系的解法有两种：一是直接应用空间力系的平衡方程求解；二是将空间力系转化为平面力系求解，即把空间的受力图投影到三个坐标平面，画出主视、俯视、侧视三个视图。分别列出它们的平衡方程，同样可解出所求的未知量。本题用两种方法分别求解。

(1) 直接应用空间力系的平衡方程求解。

对此题，可列的空间力系平衡方程为：

$$\begin{cases}\Sigma F_x=0 \quad R_{Ax}+R_{Bx}+F_t=0\\ \Sigma F_y=0 \quad R_{Az}+R_{Bz}-F_r-(t+T)=0\\ \Sigma m_x(F)=0 \quad -F_r\times 200+R_{Bz}\times 400-(t+T)\times 460=0\\ \Sigma m_y(F)=0 \quad -(T-t)\times\dfrac{D}{2}+F_t\times\dfrac{d}{2}=0\\ \Sigma m_z(F)=0 \quad -F_t\times 200-R_{Bx}\times 400=0\end{cases}$$

解之得：

$$R_{Ax} = 2.4\text{kN}; R_{Az} = -0.17\text{kN}; F_t = 4.8\text{kN}$$

$$R_{Bx} = -2.4\text{kN}; R_{Bz} = 8.92\text{kN}; F_r = 1.747\text{kN}$$

(2)转化为平面力系求解。

取传动轴为研究对象，并画出它的分离体在三个坐标平面投影的受力图，如图1-3-7b)～图1-3-7d)所示。对符合可解条件的先行求解，故先从 xz 面先行求解。

对 xz 面：

$$\Sigma m_A(F) = 0 \quad (T - t) \times \frac{D}{2} - F_t \times \frac{d}{2} = 0$$

得：

$$F_t = 4.8\text{kN}; F_r = F_t \cdot \tan\alpha = 1.747\text{kN}$$

对 yz 面：

$$\Sigma m_B(F) = 0 \quad -R_{Az} \times 400 + F_r \times 200 - (t + T) \times 60 = 0$$

得：

$$R_{Az} = -0.17\text{kN}$$

$$\Sigma m_A(F) = 0 \quad -200 \times F_r + R_{Bz} \times 400 - 460 \times (t + T) = 0$$

得：

$$R_{Bz} = 8.92\text{kN}$$

对 xy 面，由对称性得：

$$R_{Ax} = R_{Bx} = -\frac{F_t}{2} = 2.4\text{kN}$$

比较这两种方法可以看出，后一种方法把空间力系问题转化为平面力系问题，较易掌握，尤其适用于轮轴类构件的平衡问题的求解。

第四节　船舶结构物的重心问题

重心在工程实际中具有重要的意义。重心位置的不当会影响物体的平衡和稳定。如飞机的重心超前，会增加起飞和着陆的困难；船舶的重心若偏离对称线，船身要发生倾斜等。又如，工程中转动构件的重心若不在其回转轴线上，会引起振动，所以工厂使用的砂轮一般都要经过动平衡调试合格后才能使用。

求物体重心的问题，实质上是求平行力系的合力问题。求物体重心的方法还适用于解决其他类似的问题，如物体的质量中心、面积形心和液体的压力中心等。

一、物体重心坐标公式

在地球附近的物体都受到地球地心引力，即物体的重力。重力分布于物体内每一微小部分，近似视作一个平行分布力系。刚体在地球表面处无论怎样放置，其平行分布力系的合力作用线，都通过物体上一个确定的点，这一点称为物体的重心，即为物体重力 G 的作用点。如图1-3-8所示，若将物体分成若干微小部分，各部分的重力分别为 ΔG_1、ΔG_2、…、ΔG_i，各力作用点的坐标分别为(x_1,y_1,z_1)、(x_2,y_2,z_2)、…、(x_i,y_i,z_i)，根据合力矩定理，对y轴取矩：

有：

$$\boldsymbol{G}\cdot x_c = \Delta\boldsymbol{G}_1\cdot x_1 + \Delta\boldsymbol{G}_2\cdot x_2 + \cdots + \Delta\boldsymbol{G}_n\cdot x_n = \Sigma\Delta\boldsymbol{G}\cdot x_i$$

得：

$$x_c = \frac{\Sigma\Delta\boldsymbol{G}_i x_i}{\boldsymbol{G}}$$

同理，对x轴取矩：

可得：

$$y_c = \frac{\Sigma\Delta\boldsymbol{G}_i y_i}{\boldsymbol{G}}$$

求坐标z_c，可将物体连同坐标$oxyz$一起绕x轴顺时针转90°，再对x轴取矩：

可得：

$$z_c = \frac{\Sigma\Delta\boldsymbol{G}_i z_i}{\boldsymbol{G}}$$

由此可得，求重心的一般公式为：

$$\begin{cases} x_c = \dfrac{\Sigma\Delta\boldsymbol{G}_i x_i}{\boldsymbol{G}} \\ y_c = \dfrac{\Sigma\Delta\boldsymbol{G}_i y_i}{\boldsymbol{G}} \\ z_c = \dfrac{\Sigma\Delta\boldsymbol{G}_i z_i}{\boldsymbol{G}} \end{cases} \tag{1-3-8}$$

二、均质物体重心(体积形心)坐标公式

如果物体是均质的，即单位体积的重量(比重)γ是常量。若物体的体积为V，则物体的重量$G=\gamma V$，而每一微小体积的重量$\Delta\boldsymbol{G}_i=\Delta V_i\gamma$，则式(1-3-8)可改为：

$$\begin{cases} x_c = \dfrac{\Sigma\Delta V_i x_i}{V} \\ y_c = \dfrac{\Sigma\Delta V_i y_i}{V} \\ z_c = \dfrac{\Sigma\Delta V_i z_i}{V} \end{cases} \tag{1-3-9}$$

可见，均质物体的重心位置与单位体积的重量(比重)无关，仅决定于物体的形状。因此，均质物体的重心亦称为体积形心，式(1-3-9)是均质物体体积形心坐标的计算公式。

三、平面图形的形心坐标公式

如物体是均质等厚的平薄板，设薄板的面积为A，厚度为h，则薄板的总体积为$V=Ah$，而每一微小体积为$\Delta V_i=\Delta A_i h$。在薄板平面内取直交坐标oxy如图1-3-9所示，此时$z_c=0$，将上述关系代入式(1-3-9)中的前两式，消去h后得：

$$\begin{cases} x_c = \dfrac{\Sigma \Delta A_i x_i}{A} \\ y_c = \dfrac{\Sigma \Delta A_i y_i}{A} \end{cases} \tag{1-3-10}$$

上式所确定的 c 点称为薄板的形心,或平面图形的形心。

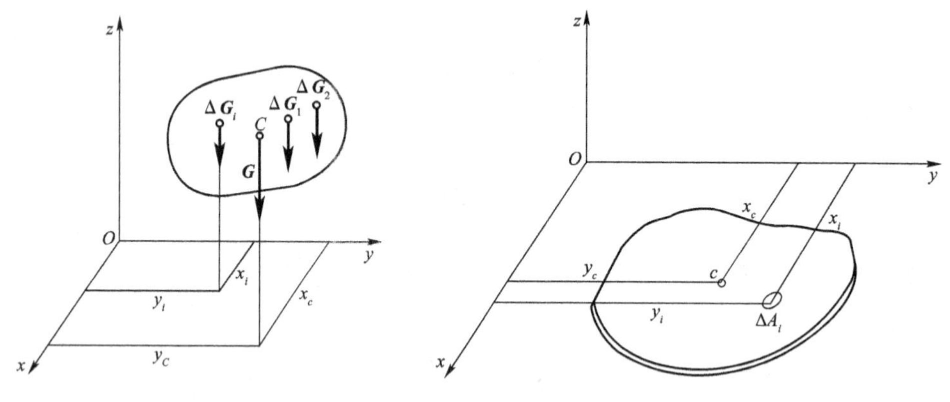

图 1-3-8 物体的重心

图 1-3-9 平面图形的形心

四、确定重心位置的方法

1. 积分法

求基本规则形体的形心时,可将形体分割成无限多块微小形体,在此极限情况下,式(1-3-9)、式(1-3-10)写成定积分的形式。

1)体积形心坐标公式

$$\begin{cases} x_c = \dfrac{\int_0^V x\mathrm{d}V}{V} \\ y_c = \dfrac{\int_0^V y\mathrm{d}V}{V} \\ z_c = \dfrac{\int_0^V z\mathrm{d}V}{V} \end{cases} \tag{1-3-11}$$

2)面积形心坐标公式

$$\begin{cases} x_c = \dfrac{\int_0^A x\mathrm{d}A}{A} \\ y_c = \dfrac{\int_0^A y\mathrm{d}A}{A} \end{cases} \tag{1-3-12}$$

式中,$\mathrm{d}A$、$\mathrm{d}V$ 为体积单元和面积单元。x、y、z 则为体积单元和面积单元位置坐标。利用式(1-3-11)、式(1-3-12)可求得几何形体的形心坐标,此方法称为积分法。这是计算形心的基本方法,具体积分方法在高等数学中已介绍。

2. 利用对称性

具有对称面、对称轴或对称中心的均质物体，其重心必在其物体的对称面、对称轴或对称中心上。如直线段的重心在该线段的中点、圆面积或整个圆周的重心在圆心、平行四边形的重心在其两对称线的交点上等。简单形状物体的重心可查阅工程手册，表 1-3-1 列出了几种简单形状物体的重心。工程上常用的型钢（如工字钢、角钢、槽钢等）的形心可从工程手册中的型钢表中查到。

简单形状物体的重心（形心）位置表　　表 1-3-1

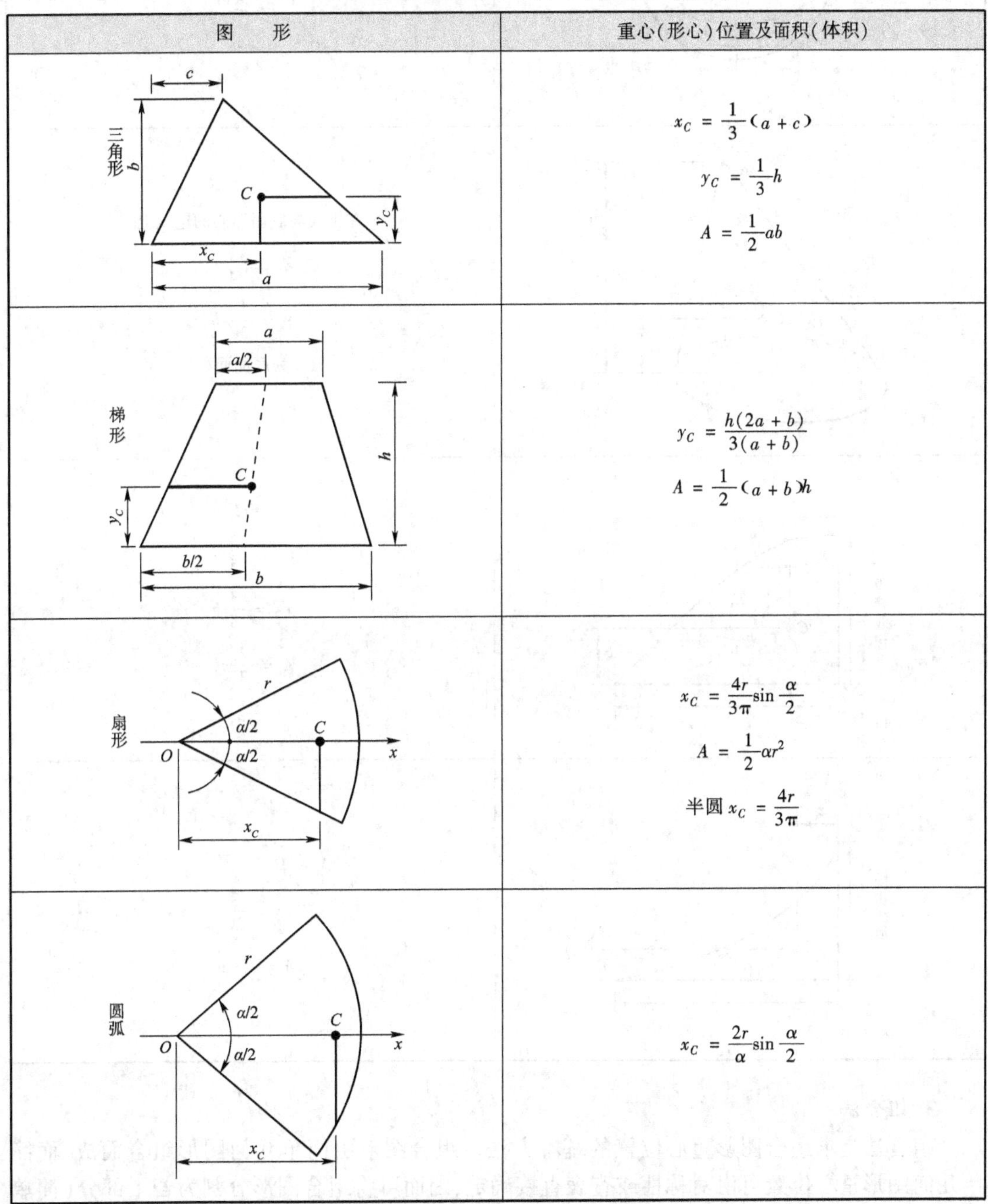

图　形	重心（形心）位置及面积（体积）
三角形	$x_C = \frac{1}{3}(a+c)$ $y_C = \frac{1}{3}h$ $A = \frac{1}{2}ab$
梯形	$y_C = \frac{h(2a+b)}{3(a+b)}$ $A = \frac{1}{2}(a+b)h$
扇形	$x_C = \frac{4r}{3\pi}\sin\frac{\alpha}{2}$ $A = \frac{1}{2}\alpha r^2$ 半圆 $x_C = \frac{4r}{3\pi}$
圆弧	$x_C = \frac{2r}{\alpha}\sin\frac{\alpha}{2}$

续上表

图形	重心(形心)位置及面积(体积)
半球体 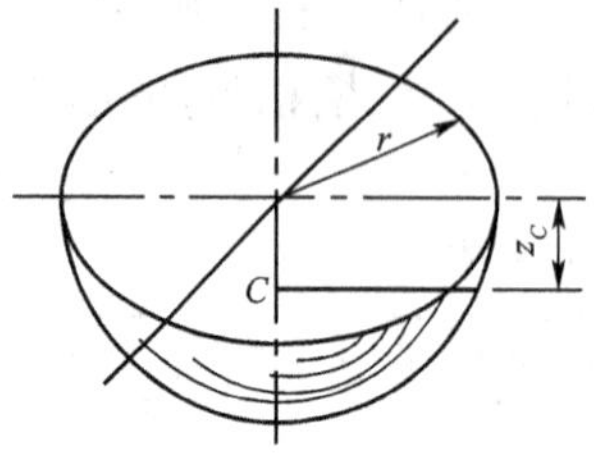	$Z_C = \frac{3}{8}r$ $V = \frac{2}{3}\pi r^3$
锥体 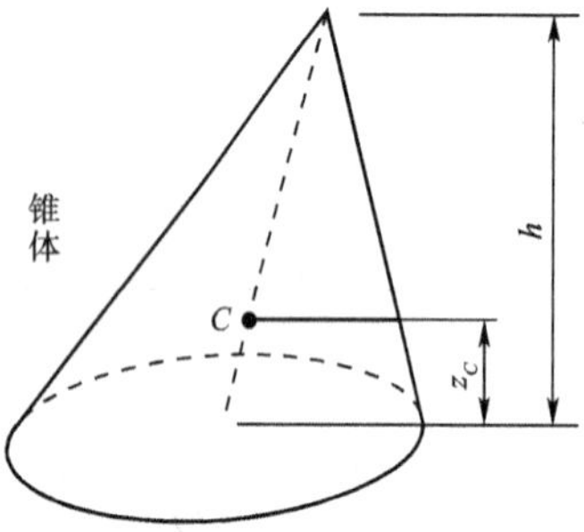	在锥底与底面形心的连线上 $Z_C = \frac{1}{4}h$ $V = \frac{1}{3}Ah$ (A 为底面面积)
抛物线形 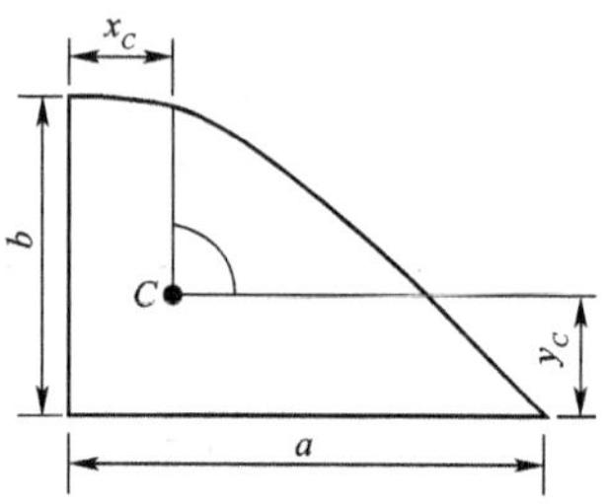	$x_C = \frac{3}{5}a$ $y_C = \frac{3}{8}b$ $A = \frac{2}{3}ab$
抛物线形 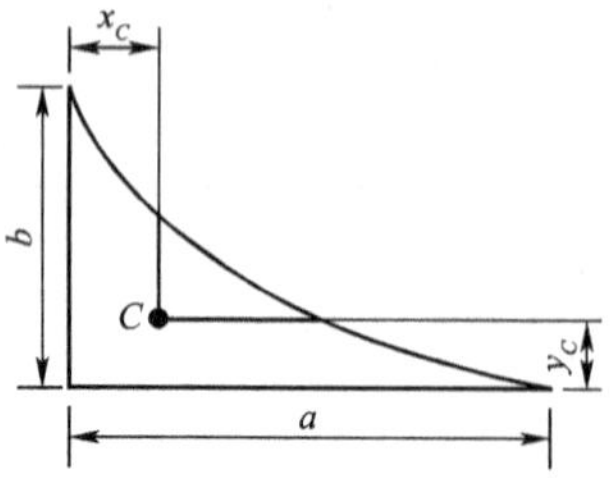	$x_C = \frac{1}{4}a$ $y_C = \frac{3}{10}b$ $A = \frac{1}{3}ab$

3. 组合法

组合法是求组合图形重心位置的基本方法。组合图形由简单几何图形组合而成,而简单几何图形重心位置可由对称性或查表直接确定,因而可将组合图形分割为若干部分(简单几何图形),然后直接用式(1-3-10)求出重心位置。

4. 实验法

如果物体的形状复杂或质量分布不均匀,其重心或形心的位置常用实验法来确定。

1)悬挂法

如需求一薄板的重心,可先将板悬挂于一点 A,如图 1-3-10a)所示,根据二力平衡条件,重心必在过悬挂点的铅直线上,在板上画出此线。然后再将板悬挂于另一点 B,同样可画出另一直线。两线相交点 C 即是薄板的重心位置,如图 1-3-10b)所示。

2)称重法

对于形状复杂的构件,或体积很大的物体,可由称重法求其重心。图 1-3-11 为一发动机连杆,先用磅秤称出其重量 $\boldsymbol{G}$,然后将其一端支于固定的支点 A 上,另一端支于磅秤上,量出两支点的距离 l,并读出磅秤上的读数 $\boldsymbol{N}_B$ 值,则由 $\boldsymbol{N}_B l - \boldsymbol{G} x_C = 0$

得:

$$x_C = \frac{\boldsymbol{N}_B l}{\boldsymbol{G}}$$

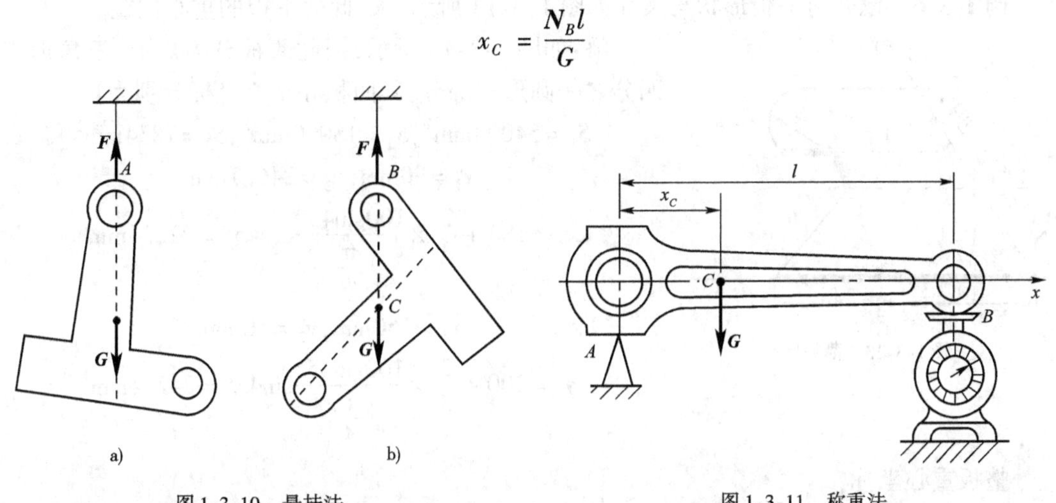

图 1-3-10　悬挂法

图 1-3-11　称重法

五、组合法确定重心位置的应用举例

下面列举两例说明用组合法求组合图形的形心。

例 1-3-5　已知图 1-3-12 中振动器偏心块的几何尺寸 $R = 100\text{mm}, r = 13\text{mm}, b = 17\text{mm}$。试求偏心块重心的位置。

解:选坐标系 Oxy,其中 Oy 轴为对称轴。根据对称性,偏心块重心的位置必在对称轴 Oy 上,所以:

$$x_c = 0$$

将偏心块分割为三部分:半径为 R 的半圆 A_1,半径为 $(r+b)$ 的半圆 A_2 及半径为 r 的小圆 A_3,因 A_3 是需要切去的部分,故其面积取负值。即:

$$A_1 = \frac{1}{2}\pi R^2, \quad y_1 = \frac{4R}{3\pi}$$

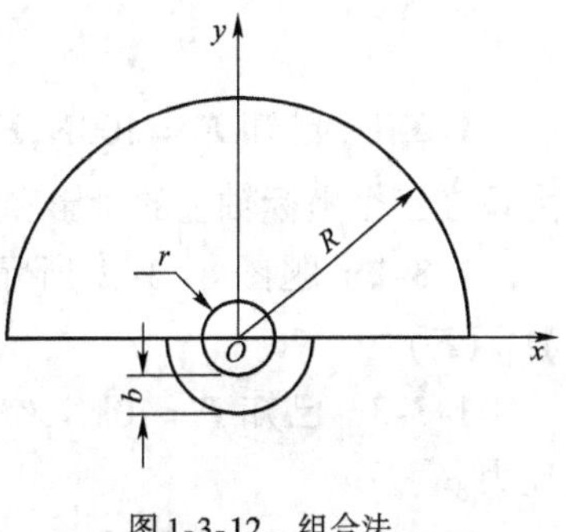

图 1-3-12　组合法

$$A_2 = \frac{1}{2}\pi(r+b)^2, \quad y_2 = -\frac{4(r+b)}{3\pi}$$

$$A_3 = -\pi r^2, \quad y_3 = 0$$

由公式(1-3-10)可求得:

$$y_C = \frac{A_1y_1 + A_2y_2 + A_3y_3}{A_1 + A_2 + A_3} = \frac{\frac{1}{2}\pi R^2 \times \frac{4R}{3\pi} + \frac{\pi}{2}(r+b)^2 \times \left[-\frac{4(r+b)}{3\pi}\right] + (-\pi r^2 \times 0)}{\frac{1}{2}\pi R^2 + \frac{1}{2}\pi(r+b)^2 - \pi r^2}$$

$$= \frac{\frac{1}{2}\pi \times 100^2 \times \frac{4\times 100}{3\pi} + \frac{\pi}{2}(13+17)^2 \times \left[-\frac{4\times(13+17)}{3\pi}\right] + (-\pi \times 13^2 \times 0)}{\frac{1}{2}\pi \times 100^2 + \frac{\pi}{2}\times(13+17)^2 - \pi \times 13^2} = 39\text{mm}$$

所以,偏心块重心(即形心)的位置坐标为(0,39)。

例 1-3-6 已知薄平板形状与尺寸如图 1-3-13 所示,求:此薄平板的重心位置。

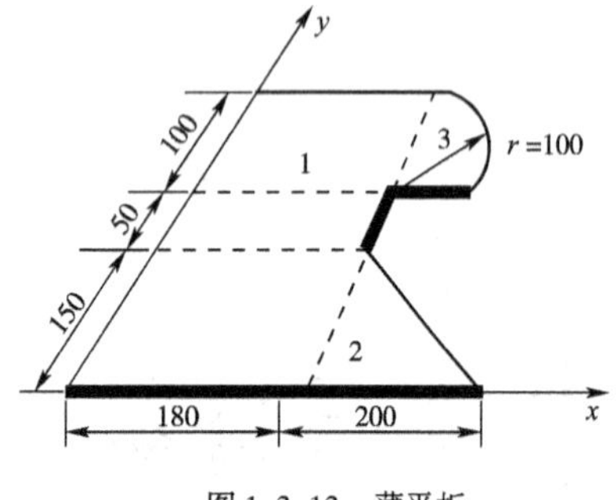

图 1-3-13 薄平板

解:如图 1-3-13 所示,把此薄板分为矩形、三角形与四分之一圆形三部分,其面积和重心坐标分别为:

$$S_1 = 54000\text{mm}^2, S_2 = 15000\text{mm}^2, S_3 = 7854\text{mm}^2$$

$$x_1 = 90\text{mm}, x_2 = 246.7\text{mm}$$

$$x_3 = 180 + \frac{2}{3} \times \frac{100\sin 45^\circ}{\frac{\pi}{4}} \cos 45^\circ = 222.4\text{mm}$$

$$y_1 = 150\text{mm}, y_2 = 50\text{mm}$$

$$y_3 = 200 + \frac{2}{3} \times \frac{100\sin 45^\circ}{\frac{\pi}{4}} \sin 45^\circ = 242.4\text{mm}$$

整板重心坐标:

$$x_C = \frac{\Sigma S_i x_i}{\Sigma S_i} = 135, y_C = \frac{\Sigma S_i y_i}{\Sigma S_i} = 140$$

习 题

1-3-1 已知 $\boldsymbol{F}_1 = 100\text{N}, \boldsymbol{F}_2 = 300\text{N}, \boldsymbol{F}_3 = 200\text{N}$,作用位置及尺寸如题图 1-3-1 所示;求:力系在三个坐标轴上的投影和对三个坐标轴的矩。

1-3-2 题图 1-3-2 所示空间力 $\boldsymbol{F}$,已知 $\boldsymbol{F}$、α、θ,$CD = a$;求:力 $\boldsymbol{F}$ 对 AB 轴的矩 $\boldsymbol{M}_{AB}(\boldsymbol{F})$。

1-3-3 已知 $\boldsymbol{P} = 10\text{kN}$,空间构架连接如题图 1-3-3 所示;求:球铰链 A、B、C 处的约束反力。

1-3-4 已知:重物重 $\boldsymbol{P} = 1000\text{N}$,空间构架如题图 1-3-4 所示;求:三杆所受的力。

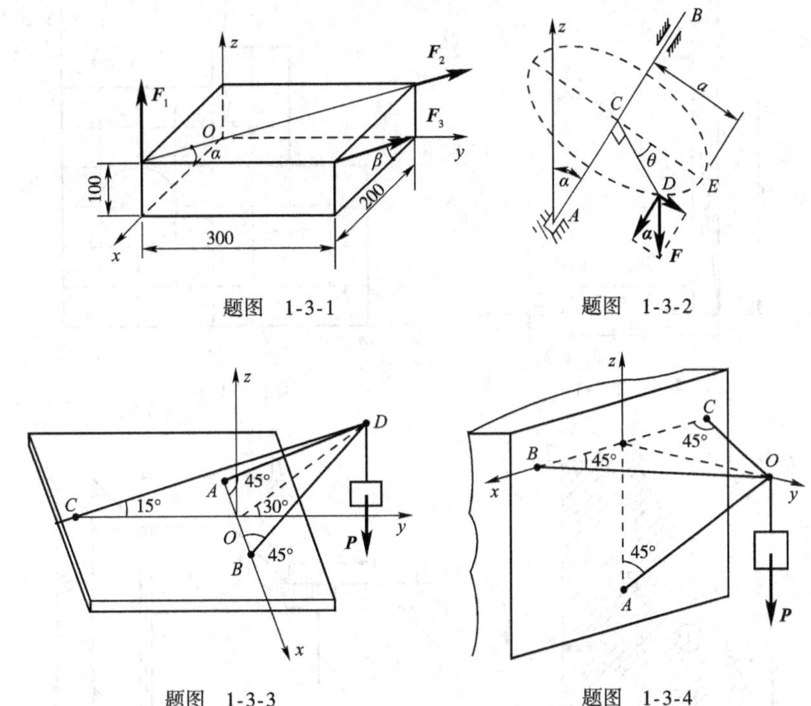

题图 1-3-1　　题图 1-3-2

题图 1-3-3　　题图 1-3-4

1-3-5 轴受力如题图 1-3-5 所示,已知:$r_1=200\text{mm}$,$r_2=250\text{mm}$,$c=1000\text{mm}$,$\alpha=30°$,$a=b=500\text{mm}$,$\boldsymbol{F}_1$、$\boldsymbol{F}_2$平行于 x 轴,$\boldsymbol{F}_1=2\boldsymbol{F}_2=5000\text{N}$,$\boldsymbol{F}_3=2\boldsymbol{F}_4$;求:拉力 $\boldsymbol{F}_3$、$\boldsymbol{F}_4$和轴承 A、B 的约束反力。

1-3-6 已知:$\boldsymbol{P}_1=60\text{N}$,轮的半径是卷筒半径的 6 倍,其他尺寸如题图 1-3-6 所示;求:重物 $\boldsymbol{P}_2$的重量,以及轴承 A 与 B 的约束反力。

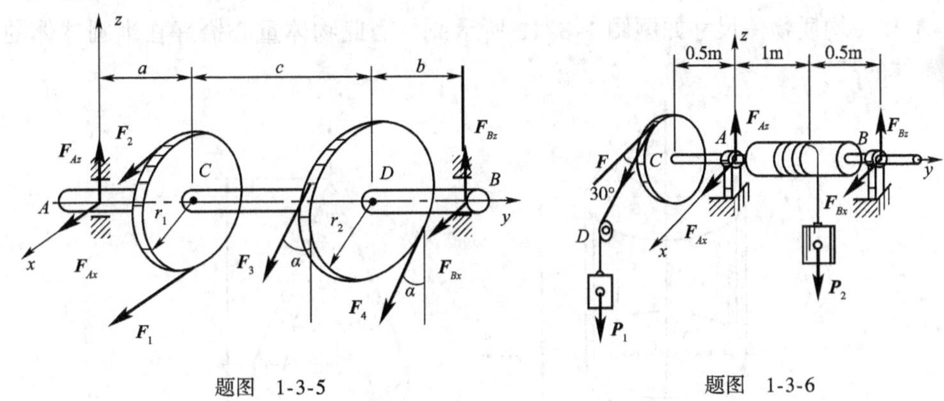

题图 1-3-5　　题图 1-3-6

1-3-7 求题图 1-3-7 所示角钢横断面之形心。图中尺寸单位为 mm。

1-3-8 如题图 1-3-8 所示平面图形中一方格的边长为 20mm;求:挖去一圆后剩余部分面积的形心位置。

1-3-9 如题图 1-3-9 所示平面图形,已知:$AD=a$,$AB=b$;求:若将均质梯形板在点 E 挂起,且使 AD 边保持水平,BE 应等于多少?

1-3-10 均质物块尺寸如题图 1-3-10 所示;求:均质物块重心位置。

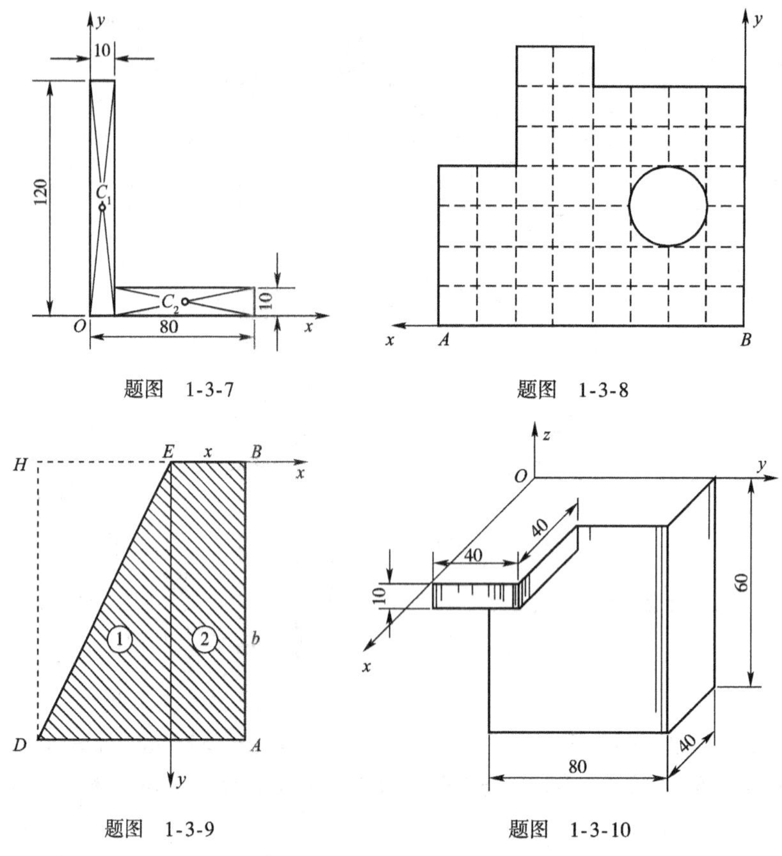

题图 1-3-7

题图 1-3-8

题图 1-3-9

题图 1-3-10

1-3-11 均质物体尺寸如题图 1-3-11 所示;求:当此物体重心恰好在半球体中心 C 时,圆柱体的高。

1-3-12 均质物体尺寸如题图 1-3-12 所示;求:当此物体重心恰好在半圆球体的中心时,圆锥体的高。

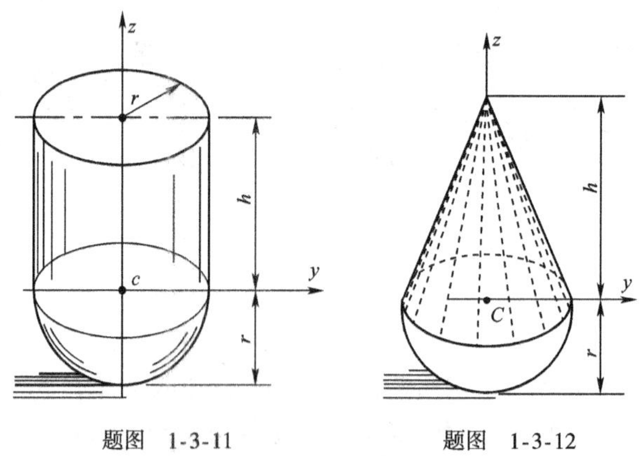

题图 1-3-11

题图 1-3-12

第四章　构件运动学基础

学习目标

知识目标

1. 能正确描述运动构件上一点的运动;
2. 能分析构件的平动与定轴转动;
3. 能掌握点的运动合成与运动分解的方法。

能力目标

1. 能在所选参考系中分析点的几何位置随时间的变化规律;
2. 能利用速度合成定理分析点的速度。

第一节　运动构件上一点的运动

运动学的主要任务是研究物体在空间的位置随时间的变化规律,而不涉及运动状态发生变化的原因。

研究构件上一点的运动,就是研究动点在所选参考系上的几何位置随时间的变化规律,其中包括点的运动方程、轨迹、速度和加速度。本节主要介绍利用直角坐标法和自然坐标法来描述一动点的运动。

一、直角坐标法描述点的运动

1. 点的直角坐标运动方程

如图1-4-1a)所示,设动点 M 在平面内作曲线运动。取直角坐标系 xoy 作为参考系,当动点 M 运动时,其位置坐标 x、y 随时间而变化。因此动点 M 在任意瞬时的位置坐标 x、y 可表示为时间 t 的单值连续函数,即:

$$\begin{cases} x = f_1(t) \\ y = f_2(t) \end{cases} \tag{1-4-1}$$

上式称为直角坐标法表示的运动方程。若从上两式中消去时间参数 t,即得到动点的轨迹方程为:

$$y = \varphi(x) \tag{1-4-2}$$

2. 直角坐标法表示点的速度

如图1-4-1a)所示,设动点 M 在平面内作曲线运动,其运动方程 $x = f_1(t)$, $y = f_2(t)$ 。在瞬时 t 动点位于 M,经过时间间隔 Δt,动点位于 M_1 处。在 Δt 时间内 M 点的位移 $\overline{MM_1}$。若

位移$\overline{MM_1}$沿平面直角坐标分解为Δx、Δy两个分量，于是$\overline{MM_1}=\Delta x+\Delta y$，则动点的速度就可以表示为：

$$\bar{v}=\lim_{\Delta t\to 0}\frac{\overline{MM_1}}{\Delta t}=\bar{v}_x+\bar{v}_y \tag{1-4-3}$$

上式表明，动点某瞬时的速度等于x轴方向速度分量与y轴方向速度分量的矢量和。速度分量的大小为：

$$v_x=\frac{\mathrm{d}x}{\mathrm{d}t} \tag{1-4-4}$$

$$v_y=\frac{\mathrm{d}y}{\mathrm{d}t} \tag{1-4-5}$$

上式表明，动点速度在直角坐标各轴上的投影，等于对应坐标对时间的一阶导数。其速度的大小和方向为：

$$v=\sqrt{v_x^2+v_y^2}=\sqrt{\left(\frac{\mathrm{d}x}{\mathrm{d}t}\right)^2+\left(\frac{\mathrm{d}y}{\mathrm{d}t}\right)^2} \tag{1-4-6}$$

$$\tan\alpha=\left|\frac{v_y}{v_x}\right| \tag{1-4-7}$$

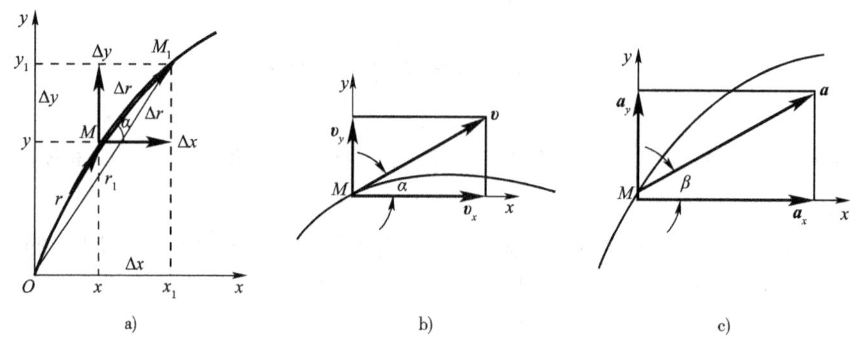

图1-4-1　点的运动

3. 直角坐标法表示点的加速度

同理，若将其速度增量Δv分解为Δv_x、Δv_y两个分量，于是$\Delta v=\Delta v_x+\Delta v_y$。动点的加速度就可以表示为：

$$a=\lim_{\Delta t\to 0}\frac{\Delta v}{\Delta t}=a_x+a_y \tag{1-4-8}$$

上式表明，动点某瞬时的加速度等于x轴方向加速度分量与y轴方向加速度分量的矢量和。加速度分量的大小为：

$$a_x=\frac{\mathrm{d}^2x}{\mathrm{d}t^2} \tag{1-4-9}$$

$$a_y=\frac{\mathrm{d}^2y}{\mathrm{d}t^2} \tag{1-4-10}$$

上式表明，动点加速度在直角坐标各轴上的投影，等于对应坐标的速度投影对时间的一阶导数，或等于对应位置坐标对时间的二阶导数。其加速度的大小和方向分别为：

$$a = \sqrt{\left(\frac{\mathrm{d}v_x}{\mathrm{d}t}\right)^2 + \left(\frac{\mathrm{d}v_y}{\mathrm{d}t}\right)^2} = \sqrt{\left(\frac{\mathrm{d}^2x}{\mathrm{d}t^2}\right)^2 + \left(\frac{\mathrm{d}^2y}{\mathrm{d}t^2}\right)^2} \tag{1-4-11}$$

$$\tan\beta = \left|\frac{a_y}{a_x}\right| \tag{1-4-12}$$

二、自然坐标法描述点的运动

1. 点的自然坐标运动方程

自然坐标法是以动点的已知轨迹,建立自然坐标轴来确定动点的位置。设动点 M 的轨迹为一已知曲线,如图 1-4-2 所示。

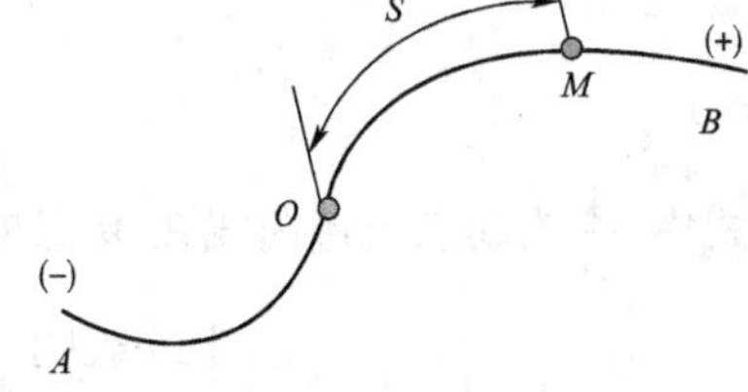

图 1-4-2　点的曲线运动

动点 M 的位置用弧长 OM 来表示。显然,OM 是个代数量,称为动点 M 的弧坐标或自然坐标,用 S 表示。动点沿轨迹运动时,其弧坐标 S 可表示为时间 t 的单值连续函数,即:

$$S = S(t) \tag{1-4-13}$$

上式称为用自然坐标法表示的点的运动方程。

2. 自然坐标法表示点的速度和加速度

如图 1-4-3 所示,设动点 M 沿平面曲线运动,瞬时 t 的弧坐标为 s,经过时间间隔 Δt,即在 $t+\Delta t$ 瞬时动点运动到 M_1 位置,其弧坐标为 $s_1 = s + \Delta s$,即在时间间隔 Δt 内由点 M 移动到点 M_1,$\overline{MM_1}$ 称为动点 M 的位移。当 $\Delta t \to 0$ 时,位移 $\overline{MM_1}$ 趋近于弧长 Δs,即 $\overline{MM_1} \approx \Delta s$,因此动点瞬时速度的大小为:

$$v = \lim_{\Delta t \to 0} \frac{|\overline{MM_1}|}{\Delta t} = \lim_{\Delta t \to 0} \frac{\Delta s}{\Delta t} = \frac{\mathrm{d}s}{\mathrm{d}t} \tag{1-4-14}$$

上式表明,动点作曲线运动的瞬时速度的大小等于弧坐标对时间的一阶导数,其方向沿轨迹的切线方向。若 $\frac{\mathrm{d}s}{\mathrm{d}t} > 0$,动点沿弧坐标的正方向运动;若 $\frac{\mathrm{d}s}{\mathrm{d}t} < 0$,动点沿弧坐标的负方向运动。

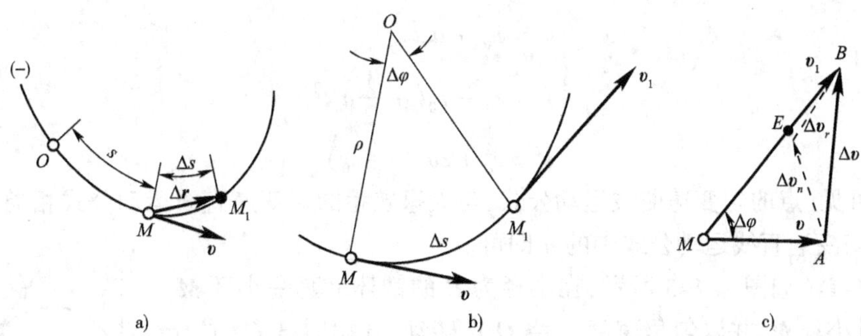

图 1-4-3　点的速度

如图 1-4-3 所示,设动点 M 在瞬时 t 的速度为 v,在 $t+\Delta t$ 瞬时的速度为 v_1,由矢量合成可知,速度增量 $\Delta v = v_1 - v = v_\tau + v_n$。即动点的加速度就可以表示为:

$$a = \lim_{\Delta t \to 0} \frac{\Delta \bar{v}}{\Delta t} = a_\tau + a_n \tag{1-4-15}$$

上式表明,动点瞬时加速度等于切向加速度和法向加速度的矢量和。

1)切向加速度

$$a_\tau = \frac{\mathrm{d}v}{\mathrm{d}t} = \frac{\mathrm{d}^2 s}{\mathrm{d}t^2} \tag{1-4-16}$$

上式表明,动点的切向加速度反映了速度大小随时间的变化率,其大小等于速度对时间的一阶导数,或弧坐标对时间的二阶导数,方向沿轨迹的切线方向。

2)法向加速度

$$a_n = \frac{v^2}{\rho} \tag{1-4-17}$$

式中,$\frac{1}{\rho}$为动点轨迹曲线在 M 点处的曲率,ρ 为曲线在该点处的曲率半径。

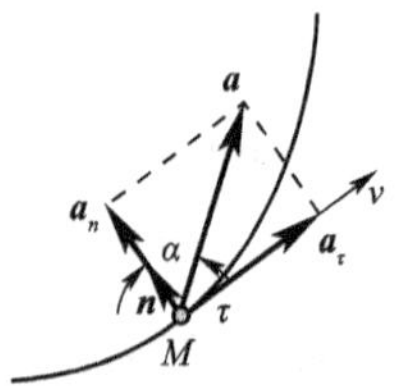

图 1-4-4 点的加速度

上式表明,动点的法向加速度反映了速度方向随时间的变化率,其大小等于该点速度的平方与曲率半径之比,方向沿法向指向轨迹曲线的曲率中心。

3)全加速度(图 1-4-4)

由上述可知,点作曲线运动时的加速度是有切向加速度和法向加速度组成的。在自然坐标系中,称点的加速度为全加速度。全加速度大小和方向为:

$$a = \sqrt{a_\tau^2 + a_n^2} \tag{1-4-18}$$

$$\tan\alpha = \frac{|a_\tau|}{a_n} \tag{1-4-19}$$

3. 匀变速曲线运动

当动点作匀变速曲线运动时,a_τ为常量。若已知运动的初始条件,即当 $t=0$ 时,$v=v_0$,$s=s_0$,由微分式 $a_\tau=\frac{\mathrm{d}v}{\mathrm{d}t}$、$v=\frac{ds}{dt}$分离变量进行积分得:

$$\begin{cases} v = v_0 + a_\tau t \\ s = s_0 + v_0 t + \frac{1}{2} a_\tau t^2 \end{cases} \tag{1-4-20}$$

$$v^2 = v_0^2 + 2a_\tau(s - s_0)$$

由此可见,点的匀变速曲线运动公式,与大家熟悉的匀变速直线运动公式相类似。只需以 a_τ代替匀变速直线运动公式中的 a 即可。

例 1-4-1 如图 1-4-5 所示,在半径为 R 的铁环上套一小环 M,杆 OA 穿过小环 M,并以匀角速度 ω 绕 O 点转动,开始时杆 OA 位于水平位置。试求小环 M 的运动方程、速度和加速度。

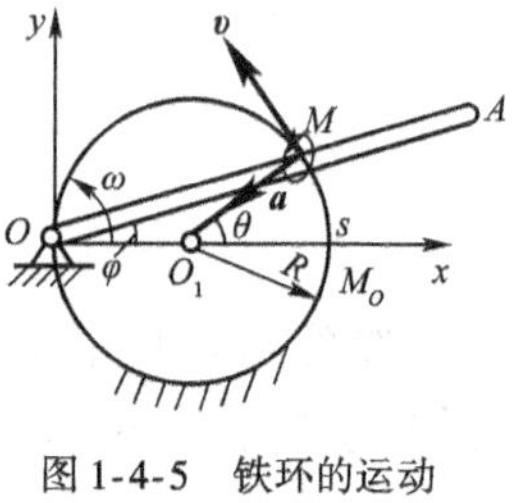

图 1-4-5 铁环的运动

解:由小环的运动轨迹已知,可用自然法求解。取 M_O 为弧坐标原点,任意瞬时 t,OA 杆角位移 $\varphi=\omega t$,小环 M 的运动方程:

$$s = R\theta = R(2\varphi) = 2R\omega t$$

对运动方程求一阶导数,得小环 M 的速度为:

$$v = 2R\omega$$

小环 M 的切向加速度、法向加速度、全加速度分别为 $a_\tau = \frac{dv}{dt} = 0, a_n = \frac{v^2}{\rho} = \frac{(2R\omega)^2}{R} = 4R\omega^2, a = \sqrt{a_\tau^2 + a_n^2} = 4R\omega^2$。

全加速度方向沿 MO_1 指向 O_1,小环 M 沿圆弧作匀速运动。

例 1-4-2　已知点的运动方程为 $x = 2t, y = 2 - t^2$(坐标的单位为 m,时间 t 的单位为 s)。试求:(1)点的运动轨迹;(2)$t = 2$s 时点的速度。

解:(1)运动轨迹。将运动方程消去 t,得轨迹方程为:

$$y = 2 - \frac{1}{4}x^2$$

(2)求 $t = 2$s 时的速度。

$$v_x|_{t=2} = \frac{dx}{dt}|_{t=2} = 2$$

$$v_y|_{t=2} = \frac{dy}{dt}|_{t=2} = -2t|_{t=2} = -4$$

$$v = \sqrt{v_x^2 + v_y^2} = \sqrt{2^2 + (-4)^2} = 4.47\text{m/s}$$

v 与 x 轴夹角为:

$$\alpha = \tan^{-1}\left|\frac{v_y}{v_x}\right| = \tan^{-1}\frac{4}{2} = 63.4°$$

第二节　构件的平面基本运动

一、构件的平动

构件运动时,如果构件内任意一直线始终保持与原来的位置平行,则构件的这种运动称为构件的平行移动,简称平动。例如,直线轨道上车厢的运动、摆式输送机送料槽的运动等,都是刚体平动的实例,如图 1-4-6a)所示。

构件平动时,其上各点的轨迹若是直线,则称构件作直线平动。其上各点轨迹若是曲线,则称构件作曲线平动,如图 1-4-6b)所示。

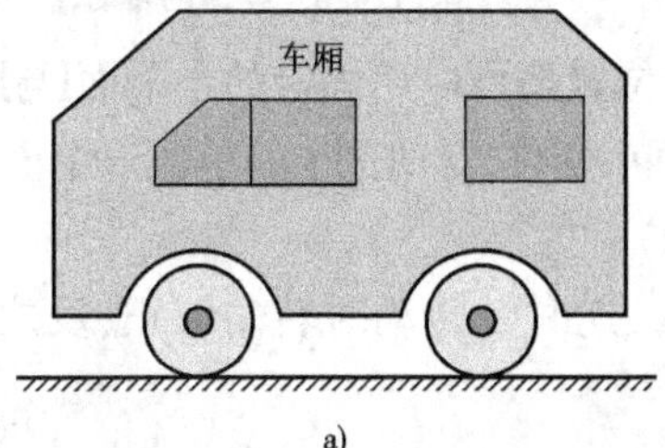

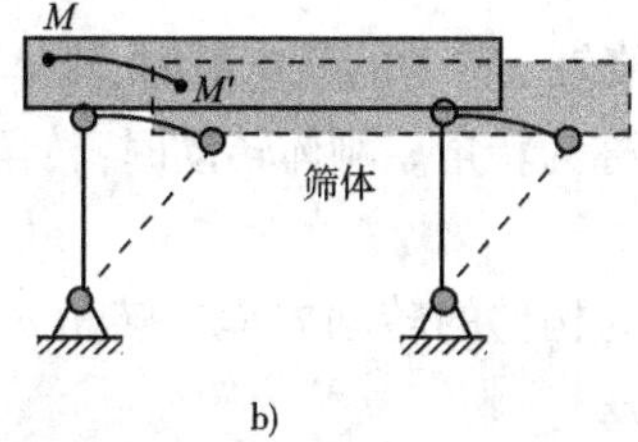

图 1-4-6　构件的平动
a)直线平动;b)曲线平动

如图 1-4-7 所示的构件平动时,构件内任意一直线段 AB 依次运动到 A_1B_1、A_2B_2、…、A_nB_n各位置,且 $AB=A_1B_1=A_2B_2=\cdots=A_nB_n$。根据构件平动的特点可知,$AB\parallel A_1B_1\parallel A_2B_2\parallel\cdots\parallel A_nB_n$,连接 AA_1、BB_1,显然 AA_1BB_1 是平行四边形。当时间间隔 Δt 取的无限小时,A、B 点的位移大小相等,即$\overline{AA_1}=\overline{BB_1}$,方向相同。依次类推,构件上各点运动轨迹完全相同。

根据点的速度定义,在任意一瞬时 t,A、B 两点的速度为:

$$v_A=\lim_{\Delta t\to 0}\frac{\overrightarrow{AA_1}}{\Delta t}=\lim_{\Delta t\to 0}\frac{\overrightarrow{BB_1}}{\Delta t}=v_B \tag{1-4-21}$$

同理可以得到:

$$a_A=\frac{\mathrm{d}\bar{v}_A}{\mathrm{d}t}=\frac{\mathrm{d}\bar{v}_B}{\mathrm{d}t}=a_B \tag{1-4-22}$$

因为 A、B 是构件上任意两点,所以上述结论对构件上所有点都成立,即构件平动时,其上各点的运动轨迹形状相同且彼此平行,在每一瞬时,各点的速度、加速度也都相同。

上述结论表明,构件上任意一点的运动就可以代表整个构件的运动,即构件的平动问题可用点的运动来代替。

二、构件绕定轴转动

构件在运动过程中,其上或其延伸部分有一条直线,始终固定不动,这种运动称为构件绕定轴转动,简称转动。位置保持不变的直线称为转轴。工程中齿轮、带轮、飞轮的转动,电动机转子、机床主轴、传动轴的转动等,都是构件定轴转动的实例。

1. 转动方程

为确定转动刚体在空间的位置,过转轴 z 作一固定平面Ⅰ为参考面。在下图中,半平面Ⅱ过转轴 z 且固连在刚体上,初始半平面Ⅰ、Ⅱ共面,如图 1-4-8 所示。

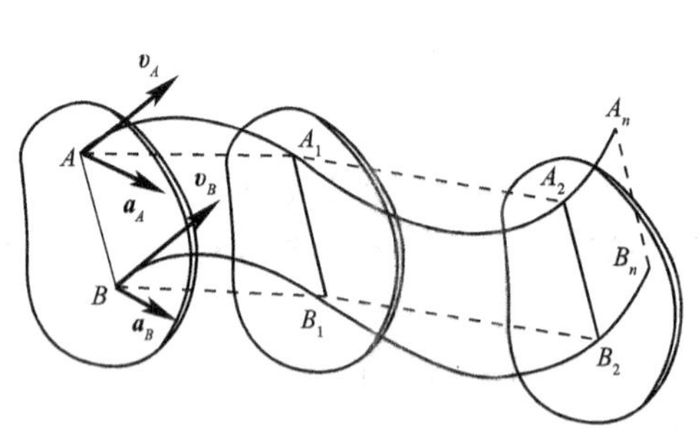

图 1-4-7 点的运动轨迹

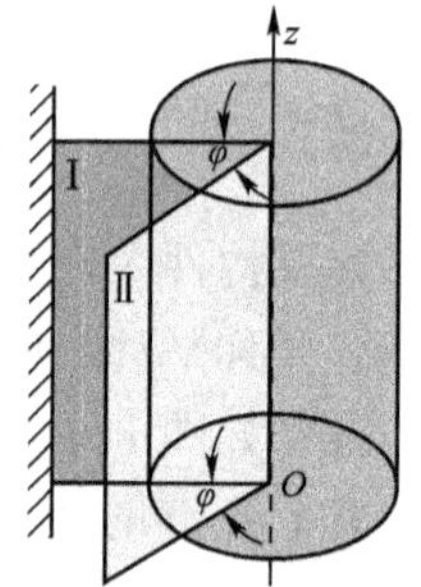

图 1-4-8 物体的转动

当刚体绕轴 z 转动的任意瞬时,刚体在空间的位置都可以用固定的半平面Ⅰ与Ⅱ之间的夹角 φ 来表示,φ 称为转角。刚体转动时,转角 φ 随时间 t 变化,是时间 t 的单值连续函数,即:

$$\varphi=\varphi(t) \tag{1-4-23}$$

上式称为构件的转动方程。转角 φ 是代数量,逆时针转动时转角取正,反之为负。转角 φ 的单位是 rad。

2. 角速度

角速度是描述刚体转动快慢和转动方向的物理量。角速度常用符号 ω 来表示,它是转角 φ 对时间 t 的一阶导数,即:

$$\omega = \lim_{\Delta t \to 0} \frac{\Delta \varphi}{\Delta t} = \frac{d\varphi}{dt} \tag{1-4-24}$$

这里角速度可用代数量表示,其正负表示刚体的转动方向。当 $\omega > 0$ 时,刚体逆时针转动;反之则顺时针转动。角速度的单位是 rad/s。

工程上常用每分钟转过的圈数表示刚体转动的快慢,称为转速,用符号 n 表示,单位是 r/min(转/分)。转速 n 与角速度 ω 的关系为 $\omega = 2\pi n/60 = \pi n/30$。

3. 角加速度

角加速度是表示角速度 ω 变化的快慢和方向的物理量。角加速度常用符号 α 表示,它是角速度 ω 对时间的一阶导数,即:

$$\alpha = \frac{d\omega}{dt} = \frac{d^2\varphi}{dt^2} \tag{1-4-25}$$

这里角加速度 α 可用代数量表示,当 α 与 ω 同号时,表示角速度的绝对值随时间增加而增大,刚体作加速转动;反之,则作减速转动。角加速度的单位是 rad/s^2。

例 1-4-3　已知发动机主轴的转动方程为 $\varphi = t^3 + 4t - 3$(φ 的单位为 rad,t 的单位为 s),试求 $t = 1$s 时,主轴转动的角速度和角加速度。

解:求角速度、角加速度方程:

$$\omega = \frac{d\varphi}{dt} = 3t^2 + 4\ ,\ \alpha = \frac{d\omega}{dt} = 6t$$

当 $t = 1$s 时,主轴转动的角速度和角加速度分别为:

$$\omega = 3t^2 + 4 = (3 \times 1^2 + 4)\text{rad/s} = 7\text{rad/s}$$

$$\alpha = 6t = 6 \times 1\text{rad/s}^2 = 6\text{rad/s}^2$$

第三节　平面图形上点的速度合成定理

本节主要介绍点的运动合成与运动分解的方法,它是研究构件复杂运动的基础。这种分析,对于工程实际具有重要的意义。

一、点的合成运动概念

在点的运动学中,我们研究了动点对于一个参考系的运动。但是在工程中时用两个不同的参考系去描述同一个点的运动情况。同一个点对于不同的参考系,所表现的运动特征显然是不同但又是有关联的。例如,无风下雨时雨滴的运动,对于地面上的观察者来说,雨滴是铅垂向下的;但是对于正在行驶的车上的观察者来说,雨滴便是倾斜向后的,如图 1-4-9 所示。

产生这种差别是由于观察者所在的参考系不一样。但是,两者得出的结论不但全都正确,且可互相沟通。

为了便于研究,将所研究的点 M 称为动点;将固结在地球表面上的参考系称为定参考系,并以 xOy 表示;把相对于地球运动的参考系(如固结在行驶的车上的参考系)称为动参考系,并以 $x'O'y'$表示。

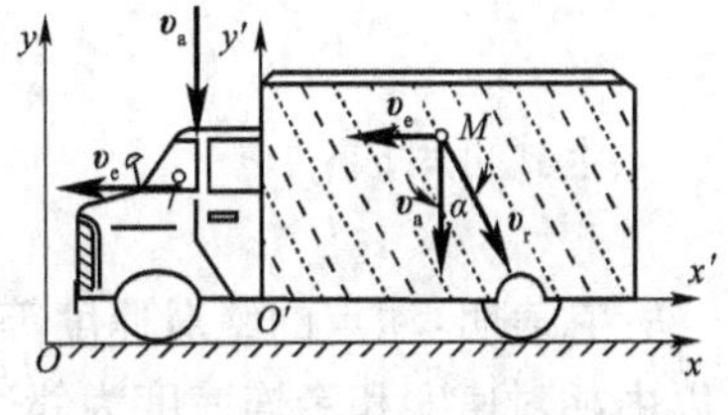

图 1-4-9　点的合成运动

为了区别动点对于不同参考系的运动,规定动点相对于定参考系的运动为绝对运动,动点相对于动参考系的运动为相对运动,而动参考系相对于定参考系的运动为牵连运动。如上面所举的例子中,如果把行驶的车取为动参考系,则雨滴相对于车沿着与铅直线呈 α 角的直线运动是相对运动,相对于地面的铅直线运动是绝对运动,而车对地面的直线平动则是牵连运动。

显然,如果没有牵连运动,则动点的相对运动就是它的绝对运动;如果没有相对运动,则动点随动参考系所作的牵连运动就是它的绝对运动。由此可见,动点的绝对运动可看成是动点的相对运动与动点随动参考系的牵连运动的合成。因此,这类运动就称为点的合成运动或复合运动。本节就是要研究绝对、相对、牵连这三种运动之间的关系。

二、点的速度合成定理

动点对于动参考系的速度,称为动点的相对速度,用 v_r 表示。动点对于定参考系的速度,称为动点的绝对速度,用 v_a 表示。

特指的动点牵连速度则是动点随动参考系一起运动的速度。由于动参考系的运动是刚体的运动而不是点的运动,所以必须进一步指出,在某瞬时,动参考系上与动点相重合的那一点才"牵连"着动点的运动。因此,把动系上发生牵连的地点称为牵连点,牵连点的速度才得以称为牵连速度,用 v_e 表示。

下面讨论动点的绝对速度、相对速度和牵连速度三者之间的关系。

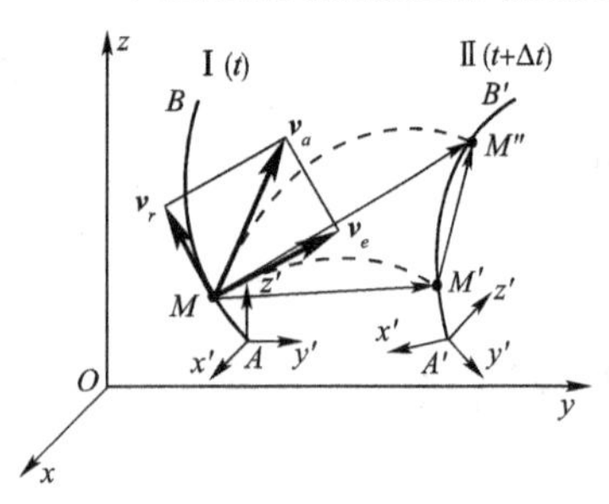

图 1-4-10　点的合成运动

设动点 M 按某一规律沿已知曲线 AB 运动,而曲线 AB 又随动参考系 $O'x'y'z'$ 运动。曲线 AB 称为动点的相对运动轨迹,如图 1-4-10 所示。

设在瞬时 t,动点位于相对轨迹上的 M 点,经过时间间隔 Δt 之后,相对轨迹随同动参考系一起运动到一新位置 M'。

假如动点不作相对运动,则动点随动参考系运动到 M' 点,MM'称为动点的牵连轨迹。但由于有相对运动,在 Δt 时间间隔内,动点沿曲线 K 作相对运动,最后到达 M''点。曲线 MM''称为动点的绝对轨迹。

显然,矢量 MM''、$M'M''$分别代表了动点在 Δt 时间内的绝对位移和相对位移,而矢量 MM'为动参考系牵连点在 Δt 时间内的位移,称为动点的牵连位移。由矢量三角形 $MM'M''$可以得到这三个位移的关系为:

$$\overrightarrow{MM''} = \overrightarrow{MM'} + \overrightarrow{M'M''} \tag{1-4-26}$$

将上式除以 Δt,并取 Δt 趋近于零的极限,则得:

$$\lim_{\Delta t\to 0}\frac{\overrightarrow{MM''}}{\Delta t} = \lim_{\Delta t\to 0}\frac{\overrightarrow{MM'}}{\Delta t} + \lim_{\Delta t\to 0}\frac{\overrightarrow{M'M''}}{\Delta t} \tag{1-4-27}$$

上式可写成:

$$v_a = v_e + v_r \tag{1-4-28}$$

它表明:动点的绝对速度等于它的牵连速度和相对速度的矢量和,即动点的绝对速度可以由相对速度和牵连速度为邻边所组成的平行四边形的对角线来表示。此即为点的速度合成定理。

在应用速度合成定理解决具体问题时，应注意正确选取动点和动参考系，分清三种运动和三个速度，再根据速度合成定理并结合已知条件作出速度矢量图，最后应用几何关系或解析法来求解未知量。

例 1-4-4　图 1-4-11 所示的曲柄摇杆机构中，曲柄 $O_1A=r$，以角速度 ω_1 绕 O_1 转动，通过滑块 A 带动摇杆 O_2B 绕 O_2 往复摆动。当曲柄水平时，摇杆与垂线 O_1O_2 之夹角为 θ，求图示瞬时，摆杆 O_2B 的角速度 ω_2。

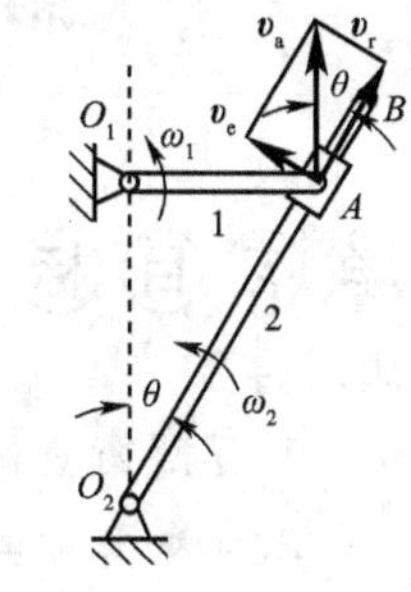

图 1-4-11　曲柄摇杆机构受力图

解：(1) 选动点和动坐标　定 A_1 为动点，动坐标固结在摇杆 O_2B 上。

(2) 运动和速度分析　A_1 的绝对运动为绕 O_1 的圆周运动，绝对速度 $v_a=r\omega$，方向垂直于 O_1A 向上。点 A_1 的相对运动为沿 O_2B 的直线运动。相对速度沿直线 O_2B，大小未知。牵连运动为 O_2B 的定轴转动，牵连点为该瞬时 O_2B 上的 A_2，牵连速度 $v_e=O_2A\omega_2$ 但由于 ω_2 未知，故 v_e 大小未知，方向垂直于 O_2B。

(3) 完成速度平行四边形　由几何关系得：

$$v_e=v_a\sin\theta=r\omega_1\sin\theta$$

$$\omega_2=\frac{v_e}{O_2A}=\frac{r\omega_1\sin\theta}{r/\sin\theta}=\omega_1\sin^2\theta$$

ω_2 的转向为逆时针方向。

习　题

1-4-1　点在某瞬时的速度为零，那么该瞬时点的加速度是否也等于零？

1-4-2　如果构件上各点运动轨迹均为圆周曲线，该构件是否一定作定轴转动？

1-4-3　飞轮匀速转动，若半径增大 1 倍，轮缘上各点的速度、加速度是否都增大 1 倍？若转角增大 1 倍，轮缘上各点的速度、加速度是否也增大 1 倍？

1-4-4　牵连速度为什么不能说是动参考系的速度？

1-4-5　构件平面运动通常分解为哪两个运动？它们与基点的选取有无关系？

1-4-6　已知车床主轴的转速 $n=300\text{r/min}$，要求主轴在两转后立即停车，以便很快反转。设停车过程是匀变速转动，求主轴的角加速度。

1-4-7　在题图 1-4-1 所示曲柄连杆机构中，已知 $OA=AB=l$，曲柄 OA 以匀角速 ω 转动，求 $\varphi=45°$时，滑块 B 的速度及 AB 杆的角速度。

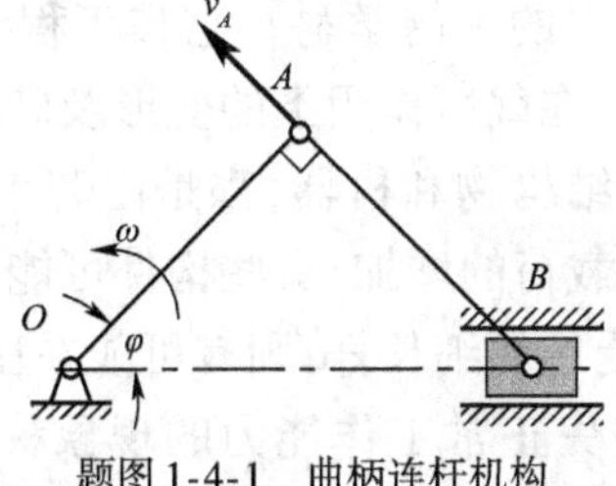

题图 1-4-1　曲柄连杆机构

第五章　构件的轴向拉伸与压缩

学习目标

知识目标

1. 了解衡量材料力学的承载能力的因数和材料力学的任务;
2. 了解变形固体的基本假设和为什么要对物体进行假设;
3. 了解求内力的方法和步骤及应力的概念;
4. 认识变形固体的基本变形形式;
5. 了解拉压的受力变形形式,掌握用截面法求拉压时横截面上的内力计算;
6. 认识拉压时横截面上的应力和应力公式;
7. 认识拉压时的变形和有关的变形公式及其拉压虎克定律;
8. 了解塑性和脆性材料拉压时的力学性质,特别是低碳钢的拉伸试验曲线;
9. 认识拉压时的强度计算公式和解决的三类强度问题,掌握强度问题的求解。

能力目标

1. 能熟练应用截面法和符号规定两种方法求横截面上的内力并熟练绘制轴力图;
2. 能熟练应用应力公式、变形公式、虎克定律和静力学平衡方程解决拉压问题中杆件的应力和变形的计算;
3. 能熟练应用强度条件解决拉压中的三类强度问题。

从本章开始我们进入工程力学材料力学部分的研究和学习,为了能对材料力学有个整体的了解和认识,在学习主要内容以前,我们首先来了解一下材料力学的基本知识。

第一节　材料力学基本知识

一、材料力学的任务

材料力学是研究构件承载能力的一门学科。它与工程实际联系非常紧密,它以工程构件或零件为主要研究对象,研究其在载荷作用下的变形及破坏的规律。

船舶工程中经常遇到的各种结构物和机器,都是由若干构件组成的,在载荷作用下,这些船舶构件都会发生变形。随着载荷的增加,有些构件可能发生突然断裂,有些构件则会发生过大的变形直至破坏,对一些受压的细长杆,则有可能在压力的作用下突然离开其平衡位置发生失稳破坏。我们把构件丧失正常工作能力的现象称为失效。为了保证构件正常工作，每一构件都要有足够的承受载荷的能力，简称承载能力。

构件的承载能力主要由以下三方面来衡量：

1. 强度

构件抵抗破坏的能力称为强度。构件必须具有足够的强度，即构件在外力作用下不能断裂或塑性变形。这是保证其正常工作最基本的要求。例如，港口码头的起重机，若起吊的重量过大，起吊重物的钢丝绳就会被拉断，发生强度破坏。再如，机器传动中的齿轮，在齿轮啮合传动中齿面产生塑性变形或轮齿折断均属于强度失效。

2. 刚度

构件抵抗变形的能力称为刚度。构件必须具有足够的刚度，即构件在外力作用下，其弹性变形或位移不超过工程允许的范围。例如，机器传动中的齿轮轴，当齿轮轴发生过大的弯曲变形时，就会影响轮齿的啮合情况，使轮齿局部受力，如图 1-5-1a）所示；在车床中，当车床主轴发生过大变形时，会影响车床的工件的加工精度，如图 1-5-1b）所示。这些均属于刚度失效。

3. 稳定性

构件保持原有直线平衡形式的能力称为稳定性。对于轴向受压的细长直杆，如内燃机中的挺杆，如图 1-5-2a）所示，千斤顶中的顶杆如图 1-5-2b）所示。当压力较小时，受压杆件能保持其直线平衡形式，当承受的压力过大时，受压杆会突然变弯，使压杆由原来的直线平衡形式转变为弯曲平衡形式，从而导致结构丧失承载能力，此称为稳定失效或失稳。对于这类压杆，必须要求它们在工作中始终保持原有的直线平衡形式，即具有足够的稳定性。

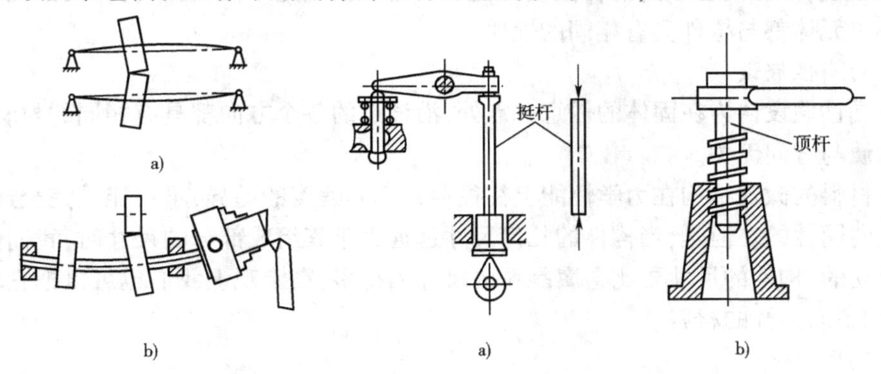

图 1-5-1　车床过大变形　　　图 1-5-2　内燃机的挺杆

当设计的构件具有足够的强度、刚度和稳定性时，就能保证构件在载荷作用下安全可靠的工作，也就是说，设计满足了安全性的要求。但是合理的设计还要求符合经济节约的原则，尽可能减少材料的消耗，以降低成本，或减轻构件自重。这两个要求是互相矛盾的，前者往往需要加大构件的尺寸，选用好的材料；而后者则要求少用材料，选用价格低的材料。这一矛盾促使了材料力学这门学科的产生和发展。材料力学是一门研究构件强度、刚度和稳定性计算的科学，它为解决以上矛盾提供了理论基础。

材料力学的任务就是：在保证构件既安全适用又经济的前提下，为构件选择合适的材料，确定合理的截面形状和尺寸，提供必要的计算方法和实验技术。

构件的强度、刚度和稳定性均与材料的力学性能有关，而材料的力学性能只有通过实验才能测定。此外,对于现有理论还不足以解决的某些问题,也需借助实验来解决。因此,实验研究和理论分析都是完成材料力学任务所必需的重要手段。

二、变形固体的基本假设

船舶工程中的构件均由固体材料(如钢、混凝土)制成。这些固体材料在外力作用下会发生变形,称为变形固体。如果变形在外力卸除后消失,则称这种变形为弹性变形;外力卸除后不能消失的变形称为塑性变形。在材料力学中通常把构件简化为只发生弹性变形的变形固体,即弹性变形体。

材料力学是以变形固体的宏观力学性质为基础,并不涉及其微观结构,所以我们可以取弹性变形体作为材料力学中研究对象的理想化模型,但必须作出以下四个基本假设。

1. 连续性假设

连续性假设认为组成固体的物质毫无空隙地充满了固体的体积,即固体在其整个体积内是连续的。

根据这个假设,当把某些力学量看成固体内点的坐标的函数时(如位移),对这些量就可以进行以坐标增量为无限小的极限分析,从而有利于建立相应的数学模型。

2. 均匀性假设

均匀性假设认为从物体内任意一点处取出的体积单元,其力学性能都能代表整个物体的力学性能。

也就是说,固体内各点的材料性质都是一样的。根据这个假设,从构件内部任何部位切取的微小单元体都与构件具有相同的性质。

3. 各向同性假设

各向同性假设认为在固体的任意一点处,沿该点的各个方向都具有相同的材料性质,即材料的性质与方向无关。

实际材料的微观结构在力学性能上往往存在不同程度的差异,不可能是完全连续的、均匀的和各向同性的。但是,当构件的几何尺寸远远大于其组成部分的尺寸时,我们的假设就是可以成立的,构件的尺寸要比金属晶粒的尺寸大得多,在宏观上我们也可以把它看成是连续、均匀和各向同性的材料。

4. 小变形假设

假定物体在外力作用下产生的变形与物体本身的几何尺寸相比是很小的。

根据这一假设,当考虑变形固体的平衡、运动以及内部受力和变形等问题时,均可以按构件的原始尺寸和形状进行计算。

三、内力、截面法、应力

1. 内力的概念

杆件因受外力而变形,其上各点发生相对位移,从而产生相互作用力的改变量,此即为内力。我们知道,即使不受外力,物体的各支点之间,依然存在着相互作用的内力,正是这种内力使各质点保持一定的相对位置,使构件具有一定的几何尺寸和形状。材料力学中的内力是指在外力作用下,杆件内部各部分之间相互作用力的改变量,称为附加内力,简称内力。

对于杆件,最有意义的是横截面上的内力,它的大小及其在杆件内部的分布规律随外力的改变而变化,若内力的变化超过某一限度,则构件将不能正常工作,因而它与构件的承载能力是密切相关的。内力的分析与计算是解决构件强度、刚度和稳定性计算的基础。

2. 求内力的方法——截面法

要判断杆件在外力作用下能否正常工作,首先必须求出横截面上的内力。由于内力存在于构件内部,所以材料力学是用截面法来求构件任意横截面上的内力的。截面法是显示和计算内力的基本方法。

为了显示内力,可以假想地用一个截面(通常都是横截面)将物体截分为 A、B 两部分,如图 1-5-3a)所示,移去一部分(例如 B),保留一部分(例如 A),并将 B 部分对 A 部分的作用用力表示出来,这个力就是 A 截面上的分布内力,如图 1-5-3b)所示。

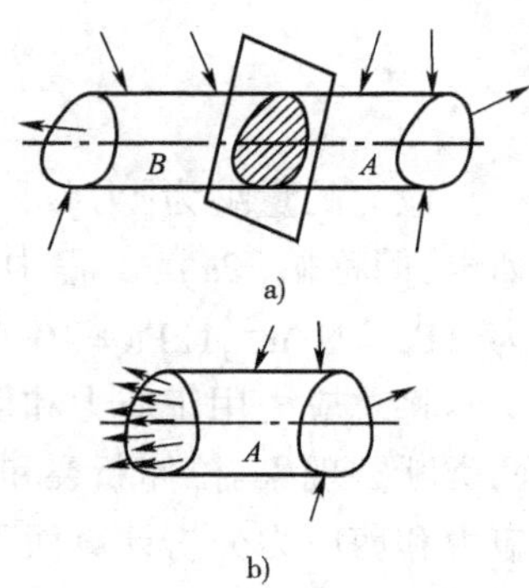

图 1-5-3　截面法

由于对留下部分 A 来讲,截开面上的内力就成为外力(因为这是移去部分对保留部分的作用),而且研究对象仍处于平衡状态,故可以通过对留下部分 A 建立平衡方程式来计算截开面上的内力。若取 B 为留下部分,则由作用与反作用公理,可知 B 部分在截开面上的内力等值、反向。当然也可从 B 部分上的平衡方程式来确定此内力。

这种假想地用一个截面将物体截分为二,并对截开后的其中一部分建立平衡方程式以确定截面上内力的方法称为截面法。

截面法求内力的过程可归纳如下:

(1)截开　假想地用一个横截面将物体截分为两部分,并移去其中一部分。

(2)代替　移去部分对留下部分的作用用内力来代替。

(3)求平衡　对留下部分建立平衡方程式,通过求解平衡方程式确定未知的内力。

3. 应力的概念

根据截面法所确定的截面上的内力,是所求内力截面上分布内力的合力,要判断构件受力后的危险程度,在一般情况下仅凭内力的大小是不够的。因为材料有强弱,杆件有粗细,内力在截面上的分布也有是否均匀的问题。因此,工程上常用杆件内部单位截面面积上的内力(即应力)来判断杆件受力后的危险程度。在材料相同的情况下,如果内力在截面上是均匀分布的,则其危险程度将由该截面上的平均应力大小来确定;如果内力在截面上的分布是不均匀的,还需确定每一点处的应力大小,即分布内力在截面上每一点处的集度,才能判断杆件的危险程度。分布内力在截面上某一点处的集度称为应力。

为了确定杆件某一截面 a—a 上任意一点的应力,可在截面上围绕 K 点取一微小面积 ΔA。设 ΔA 面积上分布内力的合力为 $\Delta \boldsymbol{P}$,如图 1-5-4a)所示,则比值$\frac{\Delta \boldsymbol{P}}{\Delta A}$称为面积 ΔA 上的平均应力,由于在一般情况下分布内力并非均匀分布,故将比值$\frac{\Delta \boldsymbol{P}}{\Delta A}$在所取的 ΔA 无限地趋近于零的极限值定义为 K 点处的应力,通常又称为 K 点处的总应力。

$$\boldsymbol{p} = \lim_{\Delta A \to 0} \frac{\Delta \boldsymbol{P}}{\Delta A} = \frac{\mathrm{d}\boldsymbol{P}}{\mathrm{d}A} \tag{1-5-1}$$

应力 $\boldsymbol{p}$ 是矢量,通常将它分解为垂直于截面的应力分量 σ 和与截面相切的应力分量 τ,如图 1-5-4b)所示。σ 垂直于截面,称为正应力;τ 与截面相切,称为剪应力。

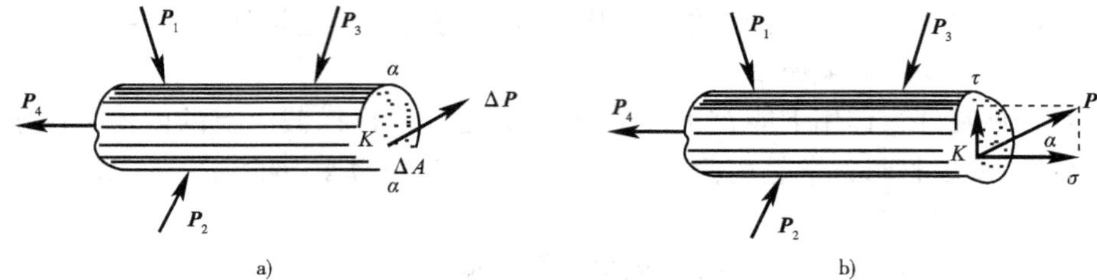

图 1-5-4 截面应力

应力的量纲为[力]/[长度]^2,国际单位制中,应力的基本单位是牛/米^2(N/m^2),称为帕斯卡,简称帕(Pa),工程中常用单位为 kPa(千帕)、MPa(兆帕)、GPa(吉帕)。它们的关系为:$1Pa = N/m^2$,$1kPa = 10^3Pa$,$1MPa = 10^6Pa$,$1GPa = 10^9Pa$。

将总应力用正应力和切应力这两个分量来表达是有其物理意义的,因为它们和材料的两类断裂现象:拉伸断裂和剪切错动相对应。所以,在今后的应力分析和强度计算时只按正应力和剪应力分析计算而不是按总应力计算。

四、杆件变形的基本形式

船舶结构物中所采用的构件形状是多种多样的,材料力学主要研究杆件。杆件是指其纵向(长度方向)尺寸远大于横向(垂直于长度方向)尺寸的构件。船舶工程中的传动轴、螺栓、梁和柱等均属于杆件。

杆件有两个主要的几何特征,即轴线和横截面。轴线是各横截面形心的连线,横截面与轴线相互垂直。根据轴线与横截面的几何形状,杆件可分为直杆和曲杆,等截面杆和变截面杆。材料力学的计算原理,一般是在等直杆的基础上建立起来的。但对于曲率很小的曲杆和横截面逐渐变化的变截面杆也可推广应用。

在不同的载荷作用下,杆件变形的形式各异。归纳起来,杆件变形的基本形式有以下四种:

1. 轴向拉伸与压缩

在一对作用线与杆件轴线重合的外力 $\boldsymbol{F}$ 作用下,直杆的主要变形是在轴线方向发生伸长或缩短,这种变形形式称为轴向拉伸与压缩。例如,汽缸的活塞杆(图 1-5-5)、起吊重物的绳索、千斤顶的顶杆等。

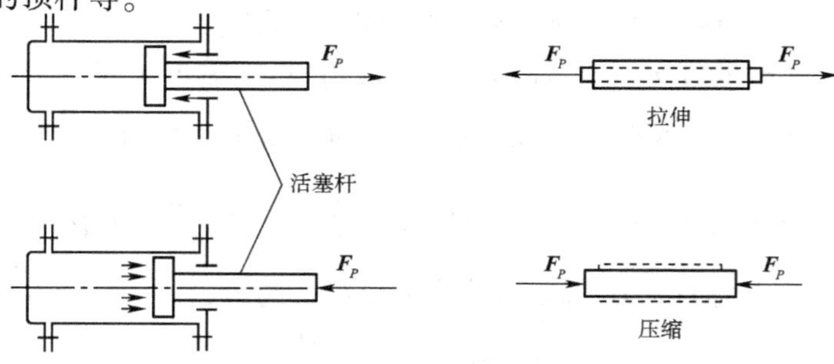

图 1-5-5 轴向拉伸与压缩

2. 剪切

在一对相距很近的,大小相等、方向相反的横向外力 **F** 作用下,杆件的主要变形是位于两个力作用线之间的横截面沿外力作用方向发生相对错动。这种变形形式称为剪切,如图1-5-6所示。它多与其他变形形式共同存在,铆钉、销钉、螺栓、键等连接件的主要变形形式就是剪切。

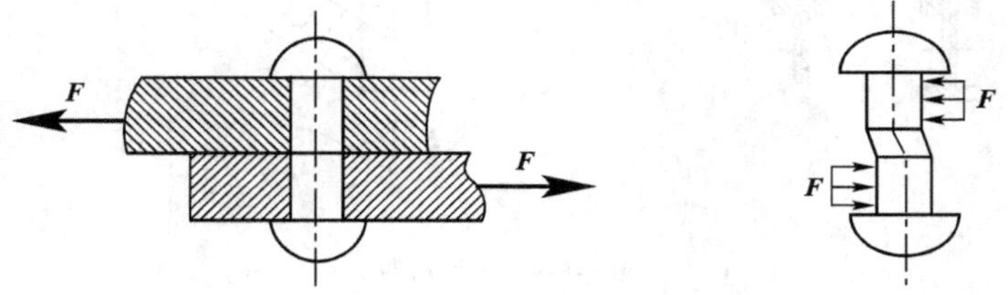

图1-5-6 构件的剪切

3. 圆轴的扭转

在圆轴的两端受一对大小相等、方向相反且作用平面垂直于杆轴线的外力偶作用时,杆件的各横截面将绕轴线发生相对转动,这种变形称为圆轴的扭转。以扭转变形为主的杆件称为轴。例如,汽车方向盘的操纵杆(图1-5-7)、机器中的各种传动轴等。

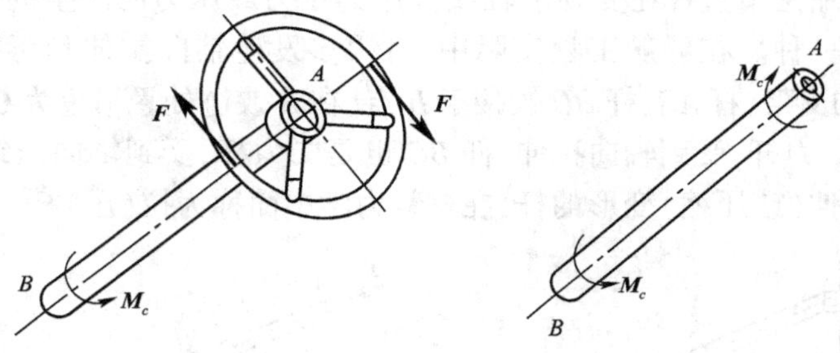

图1-5-7 圆轴的扭转

4. 直梁的弯曲

当杆件受到垂直于杆件轴线的横向力或作用面在包含杆轴线的纵向平面内的力偶作用时,杆件的轴线将由直线变为曲线,这种变形形式称为直梁的弯曲。例如车轮的轮轴(图1-5-8),起重机大梁等的变形都是弯曲变形的实例。通常将只发生弯曲变形(或以弯曲为主)的杆件称为梁。梁和板是船舶结构的主要构成物。

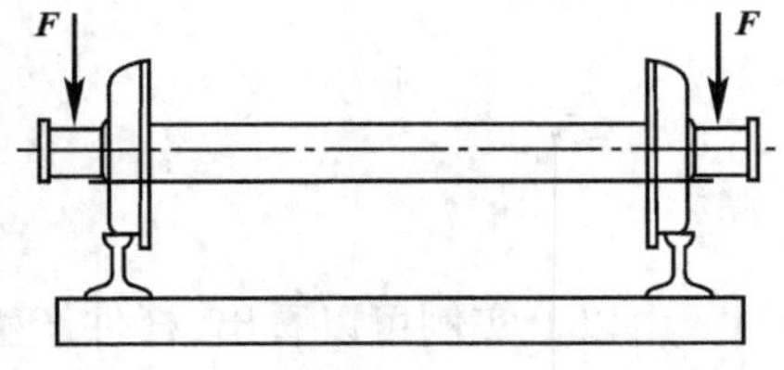

图1-5-8 直梁的弯曲

船舶结构上的有些梁,其横截面往往具有对称轴,如图1-5-9a)所示,对称轴 y 与梁轴线 x 构成纵向对称面,如图1-5-9b)所示。如果作用在梁上的外力都位于同一纵向对称面内,且力的作用线垂直于梁的轴线,则梁的轴线将在纵向对称面内弯成一条平面曲线,这种弯曲称为平面弯曲。弯曲问题中最简单、最常见的就是平面弯曲,也只有平面弯曲才是基本的变形形式。其他复杂的变形可归结为上述四种基本变形的组合。

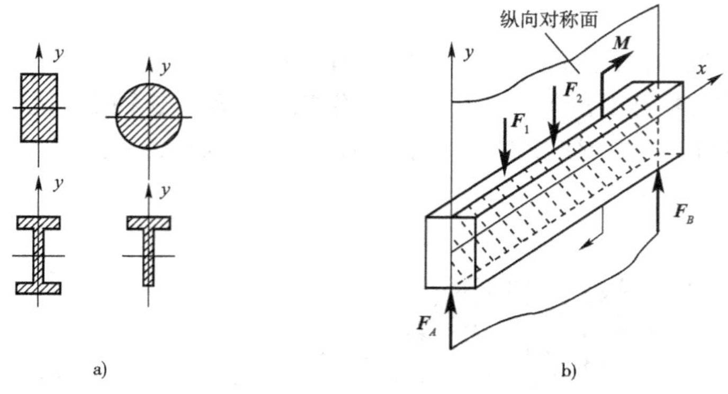

图 1-5-9　平面弯曲

第二节　轴向拉伸与压缩时横截面上的内力

一、轴向拉伸与压缩的概念

轴向拉伸与压缩是指直杆在受到沿轴线作用的拉力或压力而产生的变形,它是四种基本变形中最简单的一种。在船舶工程实际中,有很多发生轴向拉伸和压缩变形的杆件,如图 1-5-10a)所示的支架,杆 AB、杆 BC 铰接于 B 点,在 B 铰链处悬吊重为 $\boldsymbol{G}$ 的物体。由静力分析可知杆 AB 是二力杆,受到轴向拉伸;杆 BC 也是二力杆,受到轴向压缩,如图 1-5-10b)所示。产生轴向拉伸(或压缩)变形的杆,在材料力学中简称为拉(压)杆。

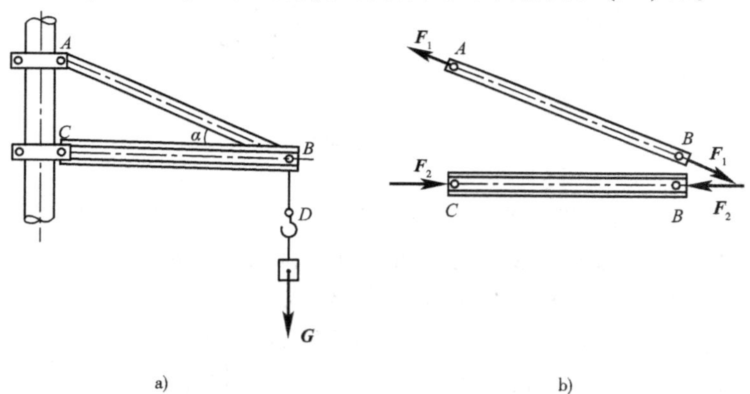

图 1-5-10　轴向拉伸与压缩

由以上实例可以看出,杆件产生轴向拉伸与轴向压缩的外力具有以下特点:作用于直杆上的外力(合外力)作用线与杆件的轴线重合;其产生的变形具有的形式是:杆件沿轴线方向产生伸长或缩短的变形(这种变形形式称为轴向拉伸或压缩)。

二、内力的求解

1. 截面法求内力

材料力学中均用截面法来显示和计算杆件变形时的内力。现以图 1-5-11a)所示的受力杆件为例来分析轴向拉伸(或压缩)时的内力与内力计算。设杆件在外力 F_1、F_2、F_3的作用下处于平衡状态。欲求杆件任意截面 $m—m$ 上的内力,运用截面法。假想地用一平面将杆件沿截面 $m—m$ 截开,分为左右两段,如图 1-5-11b)、c)所示,任取其中一段(如左段)为研究对象,并将另一段(右段)对左段的作用用内力来代替,因拉(压)杆的外力均沿杆轴线方向,由其共线力系平衡条件可知,其任意一截面分布内力的合力的作用线也必通过杆轴线。所以拉伸压缩时的内力称为轴力,常用符号 F_N(或 N)表示,如图 1-5-11b)所示。

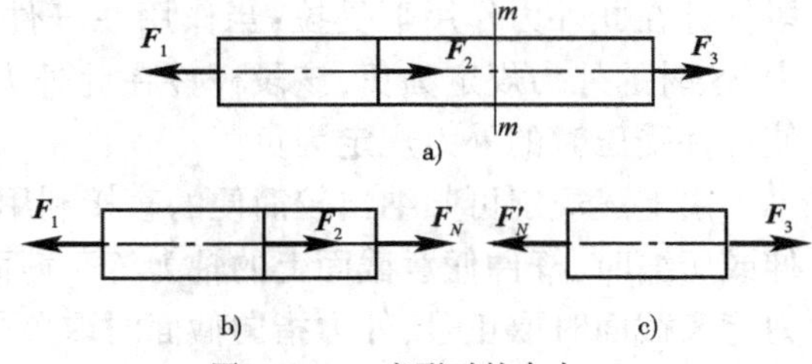

图 1-5-11　变形时的内力

轴力 F_N的大小由平衡条件确定,由左段的平衡,则有:

$$\Sigma F_x = 0 \qquad F_N - F_1 + F_2 = 0$$

$$F_N = F_1 - F_2$$

若取右段为研究对象,则由右段的平衡有:

$$\Sigma F_x = 0 \qquad F_3 - F'_N = 0$$

$$F_3 = F'_N$$

由整体平衡,有:

$$\Sigma F_x = 0 \qquad F_2 + F_3 - F_1 = 0$$

$$F_3 = F_1 - F_2$$

故有:

$$F'_N = F_1 - F_2$$

$$F_N = F'_N = F_1 - F_2$$

从中我们得知,无论是取截面左段还是取截面右段所得结果是一致的,其值等于截面一侧所有外力的代数和。因此,对同一截面来讲,如果选取不同的研究对象,所求得的内力必然数值相等、方向相反,是作用力与反作用力的关系。

由以上例子我们可进一步确认截面法求内力的步骤:

(1)截开　沿所研究的截面用假想截面把杆件分为两部分,取其中一部分为研究对象。

(2)代替　以内力 F_N代替去掉部分对保留部分的作用。

(3)求平衡　研究保留部分的平衡,列平衡方程求出截面上的内力 F_N。

2. 按正负号规定求轴力

根据以上例子,我们总结和规定如下:

1)轴力大小的计算

任意一截面上的轴力 F_N等于截面一侧杆上所有外力的代数和。即:

$$F_N = \Sigma F \qquad (1\text{-}5\text{-}2)$$

2)轴力正负号规定

为保证无论取左段还是右段为研究对象,所求得的同一横截面上轴力正负号一致,轴力的正负号规定如下:轴力的方向与所在横截面的外法线方向一致时,轴力为正,这时杆件受拉;轴力的方向与所在横截面的外法线方向相反时,轴力为负,这时杆件受压。即杆受拉时轴力规定为正,受压时轴力规定为负。

3)外力正负号规定

对应于上述轴力正负号的规定,可得出与轴力正负号规定一致的外力正负号规定,即为:当作用在杆件上的外力背离研究截面时,产生规定为正的轴力,这时的外力规定为正,该段杆件在此外力作用下受拉;当作用在杆件上的外力指向研究截面时,产生规定为负的轴力,这时的外力规定为负,该段杆件在此外力作用下受压。即使杆受拉时的外力规定为正,使杆件受压时的外力规定为负。

由上述规定可归纳出较简便的直接利用外力计算轴力的一般规律,即:杆件承受轴向拉伸或压缩时,杆件任意截面上的轴力等于截面一侧(左侧或右侧)所有轴向外力的代数和,外力背离截面时取正号,外力指向截面时取负号。

三、轴力图

当杆受到两个以上的轴向外力作用时,在杆不同位置的横截面上的轴力往往不同。轴力 $\boldsymbol{F}_N$是横截面位置坐标 x 的函数,即 $\boldsymbol{F}_N=\boldsymbol{F}_N(x)$。为了形象地表示轴力沿直杆轴线的变化规律,可用平行于杆轴线的坐标 x 表示杆各横截面的位置,用垂直于杆轴线的坐标 $\boldsymbol{F}_N$表示相应横截面上的轴力的数值,这样绘出轴力沿杆轴线截面位置变化的函数图线,称为轴力图。由轴力图可以确定最大轴力及其所在的截面位置。习惯上将正的轴力画在基线上方,负的轴力画在基线下方,并在图中标注正负号,以示区别。

四、应用举例

例 1-5-1 如图 1-5-12a)所示的船舶等截面直杆,受轴向作用力为 $\boldsymbol{F}_1=15\text{kN}$,$\boldsymbol{F}_2=10\text{kN}$,试画出杆的轴力图。

解:(1)外力分析。

解除固定端约束,作杆件的受力分析图,如图 1-5-12b)所示。由平衡方程得:

$$\boldsymbol{F}_R=5\text{kN}$$

(2)内力分析。

将杆分为 AB、BC 两段。在 AB 段,由截面法求出 1—1 截面上的轴力:

$$\boldsymbol{F}_{N1}=-\boldsymbol{F}_R=-5\text{kN}$$

负号表示实际方向与所设方向相反,所设为正(受拉),实际为负(受压)。如图 1-5-12c)所示。

在 BC 段,由截面法求出 2—2 截面的轴力:

$$\boldsymbol{F}_{N2}=-\boldsymbol{F}_R+\boldsymbol{F}_1=-5+15=10\text{kN}$$

正号表示实际方向即为所设方向,所设方向为正(受拉),实际亦为受拉。如图 1-5-12d)所示。

(3)画轴力图。

根据作轴力图的要求,作出该题的轴力图,如图 1-5-12e)所示。

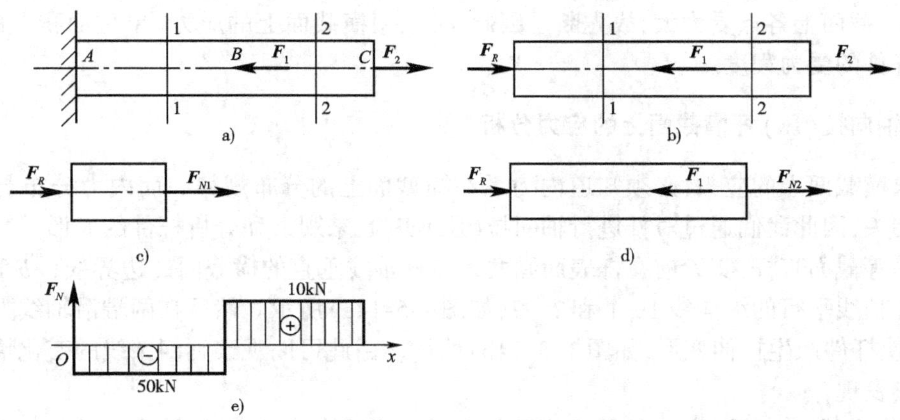

图 1-5-12　杆的轴力图

例 1-5-2　试求如图 1-5-13a)所示船舶等截面杆各截面上的轴力,并作轴力图。

解:(1)求各段的轴力。

杆件上共有四个轴向外力,所以分三段求轴力,如图 1-5-13b)所示。

由外力符号规定求得各截面上的轴力为:

$$\boldsymbol{F}_{N1} = -20\text{kN}$$

$$\boldsymbol{F}_{N2} = 5\text{kN}$$

$$\boldsymbol{F}_{N3} = 15\text{kN}$$

(2)作轴力图。

根据作轴力图的要求,作出该题的轴力图,如图 1-5-13c)所示。

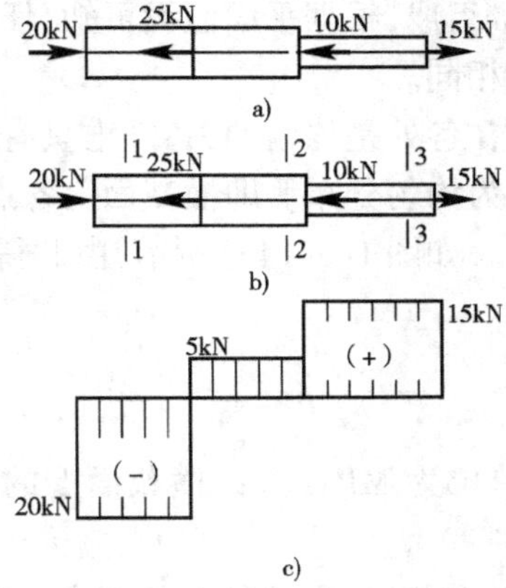

图 1-5-13　杆的轴力图

第三节　轴向拉伸与压缩时横截面上的应力

上述用截面法求得的轴力,是横截面上分布内力系的合力。判断一根拉(压)杆的危险程度,在一般情况下仅凭轴力的大小来判断是不够的。经验告诉我们,材料相同,直径不等的两根直杆,在相同的拉力 $\boldsymbol{P}$ 作用下,内力虽然相等,但当拉力 $\boldsymbol{P}$ 增大时,直径小的杆先断。这说明拉杆的强度不仅与轴力的大小有关,还与横截面的尺寸有关。横截面直径小的杆件因面积小,截面上各点受力大,故先断。因此,必须用横截面上的应力(单位面积上的内力)来度量杆件的受力程度。

一、轴向拉(压)杆横截面上的应力分析

欲求横截面上的应力,必须知道内力系在横截面上的分布规律。而内力分布与变形情况密切相关,因此我们通过对杆进行轴向拉(压)实验,来观察和分析杆件的变形。

取一等截面直杆,实验前在杆表面画两条与杆轴线垂直的横截面的边界线(ab 和 cd)和两条与杆轴线平行的纵向线1—1 和2—2,如图1-5-14a)所示。然后在两端沿轴线方向施加拉力 $\boldsymbol{F}$,使杆件产生拉伸变形,如图1-5-14b)所示。由此可以观察到四条线的变化情况。由拉伸变形发现:

(1)纵向线1—1 和2—2 拉伸变形后仍为平行于轴线的直线,只是沿轴线方向发生了伸长变形,且伸长量相同。

(2)横向线 ab 和 cd 分别移至 $a'b'$、$c'd'$,但仍垂直于杆轴线。

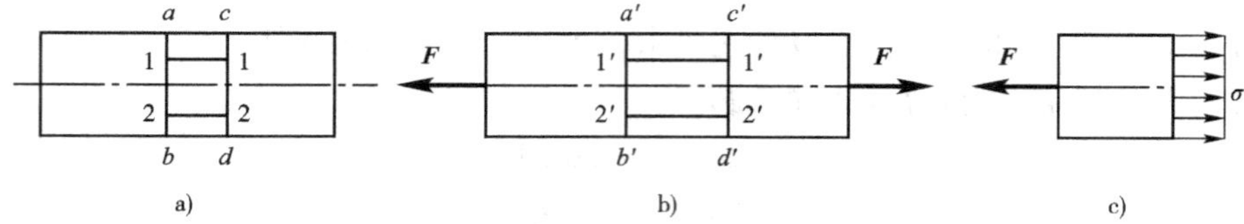

图1-5-14 横截面上的应力

根据表面的变形现象,可以进一步推断杆内的变形,并提出如下假设:变形前为平面的横截面,拉伸变形后仍为与杆轴线垂直的平面,仅是沿轴向发生了平移,此假设称为平面假设。设想杆件是由许多纵向纤维组成,根据平面假设可知,任意两横截面间的所有纵向纤维的伸长量都应该相等,即变形量相同。

由材料的均匀性假设,材料在各处是均匀的,各纤维只有受力相等,变形才能够相等,由此推断,内力在横截面上的分布为均匀分布。即横截面上各点处的应力大小相等,方向沿杆轴线与横截面垂直,故为正应力。如图1-5-14c)所示,由此得轴向拉压在横截面上正应力的计算公式为:

$$\sigma = \frac{\boldsymbol{F}_N}{A} \tag{1-5-3}$$

式中,σ 为横截面上的正应力,单位为 MPa;F_N 为横截面上的轴力,单位为 N;A 为横截面面积,单位为 mm^2。

正应力 σ 的正负号规定与轴力相同,即拉伸时的正应力为正,压缩时的正应力为负。

二、应用举例

例1-5-3 图1-5-15a)所示船舶结构,试求杆件 AB、CB 的应力。已知 $\boldsymbol{P} = 20$kN,斜杆 AB 为直径20mm 的圆截面杆,水平杆 CB 为$(15 \times 15)mm^2$ 的方截面杆。

解:(1)计算各杆件的轴力。

用截面法取研究对象如图1-5-15b)所示,作受力分析图,$\boldsymbol{N}_1$、$\boldsymbol{N}_2$为 AB 和 BC 杆的内力。

建立 xBy 平面直角坐标系,列平衡方程:

$$\Sigma F_x = 0 \quad N_1\cos45° + N_2 = 0$$
$$\Sigma F_y = 0 \quad N_1\sin45° - P = 0$$
$$N_1 = 28.3\text{kN}(拉力)$$
$$N_2 = -20\text{kN}(压力)$$

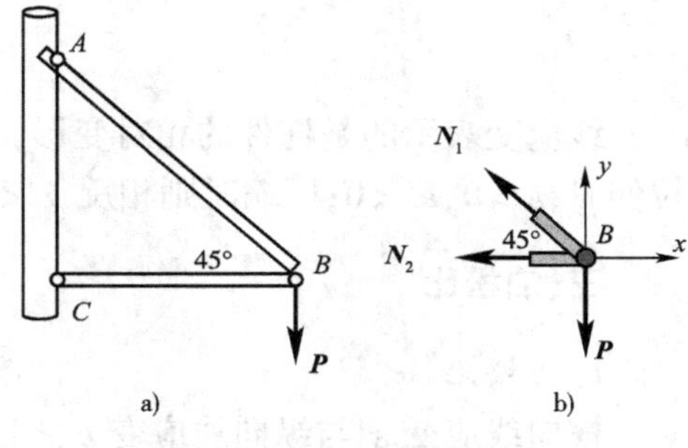

图 1-5-15　杆件 AB、CB 的受力

(2)计算各杆件的应力。

$$\sigma_1 = \frac{N_1}{A_1} = \frac{28.3\times10^3}{\frac{\pi}{4}\times20^2} = 90\text{MPa}$$

$$\sigma_2 = \frac{N_2}{A_2} = \frac{-20\times10^3}{15^2} = -89\text{MPa}$$

所以,AB 拉杆所受的拉应力为 90MPa,BC 压杆所受压应力为 89MPa。

第四节　轴向拉伸与压缩时的变形

一、纵向绝对变形与横向绝对变形

如图 1-5-16 所示,设 l、d 为等直杆变形前的长度与直径,l_1、d_1 为直杆变形后的长度和直径,则:

(1)纵向绝对变形。

$$\Delta l = l_1 - l \tag{1-5-4}$$

(2)横向绝对变形。

$$\Delta d = d_1 - d \tag{1-5-5}$$

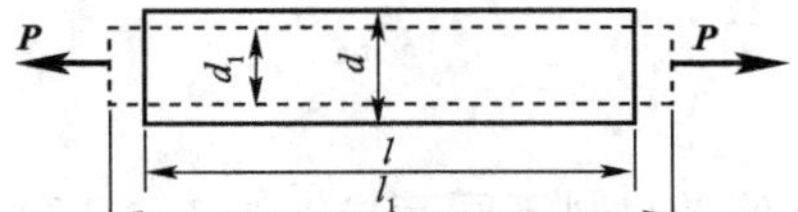

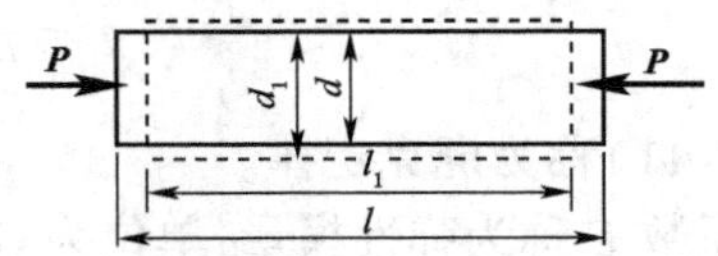

图 1-5-16　轴向拉伸(或压缩)变形

拉伸时,$\Delta l > 0$,$\Delta d < 0$;压缩时,$\Delta l < 0$,$\Delta d > 0$。

二、纵向线应变与横向线应变

为了消除杆件原尺寸对变形大小的影响,用单位长度内杆的变形量,即线应变来衡量杆件的变形程度。与上述两种绝对变形相对应的一个是纵向线应变 ε,一个是横向线应变 ε',分别为:

1. 纵向线应变 ε

纵向线应变 ε 单位长度上的纵向变形量。

$$\varepsilon = \frac{\Delta l}{l} \tag{1-5-6}$$

2. 横向线应变 ε'

横向线应变 ε'单位长度上的横向变形量。

$$\varepsilon' = \frac{\Delta d}{d} \tag{1-5-7}$$

线应变表示的是杆件的相对变形,是一个无量纲的量。由式(1-5-6)、式(1-5-7)可知:拉伸时,$\varepsilon > 0$,$\varepsilon' < 0$;压缩时则相反,$\varepsilon < 0$,$\varepsilon' > 0$。总之,ε 与 ε'符号恒相反。

三、泊松比

1. 泊松比

横向线应变 ε'与纵向线应变 ε 之比的绝对值叫泊松比,用符号 μ 表示。

$$\mu = \left|\frac{\varepsilon'}{\varepsilon}\right| \tag{1-5-8}$$

2. 纵横应变公式

由于横向线应变 ε'与纵向线应变 ε 之间符号恒相反,由上式即有:

$$\varepsilon' = -\mu\varepsilon \tag{1-5-9}$$

式(1-5-9)称为纵横应变公式。式中泊松系数或泊松比 μ 值与材料有关。

四、虎克定律

1. 虎克定律

英国科学家虎克通过实验,发现了力与变形的关系,即当杆横截面上的正应力不超过某一限度时,杆的绝对变形 Δl 与轴力 $\boldsymbol{F}_N$、杆长 l 成正比,与杆的横截面积 A 成反比,即:

$$\Delta l = \frac{\boldsymbol{F}_N l}{A} \tag{1-5-10}$$

引入比例系数 E,则:

$$\Delta l = \frac{\boldsymbol{F}_N l}{EA} \tag{1-5-11}$$

式(1-5-11)称为虎克定律。

式中,系数 E 称为弹性模量,单位为 GPa,其值随材料不同而异。当 $\boldsymbol{F}_N$、l 和 A 的值一定时,E 值愈大,则 Δl 愈小,说明 E 的大小表示材料抵抗拉(压)弹性变形的能力,是材料的刚度指标。

$\boldsymbol{F}_N$、l 一定时,EA 值愈大,Δl 愈小,说明 EA 表示杆件抗拉、压变形能力的大小,称为杆件的抗拉(压)刚度。

2. 虎克定律的另一表达式

式(1-5-11)可改写为:

$$\frac{\Delta l}{l} = \frac{l}{E} \cdot \frac{\boldsymbol{F}_N}{A}$$

即:

$$\varepsilon = \frac{1}{E} \cdot \sigma \text{ 或 } \sigma = E \cdot \varepsilon \tag{1-5-12}$$

式(1-5-12)是虎克定律的另一表达形式。它表明当应力未超过某一限度时,应力与应变成正比。

3. 应用虎克定律时的注意事项

(1)杆的应力未超过某一极限。

(2)ε 是沿应力 σ 方向的线应变。

(3)在长度 l 内,其 $\boldsymbol{F}_N$、E、A 均为常数。

五、应用举例

例 1-5-4 如图 1-5-17 所示船舶结构中的悬臂杆,已知材料的弹性模量 $E=206\text{GPa}$,受力 $\boldsymbol{F}_1=120\text{kN}$, $\boldsymbol{F}_2=80\text{kN}$, $\boldsymbol{F}_3=50\text{kN}$,杆各段横截面面积为 $A_{CD}=350\text{mm}^2$, $A_{BC}=A_{AB}=550\text{mm}^2$,试求(1)杆的纵向变形量,(2)$C$ 截面的位移,(3)各段的线应变。

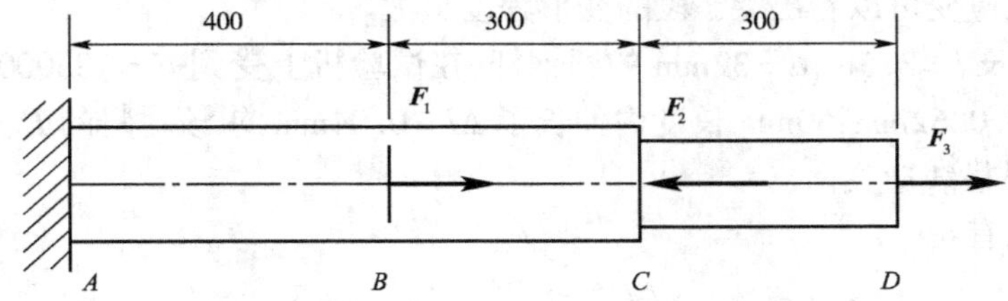

图 1-5-17 悬臂杆

解:(1)求各段轴力。

用截面法求得 AB 段轴力为:

$$\boldsymbol{F}_{NAB}=90\text{kN}$$

BC 段轴力为:

$$\boldsymbol{F}_{NBC}=-30\text{kN}$$

CD 段轴力为:

$$\boldsymbol{F}_{NCD}=50kN$$

(2)计算杆纵向总变形量 Δl。

由虎克定律,先分别计算 AB 段、BC 段、CD 段的纵向变形量,再求杆的总变形量。

杆各段的变形为:

$$\Delta l_{AB}=\frac{\boldsymbol{F}_{NAB}l_{AB}}{EA_{AB}}=\frac{90\times10^3\times400}{206\times10^3\times550}=0.318\text{mm}$$

$$\Delta l_{BC}=\frac{\boldsymbol{F}_{NBC}l_{BC}}{EA_{BC}}=\frac{-30\times10^3\times300}{206\times10^3\times550}=-0.079\text{mm}$$

$$\Delta l_{CD}=\frac{\boldsymbol{F}_{NCD}l_{CD}}{EA_{CD}}=\frac{50\times10^3\times300}{206\times10^3\times350}=0.208\text{mm}$$

杆件的总变形为:

$$\Delta l=\Delta l_{AB}+\Delta l_{BC}+\Delta l_{CD}=0.318+(-0.079)+0.208=0.447\text{mm}$$

正号表示杆件纵向总的变形为伸长变形,杆件纵向总的伸长了 0.447mm。

(3)计算截面 C 的位移。

该杆件为一端固定一端自由的杆,C 截面的位移也就是 C 截面相对与固定截面 A 的位移,其值为:

$$\Delta l=\Delta l_{AB}+\Delta l_{BC}=0.318+(-0.079)=0.239\text{mm}(\rightarrow)$$

所以 C 截面向右移动了 0.239mm。

(4)计算各段的线应变。

$$\varepsilon_{AB}=\frac{\Delta l_{AB}}{l_{AB}}=\frac{0.318}{400}=7.95\times10^{-4}$$

$$\varepsilon_{BC}=\frac{\Delta l_{BC}}{l_{BC}}=\frac{-0.079}{300}=-2.63\times10^{-4}$$

$$\varepsilon_{CD}=\frac{\Delta l_{CD}}{l_{CD}}=\frac{0.208}{300}=6.933\times10^{-4}$$

从各段的线应变可以看出,AB 段的变形程度最大。

例 1-5-5 长 $l=3.5$m,$d=32$mm 的圆钢杆,在试验机上受到 $\boldsymbol{F}=135000$N 的拉力后,直径缩减了 $\Delta d=0.0062$mm,50mm 长度内伸长了 $\Delta l=0.04$mm,求该材料的 E、μ 值。

解:(1)求纵横线应变。

由应变公式有:

$$\varepsilon=\frac{\Delta l}{l}=\frac{0.04}{50}=8\times10^{-4}$$

$$\varepsilon'=\frac{\Delta d}{d}=-\frac{0.0062}{32}=-1.94\times10^{-4}$$

(2)求泊松比 μ。

由泊松比定义有:

$$\mu=\left|\frac{\varepsilon'}{\varepsilon}\right|=\frac{1.94\times10^{-4}}{8\times10^{-4}}=0.243$$

(3)求弹性模量 E。

由虎克定律有:

$$E=\frac{\sigma}{\varepsilon}=\frac{135000}{\frac{\pi}{4}\times32^2\times8\times10^{-4}}=210\text{GPa}$$

例 1-5-6 如图 1-5-18 所示的直角三角形钢板,长 $l=1.5$m,用等长的钢丝 AB 和 CD 悬挂。欲使钢丝伸长后钢板只有移动而无转动,问钢丝 AB 的直径应为 CD 直径的几倍。

解:(1)取直角三角板为研究对象,作受力分析图,如图1-5-18所示。钢丝对钢板的拉力为 $\boldsymbol{N}_1$、$\boldsymbol{N}_2$,同样钢板对钢丝的拉力值也为 $\boldsymbol{N}_1$、$\boldsymbol{N}_2$的值。

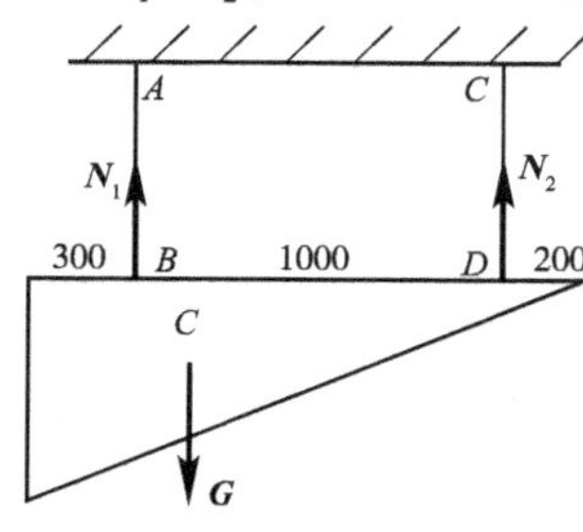

图 1-5-18 三角形钢板

(2)求钢丝绳的内力比。

由钢板只有移动没有转动有:

$$\Delta l_1=\Delta l_2 \qquad \frac{\boldsymbol{N}_1 l}{EA_1}=\frac{\boldsymbol{N}_2 l}{EA_2}$$

$$\frac{\boldsymbol{N}_1}{A_1}=\frac{\boldsymbol{N}_2}{A_2} \qquad \frac{\boldsymbol{N}_1}{d_1^2}=\frac{\boldsymbol{N}_2}{d_2^2}$$

(3)求解钢丝绳直径的比。

对三角板列静力学平衡方程,有:

$$\Sigma \boldsymbol{m}_c(\boldsymbol{F}) = 0 \quad N_1 \times 200 = \boldsymbol{N}_2 \times 800$$

$$\boldsymbol{N}_1 = 4\boldsymbol{N}_2$$

$$\frac{4\boldsymbol{N}_2}{\boldsymbol{N}_2} = \frac{d_1^2}{d_2^2} \quad \frac{d_1}{d_2} = 2$$

第五节　船舶材料在拉伸与压缩时的力学性能

为了进行构件的强度计算,必须了解材料的力学性质。所谓材料的力学性质就是材料在受力过程中在强度和变形方面所表现出来的特性,也称为材料的机械性质,它是杆件强度计算及选用材料的重要依据。在前面的内容中曾遇到一些表征材料力学性能的量,如:弹性模量 E、剪切弹性模量 G、泊松比 μ 等,这些都需要通过实验来测定。在处理材料的受力与抗力这对矛盾时,材料的力学性能占有重要地位,是影响构件承载能力的主要因数之一。材料的力学性能随外界条件的变化而变化,如温度的高低、加载速度的快慢等都将对材料的力学性能产生一定影响。本书主要以在船舶工程中广泛使用的低碳钢和铸铁材料为代表,介绍材料在常温、静载条件下,轴向拉伸与压缩时的力学性能。

一、拉伸时材料的力学性质

拉伸试验是确定材料力学性能的基本试验。为了便于比较不同材料的试验结果,对金属试件的形状、加工精度、加载速度、试验环境等,国家都有统一规定。在试件的中间等直部分取长为 l 的一段,如图 1-5-19 所示,作为试验段,其 l 称为原始标距。按规定对于圆截面试件,其原始标距与直径之比 $\frac{l}{d}=10$(或 5),以保证试件标距内的应力均匀分布和某些性能指标的可比性。

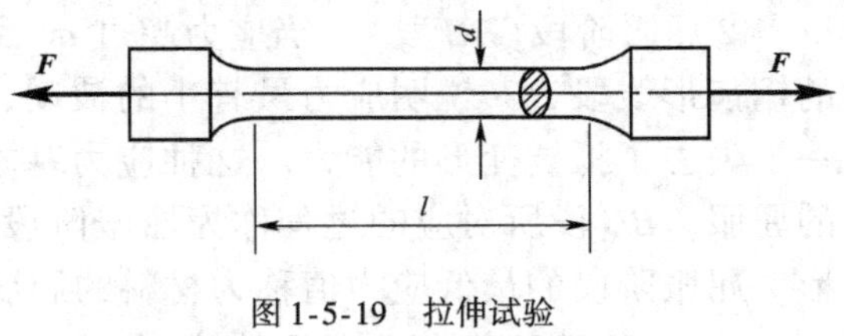

图 1-5-19　拉伸试验

拉伸试验在拉伸材料试验机或万能材料试验机上进行。载荷缓慢增加时,试件产生变形,直到拉断。在试验过程中,试验机上的自动绘图装置将自动绘制载荷 $\boldsymbol{F}$ 与标距伸长量 Δl 的关系曲线,称为拉伸图或 $\boldsymbol{F}-\Delta l$ 曲线。为了消除试件尺寸的影响,将 $\boldsymbol{F}-\Delta l$ 曲线的纵坐标 $\boldsymbol{F}$ 和横坐标 Δl 分别除以试件的原始横截面面积 A 和原始标距 l,得到 $\sigma-\varepsilon$ 曲线,称为应力应变曲线。

1. 低碳钢的拉伸曲线分析

图 1-5-20a)为低碳钢的拉伸图,图 1-5-20b)为相应的 $\sigma-\varepsilon$ 曲线,下面我们对低碳钢拉伸曲线进行分析。

(1)拉伸过程的四个阶段。

①弹性阶段(OA 段和 AA'段)。在拉伸的初始阶段,其 $\sigma-\varepsilon$ 曲线为一斜直线,直线段最高点所对应的应力称为比例极限,用 σ_P 表示,在此阶段内,应力与应变成正比,即满足虎克定律:

$$\sigma = E\varepsilon$$

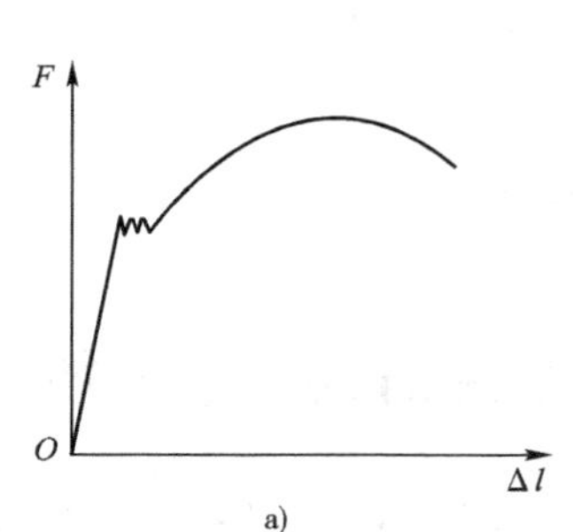

a)

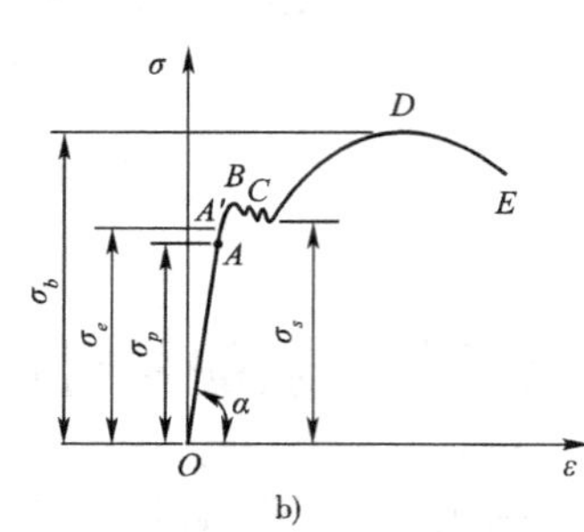

b)

图 1-5-20　拉伸曲线分析

σ 越大,直线越陡,弹性模量 E 越大,E 越大说明材料的刚度越大。所以直线的斜率反映了材料抗拉的刚度。

比例极限 σ_P以后,σ 与 ε 之间的关系不再是线性的了。但卸载后,变形仍可完全消失,即材料的变形完全是弹性的。A'点所对应的应力是弹性阶段的最高限,称为弹性极限,用 σ_e 表示。在 $\sigma-\varepsilon$ 曲线上,实际上 A'与 A 两点非常接近,故工程上对弹性极限和比例极限不作严格的区分。对于低碳钢材料,它们的数值约为 190 ~ 200MPa。一般说来,弹性范围内的应变是很小的,如低碳钢约为 0.1%。

试件的应力从零增加到弹性极限 σ_e的过程中,试件只产生弹性变形,在此范围内卸载,变形全部消失,故称为弹性阶段。

②屈服阶段(*BC* 段)。当应力超过 σ_e后,$\sigma-\varepsilon$ 曲线上将出现一段沿水平线上下波动的锯齿形线段 *BC*,说明应力虽有小的波动,但基本保持不变,而应变显著增加,材料好像一下失去了抵抗变形的能力。这种应力基本保持不变,而应变显著增加的现象称为材料的屈服。*BC* 段所对应的过程称为屈服阶段。屈服阶段的变形主要是不可恢复的塑性变形。屈服阶段的最低应力值称为材料的屈服极限,用 σ_s 表示。Q235 钢的屈服极限 σ_s = 235MPa。表面磨光的试件屈服时,在试件表面上可看到与轴线大致呈 45°的条纹,如图 1-5-21a)所示,称为滑移线。表明沿最大剪应力面(45°斜截面),材料晶粒间发生相对滑移,产生了塑性变形。工程上不允许过大的塑性变形,所以屈服极限 σ_s 是衡量材料强度的重要指标。

③强化阶段。屈服阶段之后,图 1-5-20b)中出现向上凸的曲线 *CD*,这表明若要试件继续变形,必须增加应力,这时材料又恢复了抵抗变形的能力。该现象称为材料的强化。*CD* 段对应的过程为材料的强化阶段。曲线最高点 *D* 所对应的应力值称为强度极限,以 σ_b 表示。它是材料能承受的最大应力。强度极限是衡量材料强度的另一重要指标。Q235 钢的强度极限 σ_b = 370 ~ 460MPa。

④颈缩阶段。当材料达到强度极限后,在试件较薄弱的横截面处发生急剧的局部收缩,出现颈缩现象,如图 1-5-21b)所示。由于在颈缩部分横截面面积急剧减小,试件所受拉力 $\boldsymbol{F}$ 逐渐降低,随后试件被拉断。

这一阶段为颈缩阶段,即 $\sigma-\varepsilon$ 曲线上的 *DE* 段。

(2)塑性材料的冷作硬化。

如果把试件拉伸到强化阶段后某点内卸载,试件并不沿原来的加载路径恢复到原尺寸。

例如,如图1-5-22所示,将试件加载到强化阶段F点卸载,卸载路径沿平行于OA的直线FG进行,直到应力为零的G点。这说明:在卸载过程中应力和应变按直线规律变化,这就是卸载定律。图中GH为消失的应变,是弹性应变;OG代表残留下来的应变,是塑性应变。

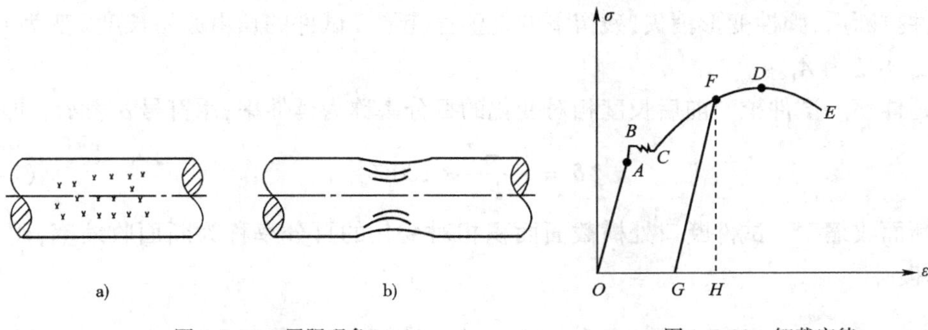

图1-5-21　屈服现象　　图1-5-22　卸载定律

卸载后,如在短期内再加载,则应力和应变关系将沿着卸载时的直线GF上升到F点,以后沿原$\sigma-\varepsilon$曲线变化,直至拉断。由此可知,在超过屈服阶段后卸载再加载,材料的比例极限σ_p弹性极限σ_e大大提高,但拉断后材料的塑性应变却大大下降,这一现象称为材料的冷作硬化。

冷作硬化提高了材料的比例(弹性)极限,同时降低了材料的塑性,也即是说塑性材料在冷作硬化后以降低塑性为代价提高了材料的承载能力。

(3)其他几种材料的拉伸曲线图。

图1-5-23给出了其他几种塑性材料如锰钢、硬铝、退火球墨铸铁和45号钢拉伸时的$\sigma-\varepsilon$关系曲线。可以看出,前三种材料没有明显的屈服阶段,但破坏前都有明显的塑性变形。

2. 铸铁的拉伸曲线分析

铸铁可作为脆性材料的代表,其$\sigma-\varepsilon$曲线如图1-5-24所示。

从铸铁的$\sigma-\varepsilon$曲线可以看出,铸铁材料从开始加载到拉断,都没有明显的塑性变形,这种破坏是脆性的断裂。它没有屈服极限σ_s,只有强度极限σ_b。曲线没有明显的直线部分,但因直到拉断变形都非常小,因此,一般可近似地将曲线中的绝大部分视为直线,并认为材料在这一范围内虎克定律可以应用。

铸铁材料拉伸时无屈服和缩颈现象,断裂是突然出现的。断口与轴线垂直,塑性变形很小,衡量铸铁强度的唯一指标是强度极限。

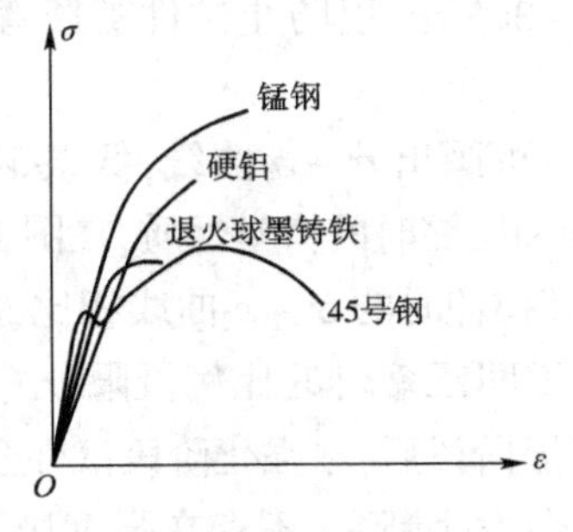

图1-5-23　几种塑性材料拉伸曲线图

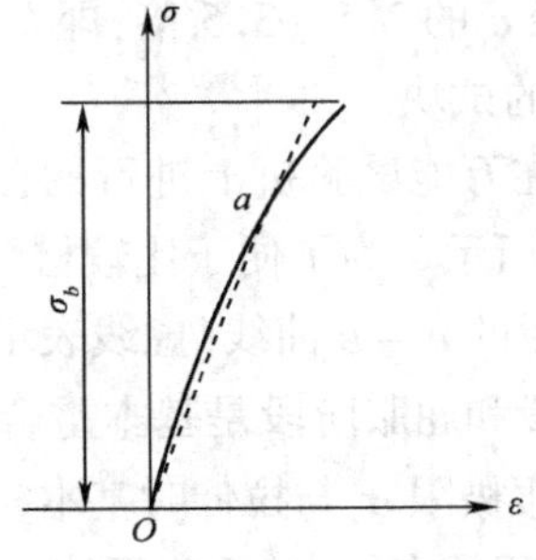

图1-5-24　铸铁的$\sigma-\varepsilon$曲线图

3. 材料的塑性指标和强度指标

工程上一般根据静载拉伸试验结果确定材料的塑性指标和强度指标。

(1)塑性指标　延伸率和断面收缩率。

试件拉断后,弹性变形消失,残留下的是塑性变形。试件的长由原始长度 l 变为 l_1,断口截面积由 A 变为 A_1。

①延伸率。试件拉断前后长度相对变化的百分率称为延伸率,用符号 δ 表示。即:

$$\delta = \frac{l_1 - l}{l} \times 100\% \tag{1-5-13}$$

②断面收缩率。试件断口处横截面面积相对变化的百分率称为断面收缩率,用符号 ψ 表示。即:

$$\psi = \frac{A - A_1}{A} \times 100\% \tag{1-5-14}$$

延伸率 δ、断面收缩率 ψ 都是衡量材料塑性性能的指标。工程上,以 $\delta > 5\%$ 的材料称为塑性材料,如钢、铜、铝等;$\delta < 5\%$ 的材料称为脆性材料,如铸铁、玻璃等。低碳钢的延伸率 $\delta > 20\% \sim 30\%$,断面收缩率 $\psi > 60\% \sim 70\%$,故低碳钢是很好的塑性材料。,铸铁的延伸率通常只有 0.5% ~0.6%,是典型的脆性材料。

需要指出的是,材料的塑性和脆性不是固定不变的。它们随着温度、加载速度、受力状态等条件而变化。例如,常温条件下的某些塑性材料,在低温时会发生脆性断裂。

(2)强度指标　屈服极限和强度极限。

①对于塑性材料,强度指标为屈服极限 σ_s 和强度极限 σ_b。对于没有明显屈服阶段的塑性材料,则规定以卸载后产生 0.2% 残余应变时所对应的应力作为屈服极限,称为条件屈服极限(或名义屈服极限),用 $\sigma_{0.2}$ 表示,如图 1-5-25 所示。

②对于脆性材料,由于拉伸过程中没有明显的塑性变形,材料达到强度极限时,即发生断裂破坏,因而以强度极限 σ_b 作为此类材料的强度指标。

二、压缩时材料的力学性能

1. 塑性材料的压缩试验

材料压缩时的力学性能需要通过压缩试验确定。用低碳钢作成压缩试件,试件呈短圆柱体,高 h 是直径 d 的 2.5 ~3.5 倍,即 $h = (2.5 \sim 3.5)d$,以防止试件被压弯。混凝土、石料等制成立方体形的试块。

压缩试验是在万能试验机上进行的,试验时也可画出 $\sigma - \varepsilon$ 曲线,低碳钢压缩时的 $\sigma - \varepsilon$ 曲线如图 1-5-26 所示。为了便于比较材料在拉伸和压缩时的力学性质,在图 1-5-26 中还绘出了低碳钢在拉伸时的 $\sigma - \varepsilon$ 曲线(虚线表示)。与其拉伸时的 $\sigma - \varepsilon$ 曲线相比,压缩时的应力应变曲线在弹性阶段和屈服阶段是基本重合的。这说明压缩时的比例极限 σ_p、弹性极限 σ_e、弹性模量 E 以及屈服极限 σ_s 与拉伸时基本相同。屈服阶段后,在强化阶段试件会越压越扁,被压成鼓形,横截面面积越来越大,因此压缩时试件不会发生断裂,不存在强度极限。根据上述情况,对于像低碳钢一类的塑性材料,力学性能通常均由拉伸试验确定,一般不作压缩试验。

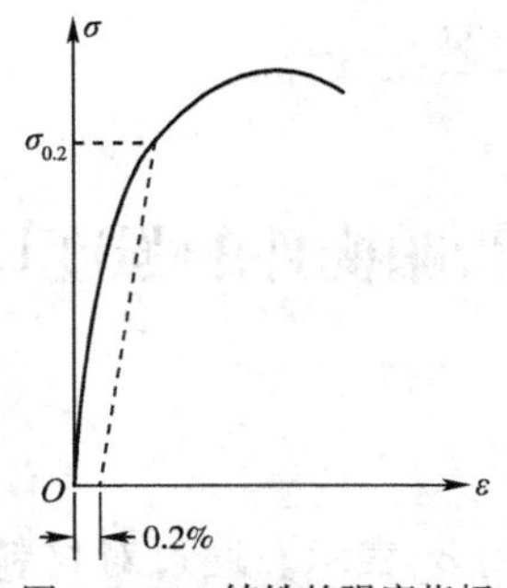

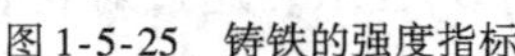

图 1-5-25　铸铁的强度指标

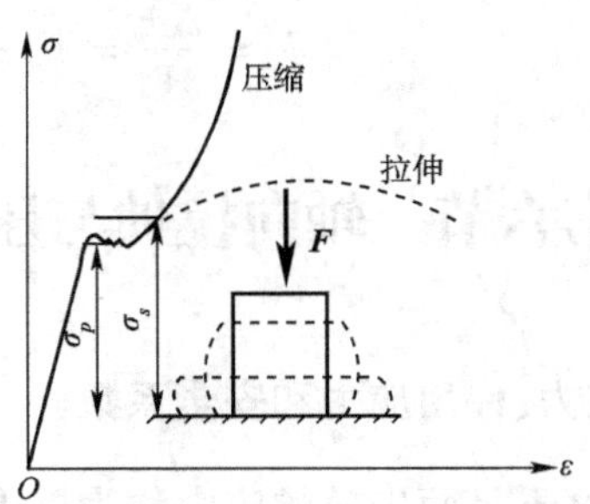

图 1-5-26　塑性材料的压缩试验

2. 脆性材料的压缩试验

脆性材料以铸铁为例,其压缩时的 $\sigma-\varepsilon$ 曲线如图 1-5-27 所示,与拉伸时的 $\sigma-\varepsilon$ 曲线(虚线)相比,压缩时的 $\sigma-\varepsilon$ 曲线也无明显直线部分和屈服阶段。说明压缩时在应力很小的条件下也是近似符合虎克定律的,且不存在屈服极限。但压缩强度极限比拉伸强度极限要高出 4 ~5 倍,塑性变形比拉伸时明显增加。此外,其破坏断面与轴线大致呈 45°倾角,这说明发生的是剪应力破坏,材料是被剪断的。其他脆性材料如硅石、水泥等,其抗压能力也显著高于抗拉能力,因此工程上常用脆性材料作承压构件。例如建筑物的基础、机器底座、机床床身等。

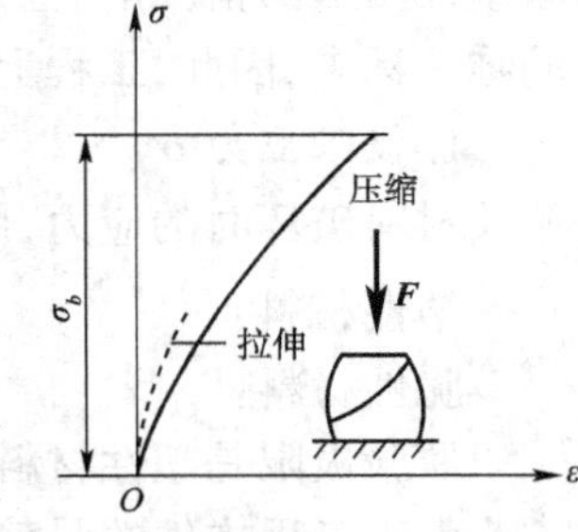

图 1-5-27　脆性材料的压缩试验

三、应用举例

例 1-5-7　20 号钢材料的拉伸试件,已知直径 $d=10\text{mm}$,标距 $L_0=50\text{mm}$。在拉伸试验弹性阶段测得拉力增量 $\Delta \boldsymbol{F}=9\text{kN}$,对应伸长量 $\Delta(\Delta l)=0.028\text{mm}$,屈服点时拉力 $\boldsymbol{F}_s=17\text{kN}$。拉断前最大拉力 $\boldsymbol{F}_b=32\text{kN}$,拉断后量得标距 $L_1=62\text{mm}$,断口处直径 $d_1=6.9\text{mm}$。试计算 20 号钢的 E、σ_s、σ_b、δ 和 ψ 值。

解:(1)求弹性模量。

$$\Delta l=\frac{\Delta \boldsymbol{F}\times l}{EA},E=\frac{\Delta \boldsymbol{F}\times l}{\Delta l\times A}=\frac{9000\times 50}{0.028\times 0.785\times 100}=205\text{GPa}$$

(2)求屈服极限。

$$\sigma_s=\frac{\boldsymbol{F}_S}{A}=\frac{17\times 10^3}{0.785\times 10^2}=217\text{MPa}$$

(3)求强度极限。

$$\sigma_s=\frac{\boldsymbol{F}_b}{A}=\frac{32\times 10^3}{0.785\times 10^2}=408\text{MPa}$$

(4)求延伸率。

$$\sigma=\frac{\Delta l}{L}=\frac{62-50}{50}=24\%$$

(5)求截面收缩率。

$$\psi = \frac{\Delta A}{A} = \frac{78.5 - 40.374}{78.5} = 47\%$$

第六节 轴向拉伸与压缩时船舶构件的强度计算

一、极限应力、许用应力和安全系数

材料因强度不足而失效的应力称为极限应力,用 σ_0 表示。通过对材料力学性能的研究得知:对于塑性材料,当应力达到屈服极限 σ_s(或 $\sigma_{0.2}$)时,构件已产生明显的塑性变形而失效,所以工程上常以屈服极限作为塑性材料的极限应力,即 $\sigma_0 = \sigma_s$。对于脆性材料,在无显著塑性变形的情况下,应力达到强度极限时即突然断裂,断裂时的强度极限是脆性材料破坏的唯一标志,因此,工程上以强度极限作为脆性材料的极限应力,即 $\sigma_0 = \sigma_b$。

1. 极限应力 σ_0

材料破坏时的应力,用 σ_0 表示。

塑性材料: $\sigma_0 = \sigma_s\ (\sigma_{0.2})$

脆性材料: $\sigma_0 = \sigma_b$

屈服极限是塑性材料的极限应力,强度极限是脆性材料的极限应力。

由于工程构件的受载难以精确估计,以及材质的不均匀性、计算方法的近似性和腐蚀与磨损等诸多因素的影响,为了保证构件能安全可靠的工作,因此需有一定的强度储备,构件中实际产生的应力必须低于材料的极限应力。将极限应力除以大于1的系数 n,作为材料的许用应力,用符号 $[\sigma]$ 表示。

2. 许用应力 $[\sigma]$

构件工作时允许产生的最大工作应力是许用应力。

$$[\sigma] = \frac{\sigma_0}{n} \tag{1-5-15}$$

3. 安全系数 n

极限应力 σ_0 与许用应力 $[\sigma]$ 的比值称为安全系数,它是个大于1的系数。

$$n = \frac{\sigma_0}{[\sigma]} \tag{1-5-16}$$

塑性材料的极限应力为屈服极限 σ_s,安全系数为 n_s,所以塑性材料的许用应力为:

$$[\sigma] = \frac{\sigma_s}{n_s} \tag{1-5-17}$$

脆性材料的极限应力为强度极限 σ_b,安全系数为 n_b,则脆性材料的许用应力为:

$$[\sigma] = \frac{\sigma_b}{n_b} \tag{1-5-18}$$

由于脆性材料拉伸与压缩时的强度极限不同,所以其拉伸许用应力与压缩许用应力值是不相等的。而塑性材料拉伸与压缩时的屈服极限是一样的,所以其拉伸与压缩时的许用应力是相同的。

选择安全系数是一个复杂而重要的问题。过大的安全系数将造成材料的浪费、结构笨重和成本提高,而过小的安全系数会使构件的安全得不到保证,甚至造成事故。确定安全系数时应全面权衡安全与经济两方面的要求。

4. 影响安全系数的主要因数

(1)构件材料的不均匀性及不可避免的缺陷。

(2)载荷和应力计算的精确程度。

(3)构件的加工工艺和工作条件及其构件的重要性等。

安全系数通常由国家有关部门规定,其值可从有关工程手册和设计规范中查找。在一般机械设计中,对于塑性材料,一般取 $n_s = 1.5 \sim 2.5$;对于脆性材料,一般取 $n_b = 2.0 \sim 5$。

二、轴向拉伸与压缩时强度条件

1. 强度条件

杆件中最大应力所在的截面称为危险截面。为了保证船舶拉压杆具有足够的强度,必须使船舶构件内的最大工作应力小于或等于船舶材料在拉伸(压缩)时的许用应力$[\sigma]$,即:

$$\sigma_{\max} = \left(\frac{\boldsymbol{F}_N}{A}\right)_{\max} \leqslant [\sigma] \tag{1-5-19}$$

该式称为拉伸与压缩杆的强度条件,式中 $\boldsymbol{F}_N$ 、A 分别为危险截面的轴力和横截面面积。

2. 强度条件解决的问题

运用强度条件,可以解决下列三种强度计算问题:

1)强度校核

在杆件的材料、尺寸及所受载荷已知的情况下,可根据式(1-5-19)检查杆件的强度是否足够,若式(1-5-19)成立,则强度足够,否则强度不够。

2)设计截面尺寸

在杆件所受载荷及许用应力已知的情况下,可根据式(1-5-19)确定截面尺寸。此时公式(1-5-19)可改写为:

$$A \geqslant \frac{\boldsymbol{F}_N}{[\sigma]} \tag{1-5-20}$$

3)确定许可载荷

在杆件的截面尺寸和材料的许用应力已知的情况下,确定杆件所能承受的最大轴力。此时公式(1-5-19)可改写为:

$$\boldsymbol{F}_N \geqslant A \cdot [\sigma] \tag{1-5-21}$$

然后再运用静力学平衡方程,根据轴力 $\boldsymbol{F}_N$ 确定结构所能承受的载荷。

在强度校核计算中,可能出现最大应力稍大于许用应力的情形,设计规范规定,只要不超过5%,是允许的。

三、强度问题的应用举例

例 1-5-8　图 1-5-28 所示用绳索起吊重物。已知 $\boldsymbol{G} = 20\text{kN}$,$\alpha = 60°$,绳索横截面积 $A = 12.6\text{cm}^2$,许用应力$[\sigma] = 10\text{MPa}$。试校核绳索的强度。

解:(1)取 A 为研究对象,作受力分析图,如图 1-5-28 所示。由受力图知 $\boldsymbol{T}_1=\boldsymbol{T}_2$。

对 A 点,在 y 方向列平衡方程有:

$$\Sigma \boldsymbol{F}_y=0 \quad \boldsymbol{F}-2\boldsymbol{T}_1\times\cos30^\circ=0$$

解平衡方程得绳索受力为:

$$\boldsymbol{T}_1=\boldsymbol{T}_2=\frac{\sqrt{3}}{3}\boldsymbol{F}=\frac{20}{3}\sqrt{3}\text{kN}$$

(2)校核绳索的强度。

由强度条件 $\sigma_1=\frac{\boldsymbol{T}}{A}\leqslant[\sigma]$ 有:

$$\sigma=\frac{\boldsymbol{T}}{A}=\frac{20\times10^3}{12.6\times100\times1.732}=9.2\text{MPa}\leqslant[\sigma]$$

绳索的强度满足。

例 1-5-9 如图 1-5-29a)所示船舶结构中的铸铁支架,B 点受载荷 $\boldsymbol{F}=50\text{kN}$,铸铁许用拉应力 $[\sigma_1]=30\text{MPa}$ 许用压应力 $[\sigma_y]=90\text{MPa}$。求杆 AB 和 BC 应有的横截面面积。

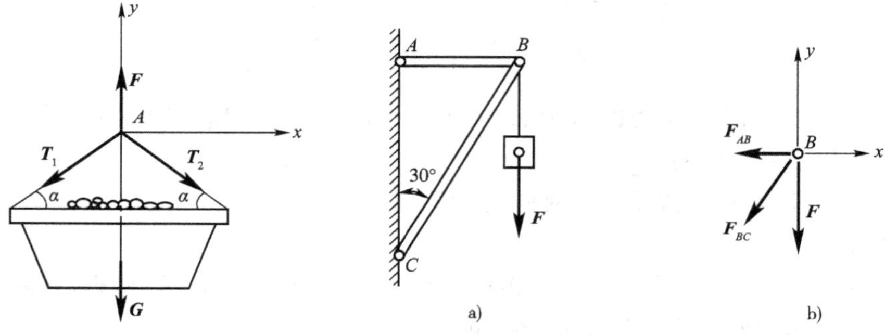

图 1-5-28 绳索的强度　　图 1-5-29 铸铁支架的受力

解:(1)求 AB、BC 杆内力 $\boldsymbol{F}_{NAB}$、$\boldsymbol{F}_{NBC}$。

取铰链 B 为研究对象,作受力分析图,如图 1-5-29b)所示。建立 xBy 平面直角坐标系,列平衡方程有:

$$\Sigma \boldsymbol{F}_y=0 \quad -\boldsymbol{F}_{BC}\times\cos30^\circ-\boldsymbol{F}=0$$

$$\boldsymbol{F}_{BC}=-\frac{50\times2\sqrt{3}}{3}=-57.7\text{kN}$$

$$\Sigma \boldsymbol{F}_x=0 \quad -F_{AB}-\boldsymbol{F}_{BC}\sin30^\circ=0$$

$$\boldsymbol{F}_{AB}=\frac{1}{2}\boldsymbol{F}_{BC}=28.85\text{kN}$$

由作用与反作用定律知 AB、BC 杆受力为 $\boldsymbol{F}'_{AB}=28.85\text{kN}$,$\boldsymbol{F}'_{BC}=-57.7\text{kN}$

则有 AB、BC 杆的内力为:$\boldsymbol{F}_{NAB}=28.85\text{kN}$,$\boldsymbol{F}_{NBC}=-57.7\text{kN}$

(2)根据强度条件求 AB、BC 截面面积 A_{AB}、A_{BC}。

由 AB 杆的强度条件有 AB 杆横截面面积为:

$$A_{AB}=\frac{\boldsymbol{F}_{AB}}{[\sigma_1]}\leqslant\frac{28.85\times1000}{30}=962\text{mm}^2$$

由 BC 杆的强度条件有 BC 杆横截面面积有：

$$A_{BC}=\frac{\boldsymbol{F}_{BC}}{[\sigma_y]}\leqslant\frac{78.7\times1000}{90}=641\text{mm}^2$$

例 1-5-10 如图 1-5-30a) 所示结构，AB 与 BC 杆材料的许用应力分别为 $[\sigma_1]=100\text{MPa}$，$[\sigma_2]=120\text{MPa}$，两杆截面面积均为 $A=2\text{cm}^2$。求 B 点的许可载荷 $[P]$。

解：(1) 确定 AB、BC 杆内力 $\boldsymbol{F}_{NAB}$、$\boldsymbol{F}_{NBC}$。

取 B 为研究对象，作受力分析图，如图 1-5-30b) 所示。建立 xBy 平面直角坐标系下的平衡方程：

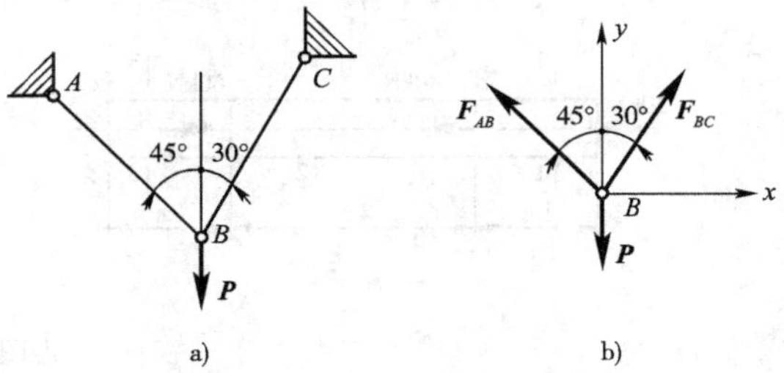

图 1-5-30 AB、BC 两杆受力图

$\Sigma \boldsymbol{F}_x=0\quad -\boldsymbol{F}_{AB}\sin45°+\boldsymbol{F}_{BC}\sin30°=0$

$\Sigma \boldsymbol{F}_y=0\quad \boldsymbol{F}_{AB}\cos45°+\boldsymbol{F}_{BC}\cos30°-\boldsymbol{P}=0$

解得：$\boldsymbol{F}_{AB}=0.518P$，$\boldsymbol{F}_{BC}=0.732\boldsymbol{P}$

AB、BC 两杆内力与 P 的关系为：

$\boldsymbol{F}_{NAB}=0.518\boldsymbol{P}$，$\boldsymbol{F}_{NBC}=0.732\boldsymbol{P}$

(2) 求 AB、BC 杆的许可内力 $[\boldsymbol{F}_{NAB}]$ 和 $[\boldsymbol{F}_{NBC}]$。

由强度条件得：

$$\sigma=\frac{\boldsymbol{F}_N}{A}\leqslant[\sigma]$$

$$[\boldsymbol{F}_{NAB}]\leqslant100\times200=10\text{kN}$$

$$[\boldsymbol{F}_{NBC}]\leqslant160\times200=32\text{kN}$$

(3) 确定许可载荷。

由内力与载荷之间的关系有：

AB 杆：　$0.518[\boldsymbol{P}]\leqslant20\text{kN}$，$[\boldsymbol{P}]\leqslant38.6\text{kN}$

BC 杆：　$0.732[\boldsymbol{P}]\leqslant32\text{kN}$，$[\boldsymbol{P}]\leqslant43.7\text{kN}$

故结构许可载荷为：

$$[\boldsymbol{P}]=38.6\text{kN}$$

习　题

1-5-1 拉伸或压缩杆如题图 1-5-1 所示。试用截面法求各杆指定截面的轴力，并画出轴力图。

1-5-2 题图 1-5-2 所示插销拉杆，插销孔处横截面尺寸 $b=50\text{mm}$，$h=20\text{mm}$，$H=60\text{mm}$，$\boldsymbol{F}=80\text{kN}$，试求拉杆的最大应力。

1-5-3 杆件如题图 1-5-3 所示，已知较细段 $A_1=200\text{mm}^2$，较粗段 $A_2=300\text{mm}^2$，$E=200\text{GPa}$，$L=100\text{mm}$，求各段截面的应力和杆件的总变形。

1-5-4 题图 1-5-4 所示变截面悬臂杆受力情况，计算轴向总伸长。材料的弹性模量

$E=200\mathrm{GPa}$。

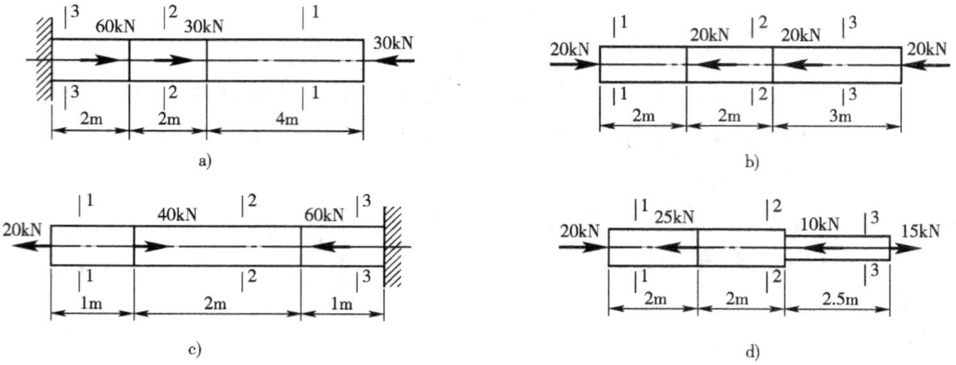

a)　b)　c)　d)

题图　1-5-1

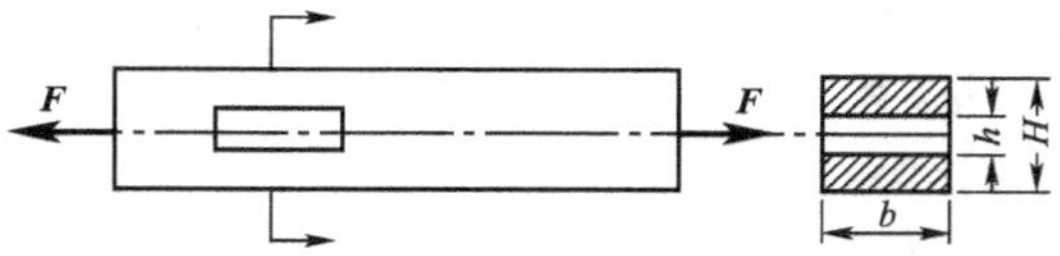

题图　1-5-2

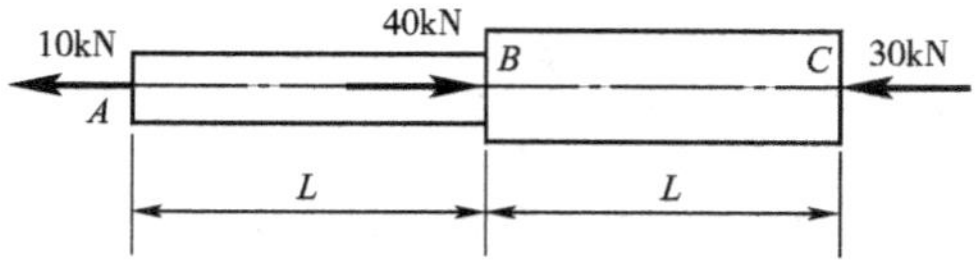

题图　1-5-3

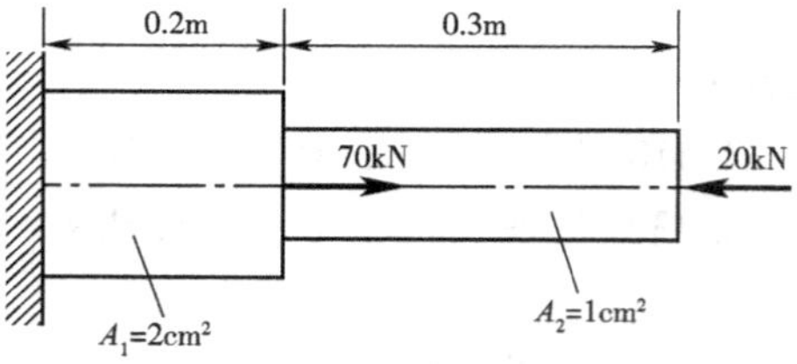

题图　1-5-4

1-5-5　起重吊钩如题图 1-5-5 所示,吊钩螺栓螺纹内径 $d=55\mathrm{mm}$,外径 $D=63.5\mathrm{mm}$。材料的许用应力 $[\sigma]=80\mathrm{MPa}$,载荷 $\boldsymbol{F}=170\mathrm{kN}$,试校核吊钩螺纹部分的强度。

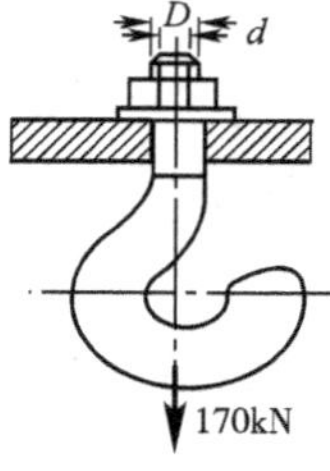

题图　1-5-5

1-5-6　气动夹具如题图 1-5-6 所示。已知汽缸内径 $D=140\mathrm{mm}$,缸内气压 $P=0.6\mathrm{MPa}$,活塞杆材料 $[\sigma]=80\mathrm{MPa}$,试设计活塞杆直径 d。

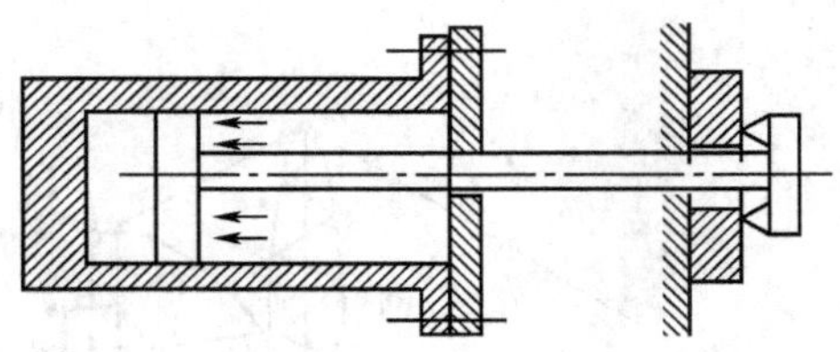

题图　1-5-6

1-5-7　题图 1-5-7 所示桁架，杆 1 为圆截面钢杆，杆 2 为方截面木杆，在节点 A 处承受铅直方向的载荷 $\boldsymbol{F}$ 作用，试确定钢杆的直径 d 与木杆截面的边宽 b。已知载荷 $\boldsymbol{F}=50\text{kN}$，钢的许用应力 $[\sigma_s]=160\text{MPa}$，木的许用应力 $[\sigma_W]=10\text{MPa}$。

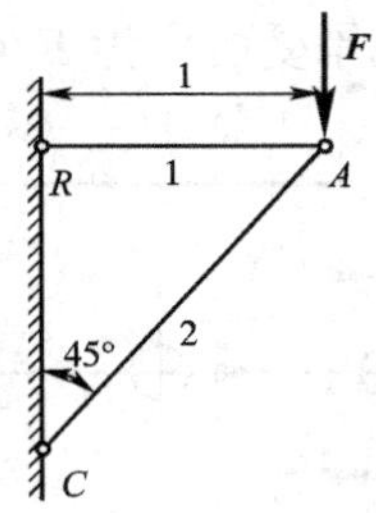

题图　1-5-7

1-5-8　题图 1-5-8 所示结构，梁 AB 为刚体（自重不计），其上作用有一载荷 $\boldsymbol{F}=40\text{kN}$，杆 AD 和杆 BH 由同一种材料制成，其许用应力 $[\sigma]=160\text{MPa}$，$E=2\times10^5\text{MPa}$。若要求刚性梁 AB 受力后仍保持水平，试计算杆 AD 和杆 BH 所需的最小截面积。

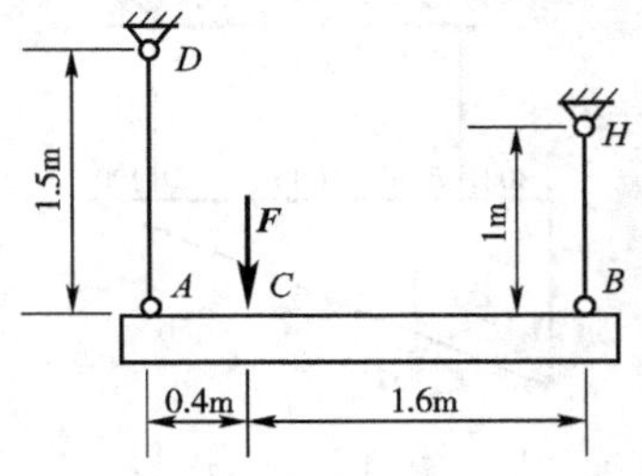

题图　1-5-8

1-5-9　题图 1-5-9 所示简易吊车中，BC 为钢杆，AB 为木杆。木杆 AB 的横截面面积 $A_1=100\text{cm}^2$，许用应力 $[\sigma]_1=7\text{MPa}$；钢杆 BC 的横截面面积 $A_2=6\text{cm}^2$，许用应力 $[\sigma]_2=160\text{MPa}$，试求许可吊重 P。

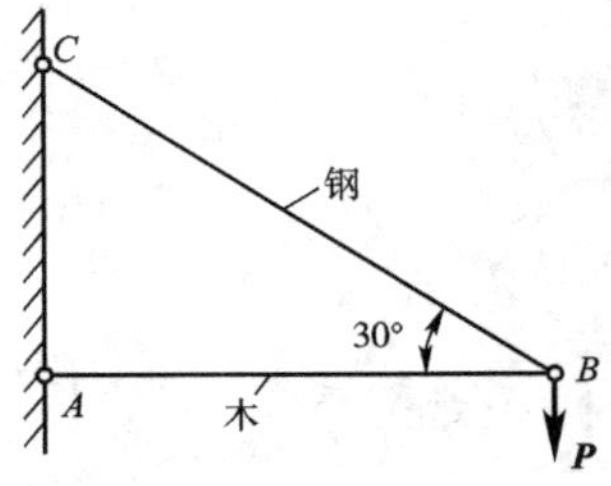

题图　1-5-9

1-5-10　如题图 1-5-10 所示，起重机钢绳 AB 的截面积 $A=500\text{mm}^2$，许用应力 $[\sigma]=$

40MPa,求起重载荷 P 为多少。

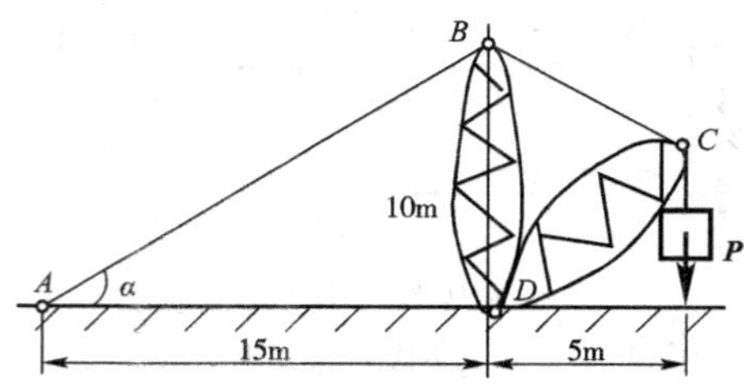

题图 1-5-10

1-5-11 题图 1-5-11 所示钢板宽 $b=100\text{mm}$,厚 $t=12\text{mm}$,上有 4 个铆钉孔,钉孔直径 $d=17\text{mm}$,设轴向力 $\boldsymbol{F}=100\text{kN}$,每个孔承受的力为 $\boldsymbol{F}/4$,若取安全系数 $n_s=2$,试校核钢板的强度。

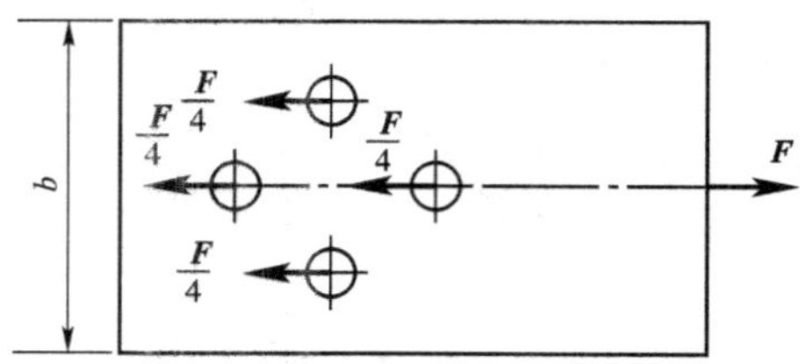

题图 1-5-11

1-5-12 题图 1-5-12 所示直角三角形钢板,长 $l=1.5\text{m}$,用等长的钢丝 AB 和 CD 悬挂,欲使钢丝伸长后钢板只有移动而无转动,问钢丝 AB 的直径应为 CD 直径的几倍。

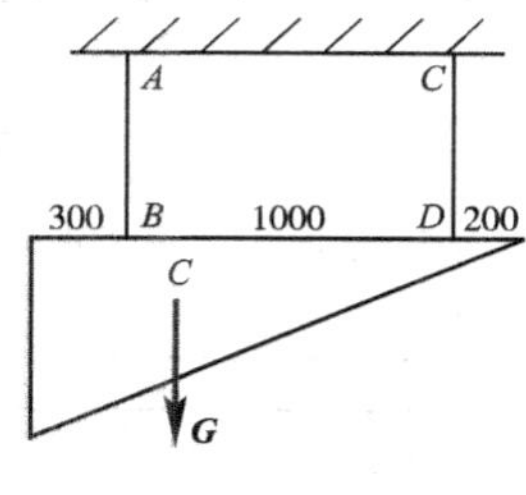

题图 1-5-12

第六章　剪　　切

学习目标

知识目标

1. 认识和理解剪切和挤压的概念；
2. 理解和掌握剪切时横截面上的内力和剪切实用计算；
3. 理解和掌握挤压时实用计算；
4. 认识和理解剪切时的变形、剪切虎克定律和剪应力双生定律。

能力目标

1. 会熟练利用剪切强度条件求解剪切时的三类强度问题；
2. 会熟练利用挤压强度条件解决挤压中的三类强度问题。

第一节　剪切与挤压的概念

一、剪切的概念

工程实际中，常需要用连接件将构件彼此相连。如图 1-6-1a）所示铆钉连接两块钢板，在被连接的钢板上作用有等值、反向的力 $\boldsymbol{F}$，此时铆钉所受的变形形式叫剪切。

从图 1-6-1b）中可以看出螺栓受剪切变形时的受力特点是：螺栓受到一对等值、反向、作用线平行且相距很近的外力作用。在此外力作用下，螺栓的变形形式是：沿两力作用线中间的截面发生相对错动的变形，这种变形称为剪切变形。两力中间产生相对错动的面称为剪切面。

同一个连接件上，受剪切变形后只有一个剪切面的称为单剪，如图 1-6-1 所示的螺栓。同一个连接件上，受剪切变形后有两个剪切面的称为双剪，如图 1-6-2 所示螺栓连接中的螺栓。

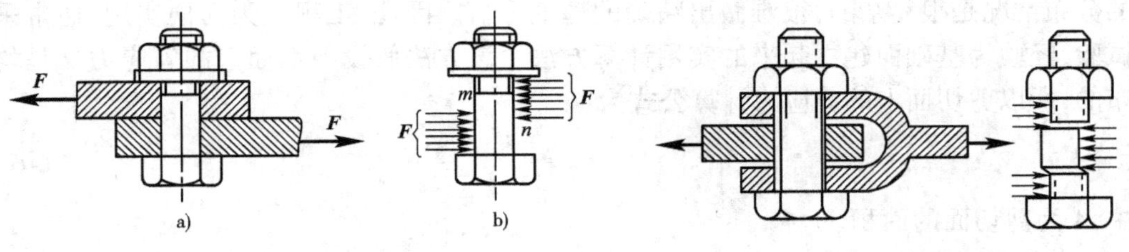

图 1-6-1　螺栓剪切变形　　　　图 1-6-2　螺栓双剪

二、挤压的概念

构件在受到剪切的同时,往往还伴随着挤压作用。例如,螺栓受剪切的同时,螺栓和板的孔壁之间还相互压紧,如图1-6-1a)所示,上钢板孔右侧与螺栓上部右侧,下钢板孔左侧与螺栓下部左侧相互压紧,这种在接触面上相互压紧的现象叫挤压。图1-6-3为木材与螺母之间的挤压情况。挤压力过大,挤压接触面会出现局部塑性变形甚至压陷的破坏现象,这种破坏叫挤压破坏。构件上受挤压作用的面叫挤压面,挤压面一般垂直于外力作用线。挤压与杆件的轴向压缩有本质的区别,挤压发生在杆件的局部表面,而压缩发生在受压的整个杆段。

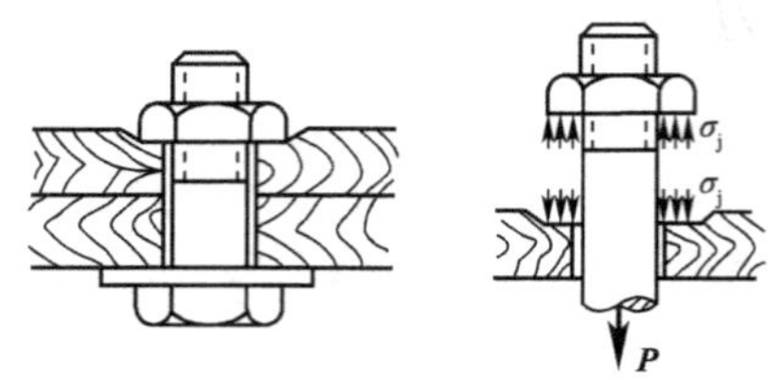

图1-6-3　挤压作用

第二节　剪切与挤压的实用计算

一、剪切的实用计算

下面以螺栓连接为例,说明剪切强度的实用计算方法。

1. 剪应力 τ 的计算式

分析受剪切时剪切面上的内力,仍用截面法,如图1-6-4所示。假设将螺栓沿 $m—m$ 截面截开,如图1-6-4c)所示。任取一部分(下面部分)为研究对象。为了与外力 $\boldsymbol{P}$ 平衡,在剪切面上须加上一个与 $\boldsymbol{P}$ 力大小相等,方向相反的内力,此内力平行与横截面,称为剪力,用符号 $\boldsymbol{Q}$ 表示。剪力是剪切面上分布内力的合力。根据平衡条件,可求得剪力的大小为:

$$\boldsymbol{Q}=\boldsymbol{P} \tag{1-6-1}$$

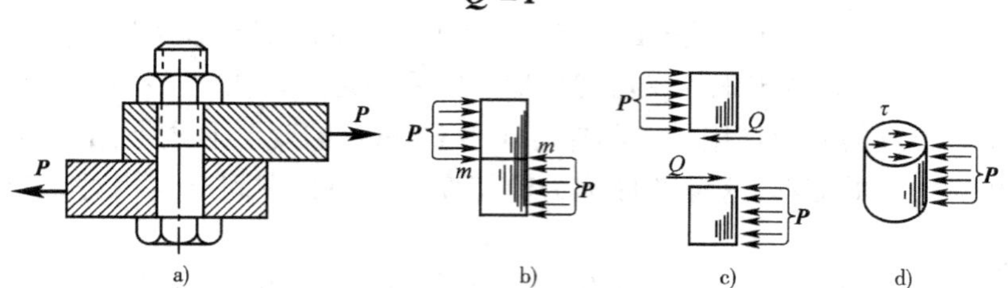

图1-6-4　剪应力

与剪力相对应的应力称为剪应力,用符号 τ 表示,如图1-6-4d)所示。剪应力在剪切面上的分布情况是很复杂的,很难做出精确的理论分析。因此,工程上为简便实用,通常采用以试验、经验为基础而建立起来的实用计算方法。该方法假设剪切面上的剪应力 τ 是均匀分布的,所以剪切面上的剪应力计算公式为:

$$\tau=\frac{\boldsymbol{Q}}{A} \tag{1-6-2}$$

式中,A 为剪切面的面积。

2. 剪切强度条件

为了保证构件在工作时不被剪断,必须使构件剪切面上的剪应力不超过材料的许用剪应力。所以剪切强度条件为：剪切面上剪应力不允许超过材料的许用剪应力。即：

$$\tau = \frac{Q}{A} \leqslant [\tau] \tag{1-6-3}$$

式中，$[\tau]$为材料的许用剪应力，其大小等于材料的极限剪应力除以安全系数。

极限剪应力是由连接件实物或试件（模拟受剪构件）进行剪切破坏试验，得到破坏时的剪力值，再由式(1-6-2)算得。

许用剪应力$[\tau]$可从有关手册中查得，也可按下列近似经验公式确定：

$$塑性材料[\tau] = (0.6 \sim 0.8)[\sigma]^{+}$$

$$脆性材料[\tau] = (0.8 \sim 1.0)[\sigma]^{+}$$

式中，$[\sigma]^{+}$为材料的许用拉应力。

与轴向拉伸或压缩相同，应用剪切强度条件也可解决工程上剪切变形的三类强度计算问题。

二、挤压的实用计算

1. 挤压应力σ_{jy}的计算

仍以螺栓连接为例。螺栓与被连接的钢板在一个半圆柱面上互相接触，产生挤压，互相接触的面称为挤压面，挤压面上的力称为挤压力，用符号$\boldsymbol{P}_{jy}$表示，如图1-6-5a)所示。由挤压力引起的应力称为挤压应力，用符号σ_{jy}表示，如图1-6-5b)所示。挤压应力在接触面上的分布是很复杂的，因此和剪切一样，工程上仍采用实用计算法，假设挤压力在挤压计算面上是均匀分布的，故挤压应力为：

$$\sigma_{jy} = \frac{\boldsymbol{P}_{jy}}{A_{jy}} \tag{1-6-4}$$

式中，A_{jy}为挤压实用计算面积。当接触面是平面时，实用计算面积A_{jy}等于实际接触面面积A；当接触面积是半圆柱面时，实用计算面积A_{jy}等于圆柱直径的剖面面积，$A_{jy} = dh$，如图1-6-5c)所示，这是因为实际挤压面是半圆柱面时，挤压应力的分布很不均匀，如图1-6-5b)所示，按直径剖面计算所得结果与实际最大挤压应力比较接近。

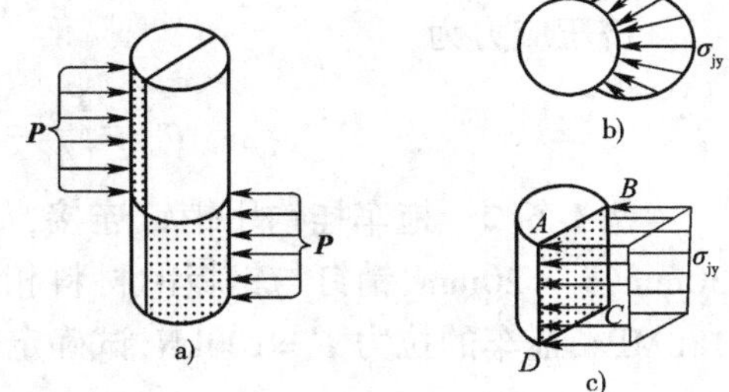

图1-6-5 挤压

2. 挤压强度条件

为了保证构件在工作时不发生挤压破坏，必须使构件满足工作时的挤压应力不超过材料的许用挤压应力。

所以挤压强度条件为：构件工作时的挤压应力不超过材料的许用挤压应力。即：

$$\sigma_{jy} = \frac{\boldsymbol{P}_{jy}}{A_{jy}} \leqslant [\sigma_{jy}] \tag{1-6-5}$$

式中，$[\sigma_{jy}]$为材料的许用挤压应力。

$[\sigma_{jy}]$可从有关设计手册中查得，也可按如下公式近似地确定：

$$塑性材料[\sigma_{jy}] = (1.7 \sim 2.0)[\sigma]^{+}$$

$$脆性材料[\sigma_{jy}] = (0.9 \sim 1.5)[\sigma]^{+}$$

式中,$[\sigma]^{+}$为材料的许用拉应力。

应该注意,如果互相挤压的材料不同,则应按许用挤压应力较小的材料进行强度计算。

三、应用举例

例 1-6-1 木榫接头如图 1-6-6a)所示,已知 $a = b = 120\text{mm}$,$h = 35\text{mm}$,$c = 45\text{mm}$,$\boldsymbol{P} = 40\text{kN}$,试求接头的剪应力和挤压应力。

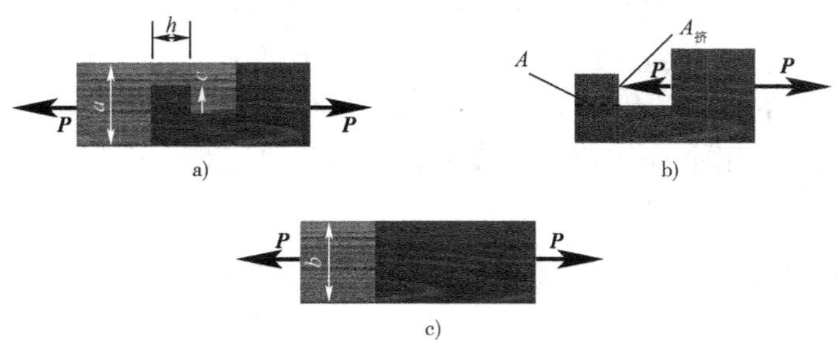

图 1-6-6　木榫接头的剪切与挤压

解:(1)求挤压力和剪力。

取木榫接头的一半为研究对象,作受力分析如图 1-6-6c)所示,挤压面上的挤压力和剪切面和剪力为:

$$\boldsymbol{F}_{jy} = \boldsymbol{Q} = \boldsymbol{P} = 40\text{kN}$$

(2)剪应力和挤压应力。

剪应力为:

$$\tau = \frac{\boldsymbol{Q}}{A} = \frac{\boldsymbol{P}}{bh} = \frac{40000}{120 \times 35} = 9.52\text{MPa}$$

挤压应力为:

$$\sigma_{jy} = \frac{\boldsymbol{P}_{jy}}{A} = \frac{\boldsymbol{P}}{bc} = \frac{40000}{120 \times 45} = 7.4\text{MPa}$$

例 1-6-2 拖车挂钩用销钉连接,如图 1-6-7a)所示。已知挂钩部分的钢板厚度 $\delta_1 = 30\text{mm}$,$\delta_2 = 20\text{mm}$,销钉与钢板的材料相同,许用剪应力$[\tau] = 60\text{MPa}$,许用挤压应力$[\sigma_{jy}] = 180\text{MPa}$,拖车的拉力 $\boldsymbol{F} = 100\text{kN}$,试确定销钉的直径。

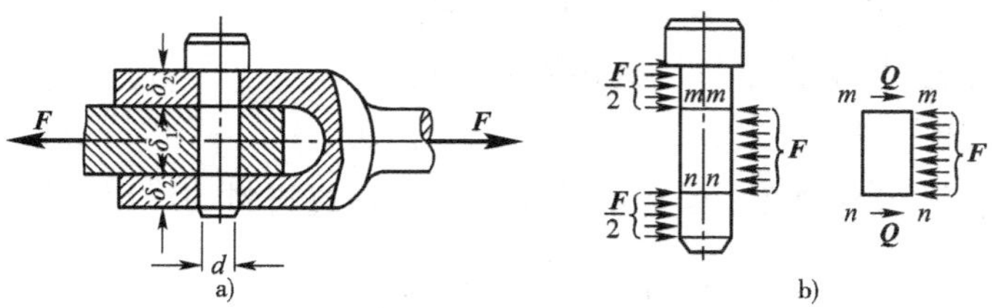

图 1-6-7　销钉的剪切与挤压

解:(1)按销钉的剪切强度计算直径。

取销钉为研究对象,其受力分析如图 1-6-6b)所示。销钉有两个剪切面 m—m 和 n—n,由平衡方程求得每个剪切面上的剪力为:

$$Q = \frac{\boldsymbol{F}}{2}$$

剪切面面积：

$$A = \frac{\pi d^2}{4}$$

根据剪切强度条件：

$$\tau = \frac{Q}{A} \leqslant [\tau]$$

将 Q、A 带入上式，有：

$$\frac{\boldsymbol{F}/2}{\pi d^2/4} \leqslant [\tau]$$

得销钉的直径为：

$$d \geqslant \sqrt{\frac{2\boldsymbol{F}}{\pi[\tau]}} = \sqrt{\frac{2 \times 100 \times 10^3}{3.14 \times 60}} = 32.6\text{mm}$$

选取销钉的直径为 $d = 35\text{mm}$。

(2)校核销钉的挤压强度。

销钉中段受到的挤压力为 $\boldsymbol{F}$，上下段受到的挤压力之和也为 $\boldsymbol{F}$，但因 $\delta_1 < 2\delta_2$，故只需对中段进行强度校核。

$$\sigma_{jy} = \frac{\boldsymbol{F}_{jy}}{A_{jy}} = \frac{\boldsymbol{F}}{\delta_1 d} = \frac{100 \times 10^3}{30 \times 35} = 95.2\text{MPa} < [\sigma_{jy}] = 180\text{MPa}$$

所以销钉的直径取 35mm 是安全可靠的。

例 1-6-3　如图 1-6-8a)、b)所示齿轮与轴通过 B 型普通平键连接。已知轴径 $d = 70\text{mm}$，键的尺寸为 $b \times h \times l = 20\text{mm} \times 12\text{mm} \times 100\text{mm}$，如图 1-6-8c)所示，传递转矩 $\boldsymbol{T} = 2\text{kN} \cdot \text{m}$，材料的许用剪应力 $[\tau] = 60\text{MPa}$，许用挤压应力 $[\sigma_{jy}] = 100\text{MPa}$，试校核此键的连接强度。

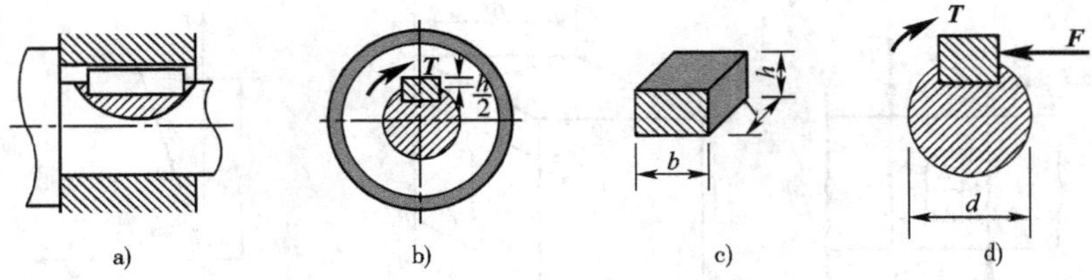

图 1-6-8　键的连接强度

解：(1)校核键连接的剪切强度。

取键和轴为研究对象作受力分析图，如图 1-6-8d)所示，由力矩平衡有：

$$\boldsymbol{F} = \frac{\boldsymbol{T}}{d/2} = 57142.86\text{N}$$

作用在键剪切面上的剪力为：

$$Q = \boldsymbol{F} = 57142.86\text{N}$$

计算剪应力校核强度：

$$\tau = \frac{Q}{A} = \frac{57142.86}{b \times l} = \frac{57142.86}{20 \times 100} = 28.57\text{MPa} \leqslant [\tau]$$

所以剪切强度足够。

(2)校核键连接的挤压强度。

挤压面上的挤压力为：

$$F_{jy} = F = 57142.86\text{N}$$

计算挤压应力校核挤压强度：

$$\sigma_{jy} = \frac{F_{jy}}{A_{jy}} = \frac{F_{jy}}{\frac{h}{2} \times l} = \frac{57142.86}{6 \times 100} = 95.24\text{MPa} < [\sigma_{jy}]$$

所以挤压强度够。

因此此键的连接强度足够。

第三节　剪切虎克定律

一、剪应变 γ 的计算

构件发生剪切变形时,杆内与外力平行的截面就会产生相对错动。为了便于分析剪切变形,在构件受剪部位中的某点 K 取一微小的正平行六面体(单元体)研究。剪切变形时,截面产生相对错动,致使正平行六面体歪斜成斜平行六面体,如图 1-6-9a)所示。

假设六面体的左截面不动,右截面在剪力的作用下将相对于左截面产生向下的错动,其错动量为绝对剪切变形 ee',如图 1-6-9b)所示,而相对变形为:

$$\frac{\overline{ee'}}{\mathrm{d}x} = \tan\gamma \approx \gamma$$

式中,γ 是矩形直角的微小改变量,称为剪应变或角应变,用弧度(rad)来度量。

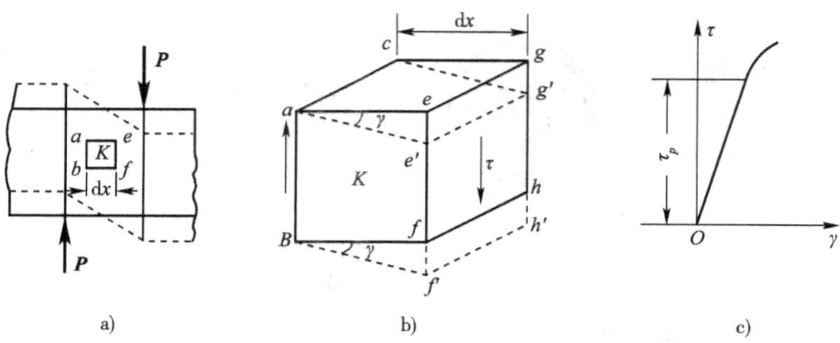

图 1-6-9　剪应变

二、剪切虎克定律

实验表明:当剪应力不超过材料的比例极限时,绝对剪切变形与剪力 Q、截面间距 $\mathrm{d}x$ 成正比,与杆件的横截面面积 A 成反比,即:

$$\overline{ee'} \propto \frac{Q\mathrm{d}x}{A} \tag{1-6-6}$$

即：

$$\overline{ee'} = \frac{Q\mathrm{d}x}{GA} \tag{1-6-7}$$

公式(1-6-7)是剪切虎克定律的数学表达式。上式可改写为：

$$\frac{\overline{ee'}}{\mathrm{d}x} = \frac{1}{G}\frac{Q}{A}$$

即：

$$\gamma = \frac{\tau}{G} \tag{1-6-8}$$

移项为：

$$\tau = G \cdot \gamma \tag{1-6-9}$$

由公式(1-6-9)知，剪切变形时剪应力 τ 与剪应变 γ 成正比关系，如图1-6-9c)所示。

式(1-6-9)为剪切虎克定律的另一数学表达式。比例常数 G 叫做剪切弹性模量，单位与 E 的单位相同。当剪应力不变时，G 越大，剪应变就越小，所以 G 表示材料抵抗剪切变形的能力。一般低碳钢材料的剪切弹性模量 G 大约为80GPa。

可以证明，对于各向同性的材料，G、E 和 μ 不是各自独立的三个弹性常数，它们之间有如下关系：

$$G = \frac{E}{2(1+\mu)} \tag{1-6-10}$$

由式(1-6-10)可知，只要知道这三个弹性常数中的任意两个，另一个就可由上式确定。部分材料的弹性常数见表1-6-1。

常用材料的弹性常数 E、G、μ 值　　表1-6-1

材料名称	E(GPa)	G(GPa)	μ
碳钢	190～210	79	0.24～0.33
低合金钢	190～210	79	0.24～0.33
灰口铸铁	78～157	48	0.17～0.27
轧制纯铜	108～130	39～49	0.30～0.38
铝合金	72	27	0.33

三、剪应力互等定律

定律　在两个互相垂直的截面上，剪应力必定同时存在，他们的大小相等，方向是共同指向或共同背离这两个截面的交线。

证明：在平衡的受剪构件中取一微小单元体 $abcdefgh$，三边的长度为 dx、dy、dz，如图1-6-10所示，由正平行六面体平衡有：

$$\Sigma m = 0 \quad -\tau \mathrm{d}y\mathrm{d}z\mathrm{d}x + \tau \mathrm{d}x\mathrm{d}y\mathrm{d}z = 0$$

所以有：

$$-\tau + \tau' = 0, \tau = \tau'$$

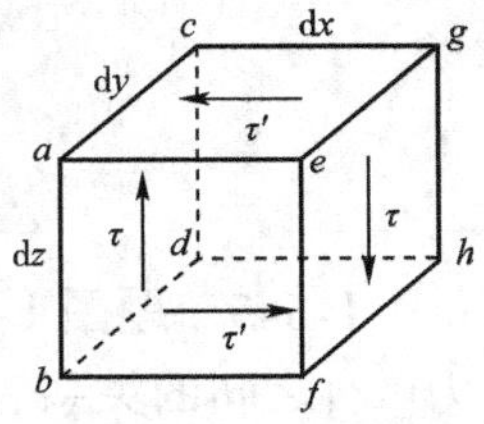

图1-6-10　剪应力互等

根据剪应力互等定律可以判断互相垂直的截面上剪应力的大小和方向。

习　　题

1-6-1　宽度为 b,高度为 H 的两矩形木杆互相连接如题图 1-6-1 所示,则剪切面的面积为 $A=$______,挤压面的面积为 $A_{jy}=$______,受拉的最小面积为 $A=$______。($H=3t$)

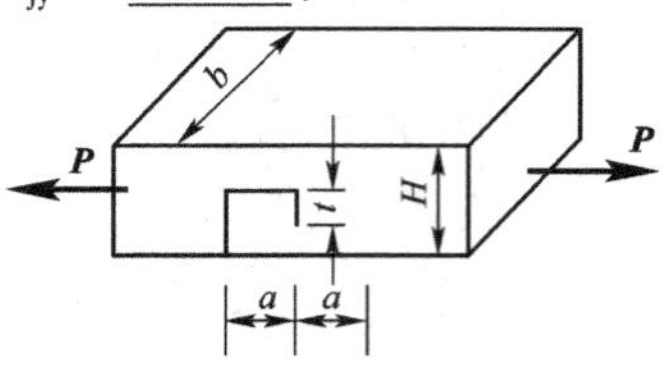

题图　1-6-1

1-6-2　题图 1-6-2 所示铆钉结构,在外力作用下可能产生的破坏方式有________、________、________。

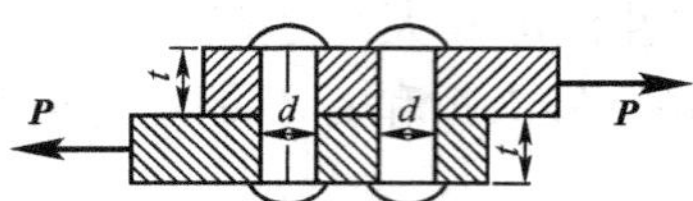

题图　1-6-2

1-6-3　题图 1-6-3 所示榫头结构,当 P 力作用时,已知 b、c、a、l,接头的剪应力 $\tau=$________,挤压应力 $\sigma_{jy}=$________。

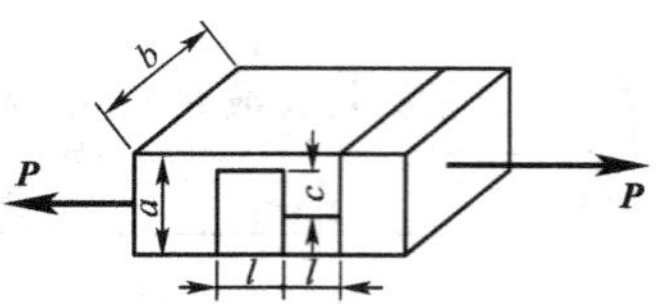

题图　1-6-3

1-6-4　花键轴的截面尺寸如题图 1-6-4 所示。轴与轮毂的配合长度 $L=60\text{mm}$,靠花键轴侧面传递的力偶矩 $m=1.8\text{kN}\cdot\text{m}$,若花键的许用挤压应力 $[\sigma_{bs}]=140\text{MPa}$,许用切应力 $[\tau]=50\text{MPa}$,试校核花键的剪切强度和挤压强度。

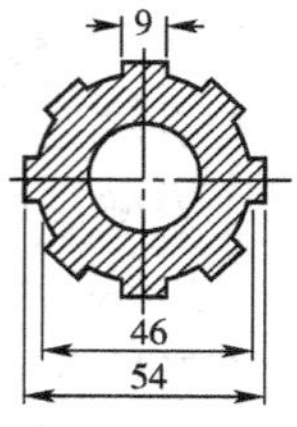

题图　1-6-4

1-6-5　题图 1-6-5 所示的螺栓受拉力 F 作用,已知材料的许用剪应力 $[\tau]$ 和许用拉应力 $[\sigma]$ 之间的关系有 $[\tau]=0.75[\sigma]$。试求螺栓直径 d 与螺栓头高度 h 的合理比值。

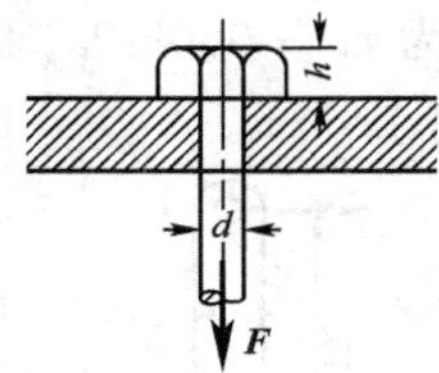

题图　1-6-5

1-6-6　题图 1-6-6 所示的铆钉连接中，已知拉力 $\boldsymbol{F}=20\text{kN}$，板的厚度为 $\delta=20\text{mm}$，铆钉的直径 $d=12\text{mm}$。铆钉材料的许用剪应力 $[\tau]=80\text{MPa}$，许用挤压应力 $[\sigma_{jy}]=200\text{MPa}$。试校核此铆钉连接的强度。

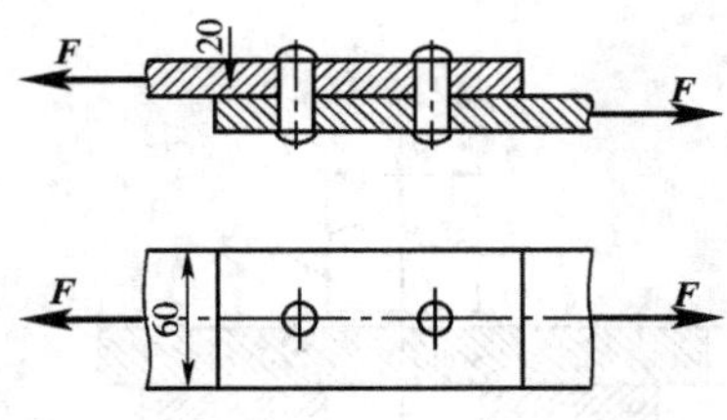

题图　1-6-6

1-6-7　题图 1-6-7 所示的螺栓连接中，已知拉力 $\boldsymbol{P}=200\text{kN}$，中间板的厚度 $\delta=20\text{mm}$，螺栓材料的许用剪应力 $[\tau]=80\text{MPa}$，试求螺栓的直径 d。若其许用挤压应力 $[\sigma_{jy}]=200\text{MPa}$，则螺栓直径 d 又应为多少？

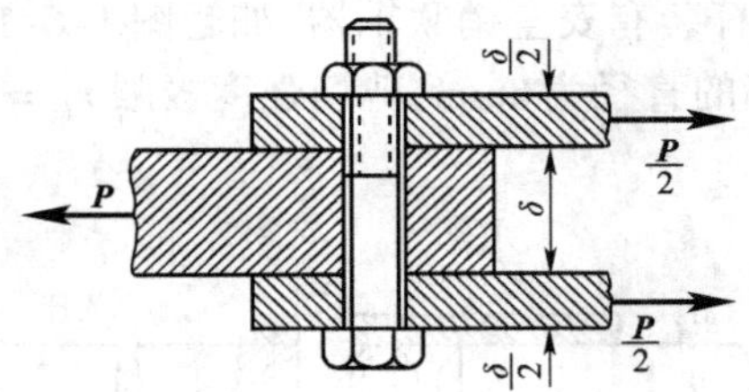

题图　1-6-7

1-6-8　题图 1-6-8 所示，在直径 $d=30\text{mm}$ 的轴上安装着一个手柄。杆与轴之间有一个键 K，键长 $l=36\text{mm}$，截面为正方形，边长 $a=8\text{mm}$。如平键的平均剪应力不得超过 56MPa，求距轴心 750mm 处所加的力 $\boldsymbol{P}$ 最大为多少？

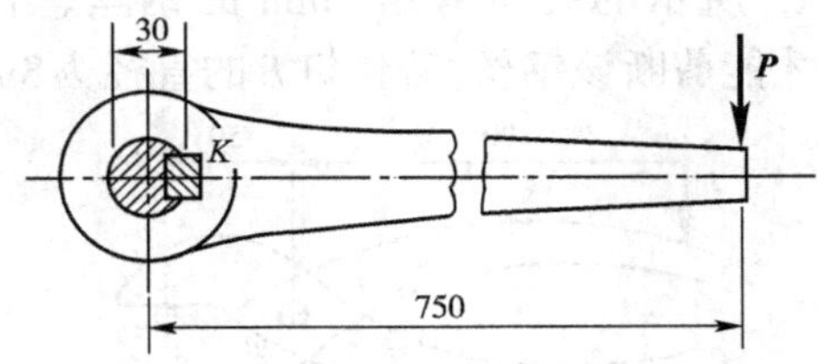

题图　1-6-8

1-6-9　题图 1-6-9 所示曲柄杠杆在铅直力 $\boldsymbol{P}$ 和水平力 $\boldsymbol{Q}$ 作用下保持平衡。拉杆 CD 的直径 $d=30\text{mm}$，其许用拉应力 $[\sigma]=160\text{MPa}$，销钉 B 的许用剪应力 $[\tau]=80\text{MPa}$，如欲使销钉的强度不低于拉杆的强度，则销钉的直径应为多少？

1-6-10　如题图 1-6-10 所示，冲床的最大冲力为 400kN，冲头材料的许用应力 $[\sigma]=$

440MPa,被冲剪钢板的剪切强度极限为 $\tau_b = 360\text{MPa}$,求在最大冲力作用下所能冲剪的圆孔最小直径 d 和钢板的最大厚度 δ。

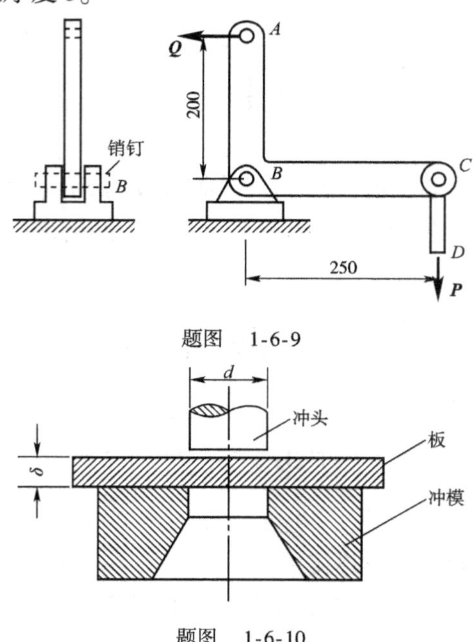

题图 1-6-9

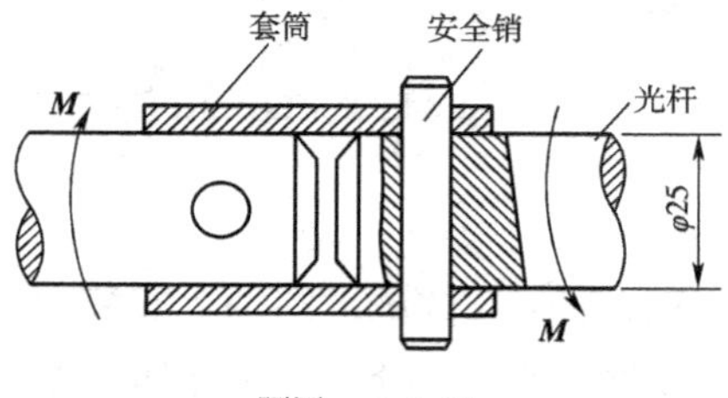

题图 1-6-10

1-6-11 车床的传动光杆装有安全销联轴器,如题图 1-6-11 所示,当超过一定载荷时,安全销即被剪断。已知安全销的直径为6mm,剪切强度极限 $\tau_b = 370\text{MPa}$,求安全销联轴器所能传递的力偶矩 M。

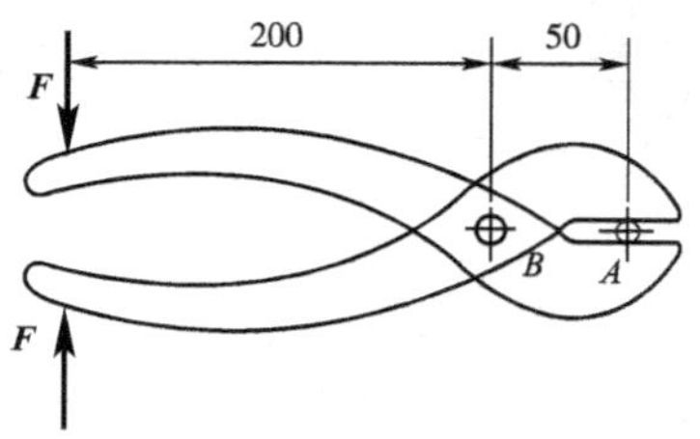

题图 1-6-11

1-6-12 如题图 1-6-12 所示的夹钳剪断 3mm 的钢丝。若钢丝的剪切强度极限 = 100MPa。试问需多大的力 $\boldsymbol{F}$ 才能剪断该钢丝?若销钉 B 的直径为8mm,试求销钉内的剪应力。

题图 1-6-12

第七章　圆轴的扭转

学习目标

知识目标

1. 认识和理解圆轴扭转时的受力变形特点；
2. 理解和掌握应用截面法求圆轴扭转变形时的内力；
3. 了解和理解应力公式推导的过程和得到的应力计算公式及其他相关公式；
4. 了解和理解变形公式推导的过程和得到的变形计算公式；
5. 认识和掌握应用圆轴扭转时的强度和刚度条件进行强度刚度计算。

能力目标

1. 会熟练地运用截面法和符号规定求扭转时横截面上的内力并绘制扭矩图；
2. 会熟练地应用强度条件解决圆轴扭转中的三类强度问题；
3. 会熟练地利用刚度条件解决圆轴扭转中的三类刚度问题。

扭转变形是构件的基本变形形式之一。以扭转为主要变形的杆件称之为轴，轴的横截面形状大多为圆形截面，本章只讨论圆轴扭转时的内力、应力、变形、强度及刚度问题。

第一节　船舶圆轴扭转时横截面上的内力

一、圆轴扭转的概念

在日常生活及工程实践中，我们经常会遇到很多发生扭转变形的杆件。例如，汽车驾驶员通过方向盘把力偶作用于汽车操纵杆的上端，其下端受到来自转向器的阻力偶作用，使汽车操纵杆发生扭转变形，如图1-7-1所示。再如丝锥攻丝时的丝锥杆，手柄上加的主动力偶和工件产生的反力偶使丝锥杆受扭，而产生扭转变形，如图1-7-2所示。

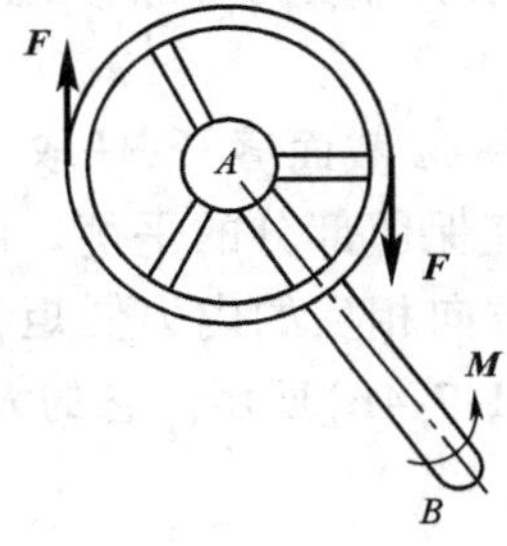

图1-7-1　方向盘

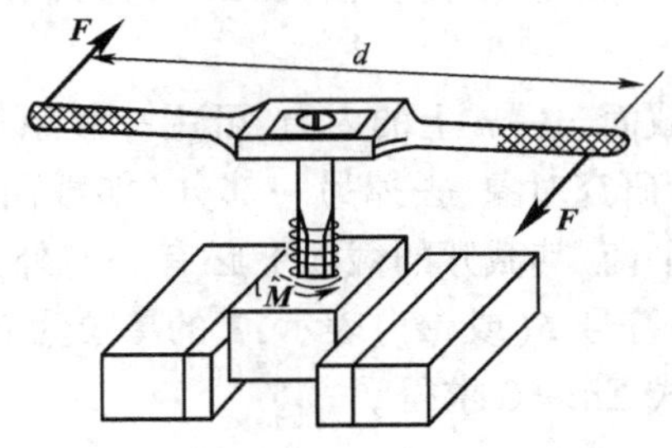

图1-7-2　丝锥攻丝

由以上两例可以看出,圆轴产生扭转变形时的受力特点是:圆轴两端受到大小相等、转向相反垂直于杆轴线的两个力偶作用,如图 1-7-3 所示。在这样的一对力偶作用下杆件的变形特点是:各横截面绕轴线产生相对转动,任意两横截面间有相对的角位移,该角位移称为扭转角,用符号 φ 表示。图 1-7-3 中的 φ_{AB} 就是截面 B 相对于截面 A 的转角。

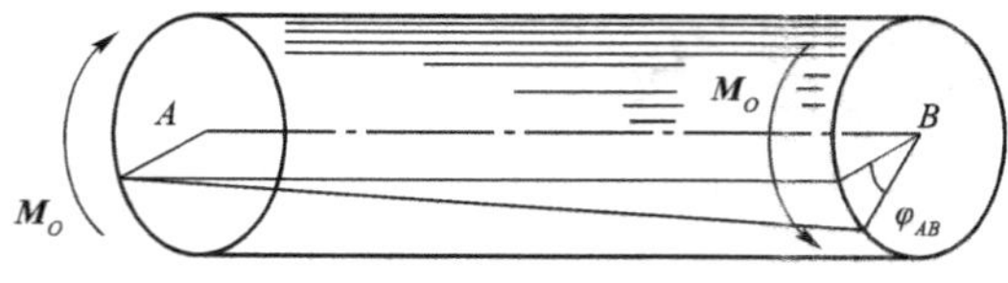

图 1-7-3　圆轴扭转

研究圆轴的扭转同研究杆件的轴向拉伸(或压缩)和剪切等问题一样,首先计算作用于轴上的外力,然后再分析横截面上的内力。

二、扭转时外力偶矩的计算

在工程中,作用于圆轴上的外力偶矩一般不是直接给出的,通常给出的是圆轴所传递的功率和轴的转速。我们可以利用功率、转速和力偶矩三者之间的计算公式,根据已知的功率和转速,计算出作用在轴上的外力偶矩。功率、转速和外力偶矩三者之间的关系为:

$$\boldsymbol{M} = 9550\,\frac{\boldsymbol{P}}{n} \tag{1-7-1}$$

式中,$\boldsymbol{M}$ 为作用于轴上的外力偶矩,单位:N · m;$\boldsymbol{P}$ 为轴所传递的功率,单位:kW;n 为轴的转速,单位:r/min。

说明:轴上输入力偶矩是主动力偶矩,其转向与轴的转向相同;轴上输出力偶矩是阻力偶矩,其转向与轴的转向相反。

例1-7-1　已知某传动轴传递功率为 $\boldsymbol{P} = 8.5\text{kW}$,$n = 300\text{r/min}$,计算传动轴传递的外力偶矩。

解:由外力偶矩计算式:

$$\boldsymbol{M} = 9550 \times \frac{7.5}{300} = 238.75\text{N} \cdot \text{m}$$

所以传动轴传递的外力偶矩为 239.75N · m。

三、圆轴扭转时横截面上的内力 —— 扭矩

1. 截面法求横截面上的扭矩

圆轴在外力偶矩的作用下,截面上将产生内力,为了求出此内力仍用截面法。

如图 1-7-4a) 所示传动轴,在三个外力偶 $\boldsymbol{M}_1$、$\boldsymbol{M}_2$、$\boldsymbol{M}_3$ 作用下处于平衡状态,求 m—m 截面上的内力。

要计算截面 m—m 上的内力,可用一假想的截面沿 m—m 截面截开,任取一部分(如取截面左段)为研究对象,去掉另一部分(如截面右段),研究保留部分的平衡。由平衡知,要使保留部分平衡,其截开的截面上必有一与外力偶矩 M 方向相反的内力偶矩,此内力偶矩称为扭矩,用符号 $\boldsymbol{T}$(或 $\boldsymbol{M}_n$)表示,$\boldsymbol{T}$ 的单位为 N · m,如图 1-7-4b)所示。它的大小用静力学的平衡方程式 $\Sigma \boldsymbol{m} = 0$ 求得。

由:

$$\Sigma \boldsymbol{m} = 0$$

得：

$$M_1 - T = 0 \qquad T = M_1$$

若取 $m—m$ 横截面的右端为研究对象，画受力图，如图 1-7-4c）所示。可求得 $m—m$ 横截面上的扭矩 T'，按作用与反作用关系，T' 与 T 应大小相等，方向相反。列右段平衡方程。

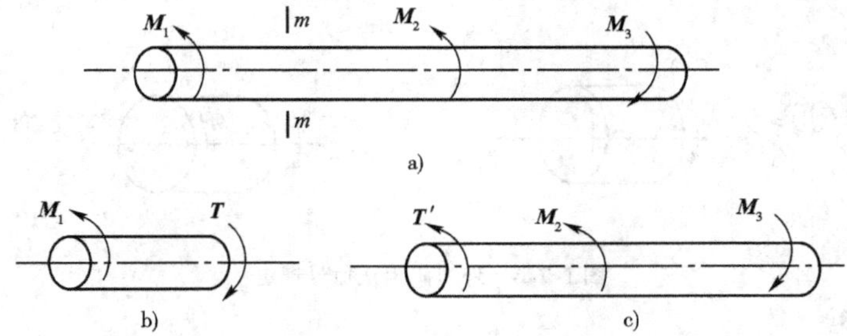

图 1-7-4　圆轴的扭矩

由 $\Sigma m = 0$ 得：

$$T' + M_2 - M_3 = 0 \quad T' = M_3 - M_2$$

取整个圆轴为研究对象，列其平衡方程有：

$$\Sigma m = 0 \quad M_1 - M_3 + M_2 = 0 \quad M_1 = M_3 - M_2$$

所以有：

$$T = T'$$

由此看出，无论是取截面左段还是截面右段，所求的横截面上的扭矩值是一样的。

由上面的计算可知，某截面上的扭矩，等于截面一侧所有外力矩的代数和。

为了使截面两侧求出的扭矩具有相同的正负号，对扭矩的正负作如下规定：右手四指的转向表示扭矩的转向，大拇指的指向与截面外法线方向一致时，扭矩规定为正，如图 1-7-5a）所示；反之，扭矩为负，如图 1-7-5b）所示。

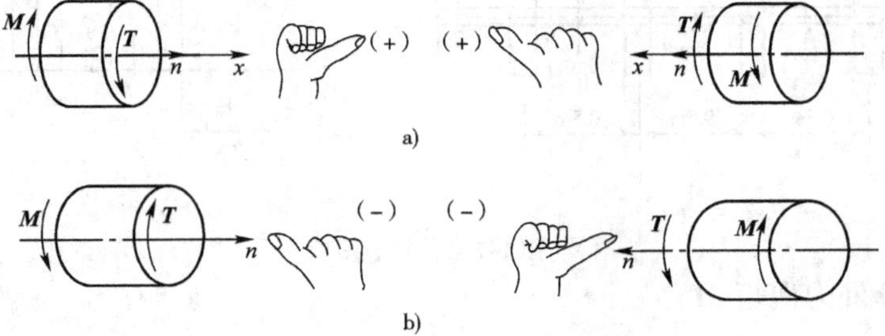

图 1-7-5　扭矩正负号规定

扭矩的正、负取决于外力偶矩的方向。对应于扭矩的正负规定，外力偶矩正负规定应为：右手四指表示外力偶矩的转向，大拇指的指向与截面外法线方向相反时，将产生正的扭矩，这时的外力偶矩规定为正，如图 1-7-6a）所示；反之，外力偶矩为负，如图 1-7-6b）所示。

例 1-7-2　已知某传动轴传递的功率为 15kW，转速为 200r/min，试计算此传动轴传递的外力偶矩及横截面上的扭矩。

解：(1) 计算外力偶矩由公式(1-6-1)计算得：

$$M = 9550 \times \frac{15}{200} = 716.175\text{N} \cdot \text{m}$$

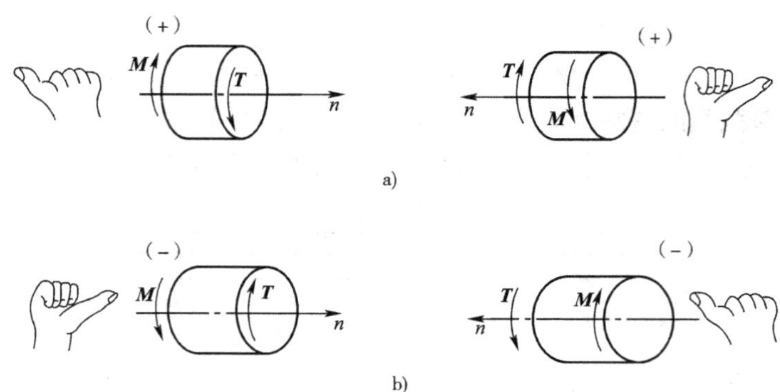

图 1-7-6　外力偶矩正负号规定

(2)计算扭矩。

$$\boldsymbol{T} = \boldsymbol{M} = 717.175\text{N} \cdot \text{m}$$

2. 扭矩图

通常,受扭圆轴各横截面上的扭矩可能是不同的,扭矩 T 是横截面位置坐标 x 的函数,即:

$$\boldsymbol{T} = \boldsymbol{T}(x) \tag{1-7-2}$$

若以与轴线平行的 Ox 轴表示横截面的位置,以垂直于 Ox 轴的 OT 轴表示横截面上的扭矩,则由函数 $\boldsymbol{T} = \boldsymbol{T}(x)$ 绘制出的曲线,即扭矩随截面位置变化的曲线,称为扭矩图。

例 1-7-3　如图 1-7-7a) 所示传动轴,已知 $n = 200\text{r/min}$,轮 A 为主动轮,输入功 $P_A = 60\text{kW}$,输出功率分别为 $P_B = 20\text{kW}$,$P_C = 15\text{kW}$,$P_D = 25\text{kW}$。(1) 计算各段扭矩;(2) 画该轴扭矩图;(3)若将轮 A 和 C 对调,分析对轴受力是否有利。

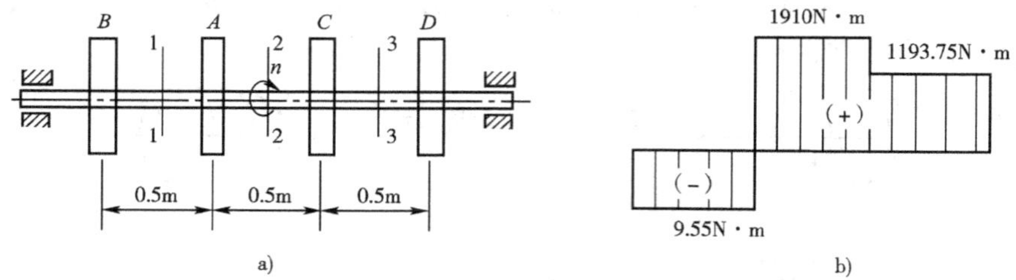

图 1-7-7　扭矩图

解:(1) 计算外力偶矩 $\boldsymbol{M}$。

$$\boldsymbol{M}_A = 9550 \times \frac{60}{200} = 2865\text{N} \cdot \text{m}$$

$$\boldsymbol{M}_B = 9550 \times \frac{20}{200} = 955\text{N} \cdot \text{m}$$

$$\boldsymbol{M}_C = 9550 \times \frac{15}{200} = 716.25\text{N} \cdot \text{m}$$

$$\boldsymbol{M}_A = 9550 \times \frac{25}{200} = 1193.75\text{N} \cdot \text{m}$$

(2)计算各截面上的扭矩 T。

取截面1—1、2—2、3—3，如图1-7-7a）所示。轴的转向与主动力偶矩的转向是一致的，所以各截面上的扭矩为：

$$\boldsymbol{T}_1 = -\boldsymbol{M}_B = -955\text{N}\cdot\text{m}$$
$$\boldsymbol{T}_2 = \boldsymbol{M}_A - \boldsymbol{M}_B = 2865 - 955 = 1910\text{N}\cdot\text{m}$$
$$\boldsymbol{T}_3 = \boldsymbol{M}_D = 1193.75\text{N}\cdot\text{m}$$

(3)绘制扭矩图。

根据各段扭矩作扭矩图，如图1-7-7b）所示。

(4)若将轮A和C对调，重新计算各段扭矩，有：

$$\boldsymbol{T}_1 = -\boldsymbol{M}_B = -955\text{N}\cdot\text{m}$$
$$\boldsymbol{T}_2 = -\boldsymbol{M}_B - \boldsymbol{M}_C = -955 - 716.25 = -1671.25\text{N}\cdot\text{m}$$
$$\boldsymbol{T}_3 = -\boldsymbol{M}_B + \boldsymbol{M}_A - \boldsymbol{M}_C = -1671.25 + 2865 = 1193.75\text{N}\cdot\text{m}$$

最大扭矩由1910N·m降至1671.25N·m，调换后对轴受力有利。

第二节　船舶圆轴扭转时横截面上的应力

一、圆轴扭转时横截面上应力公式推导

求出圆轴扭转时横截面上的扭矩后，必须求出横截面上的应力才能进行强度计算。为了求出横截面上的应力，我们须从变形几何关系、物理关系和静力关系三个方面进行分析研究。

1.变形几何关系

取一等截面圆轴，在其表面上作出两条平行于轴线的纵向线aa、bb和两条圆周线11、22，如图1-7-8a）所示。再在圆轴的两端分别作用一个外力偶$\boldsymbol{M}$，使杆件发生扭转变形。由图1-7-8b）可以看到以下变形现象：各圆周线的形状、大小、间距保持不变，只是绕轴线发生了相对转动；各纵向线倾斜了一个相同的角度γ，由圆周线与纵向线组成的原矩形变成了平形四边形。

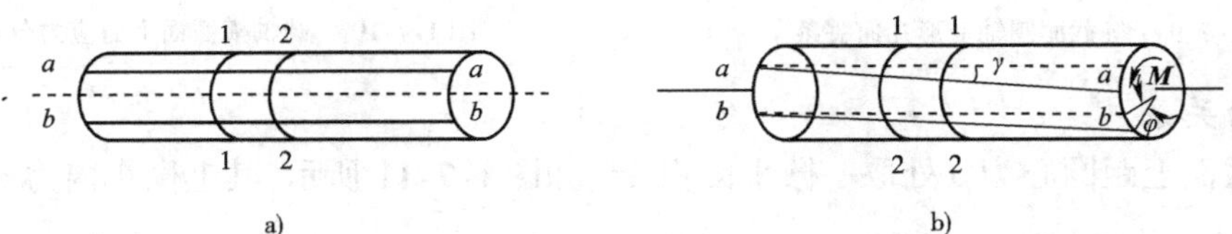

图1-7-8　等截面圆轴变形

由以上分析可得圆轴扭转时的平面假设：变形前平行的横截面，扭转变形后仍为平行的横截面，横截面形状、大小、间距不变，只是各截面绕轴线转过了一定的角度。由平面假设，圆轴受扭转变形后，横截面形状和大小不变，由此可得出横截面上沿半径方向无剪应力作用，由相邻横截面的间距不变，得出横截面上无正应力作用。但因为相邻横截面发生绕轴线的相对转动，所以横截面上必然有垂直于半径方向的剪应力。剪应力用符号τ表示。

在受扭圆轴上取一微段$\mathrm{d}x$，放大后如图1-7-9所示，右截面相对于左截面转过了一个角度$\mathrm{d}\varphi$，半径由O_2B转至O_2C位置，纵向线AB倾斜γ角度达到AC位置。

由图中几何关系可得,A 点的剪应变为:

$$\gamma \approx \tan\gamma = \frac{BC}{\mathrm{d}x} = R \cdot \frac{\mathrm{d}\varphi}{\mathrm{d}x} \tag{1-7-3}$$

那么,距轴线为 ρ 的内层圆柱上任意一点的剪应变为:

$$\gamma_{\rho} \approx \tan\gamma_{\rho} = \frac{B'C'}{\mathrm{d}x} = \rho \frac{\mathrm{d}\varphi}{\mathrm{d}x} \tag{1-7-4}$$

对于给定的横截面,$\frac{\mathrm{d}\varphi}{\mathrm{d}x}$ 为常量。故由式(1-7-3) 可知,横截面上任意一点的剪应变与该点到圆心的距离 ρ 成正比。

2. 物理关系

由剪切虎克律可得 $\tau_{\rho} = G \cdot \rho \cdot \frac{\mathrm{d}\varphi}{\mathrm{d}x}$,即:

$$\tau_{\rho} = G \cdot \rho \cdot \frac{\mathrm{d}\varphi}{\mathrm{d}x} \tag{1-7-5}$$

式中,G 为材料的剪切弹性模量,其数值可由实验测得,常用单位为 GPa。τ_{ρ} 为截面上离轴心距离为 ρ 的各处剪应力。

式(1-7-5) 表明:横截面上任意一点的剪应力与该点到轴心的距离成正比,其方向与半径垂直。

由式(1-7-5) 可画出实心圆轴和空心圆轴横截面上的剪应力分布图,如图 1-7-10 所示。

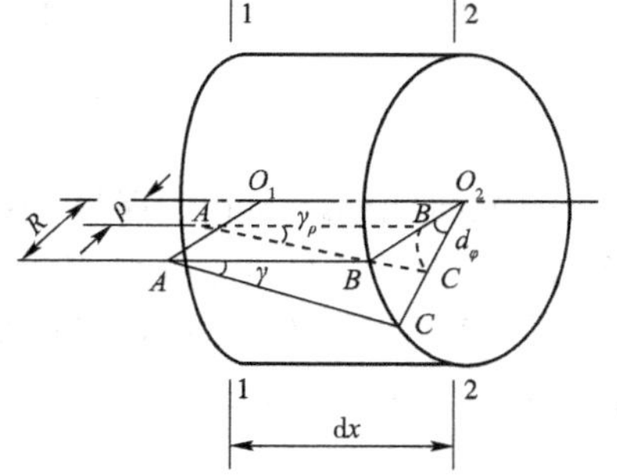

图 1-7-9　等截面圆轴变形几何关系

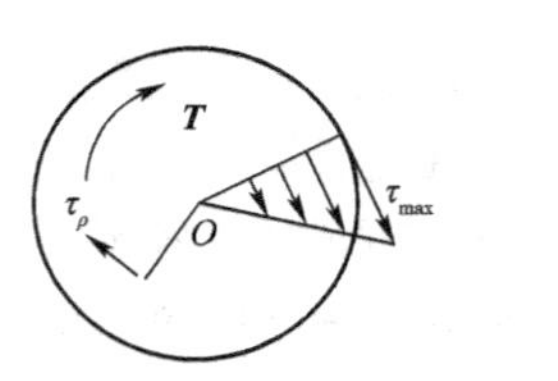

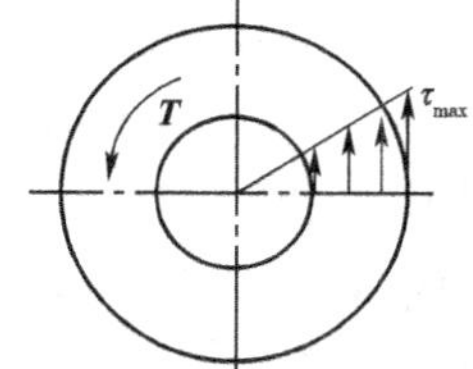

图 1-7-10　圆轴横截面上剪应力分布

3. 静力关系

在横截面上距圆心为 ρ 处取一微小面积 dA,如图 1-7-11 所示,其上微小内力 $\tau_{\rho}\mathrm{d}A$ 对圆心的矩为 $\rho\tau_{\rho}\mathrm{d}A$,横截面上所有微小面积上的微小内力对圆心的矩的和为 $\int_A \rho\tau_{\rho}\mathrm{d}A$ 。

由静力学的合力矩定理有:合力对某点之矩等于分力对同一点之矩的代数和,则有:

$$\boldsymbol{T} = \int_A \rho\tau_{\rho}\mathrm{d}A \tag{1-7-6}$$

将式(1-7-5) 带入式(1-7-6),得:

$$\boldsymbol{T} = \int_A \rho G\rho \frac{\mathrm{d}\varphi}{\mathrm{d}x}\mathrm{d}A = G\frac{\mathrm{d}\varphi}{\mathrm{d}x}\int_A \rho^2\mathrm{d}A = G\frac{\mathrm{d}\varphi}{\mathrm{d}x}I_P \tag{1-7-7}$$

式中,$I_P = \int_A \rho^2\mathrm{d}A$ 为横截面对 O 点的极惯性矩。

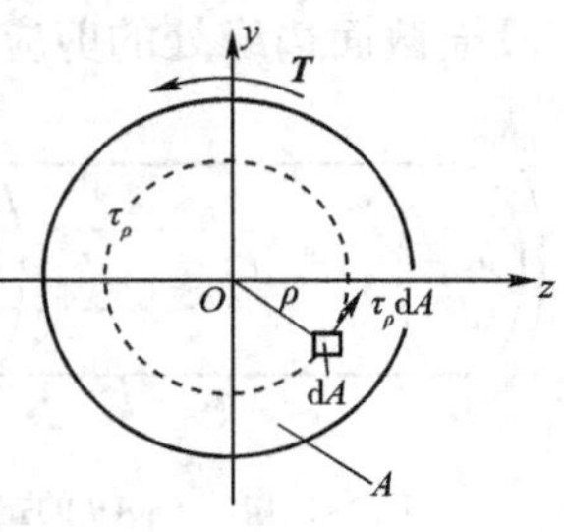

图 1-7-11 横截面上内力

将式(1-7-7)带入式(1-7-5)的横截面上任意一点剪应力的计算公式为：

$$\tau_\rho = \boldsymbol{T} \cdot \rho / I_P \qquad (1\text{-}7\text{-}8)$$

式中，$\boldsymbol{T}$ 为横截面上的扭矩，ρ 为该点到圆心的距离，I_P 为横截面对圆心 O 的极惯性矩。

由上式可知：在圆轴横截面上，当 $\rho = 0$ 时，$\tau = 0$；当 $\rho = R$ 时，即圆轴横截面上边缘上点的剪应力为最大值 $r_{\max}$，且剪应力沿半径方向呈线性增长。其最大剪应力 $r_{\max}$ 为：

$$\tau_{\max} = \frac{\boldsymbol{T} \times R}{I_P}$$

令：

$$W_n = \frac{I_P}{R}$$

则：

$$\tau_{\max} = \frac{\boldsymbol{T}}{W_n} \qquad (1\text{-}7\text{-}9)$$

式中，W_n 为抗扭截面系数，单位为 m^3 或 mm^3。

二、I_P、W_n的计算

1. 实心圆截面

直径为 d 的实心圆截面，如图 1-7-12 所示，其截面极惯性矩和其抗扭截面系数为：

$$I_P = \frac{\pi d^4}{32} \qquad W_n = \frac{\pi d^3}{16} \qquad (1\text{-}7\text{-}10)$$

2. 空心圆截面

外径为 D，内径为 d 的空心圆截面，如图 1-7-13 所示，其截面极惯性矩和其抗扭截面系数为：

$$I_P = \frac{\pi d^4}{32}(1 - \alpha^4) \quad W_n = \frac{\pi D^3}{16}(1 - \alpha^4) \qquad (1\text{-}7\text{-}11)$$

式中，$\sigma = \dfrac{d}{D}$。

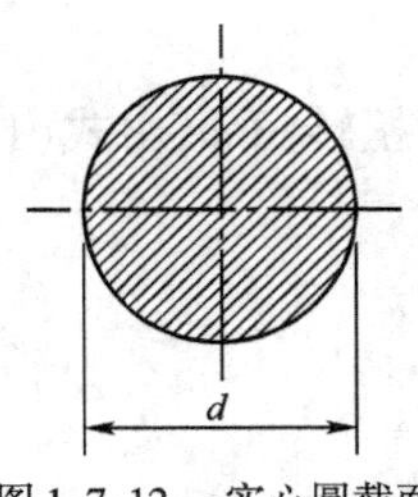

图 1-7-12 实心圆截面

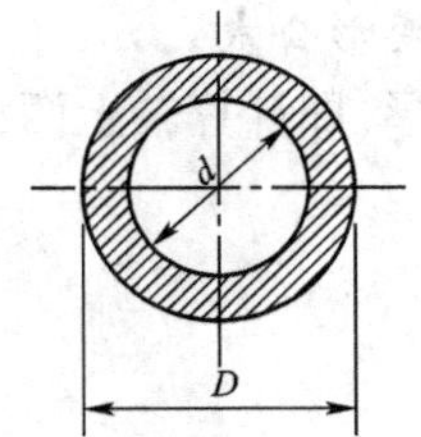

图 1-7-13 空心圆截面

三、应用举例

例 1-7-4 一轴 AB 的传递功率为 $P = 7.5\text{kW}$，转速 $n = 360\text{r/min}$，轴的 AC 段为实心圆截面，CB 段为空心圆截面，如图 1-7-14 所示。已知外径 $D = 30\text{mm}$，内径 $d = 20\text{mm}$。试计算 AC

段横截面边缘处的剪应力以及 CB 段横截面外边缘和内边缘处的剪应力。

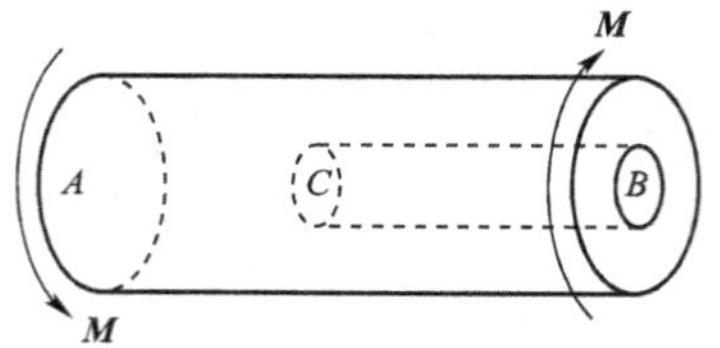

图 1-7-14　轴 AB 的扭转

解:(1)计算扭矩 $\boldsymbol{T}$。

由式(1-7-1),可得轴上的外力偶矩为:

$$\boldsymbol{M} = 9550 \times \frac{P}{n} = 9550 \frac{7.5}{360} = 199\text{N} \cdot \text{m}$$

由计算扭矩的规律可知,AC 和 CB 段横截面上的扭矩都为:

$$T_{AB} = T_{CB} = -199\text{N} \cdot \text{m}$$

(2)计算截面极惯性矩。

由计算极惯性矩的公式可算得 AC 和 CB 段横截面的极惯性矩为:

AC 段:
$$I_{P1} = \frac{\pi D^4}{32} = 0.1 \times D^4 = 8 \times 10^4 \text{mm}^4$$

CB 段:
$$I_{P2} = \frac{\pi D^4}{32}(1 - \sigma^4) = 0.1 \times D^4(1 - \sigma^4)$$

$$= 0.1 \times 30^4 \left[1 - \left(\frac{2}{3}\right)^4\right] = 6.5 \times 10^4 \text{mm}^4$$

(3)计算应力。

$$\tau_{AC}^{外} = \frac{\boldsymbol{T}}{I_{P1}} \times \frac{D}{2} = \frac{199 \times 10^3}{8 \times 10^4} \times \frac{30}{2} = 37\text{MPa}$$

$$\tau_{CB}^{内} = \frac{\boldsymbol{T}}{I_{P2}} \times \frac{d}{2} = \frac{199 \times 10^3}{6.5 \times 10^4} \times \frac{20}{2} = 31\text{MPa}$$

$$\tau_{CB}^{外} = \frac{\boldsymbol{T}}{I_{P2}} \times \frac{D}{2} = \frac{199 \times 10^3}{6.5 \times 10^4} \times \frac{30}{2} = 46.3\text{MPa}$$

第三节　船舶圆轴扭转时的变形

一、扭转变形公式

1. 长度上的扭转变形公式

计算轴的扭转变形,即计算轴上两截面间的相对扭转角 φ,由式(1-7-6) 可得:

$$\frac{\text{d}\varphi}{\text{d}x} = \frac{\boldsymbol{T}}{GI_P}$$

$$\text{d}\varphi = \frac{\boldsymbol{T}}{GI_P}\text{d}x$$

l 长度上,如果 $\boldsymbol{T}$、G、I_P是常数,则 l 长度上的扭转角为:

$$\varphi = \frac{\boldsymbol{T}l}{GI_P} \tag{1-7-12}$$

式中,φ 的单位是弧度。

用度来表示的扭转角公式为:

$$\varphi = \frac{Tl}{GI_P} \times \frac{180}{\pi} \tag{1-7-13}$$

式中，GI_P越大，在相同的扭矩作用下扭转角 φ 越小，所以，它反映圆轴抵抗扭转变形的能力，故 GI_P称为圆轴的抗扭刚度。

对于直径变化的圆轴（阶梯轴），或者扭矩分段变化的等截面圆轴，必须分段计算相对扭转角，然后计算代数和。

2. 单位扭转角

为了消除长度的影响，工程上采用单位长度上的扭转角 θ 来反映圆轴的扭转变形的程度。即：

$$\theta = \frac{\varphi}{l} = \frac{T}{GI_P}\text{（单位是弧度 /m）} \tag{1-7-14}$$

用度来表示的扭转角公式为：

$$\theta = \frac{T}{GI_P} \times \frac{180}{\pi}\text{（单位为 °/m）} \tag{1-7-15}$$

二、应用举例

例 1-7-5　一受扭圆轴如图 1-7-15a）所示，已知：d = 100mm，l = 500mm，M_1 = 7000N·m，M_2 = 5000N·m，G = 80GPa。（1）求扭矩图；（2）求轴的最大剪应力，并指出其所在位置；（3）求截面 C 相对于截面 A 的扭转角。

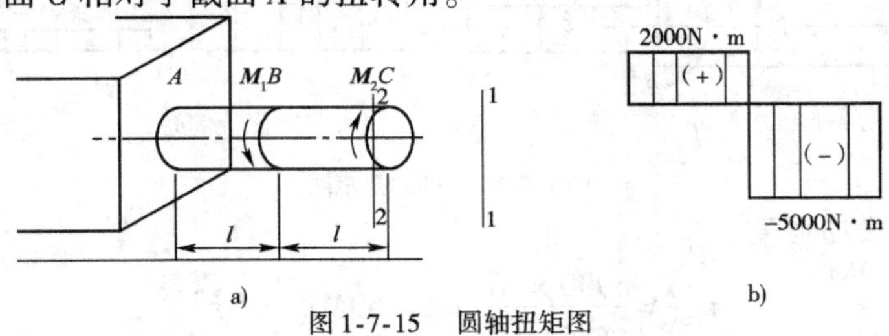

图 1-7-15　圆轴扭矩图

解：（1）绘制扭矩图。

先求 1—1、2—2 截面上的扭矩：

$$\boldsymbol{T}_1 = -\boldsymbol{M}_2 = -5000\text{N}\cdot\text{m}$$

$$\boldsymbol{T}_2 = \boldsymbol{M}_1 - \boldsymbol{M}_2 = 2000\text{N}\cdot\text{m}$$

作扭矩图，如图 1-7-15b）所示。

（2）求最大剪应力。

1—1 截面最外边缘处的剪应力最大，其值为：

$$\tau_{\max} = \frac{\boldsymbol{T}_1}{W_n} = \frac{5000 \times 10^3}{0.2} = 25\text{MPa}$$

（3）求 AC 截面的扭转角。

$$\varphi_{AC} = \varphi_{AB} + \varphi_{BC} = \frac{l}{GI_P}(\boldsymbol{T}_1 + \boldsymbol{T}_2)$$

$$= \frac{500 \times 1000}{80 \times 10^3 \times 0.1 \times 10^8}(-5000 + 2000)$$

$$= -1.875 \times 10^{-3}\text{rad} = -0.1075°$$

第四节　船舶圆轴扭转时的强度和刚度计算

一、强度计算

1. 强度条件

为了保证圆轴安全正常的工作,则要求圆轴危险截面上的最大剪应力小于或等于材料的许用剪应力,则强度条件为:

$$\tau_{max} = \frac{\boldsymbol{T}_{max}}{\boldsymbol{W}_n} \leqslant [\tau] \tag{1-7-16}$$

与轴向拉伸与压缩和剪切一样,应用强度条件可以求解三类强度问题。

2. 应用举例

例 1-7-6　一阶梯圆轴如图 1-7-16a) 所示,轴上受到外力偶矩 $\boldsymbol{M}_1 = 6\text{kN}\cdot\text{m}$,$\boldsymbol{M}_2 = 4\text{kN}\cdot\text{m}$,$\boldsymbol{M}_3 = 2\text{kN}\cdot\text{m}$,轴材料的许用剪应力$[\tau] = 60\text{MPa}$,试校核此轴的强度。

解:(1)绘制扭矩图,如图 1-7-16b) 所示

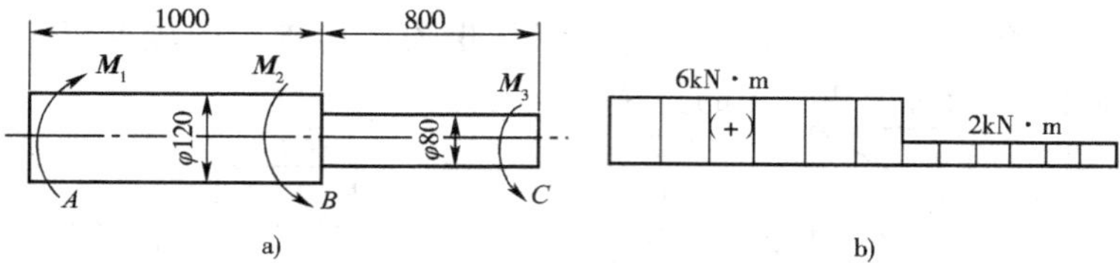

图 1-7-16　圆轴扭矩图

(2)校核 AB 段的强度。

$$\tau_{max} = \frac{6000 \times 10^3}{\dfrac{\pi \times 120^3}{16}} = 17.69\text{MPa} < [\tau]$$

则 AB 段强度足够。

(3)校核 BC 段的强度。

$$\tau_{max} = \frac{6000 \times 10^3}{\dfrac{\pi \times 80^3}{16}} = 19.90\text{MPa} < [\tau]$$

则 BC 段强度足够。

例 1-7-7　某机器传动轴由 45 钢制成,已知材料的$[\tau] = 60\text{MPa}$,轴传递的功率 $P = 16\text{kW}$,转速 $n = 100\text{r/min}$,试确定其直径 D。

解:(1)计算外力偶矩和扭矩。

$$\boldsymbol{T} = \boldsymbol{M} = 9549 \times \frac{P}{n} = 9549 \times \frac{16}{100} = 1527\text{N}\cdot\text{m}$$

(2)计算轴的直径。

由强度计算公式:

$$\tau_{max}=\frac{T_{max}}{W_n}\leqslant[\tau]$$

得：

$$\tau_{max}=\frac{T}{\frac{\pi d^3}{16}}\leqslant[\tau]$$

$$d\geqslant\sqrt[3]{\frac{16T}{\pi[\tau]}}=\sqrt[3]{\frac{16\times1527\times10^3}{3.14\times60}}=50.26\text{mm}$$

例 1-7-8　如图 1-7-17 所示的联轴器中，轴材料的许用剪应力$[\tau]=40\text{MPa}$，轴的直径 $d=30\text{mm}$。套筒材料的许用剪应力$[\tau]=20\text{MPa}$，套筒外径 $D=40\text{mm}$。试求此装置的许可扭矩。

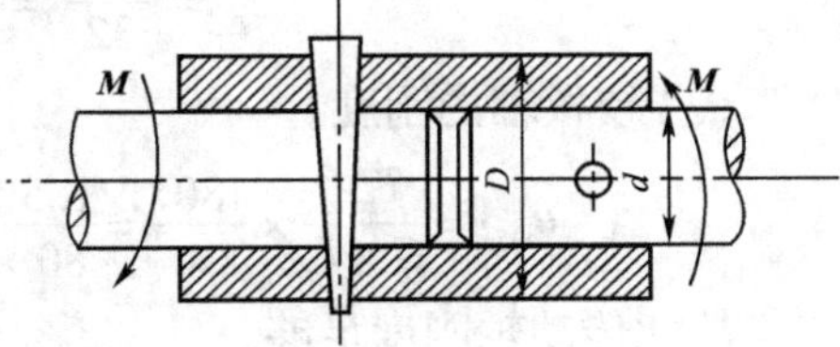

图 1-7-17　联轴器

解：(1) 按轴的扭转强度求许可扭矩。

$$W_n=\frac{\pi D^3}{16}=\frac{\pi\times30^3}{16}=5298.75\text{mm}^3$$

$$\tau=\frac{T_{max}}{W_n}\leqslant[\tau]\quad T_{max}\leqslant W_n[\tau]$$

$$M_{max}=T_{max}=W_n\times[\tau]=5298.75\times40=211950\text{N}\cdot\text{mm}=211.95\text{N}\cdot\text{m}$$

(2) 按套筒的扭转强度求许可载荷。

$$W_n=\frac{\pi D^3}{16}(1-\alpha^4)=\frac{\pi\times40^3}{16}\left[1-\left(\frac{30}{40}\right)^4\right]=8586\text{mm}^3$$

$$\tau=\frac{T_{max}}{W_n}\leqslant[\tau]\quad T_{max}\leqslant W_n\times[\tau]$$

$$M_{max}=T_{max}=W_n\times[\tau]=8586\times20=171719\text{N}\cdot\text{mm}=171.72\text{N}\cdot\text{m}$$

取两者之中的较小值，此装置的许可扭矩为 171.72N·m。

二、刚度计算

1. 刚度条件

圆轴扭转时除了要满足强度条件外，还要求不产生过大的扭转变形，工程上通常要求轴的最大扭转角 θ 小于等于许用扭转角 $[\theta]$。其刚度计算公式为：

$$\theta_{max}=\frac{\varphi}{L}=\frac{T_{max}}{GI_p}\cdot\frac{180}{\pi}\leqslant[\theta]\tag{1-7-17}$$

上式就是圆轴扭转时的刚度条件。式中，T_{max} 和 I_p 分别是危险截面上的扭矩和截面极惯性矩。

式中 θ 的单位为°/m，许用扭转角$[\theta]$的数值可从有关手册中查得。一般情况下，可参照下列标准。

精密机器的轴：$[\theta]=(0.25\sim0.50)$(°/m)；

一般传动轴：$[\theta]=(0.5\sim1.00)$(°/m)；

要求不高的轴：$[\theta]=(1.00\sim2.5)$(°/m)。

2. 应用举例

例 1-7-9 汽车传动轴输入的力偶矩 $\boldsymbol{M} = 1.5\text{kN} \cdot \text{m}$,直径 $d = 75\text{mm}$,轴的许用扭转角 $[\theta] = 0.5°/\text{m}$,材料的剪切弹性模量 $G = 80\text{GPa}$,试校核此传动轴的刚度。

解:(1)计算扭矩。

$$\boldsymbol{T} = \boldsymbol{M} = 9550 \times \frac{P}{n} = 9550 \times \frac{16}{100} = 1528\text{N} \cdot \text{m}$$

此传动轴横截面上的扭矩为 $\boldsymbol{T} = \boldsymbol{M} = 1.53\text{kN} \cdot \text{m}$

(2)计算 I_p。

$$I_p = \frac{\pi d^4}{32} = \frac{3.14 \times 75^4}{32} = 3.1 \times 10^6 \text{mm}^4$$

(3)校核轴的刚度。

$$\theta_{\max} = \frac{T_{\max}}{G \times I_p} \times \frac{180°}{\pi} = \frac{1.5 \times 10^3 \times 10^3 \times 10^3}{80 \times 10^3 \times 3.1 \times 10^6} \times \frac{180°}{3.14} = 0.347°/\text{m} < [\theta]$$

故此传动轴刚度足够。

例 1-7-10 如图1-7-18所示一转动轴受外力偶作用,材料的剪切弹性模量 $G = 80\text{GPa}$,许用剪应力 $[\tau] = 50\text{MPa}$,许用单位扭转角 $[\theta] = 0.3°/\text{m}$。作出轴的扭矩图,并选择轴的直径 d。

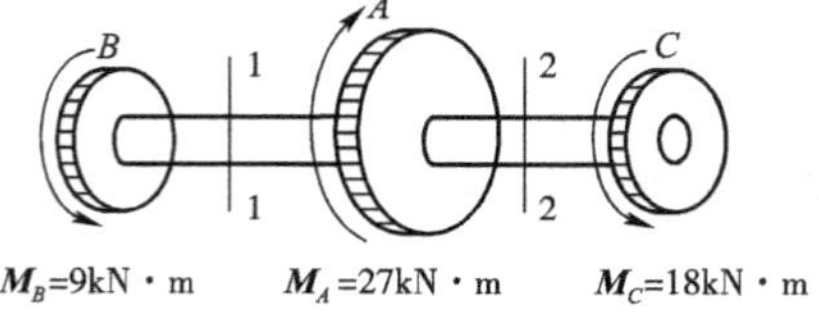

图 1-7-18 转动轴

解:(1)计算各段扭矩值。

$$\boldsymbol{T}_1 = -9000\text{N} \cdot \text{m}$$

$$\boldsymbol{T}_2 = 18000\text{N} \cdot \text{m}$$

(2)根据强度条件选择直径 d_1。

由 $\tau = \dfrac{\boldsymbol{T}_{\max}}{W_n} \leqslant [\tau]$

有 $\tau = \dfrac{\boldsymbol{T}_2}{0.2 d_1^3} \leqslant [\tau]$

所以 $d_1 = \sqrt[3]{\dfrac{\boldsymbol{T}_2}{0.2[\tau]}} = \sqrt[3]{\dfrac{1800 \times 10^3}{0.2 \times 50}} = 56.4\text{mm}$

(3)根据刚度条件选择直径 d_2。

由 $\theta = \dfrac{\boldsymbol{T}_{\max} \times 10^3}{GI_p} \times \dfrac{180}{\pi} \leqslant [\theta]$,有 $\theta = \dfrac{T_2 \times 10^3}{G \times 0.1 d_2^4} \times \dfrac{180}{\pi} \leqslant [\theta]$,得:

$$d_2 = \sqrt[4]{\frac{T_2 \times 180 \times 10^3}{G \times 0.1[\theta]\pi}} = \sqrt[4]{\frac{18000 \times 10^3 \times 180 \times 10^3}{80 \times 10^3 \times 0.1 \times 0.3 \times 3.14}} = 144\text{mm}$$

所以圆轴直径应选择大于144mm。

例 1-7-11 汽车传动轴 AB 由45号无缝钢管制成,外径 $D = 90\text{mm}$,内径 $d = 85\text{mm}$,许用剪应力 $[\tau] = 60\text{MPa}$,许用扭转角 $[\theta] = 1.0°/\text{m}$,工作时最大力偶矩 $\boldsymbol{M} = 1500\text{N} \cdot \text{m}$,剪切弹性模量 $G' = 80\text{MPa}$。(1)试校核此轴的强度和刚度。(2)若将 AB 轴改为实心轴,试求其直径。(3)比较空心轴和实心轴的重量。

解:(1)校核轴的强度和刚度。

①强度校核。传动轴上各截面的扭矩均为 $\boldsymbol{T} = \boldsymbol{M} = 1500\text{N} \cdot \text{m}$

传动轴的抗扭截面模量为：

$$W_n = 0.2D^3(1-\alpha^4) = \left\{0.2\times 90^3\left[1-\left(\frac{85}{90}\right)^4\right]\right\} = 29800\text{mm}^3$$

传动轴横截面上的最大剪应力为：

$$\tau_{\max} = \frac{T}{W_n} = (1500\times 10^3/29800) = 50.3\text{MPa} < [\tau]$$

传动轴满足强度要求。

②刚度校核。传动轴的极惯性矩为：

$$I_p = 0.1\times D^4(1-\alpha^4) = \{0.1\times 90^4[1-(85/90)^4]\} = 134\times 10^4\text{mm}^4$$

最大扭转角为：

$$\theta_{\max} = \frac{T}{GI_p}\times\frac{180}{\pi}\times 10^3 = \frac{1500\times 10^3\times 180\times 10^3}{80\times 10^3\times 134\times 10^4\times 3.14} = 0.8°/\text{m} < [\theta]$$

传动轴满足刚度要求。

(2)计算实心轴直径。

①按强度条件设计(设直径为 D_1)。

若实心轴与空心轴强度相等，当材料相同时，它们的抗扭截面模量应相等，即：

$$W_n = \frac{\pi\times D_1^3}{16} = \frac{\pi\times D^3(1-\alpha^4)}{16}$$

由此得：

$$D_1 = D\times\sqrt[3]{(1-\alpha^4)} = 90\times\sqrt{1-\left(\frac{85}{90}\right)^4} = 53\text{mm}$$

②按刚度条件设计(设直径为 D_2)。

若它们的抗扭刚度相同，当材料相同时，它们的极惯性矩相等，即：

$$I_p = \frac{\pi\times D_2^4}{32} = \frac{\pi\times D_2^4(1-\alpha^4)}{32}$$

由此得：

$$D_2 = D\times\sqrt[4]{1-\alpha^4} = \left[90\times\sqrt[4]{1-\left(\frac{85}{90}\right)^4}\right] = 61\text{mm}$$

为了同时满足强度和刚度条件，实心轴的最小直径应取 $D_2 = 61\text{mm}$。

(3)比较两者材料消耗。

当两轴材料、长度相同，它们的重量之比等于横截面面积之比。设 A_1、A_2 分别为空心轴和实心轴的面积，则有：

$$\frac{A_1}{A_2} = \left[\frac{\pi\times(D^2-d^2)/4}{\pi\times D_2^2/4}\right] = \frac{(90^2-85^2)}{61^2} = 0.235 = 23.5\%$$

计算结果表明，在扭转强度或刚度相同的情况下，空心轴的重量轻，节省材料的效果比较明显。这是由于空心轴将截面中心的材料移向外缘，使极惯性矩和抗扭截面模量增大，从而提高了轴的强度和刚度。可见，空心轴材料的利用率得到提高。但是也应该注意空心轴的壁厚不能太薄，否则管子在受扭时易产生皱折现象，从而降低抗扭能力。同时还要考虑到空心轴加工工艺比较复杂因而价格相对较贵等因素。

习　　题

1-7-1　如题图 1-7-1 所示传动轴,转速 $n = 200r/min$,轮 C 为主动轮,输入功率 $P = 60kW$,轮 A、B、D 均为从动轮,输出功率为 20kW,15kW,25kW。试绘该轴的扭矩图。

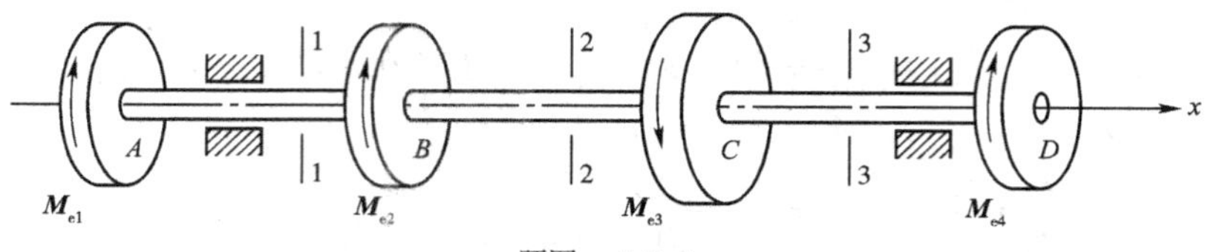

题图　1-7-1

1-7-2　题图 1-7-2 所示一传动轴,其转速 $n = 200r/min$,轴上装有五个轮子,主动轮 2 的输入功率为 60kW,从动轮 1、3、4、5 依次输出 18kW、12kW、22kW 和 8kW。试作出该轴的扭矩图。

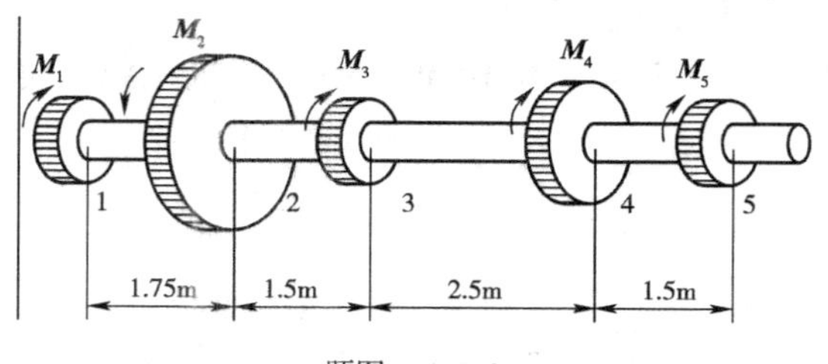

题图　1-7-2

1-7-3　传动轴如题图 1-7-3 所示,已知轴的直径 $d = 40mm$,试计算:(1)轴的最大剪应力;(2)截面 1—1 的最大剪应力及半径为 15mm 圆周处的剪应力;(3)画出危险截面半径线 OA 上的应力分布图。

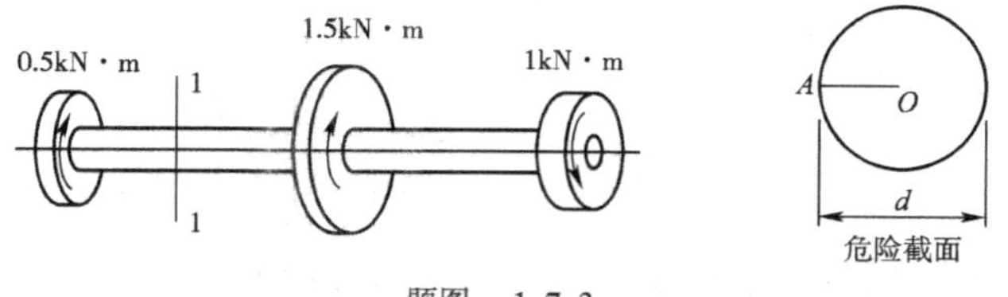

题图　1-7-3

1-7-4　题图 1-7-4 所示一传动轴的横截面,直径 $d = 50mm$,受到扭矩 $\boldsymbol{T} = 2150N \cdot m$ 的作用,试求在距离轴心 10mm 处的剪应力、剪应变及其截面上的最大剪应力、剪应变。

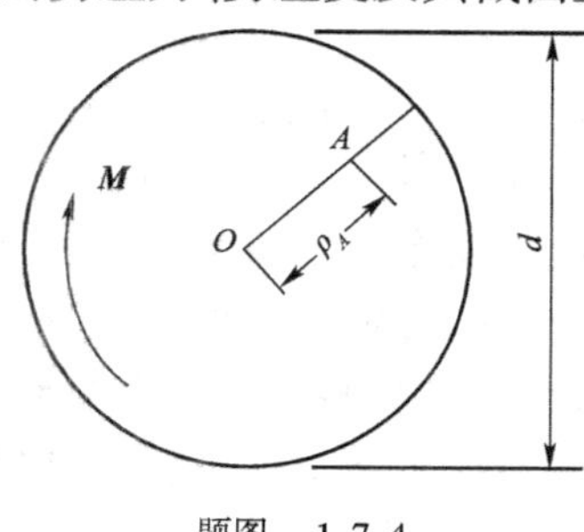

题图　1-7-4

1-7-5　有一轴直径 $d = 50\text{mm}$，长 $l = 2.5\text{m}$，剪切弹性模量 $G = 80\text{GPa}$，在力偶矩 $\boldsymbol{M} = 200\text{N} \cdot \text{m}$ 的作用下发生扭转变形，试求轴两端面间的扭转角。

1-7-6　某传动轴的直径 $D = 450\text{mm}$，转速 $n = 120\text{r/min}$，传递的功率为 18kW，轴的许用剪应力 $[\tau] = 60\text{MPa}$，试求轴能传递的最大功率。

1-7-7　实心轴与空心轴通过牙嵌离合器相连接，如题图 1-7-5 所示。已知轴的转速 $n = 100\text{r/min}$，传递的功率 $P = 10\text{KW}$，$[\tau] = 80\text{MPa}$。试确定实心轴的直径 d 和空心轴的内外直径 d_1 和 D_1。已知：$d_1/D_1 = 0.6$。

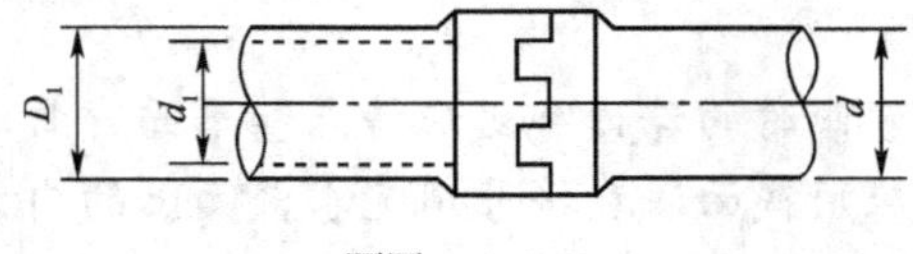

题图　1-7-5

1-7-8　某实心圆轴转速 $n = 960\text{r/min}$，传递功率 $P = 5.5\text{kW}$，材料许用剪应力 $[\tau] = 40\text{MPa}$，试按强度条件设计轴的直径。若材料的许用扭转角 $[\theta] = 0.5°/\text{m}$。试按刚度条件设计轴的直径。

1-7-9　题图 1-7-6 所示阶梯形圆轴，已知直径分别为 $d_1 = 40\text{mm}$，$d_2 = 70\text{mm}$，轴上装有三个皮带轮。轮 3 输入功率为 $P_3 = 30\text{kW}$，轮 1 输出功率为 $P_1 = 13\text{kW}$，轴作匀速转动，转速 $n = 200\text{r/min}$，材料的许用剪应力 $[\tau] = 60\text{MPa}$，剪切弹性模量 $G = 80\text{GPa}$，许用扭转角 $[\theta] = 2°/\text{m}$。试画出轴的扭矩图，并校核轴的强度和刚度。

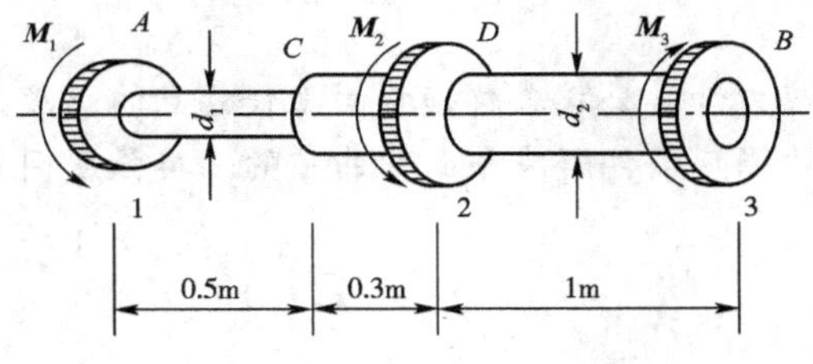

题图　1-7-6

1-7-10　有直径为 d 实心圆轴 Ⅰ 及内径为 d_0 和外径为 D，且 $\alpha = d_0/D = 0.8$ 的空心轴 Ⅱ。已知两轴材料相同，长度相等，传递扭矩均为 $\boldsymbol{T}$，试求：(1) 两轴最大剪应力相同时的重量比 $\boldsymbol{G}_1/\boldsymbol{G}_2$；(2) 两轴单位长度扭转角相等时的重量比 $\boldsymbol{G}_2/\boldsymbol{G}_1$。

第八章　直梁的弯曲

学习目标

知识目标

1. 认识和理解直梁弯曲时的外力和变形特点和平面弯曲的概念；
2. 理解和熟练掌握应用截面法和符号规定求截面上的内力；
3. 理解和熟练掌握剪力弯矩图的绘制；
4. 理解弯曲时横截面上应力公式的推导过程和得到的应力计算公式和其他相关公式；
5. 认识和掌握应用弯曲时的强度条件进行弯曲强度问题计算；
6. 认识和了解提高梁抗弯能力的几种常用措施。

能力目标

1. 能熟练应用截面法和符号规定两种方法求横截面上的内力；
2. 能熟练应用剪力方程、弯矩方程和载荷、剪力、弯矩三者之间的对应关系作剪力图弯矩图；
3. 能熟练利用正应力计算公式求解横截面上任意点的正应力；
4. 能熟练应用弯曲强度条件解决平面弯曲中的三类强度问题。

第一节　直梁弯曲的概念

一、弯曲变形的基本概念

两人用木棍抬重物时，木棍将发生弯曲变形；人扛重物越过壕沟上的跳板时，跳板将发生弯曲变形。图1-8-1a)所示为一传动轴，齿轮受的径向力使轴发生弯曲变形。图1-8-1b)所示的一简支梁，在均布载荷作用下也会发生弯曲变形。这些都是我们所熟悉的弯曲变形的现象。

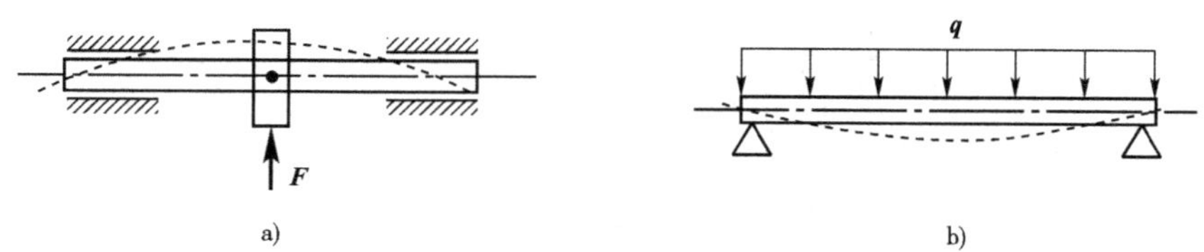

图1-8-1　直梁弯曲

从以上实例我们不难看出，受弯曲变形的物体，其受力特点是：外力和外力偶都垂直于杆件的轴线。变形特点是：构件的轴线由直线变成一条曲线。以弯曲变形为主的构件习惯上称为梁。

工程实际中常用直梁的横截面形状主要有圆形、矩形、T字形和工字形等，如图1-8-2所示。

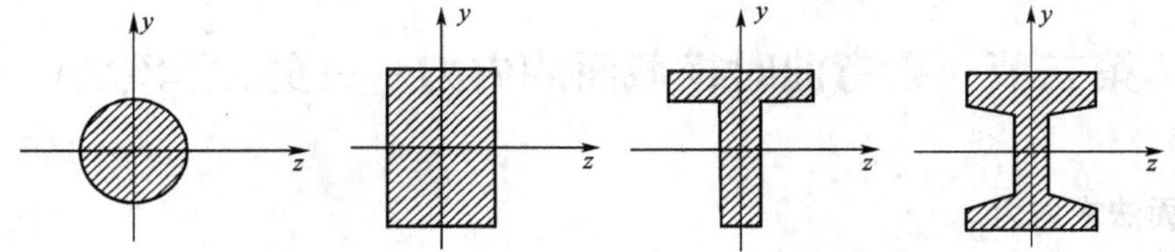

图1-8-2　直梁的横截面形状

若梁的横截面有一个或几个对称轴，我们把梁的轴线和横截面纵向对称轴组成的平面称为纵向对称平面，如图1-8-3所示。

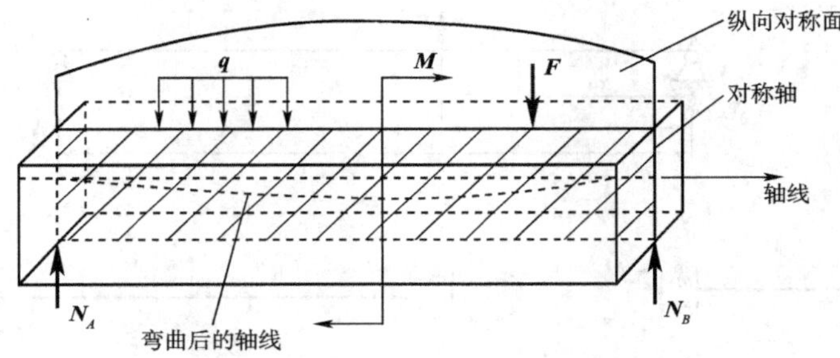

图1-8-3　平面弯曲

若作用在梁上的所有外力都在梁的纵向对称平面内，这时梁的轴线被弯曲成纵向对称平面内的一条光滑的平面曲线，这种弯曲变形称为平面弯曲。

我们在本章中研究的弯曲变形就是平面弯曲，只有平面弯曲才是基本的变形形式。

二、梁的类型

工程实际中，梁的结构繁简不一。为便于分析计算，通常对梁进行简化。根据支座对梁的约束的不同情况，简单的梁有三种类型，其简图如图1-8-4所示。

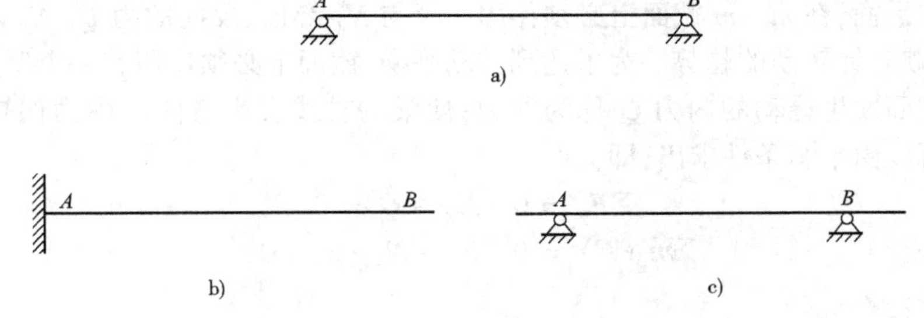

图1-8-4　梁的类型

1）简支梁

梁的一端为固定铰链支座，另一端为活动铰链支座，如图1-8-4a）所示。

2)悬臂梁

梁的一端为固定端支座,另一端为自由端,如图 1-8-4b)所示。

3)外伸梁

梁的一端或两端伸在支座之外的简支梁,如图 1-8-4c)所示。

第二节 梁弯曲时横截面的内力——剪力和弯矩

一、截面法求内力

本章和前面几章一样,仍然用截面法来求横截面上的内力,进而求出应力,最后建立强度条件。

如图 1-8-5 所示简支梁,梁上作用一集中载荷 $\boldsymbol{F}$。

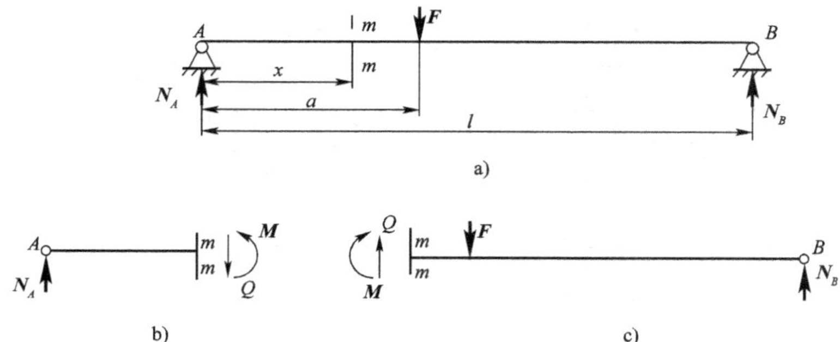

图 1-8-5 简支梁

首先,作 A、B 支座的支座反力为 $\boldsymbol{N}_A$ 与 $\boldsymbol{N}_B$,对梁列静力学平衡方程为:

$$\Sigma \boldsymbol{F}_y = 0 \quad \boldsymbol{N}_A + \boldsymbol{N}_B - \boldsymbol{F} = 0$$

$$\Sigma \boldsymbol{m}_A(\boldsymbol{F}) = 0 \quad \boldsymbol{N}_B \cdot l - \boldsymbol{F} \cdot a = 0$$

解方程,求出 A、B 的支座反力 $\boldsymbol{N}_A$ 与 $\boldsymbol{N}_B$ 为:

$$\boldsymbol{N}_A = \frac{l-a}{l} \cdot \boldsymbol{F}, \boldsymbol{N}_B = \frac{a}{l} \cdot \boldsymbol{F}$$

其次,假想地用一截面将梁沿 m—m 截面截开,取左段进行分析,如图 1-8-5b)所示。

为了达到平衡,在 m—m 截面上必须作用一个与 $\boldsymbol{N}_A$ 等值、反向的力 $\boldsymbol{Q}$。$\boldsymbol{N}_A$ 与 $\boldsymbol{Q}$ 构成力偶,又有让梁顺时针转动的趋势。为了达到转动平衡,截面上必须作用有一个反力偶 $\boldsymbol{M}$。图中使梁的横截面发生错动的内力 $\boldsymbol{Q}$ 称为剪力;使梁的轴线发生弯曲的内力偶矩 $\boldsymbol{M}$ 称为弯矩。其大小可以由平衡条件求出,即:

$$\Sigma \boldsymbol{F}_y = 0 \quad \boldsymbol{N}_A - \boldsymbol{Q} = 0$$

$$\Sigma \boldsymbol{m}_c(\boldsymbol{F}) = 0 \quad \boldsymbol{M} - \boldsymbol{N}_A \cdot x = 0$$

解方程得:

$$\boldsymbol{Q} = \boldsymbol{N}_A = \frac{l-a}{l} \cdot \boldsymbol{F}$$

$$\boldsymbol{M} = \frac{l-a}{l} \cdot \boldsymbol{F} \cdot x$$

式中,C 为左段 $m—m$ 截面的形心。

若取 $m—m$ 截面右段为研究对象,如图 1-8-5c)所示。作同样分析后,可求得与左段截面上等值、反向的剪力 $\boldsymbol{Q}'$ 和弯矩 $\boldsymbol{M}'$,与左段截面上的剪力 $\boldsymbol{Q}$ 和弯矩 $\boldsymbol{M}$ 互为作用与反作用的关系。

二、内力符号规定

为了使同一截面取左、右不同的两段时求得的剪力符号相同,把剪力的符号规定为:使所取该段梁产生"左上右下"的相对错动的剪力方向为正,"左下右上"的相对错动的剪力方向为负,即对所取截面"左上右下"的剪力为正,"左下右上"的剪力为负。如图 1-8-6 所示。

要产生与剪力符号规定相同的剪力,外力符号规定应为:所求截面的左段上,向上的外力产生正的剪力,所以左段向上的外力为正;向下的外力产生负的剪力,则左段向下的外力为负。右段上,向下的外力产生正的剪力,右段向下外力为正;向上的外力产生负的剪力,右段向上的外力为负,如图 1-8-6 所示。

弯矩符号的规定为:外力使所取梁段弯曲呈上凹下凸时截面内的弯矩规定为正,呈上凸下凹时的弯矩规定为负。即对所取截面有:左顺右逆规定弯矩为正,左逆右顺规定弯矩为负,如图 1-8-7 所示。

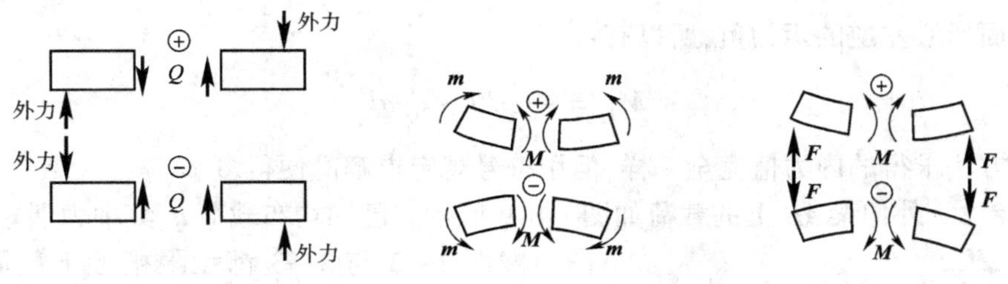

图 1-8-6　剪力　　　　图 1-8-7　弯矩

要产生与弯矩符号规定相同的弯矩,从图 1-8-7 可看出,外力和外力偶符号规定应为:所有使梁产生上凹下凸弯曲变形的外力和外力偶规定为正;所有使梁产生上凸下凹的弯曲变形的外力和外力偶规定为负。即外力、外力矩对所取梁段对截面形心的矩有:外力、外力矩对截面形心的矩若是左顺右逆,则产生规定为正的弯矩,这样的外力、外力矩规定为正;外力、外力矩对截面形心的矩若是左逆右顺,则产生规定为负的弯矩,这样的外力、外力矩规定为负,如图 1-8-7 所示。

三、应用举例

下面举两例来熟悉剪力、弯矩的求解。

例 1-8-1　悬臂梁受力如图 1-8-8a)所示,求 1—1 截面上的剪力和弯矩。

解:(1)用截面法求 1—1 截面上的内力。

用假想的截面沿 1—1 截面截开,保留左段,作左段的受力图,如图 1-8-8b)所示。

列保留部分的平衡方程式并解方程有:

$$\Sigma \boldsymbol{F}_y = 0 \qquad -\boldsymbol{P} - \frac{1}{2}\boldsymbol{q}l - \boldsymbol{Q}_1 = 0$$

$$Q_1 = -P - \frac{1}{2}ql$$

$$\Sigma M_c(F) = 0 \quad P \cdot \frac{l}{2} + \frac{1}{2}ql \cdot \frac{l}{4} + M_1 = 0$$

$$M_1 = -\frac{l}{2}Pl - \frac{1}{8}ql^2$$

求得的 Q_1、M_1 均为负值,说明内力实际方向与假设方向相反。

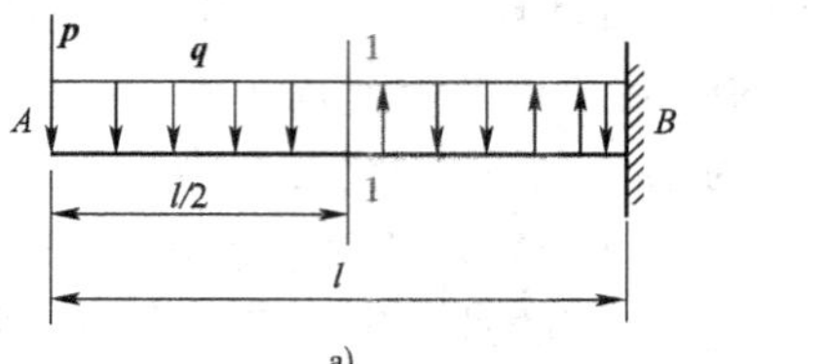

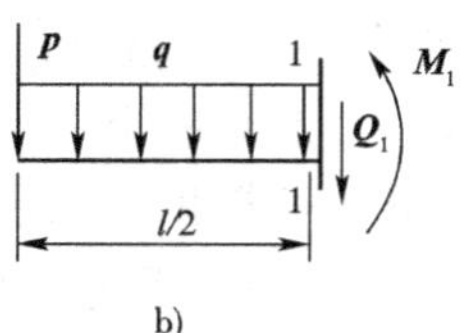

图 1-8-8 直梁的内力

(2)用符号规定直接求 1—1 截面上的内力。

左下的外力为负,所以有:

$$Q_1 = -P - \frac{1}{2}ql$$

对截面形心左逆的矩为负,所以有:

$$M_1 = -\frac{l}{2}Pl - \frac{1}{8}ql^2$$

两种方法求得的内力值完全一样,但用符号规定求解简便得多。

例 1-8-2 外伸梁 AB 上的载荷如图 1-8-9 所示。已知均布载荷 q、集中力偶 $M = qa^2$,图中截面 2—2 与 3—3 都无限接近于截面 C;截面 4—4 与 5—5 也无限接近于截面 A,距离 $\Delta \to 0$。试求图示各指定截面的剪力和弯矩。

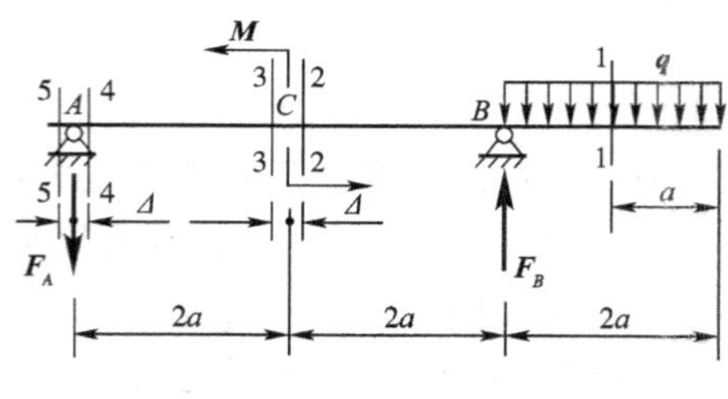

图 1-8-9 外伸梁

解:(1)计算梁的支座反力。

取梁整体为研究对象,作受力分析图,列平衡方程有:

$$\Sigma M_A(F) = 0 \quad F_B \times 4a + M - q \times 2a \times 5a = 0$$

$$\Sigma M_B(F) = 0 \quad F_A \times 4a + M - q \times 2a \times a = 0$$

解方程得:

$$F_A = \frac{1}{4}qa; F_B = \frac{9}{4}qa$$

(2)按 Q、M 的计算规律求各指定截面的剪力和弯矩。

截面 1—1(以截面右侧的外力计算)。

$$Q_1 = qa$$

$$M_1 = -qa \times \frac{a}{2} = -\frac{1}{2}qa^2$$

截面 2—2(以截面左侧外力计算)。

$$Q_2 = -F_A = -\frac{1}{4}qa$$

$$\boldsymbol{M}_2 = -\boldsymbol{F}_A \times 2a - \boldsymbol{M} = -\frac{1}{4}\boldsymbol{q}a \times 2a - \boldsymbol{q}a^2 = -\frac{3}{2}\boldsymbol{q}a^2$$

截面3—3(以截面左侧外力计算)。

$$\boldsymbol{Q}_3 = -\boldsymbol{F}_A = -\frac{1}{4}\boldsymbol{q}a$$

$$\boldsymbol{M}_3 = -\boldsymbol{F}_A \times 2a = -\frac{1}{4}\boldsymbol{q}a \times 2a = -\frac{1}{2}\boldsymbol{q}a^2$$

截面4—4(以截面左侧外力计算)。

$$\boldsymbol{Q}_4 = -\boldsymbol{F}_A = -\frac{1}{4}\boldsymbol{q}\boldsymbol{a}$$

$$M_4 = 0$$

截面5—5(以截面左侧外力计算)。

$$\boldsymbol{Q}_5 = 0$$

$$\boldsymbol{M}_5 = 0$$

此题尽管载荷复杂,但利用符号规定求截面上的内力,还是非常迅速方便的。

由以上计算还可看出:(1)在集中力左右两侧无限接近的横截面上,弯矩相同,剪力值发生突变,突变值恰好等于集中力的大小。(2)在集中力偶左右两侧无限接近的横截面上,剪力相等,弯矩值发生突变,突变值恰好等于集中力偶的大小。

第三节　剪力图和弯矩图

由上节的计算可以看出,梁横截面上的剪力和弯矩是随截面位置的变化而发生变化的。若以横坐标 x 表示梁横截面的位置,则梁在各横截面上的剪力 $\boldsymbol{Q}$ 和弯矩 $\boldsymbol{M}$ 可以写成 x 的函数:

$$\boldsymbol{Q} = \boldsymbol{Q}(x) \tag{1-8-1}$$

$$\boldsymbol{M} = \boldsymbol{M}(x) \tag{1-8-2}$$

以上两式分别称为剪力方程和弯矩方程。

为了直观地反映梁上各横截面上的剪力和弯矩的大小及变化规律,根据剪力方程和弯矩方程,用横坐标 x 表示梁的横截面的位置,纵坐标分别表示剪力 $\boldsymbol{Q}$ 和弯矩 $\boldsymbol{M}$ 的大小,得到剪力图和弯矩图。

剪力图上任意一点的纵坐标代表与此点相对应的梁在该横截面上的剪力值。弯矩图上任意一点的纵坐标代表与此点相对应的梁在该横截面上的弯矩值。作图时,一般把正的剪力和正的弯矩画在基线(x)轴上侧,负的剪力和负的弯矩画在基线(x)轴下侧。

下面通过典型例子,说明剪力图和弯矩图的画法。

例1-8-3　如图1-8-10a)所示,简支梁 AB 受集中载荷 $\boldsymbol{F}=12\text{kN}$,试画出其剪力图和弯矩图。

解:(1)求 A、B 的支座反力 $\boldsymbol{N}_A$ 和 $\boldsymbol{N}_B$。

列平衡方程有:

$$\Sigma \boldsymbol{M}_B(\boldsymbol{F}) = 0 \quad -N_A \times 3 + \boldsymbol{F} \times 1 = 0$$

$$\Sigma F_y = 0 \quad N_A + N_B - F = 0$$

解方程有：

$$N_A = \frac{1}{3} \times F = 4\text{kN}$$

$$N_B = F - N_A = 8\text{kN}$$

(2)列剪力方程与弯矩方程。

对 AC 段　取距 A 端为 x_1 的截面左段，画出受力图，如图 1-8-10b)所示。列平衡方程并解出该截面上的内力方程表达式为：

$$\Sigma F_y = 0 \quad Q_1 - N_A = 0, Q_1 = N_A = 4\text{kN}$$

$$\Sigma M_{c1}(F) = 0 \quad M_1 - N_A \cdot x = 0, M_1 = 4x_1 (0 \leqslant x_1 \leqslant 2)$$

对 CB 段　取距 A 端为 x_2 的截面左段，画出受力图，如图 1-8-10c)所示。列平衡方程并解出该截面上的内力方程表达式为：

$$\Sigma F_y = 0 \quad Q_2 + F - N_A = 0, Q_2 = N_A - F = -8\text{kN}$$

$$\Sigma M_{c2}(F) = 0 \quad M_2 + F \times (x_2 - 2) - N_A \cdot x_2 = 0, M_2 = 24 - 8x_2 (2 \leqslant x_2 \leqslant 3)$$

(3)绘制剪力图和弯矩图。

根据梁的两段上的剪力方程和弯矩方程，绘出剪力图，如图 1-8-10d)所示，绘出弯矩图，如图 1-8-10e)所示。

从剪力图上可以看出，在集中力 F 作用处，剪力图上会发生突变，突变值等于集中力 F 的大小。由剪力图和弯矩图可看出，集中力 F 作用的 C' 截面，剪力和弯矩值都达到最大值。

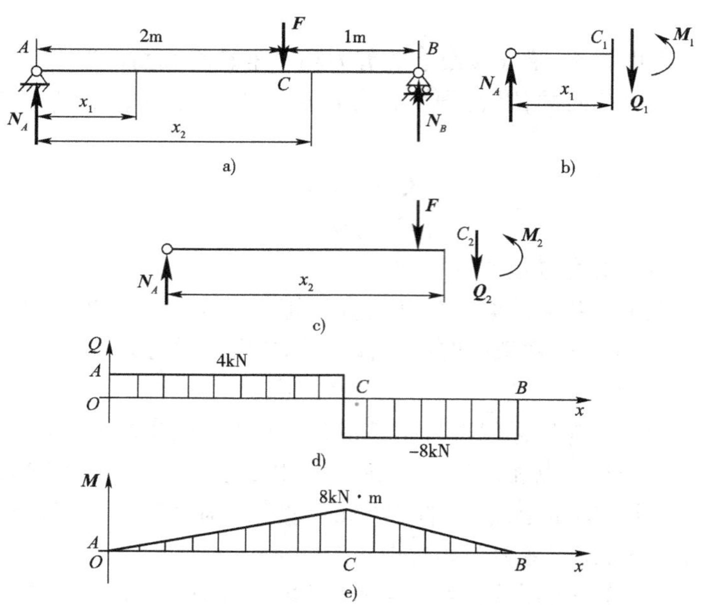

图 1-8-10　直梁的内力图

例 1-8-4　如图 1-8-11a)所示，简支梁 AB 上作用一集中力偶 M，试绘出梁 AB 的剪力图和弯矩图。

解：(1)求 AB 的支座反力 N_A 和 N_B。

由力偶系平衡可得：

$$N_A = N_B = \frac{M}{l}$$

(2)列剪力方程和弯矩方程。

1—1 截面：

剪力方程为：

$$Q_1 = -\frac{M}{l}$$

弯矩方程为：

$$M_1 = -\frac{M}{l} \cdot x_1 \qquad (0 \leqslant x_1 \leqslant a)$$

2—2 截面：

剪力方程为：

$$Q_2 = -\frac{M}{l}$$

弯矩方程为：

$$M_2 = M - \frac{M}{l} \cdot x_2 \qquad (a \leqslant x_2 \leqslant l)$$

(3)绘制剪力图和弯矩图。

绘制剪力图，如图 1-8-11b）所示；绘制弯矩图，如图 1-8-11c）所示。从弯矩图上可看出，集中力偶作用处其弯矩有突变，突变值等于集中力偶矩。

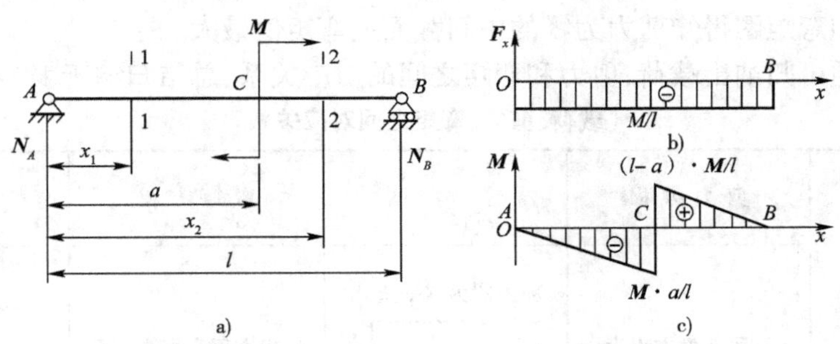

图 1-8-11　直梁的内力图

例 1-8-5　一简支梁受力情况如图 1-8-12a）所示，试作出梁的剪力图和弯矩图。

解：(1)求支座反力 N_A 和 N_B。

由力系平衡可得：

$$N_A = N_B = \frac{ql}{2}$$

(2)列剪力方程和弯矩方程。

设截面 m—m 与 A 端之间的距离为 x，取 m—m 截面的左段为研究对象，画出受力图，有剪力方程为：

$$Q = \frac{ql}{2} - qx \qquad (0 < x < l)$$

弯矩方程为:

$$M=\frac{ql}{2}x-\frac{qx^2}{2}\qquad(0\leqslant x\leqslant l)$$

(3)绘制剪力图和弯矩图。

根据剪力方程、弯矩方程,求剪力、弯矩值,见表1-8-1。

剪力、弯矩值 表1-8-1

X	0	$\frac{l}{4}$	$\frac{l}{2}$	$\frac{3l}{4}$	l
Q	$\frac{ql}{2}$	$\frac{ql}{4}$	0	$\frac{-ql}{4}$	$\frac{ql}{2}$
M	0	$\frac{3}{32}ql^2$	$\frac{1}{8}ql^2$	$\frac{3}{32}ql^2$	0

绘制剪力图和弯矩图如图1-8-12b)、c)所示。

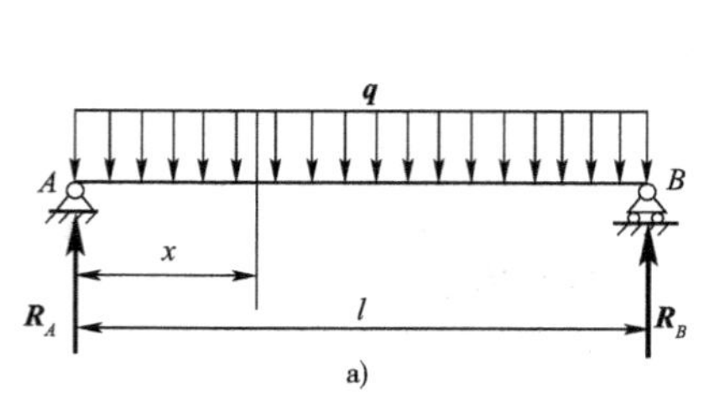

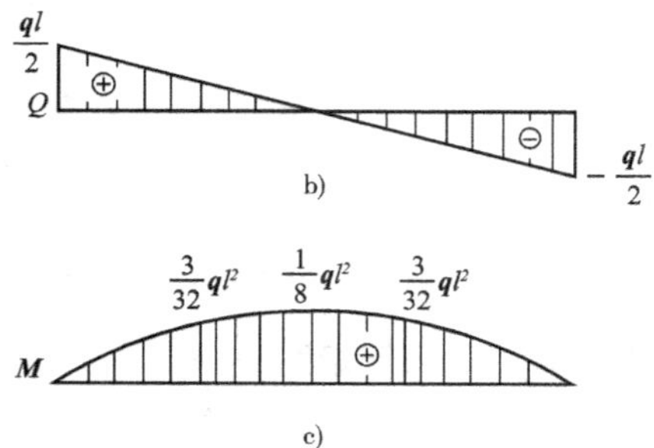

图1-8-12 直梁的内力图

由剪力图和弯矩图得知剪力为零的中间截面上弯矩值最大。

由以上例题可归纳出载荷、剪力和弯矩之间的对应关系,总结归纳于表1-8-2。

载荷、剪力、弯矩之间对应关系 表1-8-2

Q、M形式 / 载荷种类	剪力方程	剪力图	弯矩方程	弯矩图
该段梁上无载荷作用	该段剪力方程为常数方程 $Q=C$	剪力图为水平直线 $Q>0$ $Q=0$ $Q<0$ + −	弯矩方程为直线方程 $M=Qx+b$ (Q为常数)	弯矩图为斜直线 $Q>0$ $Q<0$ $Q=0$ 弯矩为水平线
q 该段梁上作用向下的均布载荷	该段剪力方程为斜向下的直线方程 $M=-qx+b$ ($q>0$)	剪力图为二、四象限斜直线 $Q=0$	该段弯矩方程为开口向下的抛物线方程 $M=-cx^2+nx+m$ ($c>0$)	$Q=0$的点为抛物线顶点,M_{max} $Q=0$ M_{max}

续上表

Q、M形式 / 载荷种类	剪力方程	剪力图	弯矩方程	弯矩图
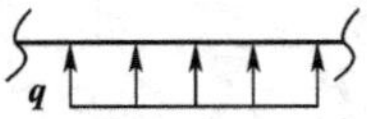 该段梁上作用向上的均布载荷	该段剪力方程为斜向上的直线方程 $M=qx+b$ $(q>0)$	剪力图为一、三象限斜直线 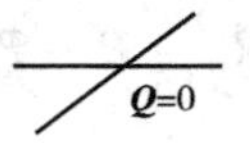	该段弯矩方程为开口向上的抛物线方程 $M=cx^2+nx+m$ $(c>0)$	$Q=0$ 的点为抛物线顶点，M_{min} 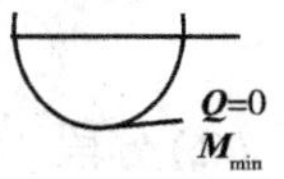
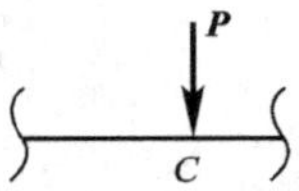 C点作用有向下的集中载荷	C点截面左到右剪力方程减 P $Q_C^{右}=Q_C^{左}-P$	C点截面左到右剪力图向下突变 P 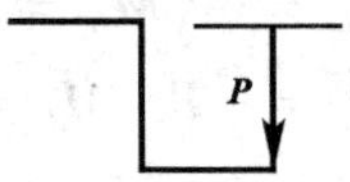	过C点后弯矩方程中 x 前面系数值减少 P $M=M(x)-P(x-a)$	过C点后 M 图斜率下降 P，上部有折点 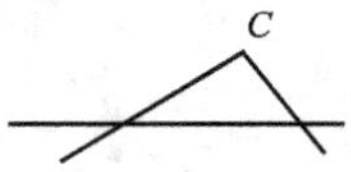
C点作用有向上的集中载荷 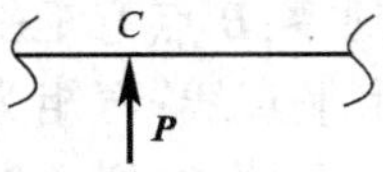	C点截面左到右的剪力方程加 P $Q_C^{右}=Q_C^{左}+P$	C点截面左到右剪力图向上突变 P 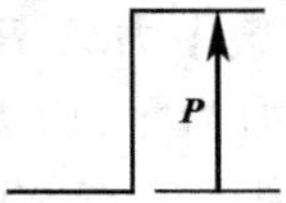	过C点后弯矩方程中 x 前面系数值增加 P $M=M(x)+P(x-a)$	过C点后 M 图斜率上升，下部有折点 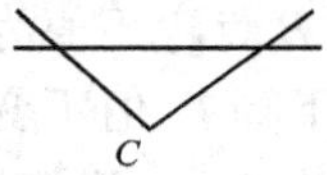
梁上C点作用顺时针力偶 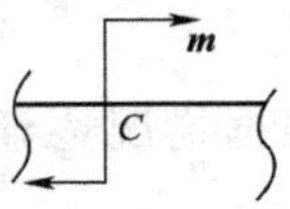	C点左右截面剪力方程不变 $Q_C^{右}-Q_C^{左}=Q$	剪力图不变	弯矩方程左到右加集中力偶 $M_C^{右}=M_C^{左}+m$	弯矩图有一值为 m 向上突变 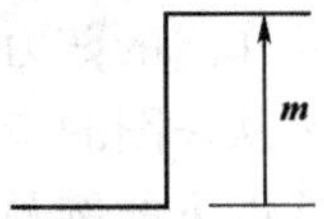
梁上C点作用逆时针力偶 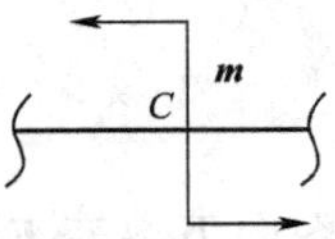	C点左右截面剪力方程不变 $Q_C^{右}-Q_C^{左}=Q$	剪力图不变	弯矩方程左到右减集中力偶 $M_C^{右}=M_C^{左}-m$	弯矩图有一值为 m 向下突变 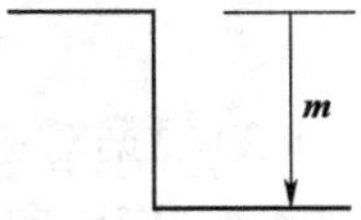

上表一共总结了梁上可能出现的七种载荷情况下对应的剪力方程、弯矩方程及剪力图、弯矩图的形式。利用上述结论，可以不用列剪力方程和弯矩方程，而简捷地画出剪力图和弯矩图，其方法是：以梁上的界点将梁分为若干段，再由剪力、弯矩的规律求出各段界点处的内力值，最后根据上面归纳出的剪力图弯矩图与载荷图的对应关系画出

各段的内力图。

下面列举几例说明具体方法的应用。

例 1-8-6 一简支梁受力情况如图 1-8-13a)所示,试作梁的剪力图和弯矩图。

解:(1)求 A、D 支座反力。

对全梁列平衡方程:

$$\Sigma \boldsymbol{m}_A(\boldsymbol{F}) = 0,\ \boldsymbol{R}_D(2a + BC) - \boldsymbol{P}a - \boldsymbol{P}(a + BC) = 0, \boldsymbol{R}_D = \boldsymbol{P}$$

$$\Sigma \boldsymbol{F}_y = 0, \boldsymbol{R}_A + \boldsymbol{R}_D - \boldsymbol{P} - \boldsymbol{P} = 0, \boldsymbol{R}_A = \boldsymbol{P}$$

(2)分段。

全梁共分三段:AB、BC、CD。

(3)确定各界点的内力值。

$$\boldsymbol{Q}_A^{右} = \boldsymbol{P} \quad \boldsymbol{M}_A = 0$$

$$\boldsymbol{Q}_B^{右} = 0 \quad \boldsymbol{M}_B = Pa$$

$$\boldsymbol{Q}_C^{右} = -\boldsymbol{P} \quad \boldsymbol{M}_C = Pa$$

$$\boldsymbol{Q}_C^{右} = 0 \quad \boldsymbol{M}_C = 0$$

(4)作剪力图、弯矩图。

根据载荷图和剪力图可知:A 点作用向上的集中力 $\boldsymbol{P}$,剪力向上 $\boldsymbol{P}$,值为正;A 点弯矩值为零。AB 段梁上无载荷作用,剪力为 $\boldsymbol{P}$,剪力图为基线上的水平线;弯矩为一三象限斜直线,B 点弯矩值为 $\boldsymbol{P} \cdot a$。B 点作用向下的集中力 $\boldsymbol{P}$,B 点剪力向下突变 $\boldsymbol{P}$,到零;B 点弯矩斜率下降 $\boldsymbol{P}$,值不变。BC 段梁上无载荷,剪力为零,剪力图为与基线重合的水平直线;弯矩为常数 $\boldsymbol{P} \cdot a$,弯矩图为值为 $\boldsymbol{P} \cdot a$ 的水平直线。C 点作用向下的集中力 $\boldsymbol{P}$,剪力下降 $\boldsymbol{P}$,到 $-\boldsymbol{P}$;弯矩斜率下降 $\boldsymbol{P}$,值不变。CD 段无载荷作用,剪力图为值为 $-P$ 的水平直线,弯矩图为二四象限的斜直线,D 点弯矩为零。D 点支座作用向上的集中力 $\boldsymbol{P}$,剪力向上突变 $\boldsymbol{P}$,到零,剪力图封闭;D 点弯矩为零,弯矩图封闭。

作出的剪力图、弯矩图如图 1-8-13b)、c)所示。

从作图的步骤可以看出,界点值不用全部单独求出,在作图的过程中根据情况逐渐求解。以下的例题进一步简化求解过程。

例 1-8-7 作图 1-8-14a)所示悬臂梁 ABC 的剪力图和弯矩图。

解:(1)求支座反力 $\boldsymbol{R}_A$,$\boldsymbol{m}_A$。

$$\Sigma \boldsymbol{F}_y = 0 \quad \boldsymbol{R}_A + \boldsymbol{F} = 0, \boldsymbol{R}_A = F$$

$$\Sigma \boldsymbol{m}_A(\boldsymbol{F}) = 0 \quad \boldsymbol{m}_A + \boldsymbol{M} - \boldsymbol{F} \times 2L = 0, \boldsymbol{m}_A = \boldsymbol{F}L$$

(2)根据对应关系作剪力图和弯矩图。

A 点,作用向上集中力 $\boldsymbol{F}$,剪力图向上突变 $\boldsymbol{F}$;作用逆时针力偶 $\boldsymbol{F}L$,弯矩图向下突变 $\boldsymbol{F}L$。AB 段,梁上无载荷作用,剪力不变,剪力图为值为 $\boldsymbol{F}$ 的水平直线;弯矩图是斜率为正的直线,B 点左侧弯矩为零。B 点,作用逆时针力偶 $\boldsymbol{F}L$,剪力图不变;弯矩图向下突变 $\boldsymbol{F}L$。BC 段,梁上无载荷,剪力仍为 F 的水平线;弯矩为斜率为正的直线,C 点的弯矩值为零。C 点,作用向下的集中力 F,剪力向下突变 F,到零,剪力图封闭,作剪力图如图 1-8-14b)所示;C 点弯矩为零,弯矩图封闭,作弯矩图如图 1-8-14c)所示。

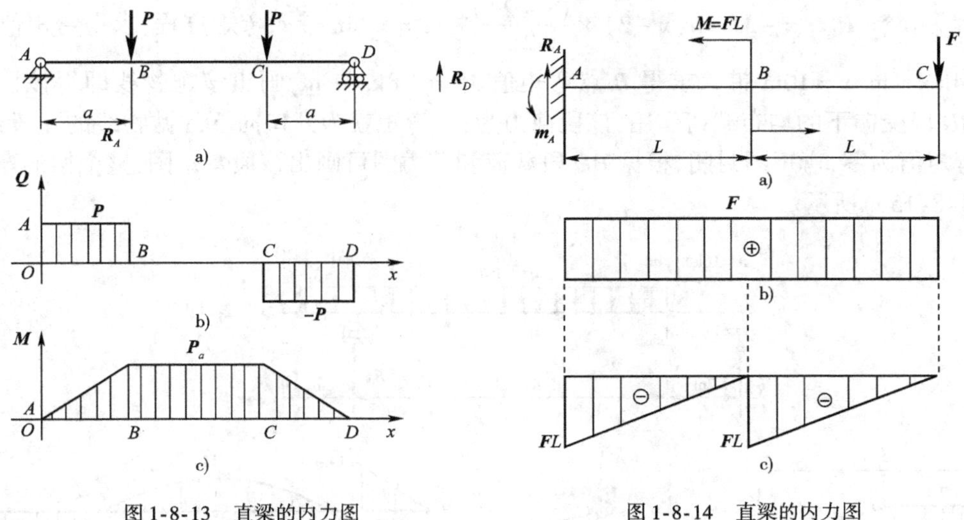

图 1-8-13　直梁的内力图　　　　图 1-8-14　直梁的内力图

下面再举一更为复杂的题目。

例 1-8-8　一外伸梁受力情况如图 1-8-15a)所示，试作梁的剪力图和弯矩图。

解：(1)求支座反力。

以全梁为研究对象画受力图，列平衡方程：

$$\Sigma \boldsymbol{m}_A(\boldsymbol{F}) = 0$$

$$\boldsymbol{M} - \boldsymbol{q} \times 10 \times (5+2) - \boldsymbol{P} \times 12 + \boldsymbol{R}_B \times 10 = 0$$

得：

$$\boldsymbol{R}_B = \frac{1}{10}[2 \times 10 \times (5+2) + 2 \times 12 - 16] = 14.8\text{kN}$$

$$\Sigma \boldsymbol{m}_B(\boldsymbol{F}) = 0$$

$$-\boldsymbol{R}_B \times 10 + \boldsymbol{M} + \boldsymbol{q} \times 8 \times 4 - \boldsymbol{q} \times 2 \times 1 - \boldsymbol{P} \times 2 = 0$$

得：

$$\boldsymbol{R}_A = \frac{1}{10}[16 + 2 \times 8 \times 4 - 2 \times 2 - 2 \times 2] = 7.2\text{kN}$$

(2)画剪力图。

A 点有一向上集中力 $\boldsymbol{R}_A = 7.2\text{kN}$，故剪力图在此向上突变 8.2kN，$AC$ 段上无载荷故剪力图为水平直线；CB 段受向下均布载荷作用，剪力图为一斜向下的直线，B 点左侧剪力值为 -9.8kN 可作出此斜线；B 点有一向上集中力 $\boldsymbol{R}_B = 14.8\text{kN}$，故剪力图在此向上突变 14.8kN，所以 B 点右侧剪力为 $14.8 \sim 9.8 = 6\text{kN}$，$BD$ 段仍受向下均载作用，所以剪力图仍是一斜向下的直线，D 点左侧剪力值为 2kN；D 点作用向下 2kN 的集中力，所以剪力图在此向下突变 2kN 到零，剪力图封闭。根据各界点值和曲线规律作出整个梁的剪力图如图 1-8-15b)所示。

(3)画弯矩图。

AC 段上剪力图为一剪力大于零的水平线，弯矩图即为一斜向上的直线，由 $\boldsymbol{M}_A^{左} = 0$，$\boldsymbol{M}_C^{右} = 0 = 14.4\text{kN} \cdot \text{m}$，画出该段弯矩图；$C$ 点有一左逆外力偶矩，此点弯矩向下突变 16kN 到 $-1.6\text{kN} \cdot \text{m}$，$CB$ 段受向下均载作用，剪力图为一斜向下的直线，弯矩图即为一开口向下的抛物线，抛物线的顶点在剪力为零的点上，由该段剪力方程 $\boldsymbol{Q} = \boldsymbol{R}_A - \boldsymbol{q}(x-2) = 7.2 - 2(x-2) = 0$，得 $x = 5.6\text{m}$。即 $x = 5.6\text{m}$ 处剪力为零，弯矩达到抛物线曲线的顶点。则此处弯矩由该段的弯矩方程为:$\boldsymbol{M}=\boldsymbol{R}_A \cdot x-\boldsymbol{M}-\boldsymbol{q}(x-2) \times \frac{(x-2)}{2}$,将 $x=5.6$m 带入弯矩方程,求得弯矩值为 $M=11.4\text{kN}\cdot\text{m}$,$x=10$m 带入求得 B 点弯矩值 $M=-8\text{kN}\cdot\text{m}$,画出该抛物线即得该段弯矩图。$BD$ 段受向下的均布载荷作用,该段剪力为正,弯矩就为开口向下的抛物线的左段部分,D 点弯矩值为零,弯矩图封闭,根据 BD 段载荷和剪力图可画出该段弯矩图,整个梁的弯矩图如图 1-8-15c)所示。

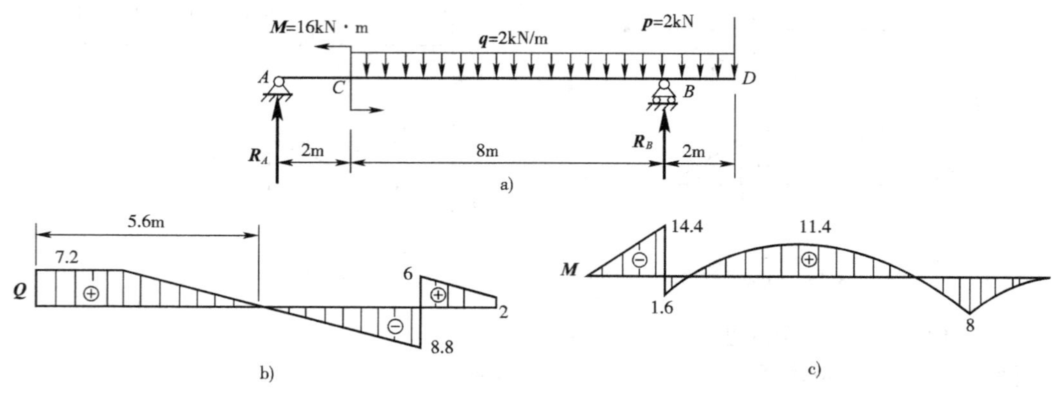

图 1-8-15　直梁的内力图

第四节　梁弯曲时横截面上的正应力

一、纯弯曲与横力弯曲的概念

求得梁的横截面上的剪力和弯矩后,还不能解决梁的强度问题,必须进一步了解横截面上各点应力分布的规律。前面曾经指出,剪力是以横截面相切的内力系的合力;而弯矩是与横截面垂直的分布内力系的合力偶矩。因此,梁截面上有剪力时就必然有剪应力;而梁截面上有弯矩时就必然有正应力。本章只讨论与弯矩 $\boldsymbol{M}$ 相对应的正应力。横截面上只有正应力而无剪应力的梁,称为纯弯曲梁,如图 1-8-16 简支梁 BC 段即为纯弯曲梁段。

二、纯弯曲梁横截面上正应力公式

1. 纯弯曲变形现象与平面假设

分析纯弯曲梁的变形,必须从弯曲实验开始。实验时在杆件的表面上做两条和横截面垂直的纵向线 aa、bb 以及和轴线垂直的两条横向线 11、22,如图 1-8-17a)所示。然后使杆件发生纯弯曲变形,变形后 11 和 22 仍为直线,仍然与已经变为弧线的 aa 和 bb 垂直,只是相对的转了一个角度,如图 1-8-17b)所示。根据这种感性认识得如下假设:变形前为平截面的横截面在弯曲变形后仍保持为平面,并且仍然垂直于变形后梁的轴线,只是绕截面内的某一轴旋转了一个角度。这就是弯曲时的平面假设。

若将 11 和 22 所夹部分取出,如图 1-8-17c)所示。上部纤维缩短,下部纤维伸长,根据变形的连续性,它们之间有一层纵向纤维既不伸长又不缩短,这一层称为中性层。中性层与横截面的交线称为中性轴。中性层将横截面分为受拉区和受压区，在受拉区或受压区内，纵向纤维的变形与到中性轴的距离成正比，这表明纵向纤维所受的力与到中性轴的距离成正比。由于每根纵向纤维可以代表横截面上的一点，因此横截面上任意一点的正应力与该点到中性轴的距离成正比。

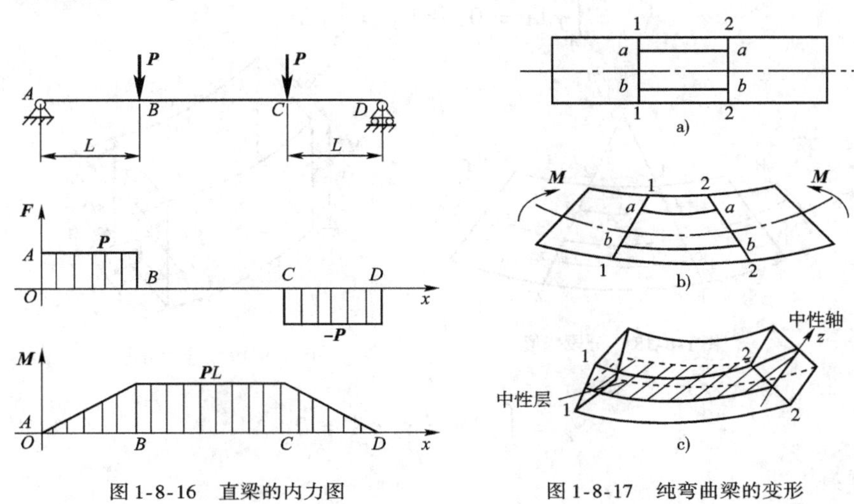

图 1-8-16　直梁的内力图　　　　图 1-8-17　纯弯曲梁的变形

2. 正应力公式推导

下面从三个方面来讨论和研究横截面上的正应力计算式。

1）变形几何关系

由图 1-8-18 可看出，梁变形后，包含直线 1—1 和 2—2 的两个横截面，在弧线 a—a（或弧线 b—b）的曲率中心处相交，令 $\mathrm{d}\theta$ 为此二平面的夹角，以 ρ 为梁中性层的曲率半径，此两截面相距为 $\mathrm{d}x$，则梁中性层的曲率为：

$$\frac{1}{\rho}=\frac{\mathrm{d}\theta}{\mathrm{d}x}$$

距中性层距离为 y 的纵向纤维 b—b 原长 $\mathrm{d}x=\rho\mathrm{d}\theta$，伸长后总长为 $(\rho+y)\mathrm{d}\theta$，相应应变为

$$\varepsilon=\frac{(\rho+y)\mathrm{d}\theta-\rho\mathrm{d}\theta}{\rho\mathrm{d}\theta}=\frac{y\mathrm{d}\theta}{\rho\mathrm{d}\theta}=\frac{y}{\rho} \tag{1-8-3}$$

纯弯曲时，某纵向纤维的应变 ε 与其到中性面的距离 y 成正比。

2）物理关系

由虎克定律，当应力不超过比例极限时，应力应变成正比。所以有：

$$\sigma=E\varepsilon=E\frac{y}{\rho} \tag{1-8-4}$$

横截面上任意一点的正应力与该点到中性轴的距离成正比，距中性轴等高度的各点正应力相等，而中性轴上各点正应力为零。横截面上应力分布如图 1-8-19 所示。

3）静力关系

如图 1-8-19 所示的截面上，在 K 点附近取微面积元 $\mathrm{d}A$，Z 为中性轴，y 为 K 到 Z 的距离，$\sigma\mathrm{d}A$ 为 $\mathrm{d}A$ 上的法向内力，截面上各处的法向内力构成空间平行力系，应用平衡条件：

$$\Sigma \boldsymbol{F}_x = 0, \int_A \sigma \mathrm{d}A = 0$$

$$\int_A \sigma \mathrm{d}A = \int_A \frac{E \cdot y}{\rho} \mathrm{d}A = \frac{E}{\rho} \int_A y \mathrm{d}A = 0$$

$$\int_A y \mathrm{d}A = 0, \text{令 } S_Z = \int_A y \mathrm{d}A$$

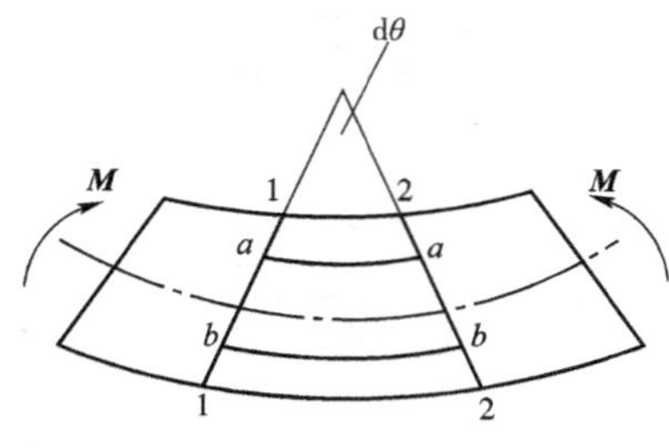

图 1-8-18　分段变形

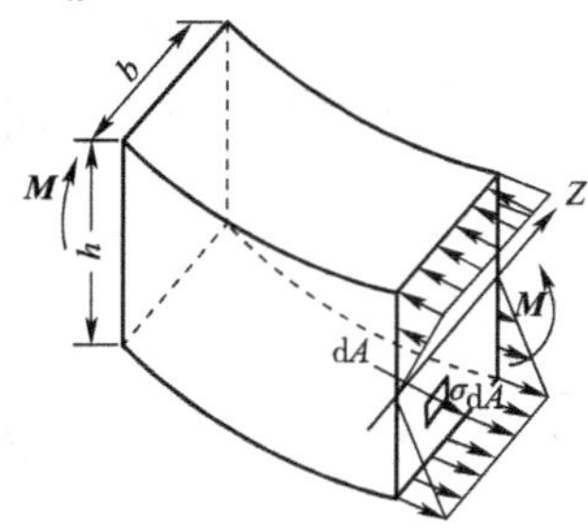

图 1-8-19　应力分布

即：

$$S_Z = \int_A y \mathrm{d}A = y_c \cdot A = 0$$

所以有：

$$y_c = 0$$

$y_c = 0$，这说明横截面形心在 Z 轴上，即中性轴必通过横截面的形心。这样就确定了中性轴的位置。

$$\Sigma \boldsymbol{m}_z(F) = 0, M_{外} = \int_A \sigma y \mathrm{d}A = M$$

$$M = \int_A \frac{E}{\rho} y^2 \mathrm{d}A = \frac{E}{\rho} \int_A y^2 \mathrm{d}A \tag{1-8-5}$$

再由：

令

$$I_Z = \int_A y^2 \mathrm{d}A$$

则

$$\frac{1}{\rho} = \frac{M}{EI_Z}$$

将式(1-8-5)代入式(1-8-4)中，得正应力的计算公式为：

$$\sigma = E\frac{y}{\rho} = Ey\frac{\boldsymbol{M}}{EI_Z} = \frac{\boldsymbol{M}y}{I_Z} \tag{1-8-6}$$

式中，$\boldsymbol{M}$ 为截面上的弯矩，y 为点到中性轴的距离，I_Z 为横截面对中性轴的惯性矩。

4)纯弯曲梁最大正应力计算公式

离中性轴最远的梁上、下边缘处正应力最大，其值为：

$$\sigma_{max} = \frac{\boldsymbol{M}y_{max}}{I_Z}$$

令：

$$W_Z = \frac{I_Z}{y_{max}}$$

$$\sigma_{max} = \frac{\boldsymbol{M}}{W_Z} \tag{1-8-7}$$

W_Z 称为截面对中性轴 Z 的抗弯截面系数，单位 m^3 或 mm^3。

3. 几种常见简单截面形状的惯性矩 I_Z 的和 W_Z 值

(1)矩形截面(图 1-8-20a)：

$$I_Z = \frac{bh^3}{12}, W_Z = \frac{I_Z}{y_{max}} = \frac{\frac{bh^3}{12}}{\frac{h}{2}} = \frac{bh^2}{6} \tag{1-8-8}$$

(2)圆形截面(图 1-8-20b)：

$$I_Z = \frac{\pi d^4}{64}, W_Z = \frac{\pi d^3}{32} \tag{1-8-9}$$

(3)圆环形截面(图 1-8-20c)：

$$I_Z = \frac{\pi d^4}{64}(1 - \alpha^4)$$

$$W_Z = \frac{\pi D^3}{32}(1 - \alpha^4), \alpha = \frac{d}{D} \tag{1-8-10}$$

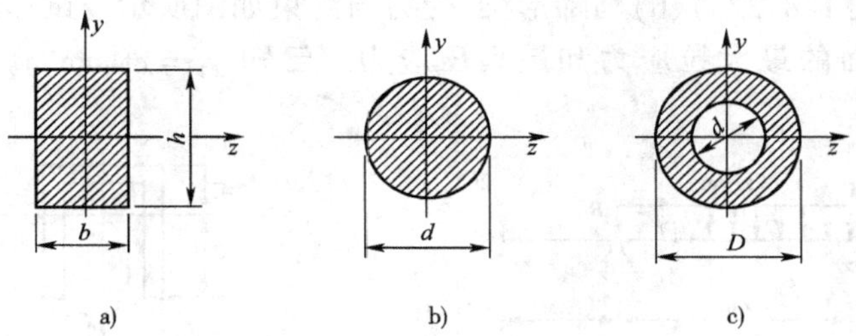

图 1-8-20　截面形状

三、应用举例

例 1-8-9　矩形截面梁的载荷和约束如图 1-8-21a)所示，试画出梁的剪力图和弯矩图，并求出 I-I 截面上 a、b、d 三点(图 1-8-21b)的弯曲正应力。

解：(1)作悬臂梁的剪力和弯矩图。运用静力学平衡方程可求得固定端的约束反力为：

$$\boldsymbol{R}_A = 55\text{kN}, \boldsymbol{m}_A = 165\text{kN} \cdot \text{m}$$

作剪力弯矩图，如图 1-8-21c)、d)所示。

(2)求 C 截面左侧 a、b、d 三点的弯曲正应力。

C 截面左侧弯矩为 $-55\text{kN} \cdot \text{m}$

$$\sigma_a = \frac{\boldsymbol{M}_c y_a}{I_Z} = \frac{-55 \times 10^6 \times (-90)}{\frac{120 \times 180^3}{12}} = 84.9\text{MPa}$$

$$\sigma_b = \frac{\boldsymbol{M}_c y_b}{I_Z} = \frac{-55 \times 10^6 \times 60}{\frac{120 \times 180^3}{12}} = -56.6\text{MPa}$$

$$\sigma_d=\frac{M_c y_d}{I_Z}=\frac{-55\times10^6\times0}{\frac{120\times180^3}{12}}=0$$

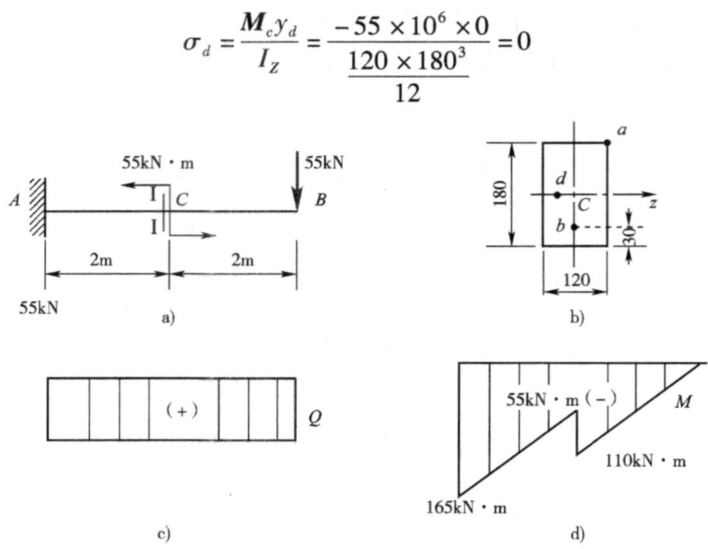

图 1-8-21 矩形截面梁点的应力

例 1-8-10 图 1-8-22a)、b) 马蹄形梁,受力与约束如图所示。试作出此梁的剪力和弯矩图并计算 B 截面的最大拉应力和最大压应力。已知 $y_1=80\text{mm}$, $y_2=120\text{mm}$, $I_z=4\times10^6\text{mm}^4$。

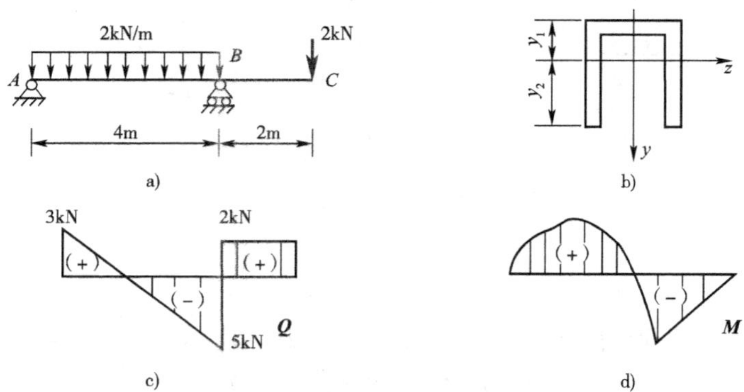

图 1-8-22 马蹄形梁点的应力

解:(1)作梁的剪力和弯矩图。

运用静力学平衡方程可以求出 A、B 支座的约束反力为:

$$R_A=3\text{kN}, R_B=7\text{kN}$$

作梁的剪力和弯矩图,如图 1-8-22c)、d) 所示。

(2)求 B 截面上的最大拉压应力。

根据弯矩图可知,B 截面上的弯矩为 $-4\text{kN}\cdot\text{m}$。

B 截面上的最大拉应力为:

$$\sigma_{1\max}=\frac{M_B y_1}{I_Z}=\frac{-4\times10^6\times(-80)}{4\times10^6}=80\text{MPa}$$

B 截面上的最大压应力为:

$$\sigma_{ymax} = \frac{M_B y_2}{W_Z} = \frac{-4 \times 10^6 \times 120}{4 \times 10^6} = -120\text{MPa}$$

第五节 梁弯曲时的强度计算

一、弯曲正应力强度条件

对于等截面梁,最大正应力产生在最大弯矩作用的截面上,此截面称为危险截面。危险截面的上、下边缘正应力最大。正应力最大的点称为危险截面上的危险点。按弯曲正应力建立的强度条件为:梁的最大弯曲正应力小于或等于材料的许用应力,即:

$$\sigma_{max} = \frac{M_{max}}{W_Z} \leqslant [\sigma] \tag{1-8-11}$$

对于一般材料,其抗拉强度与抗压强度相等时,$[\sigma]$采用材料的许用拉(压)应力。当材料的抗拉强度与抗压强度不相同,或横截面相对中性轴不对称时,应分别校核抗拉强度和抗压强度。

实际工程中,运用强度条件可以进行三方面计算:校核弯曲强度、求许可载荷和设计截面尺寸。

二、应用举例

下面举例说明。

例 1-8-11 如图 1-8-23a)所示,一矩形截面悬臂梁长 $l=4\text{m}$,材料的许用应力 $[\sigma]=150\text{MPa}$,求此悬臂梁的许可载荷。

解:(1)绘出悬臂梁的弯矩图,如图 1-8-23b)所示。

$$M_{max} = Fl = 4000F$$

梁的横截面抗弯截面系数为:

$$W_Z = \frac{100 \times 200^2}{6}$$

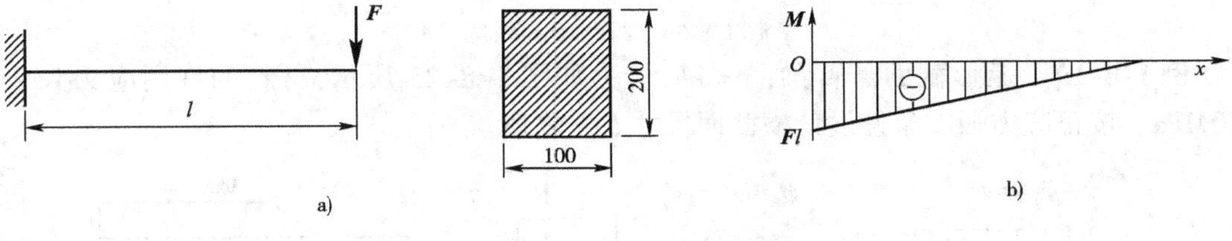

a) b)

图 1-8-23 悬臂梁

(2)由正应力强度条件求梁的许可载荷。

由梁的弯曲正应力强度条件得:

$$\sigma = \frac{M_{max}}{W_Z} = \frac{4000F}{\dfrac{100 \times 200^2}{6}} \leqslant [\sigma]$$

$$F \leqslant \frac{100 \times 200^2}{6 \times 4000} \times 150 = 25000\text{N}$$

因此,悬臂梁的许可载荷为 $F = 25\text{kN}$。

例 1-8-12 T 形截面铸铁梁,受力如图 1-8-24 图所示。若铸铁的许用拉应力为 $[\sigma_1] = 40\text{MPa}$,许用压应力为 $[\sigma_y] = 160\text{MPa}$,截面对形心 Z_c 的惯性矩 $I_{zc} = 1.018 \times 10^8 \text{mm}^4$,$y_1 = 96.4\text{mm}$,$y_2 = 153.6\text{mm}$,$P = 40\text{kN}$,试按正应力强度条件校核梁的强度。

解:(1)求 A 截面的约束反力并作弯矩图。

建立平衡方程并求解可得:

$$R_A = -40\text{kN}, m_A = -32\text{kN} \cdot \text{m}$$

作弯矩图如图 1-8-24 所示。从图中可知 A 处有正弯矩 $32\text{kN} \cdot \text{m}$,$C$ 处有负弯矩 $24\text{kN} \cdot \text{m}$。

(2)求最大的拉压应力。

A 点的最大拉应力为:

$$\sigma_{A1} = \frac{M_A y_1}{I_Z} = \frac{32 \times 10^6 \times 96.4}{1.08 \times 10^8} = 28.563\text{MPa}$$

A 点的最大压应力为:

$$\sigma_{Ay} = \frac{M_A y_2}{I_Z} = \frac{32 \times 10^6 \times (-153.6)}{1.08 \times 10^8} = -45.51\text{MPa}$$

C 点的最大拉应力为:

$$\sigma_{Cy} = \frac{M_c y_2}{I_Z} = \frac{-24 \times 10^6 \times (-153.6)}{1.08 \times 10^8} = 34.13\text{MPa}$$

T 形截面梁的拉压强度均满足。

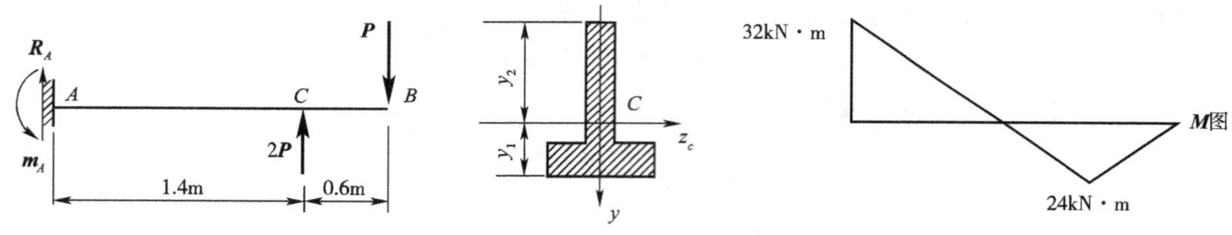

图 1-8-24　T 形截面铸铁梁

例 1-8-13 矩形截面悬臂梁,$h = 2b$,受力如图 1-8-25 所示,材料的许用应力 $[\sigma] = 160\text{MPa}$。按正应力强度条件设计横截面尺寸 b、h 之值。

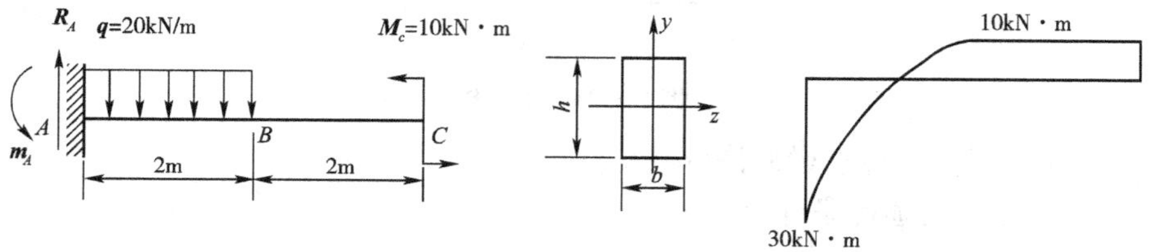

图 1-8-25　矩形截面悬臂梁

解:(1)求最大弯矩的位置和值。

$$\boldsymbol{R}_A = 40\text{kN}\cdot\text{m}, \boldsymbol{m}_A = 30\text{kN}\cdot\text{m}$$

作弯矩图,从图中可得最大弯矩为 30kN · m。

(2)按正应力强度条件确定尺寸。

$$\sigma_{\max} = \frac{\boldsymbol{M}_{\max}}{W_Z} = \frac{30 \times 10^6 \times 6}{b \times (2b)^2} \leqslant [\sigma] = 160\text{MPa}$$

$$b \geqslant \sqrt[3]{\frac{30 \times 6 \times 10^6}{4 \times 160}} = 65.3\text{mm}$$

$$h = 130.6\text{mm}$$

所示横截面尺寸为: $b = 65.3\text{mm}, h = 130.6\text{mm}$

例 1-8-14 某建筑工地用长为 $l = 3\text{m}$ 矩形截面木板做跳板,木板横截面尺寸 $b = 500\text{mm}, h = 50\text{mm}$,木板材料 $[\sigma] = 6\text{MPa}$,求:(1)一体重为 700N 的工人走过是否安全?(2)要求两名体重均为 700N 的工人抬着 1500N 的货物安全走过,木板的宽度不变,重新设计木板厚度 h。

解:(1)校核强度。

计算弯矩最大值 $\boldsymbol{M}_{\max}$,工人走到板中央弯矩最大:

$$\boldsymbol{M}_{\max} = \frac{700}{2} \times \frac{3}{2} = 525\text{N}\cdot\text{m}$$

校核弯曲强度:

$$\sigma_{\max} = \frac{\boldsymbol{M}_{\max}}{W_Z} = \frac{525 \times 10^3}{\dfrac{500 \times 50^2}{6}} = 2.52\text{MPa} < [\sigma]$$

体重为 700N 工人走过是安全的。

(2)确定木板厚度 h。

人、货物合成为集中力,作用在跳板中点弯矩值为最大,其值为:

$$\boldsymbol{M}_{\max} = \frac{700 \times 2 + 1500}{2} \times \frac{3}{2} = 2175\text{N}\cdot\text{m}$$

按弯曲强度设计:

$$\sigma_{\max} = \frac{\boldsymbol{M}_{\max}}{W_Z} = \frac{2175 \times 10^3}{\dfrac{500 \times h^2}{6}} \leqslant 6$$

解得: $h \geqslant 65.95\text{mm}$

所以木板厚度 h 应满足 $h \geqslant 66\text{mm}$。

第六节 提高梁的抗弯能力的措施

由于梁的承载能力主要取决于正应力,所以从正应力角度来分析提高梁抗弯能力的措施。

一、选择合理的截面形状

从梁的正应力强度条件可知,梁的抗弯截面系数 W_z 愈大,横截面上的最大正应力就愈小,即梁的抗弯能力就大;W_z 一方面与截面的尺寸有关,同时还与截面的形状(材料的分布情况)有关,梁的横截面面积愈大,W_z 愈大,但消耗的材料也多,因此梁的合理截面应该是:用最小的面积得到最大的抗弯截面系数。若用比值 $\frac{W_z}{A}$ 来衡量截面的经济程度,则该比值愈大,截面就愈经济合理。

由表 1-8-3 中数据可见,矩形优于圆形,而工字形又优于矩形。这是因为离中性轴愈远,正应力愈大。所以应使大部分材料分布在离中性轴较远处,材料才能充分发挥作用,而工字形则符合这个原则。矩形截面竖搁比横搁合理,也是这个道理。

对于脆性材料,由于其许用压应力高于许用拉应力,故常采用非对称形状的截面,如 T 形截面(图 1-8-26),使其满足如下关系:

$$\frac{\sigma_y}{\sigma_1} = \frac{y_2}{y_1}$$

这样能使危险截面上受压与受拉侧同时达到许用应力,从而使材料得到充分利用。

圆形、矩形和工字形截面的 W_z/A 值 表 1-8-3

截面形状	要求的 W_z	所需尺寸	截面面积	比值 W_z/A
y z d	$250\times10^3\text{mm}^3$	$d=137\text{mm}$	$148\times10^2\text{mm}^2$	17.9
y h z d	$250\times10^3\text{mm}^3$	$b=72\text{mm}$ $h=144\text{mm}$	$104\times10^2\text{mm}^2$	24
y z	$250\times10^3\text{mm}^3$	206 号工字钢	3901mm^2	63.3

二、采用变截面梁

等截面梁的截面面积是根据危险截面承受的最大弯矩来设计的。由于其他截面的弯矩都比危险截面小，所以对非危险截面来说，强度都有富裕。若按各截面的弯矩来设计梁的截面尺寸，即梁的截面尺寸沿梁长度是变化的，这样的梁即是变截面梁。如图 1-8-27a）、b）所示即是变截面梁的实例。变截面梁可以节省一部分材料。

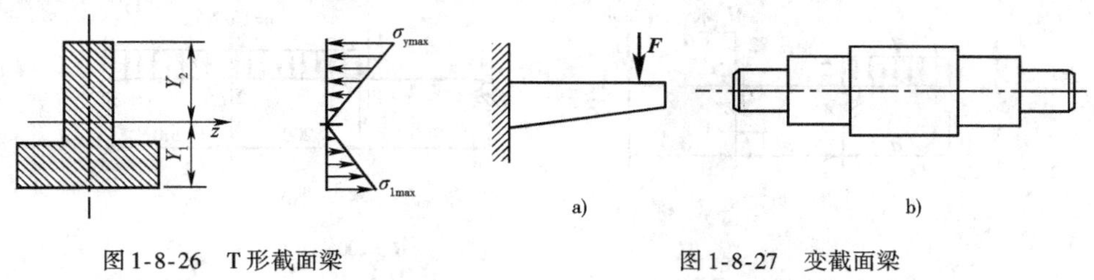

图 1-8-26　T 形截面梁

图 1-8-27　变截面梁
a）托架；b）阶梯轴

三、合理配置载荷

从正应力的强度条件可知，减少弯矩也可以节约材料。怎样减少弯矩呢？如图1-8-28a）中，梁最大弯矩产生在中间截面，其值为 $\frac{\boldsymbol{P}l}{4}$，如果将梁改成图1-8-28b）的受力方式，这时最大弯矩为 $\frac{\boldsymbol{P}l}{8}$，显然最大弯矩大大减小了。所以在条件许可的情况下，可以通过使载荷靠近支座，或使载荷由集中变成分散的方法，来提高梁的承载能力。

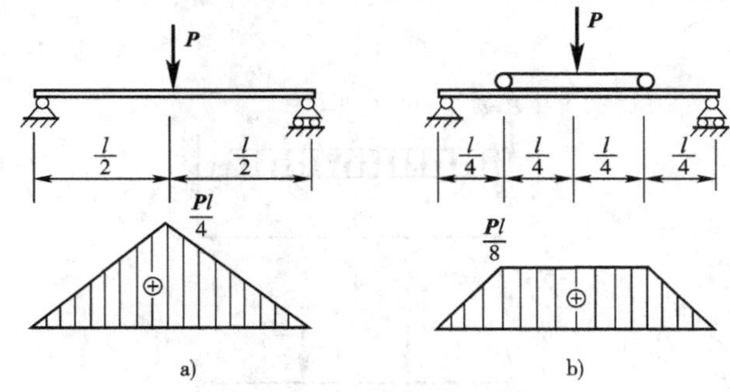

图 1-8-28　梁最大弯矩

四、减小跨度或增加支承

由前面内容可知，梁的变形与梁跨度的高次方成正比，减小跨度 L 能够有效地提高梁的抗弯刚度并减少弯矩；增加支承使梁变成超静定梁也可以提高梁的抗弯刚度。如车床上车削工件时，由于车刀尖给工件作用力，不用尾架顶尖时工件易变形。使用顶尖后，变形可以减小。

习　题

1-8-1　试求题图 1-8-1 所示各梁中截面 1—1、2—2、3—3 上的剪力和弯矩，这些截面无限接近截面 C 或截面 D。设 $\boldsymbol{F}_p$、$\boldsymbol{q}$、a 为已知。

1-8-2　试列出题图 1-8-2 所示各梁的剪力方程和弯矩方程，并作剪力图和弯矩图。

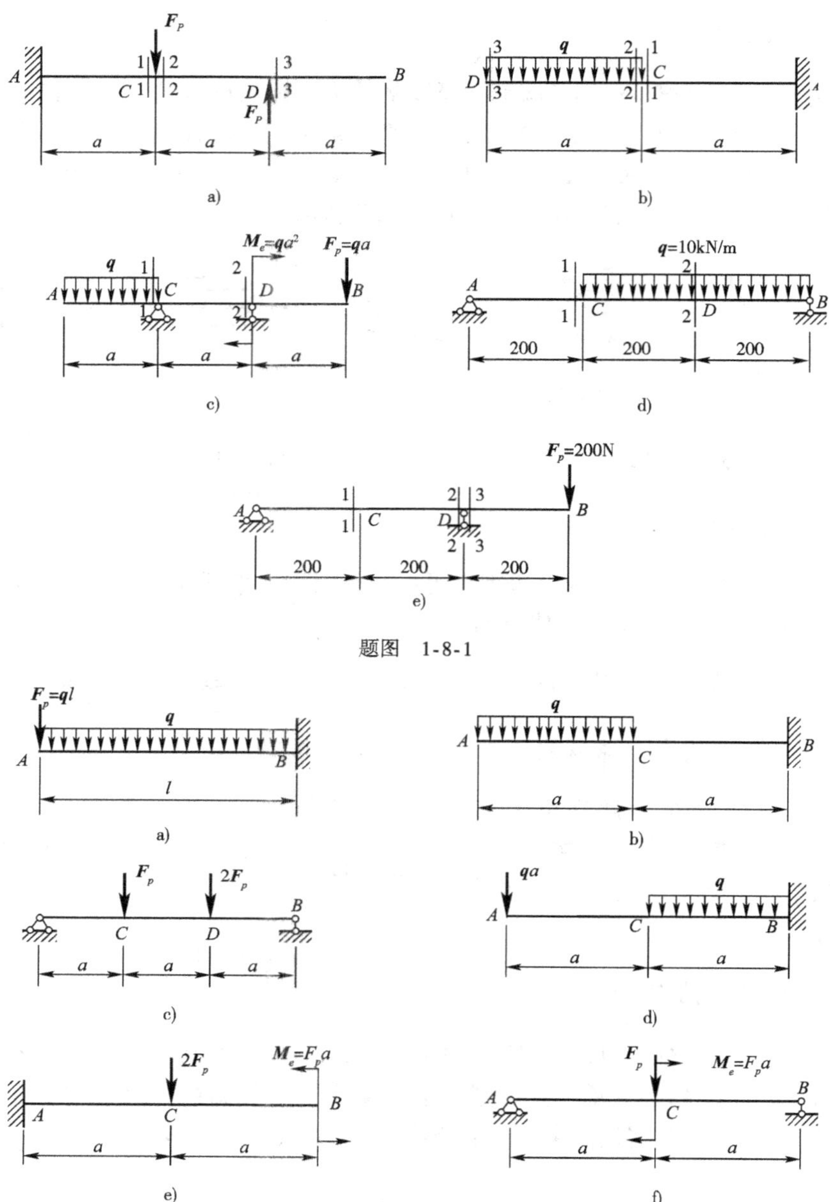

题图 1-8-1

题图 1-8-2

1-8-3 试用简易法作题图 1-8-3 所示各梁的剪力图和弯矩图,并求 $M_{\max}$ 值。

1-8-4 求题图 1-8-4 所示的 A 截面上 a、b 点的正应力。

1-8-5 求题图 1-8-5 所示的梁中点截面上的最大正应力。

1-8-6 矩形截面梁的载荷和约束如题图 1-8-6 所示,已知材料的许用正应力 $[\sigma]=160\text{MPa}$,试画出梁的剪力图和弯矩图,求出 Ⅰ—Ⅰ 截面上 a、b 两点的弯曲正应力,并校核梁的正应力强度。

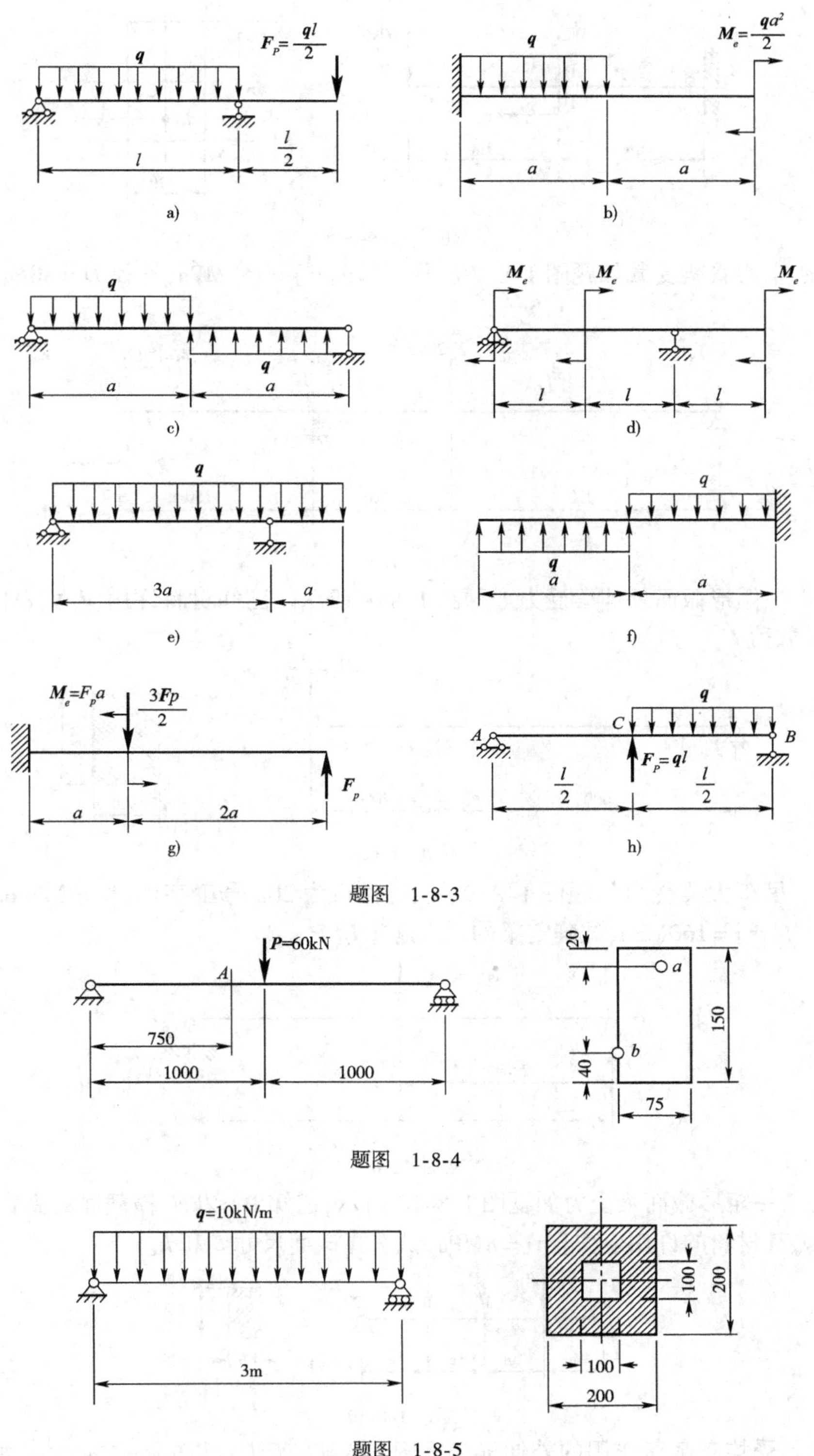

题图　1-8-3

题图　1-8-4

题图　1-8-5

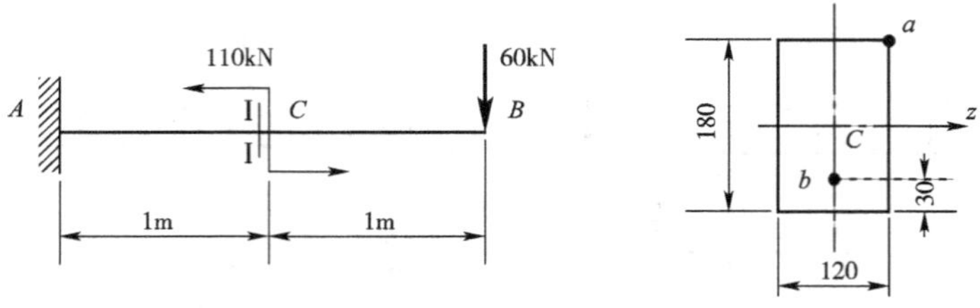

题图 1-8-6

1-8-7 空心管梁受载如题图 1-8-7 所示,已知 $[\sigma]=150\text{MPa}$,外径 $D=80\text{mm}$,求内径 d 的最大值。

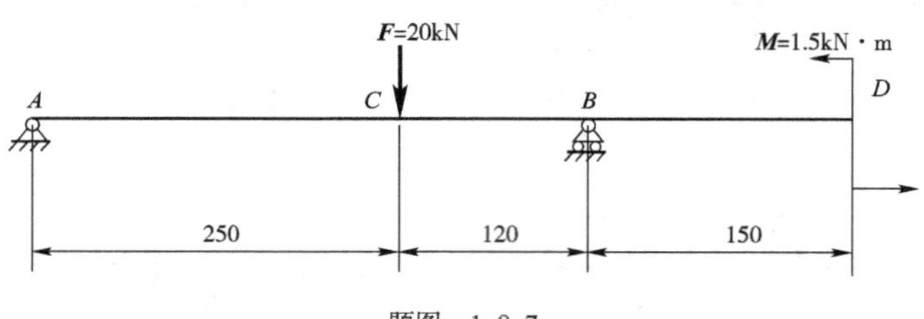

题图 1-8-7

1-8-8 一矩形截面外伸梁受力如题图 1-8-8 所示。已知材料许用应力 $[\sigma]=160\text{MPa}$,求最大许可载荷 $\boldsymbol{F}_{\max}$。

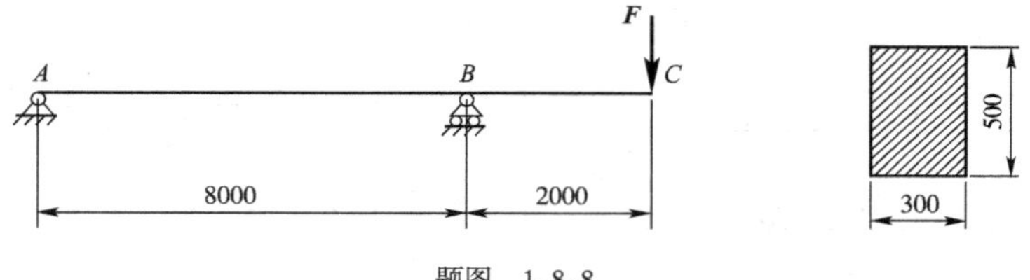

题图 1-8-8

1-8-9 吊车大梁受力如题图 1-8-9 所示,材料为 20a 号工字钢,$W=237\text{cm}^3$,梁长 $l=5\text{m}$,许用应力 $[\sigma]=160\text{MPa}$,试确定梁的最大起重量 P。

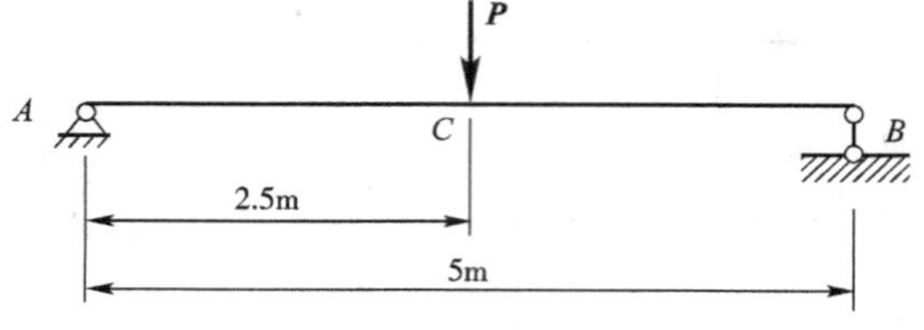

题图 1-8-9

1-8-10 一矩形截面梁受力如题图 1-8-10 所示,已知 $\boldsymbol{P}=2\text{kN}$,横截面的高宽比 $h:b=3$;材料为松木,其材料的许用应力 $[\sigma]=8\text{MPa}$,试选择截面尺寸 b 和 h。

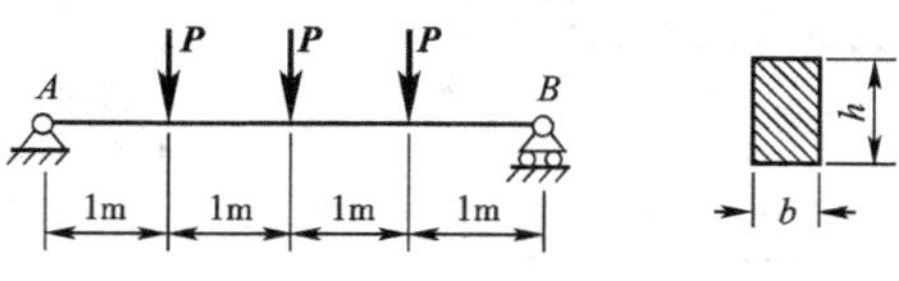

题图 1-8-10

1-8-11 受均布载荷作用的外伸梁如题图 1-8-11 所示,已知 $\boldsymbol{q}=12\text{kN/m}$,材料的许用

应力$[\sigma]=160\mathrm{MPa}$，试选择此梁工字钢梁的型号。

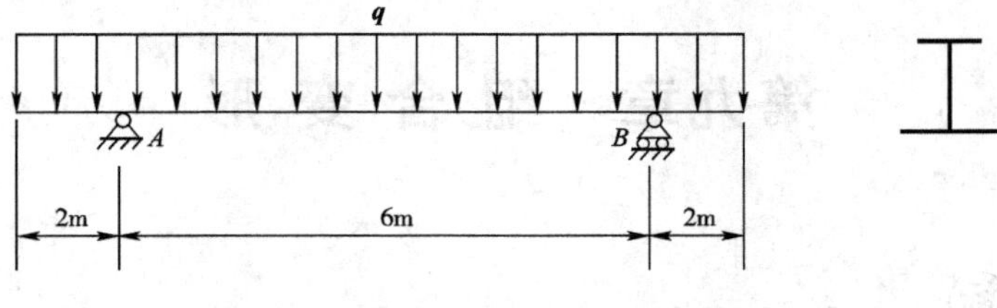

题图 1-8-11

第九章 组合变形

学习目标

知识目标

1. 了解和认识什么是组合变形和组合变形中的两种常见情况;
2. 认识和理解拉压与弯曲组合时的外力、内力、应力和强度条件;
3. 认识和理解扭转与弯曲组合时的外力、内力、应力和强度条件;
4. 掌握两种组合变形形式下的强度计算。

能力目标

1. 能熟练应用拉压与弯曲组合变形时的强度条件解决三类强度问题;
2. 能熟练应用扭转与弯曲组合变形时的强度条件解决三类强度问题。

以上几章,我们所研究的构件在外力作用下只发生一种基本变形。而工程上大多数构件的受力情况较为复杂,它们的变形往往是两种或两种以上的基本变形的组合。同时产生两种或两种以上基本变形的复杂变形称为组合变形。如图1-9-1所示的*AB*梁在外力作用下产生的是压弯组合变形,图1-9-2悬臂杆*AB*在外力$\boldsymbol{F}$作用下产生的是拉弯组合变形;图1-9-3所示钻杆在$\boldsymbol{P}$、$\boldsymbol{M}$的作用下产生的是压扭组合变形;图1-9-4所示转轴在外力作用下产生的是弯扭组合变形。

本章主要讨论工程上常用的两种组合变形:轴向拉伸(或压缩)与弯曲的组合变形以及弯曲与扭转的组合变形。

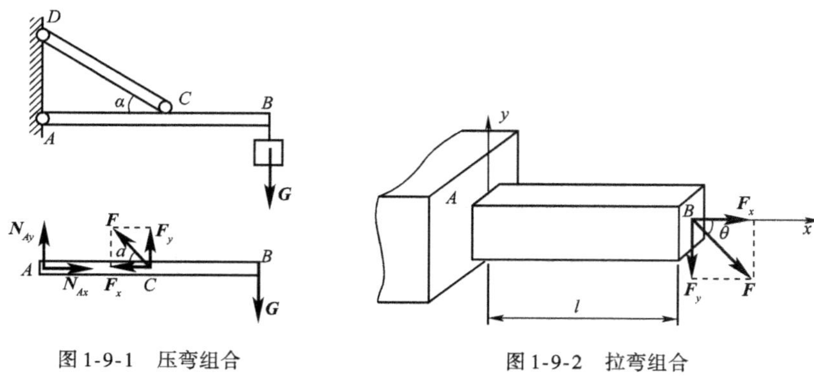

图1-9-1 压弯组合　　图1-9-2 拉弯组合

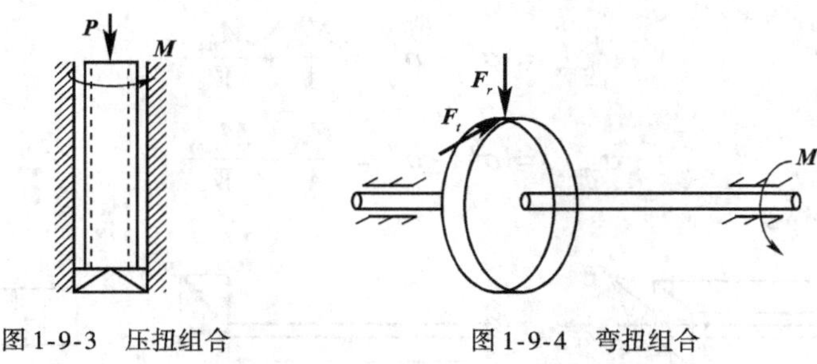

图 1-9-3　压扭组合　　　　图 1-9-4　弯扭组合

第一节　拉伸(压缩)与弯曲组合变形的强度计算

解决组合变形强度计算的基本方法是叠加法,即在不改变杆件内力和变形的前提下,将杆件所受外力简化为只产生几种基本变形的组合,分别计算每一种基本变形所引起的应力,把所得结果叠加起来,然后分析危险面上危险点的应力状态,建立强度设计准则。

一、拉(压)与弯曲组合变形分析

下面就拉伸与弯曲的组合变形杆件来分析拉弯组合变形应力与强度的计算问题。

一矩形截面杆一端固定一端自由,自由端受集中力 $\boldsymbol{P}$ 的作用,$\boldsymbol{P}$ 与 x 轴成 ψ 角,如图 1-9-5a)所示。

1. 外力分析

分解 $\boldsymbol{P}$ 力得两个分力 $\boldsymbol{P}_x$ 和 $\boldsymbol{P}_y$,如图 1-9-5b)所示,其大小为:

$$\boldsymbol{P}_x = \boldsymbol{P}\cos\psi \qquad \boldsymbol{P}_y = P\sin\psi$$

2. 内力分析

$\boldsymbol{P}_x$ 产生轴向拉伸,得内力(轴力)图如图 1-9-5c)所示;$\boldsymbol{P}_y$ 产生 xoy 平面弯曲,得内力(弯矩)图如图 1-9-5d)所示,所以是拉弯组合变形。由内力图可知,各横截面上轴力一样,但固定端截面上弯矩最大,故固定端截面为危险截面。

3. 应力分析

危险截面上的正应力由两部分组成,由轴力产生的正应力 σ' 和由弯矩产生的正应力 σ'',其在横截面上的分布如图 1-9-5e)所示。

由 $\boldsymbol{P}_x$ 引起的拉伸正应力为:

$$\sigma' = \frac{\boldsymbol{F}_N}{A} = \frac{\boldsymbol{P}_x}{A} = \frac{\boldsymbol{P}\cos\psi}{A}$$

由 $\boldsymbol{P}_y$ 引起的弯曲最大正应力为:

$$\sigma'' = \pm \frac{\boldsymbol{M}_{\max}}{\boldsymbol{W}_z} = \pm \frac{\boldsymbol{P}l\cos\psi}{\boldsymbol{W}_z}$$

由于 σ' 和 σ'' 均平行与轴线,所以都为正应力,截面上各点的应力是拉伸与弯矩引起的正应力的代数和。从图 1-9-5e)中可以看出,危险截面上危险点是在离中性轴最远的两侧边缘处,其最大正应力为

$$\sigma_{1\max} = \sigma' + \sigma'' = \frac{F_N}{A} + \frac{M_{\max}}{W_z}$$
$$\sigma_{y\max} = \sigma' - \sigma'' = \frac{F_N}{A} - \frac{M_{\max}}{W_z} \tag{1-9-1}$$

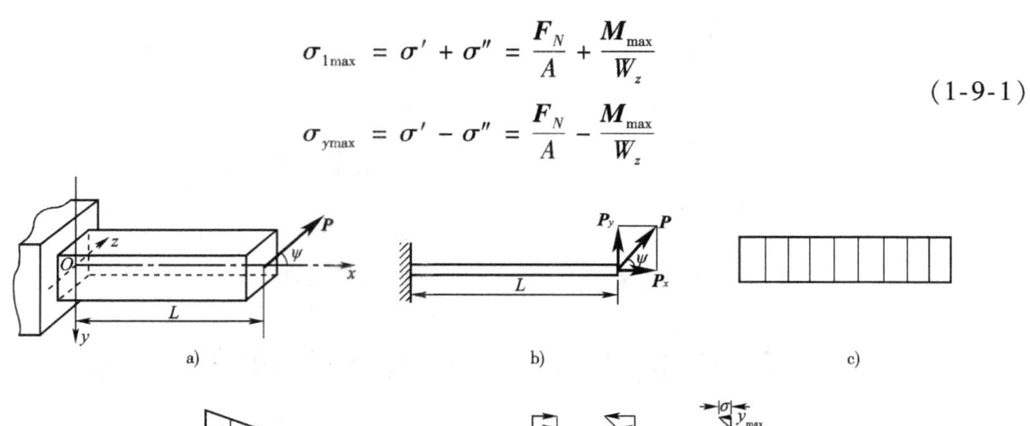

图 1-9-5 拉弯组合应力

4. 强度条件

根据危险截面危险点正应力公式,故拉伸与弯曲组合变形的强度条件为:

$$\sigma_{1\max} = \frac{F_N}{A} + \frac{M_{\max}}{W_z} \leqslant [\sigma_1]$$
$$\sigma_{y\max} = \frac{F_N}{A} - \frac{M_{\max}}{W_z} \leqslant [\sigma_y] \tag{1-9-2}$$

同理可得压弯组合变形的强度条件为:

$$\sigma_{1\max} = \left| -\frac{F_N}{A} + \frac{M_{\max}}{W_Z} \right| \leqslant [\sigma_1]$$
$$\sigma_{y\max} = \left| -\frac{F_N}{A} - \frac{M_{\max}}{W_Z} \right| \leqslant [\sigma_y] \tag{1-9-3}$$

二、应用举例

例 1-9-1 杆 AB 受力如图 1-9-6a)所示,F = 8kN,材料许用应力[σ] = 100MPa,横截面形状为矩形,尺寸如图 1-9-6a)所示,试校 AB 杆的强度。

解:(1)外力分析。

选 AB 为研究对象,作受力分析图,如图 1-9-6b)所示。列平衡方程式:

$$\Sigma M_A(F) = 0 \quad F_{CD}\sin30° \times 2.5 - 8 \times 4 = 0$$
$$F_{CD} = 25.6\text{kN}$$

(2)作内力图,求最大内力值。

AB 杆在各力作用下产生拉伸与弯曲的组合变形。

拉伸产生的内力为轴力,绘制轴力图,如图 1-9-6c)所示。最大轴力值为:

$$F_N = F_{CD}\cos30° = 25.6 \times \cos30° = 22.2\text{kN}$$

弯曲产生的内力只算弯矩,绘制弯矩图,如图 1-9-6d)所示。最大弯矩值为:

$$M_{max} = -F \times 1.5 = -8 \times 1.5 = -12\text{kN}\cdot\text{m}$$

(3)强度校核。

危险点在 C 截面的上边缘,其最大拉应力为:

$$\sigma_{max} = \frac{F_N}{A} + \frac{M_{max}}{W_Z} = \frac{22.2 \times 10^3}{80 \times 100} + \frac{12 \times 10^6}{\frac{80 \times 100^2}{6}} = 2.8 + 90 = 92.8\text{MPa} \leqslant [\sigma]$$

所以 AB 梁的强度足够。

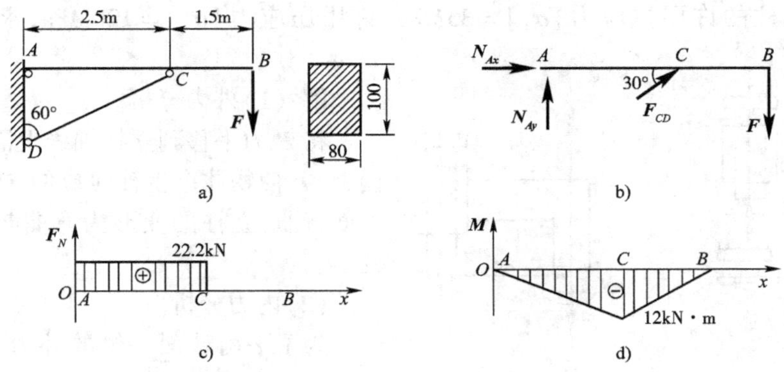

图 1-9-6　压弯组合应力

例 1-9-2　一倾斜的矩形截面梁在中点 C 处有铅直力 $\boldsymbol{P}$=25kN 作用,如图 1-9-7 所示,试求梁的最大压应力。

解:(1)外力分析。

将 $\boldsymbol{P}$ 力沿杆件方向和与杆件垂直方向分解,得分力为:

$$P_y = P\cos30°, P_x = P\sin30°$$

$P_y = P\cos30°$使梁产生平面弯曲变形,$P_x = P\sin30°$,使梁下半部分产生压缩变形。

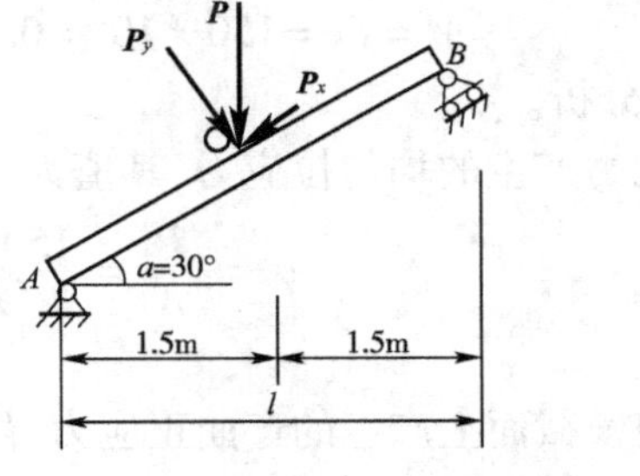

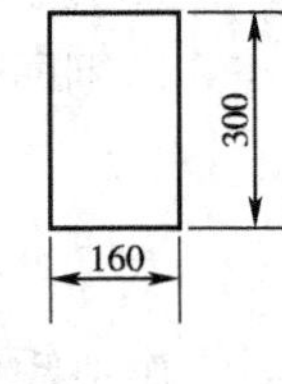

图 1-9-7　倾斜的矩形截面梁

(2)内力分析。

$P_y = P\cos30°$引起的最大弯矩在梁中点 C 的截面上,其值为:

$$M_{max} = \frac{P\cos30° \times \frac{l}{\cos30°}}{4} = \frac{Pl}{4} = \frac{25 \times 10^3 \times 3 \times 10^3}{4} = 18.8 \times 10^6\text{N}\cdot\text{mm}$$

$P_x = P\sin30°$引起梁 AC 段产生的轴力为:

$$F_N = P\sin30° = 12.5\text{kN}$$

(3)应力分析。

由 $P_y = P\cos30°$引起的最大弯曲应力为:

$$\sigma = \pm\frac{M_{max}}{W_Z} = \frac{18.8 \times 10^4}{\frac{160 \times 300^2}{6}} = \pm 7.81\text{MPa}$$

由 $\boldsymbol{F}_y=\boldsymbol{P}\sin30°$引起的梁 AC 段各截面上的压应力为：

$$\sigma=-\frac{P_N}{A}=-\frac{12.5\times10^3}{48\times10^3}=-0.26\text{MPa}$$

(4)求最大压应力。

最大压应力发生在 C 点稍偏左截面的上边缘，其值为：

$$\sigma_{y\max}=|-7.81-0.26|=8.07\text{MPa}$$

例 1-9-3 如图 1-9-8a)所示钻床，在钻孔时受到压力 $\boldsymbol{P}=15\text{kN}$ 作用，已知偏心距 $e=0.4\text{m}$，铸铁立柱的许用拉应力 $[\sigma_1]=35\text{MPa}$，许用压应力 $[\sigma_y]=120\text{MPa}$，求立柱所需的直径。

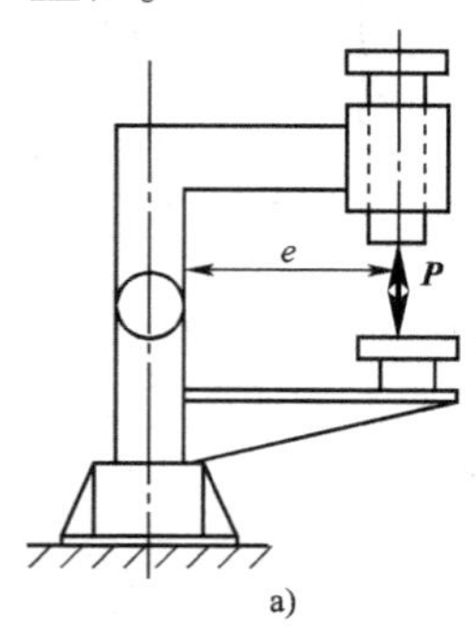

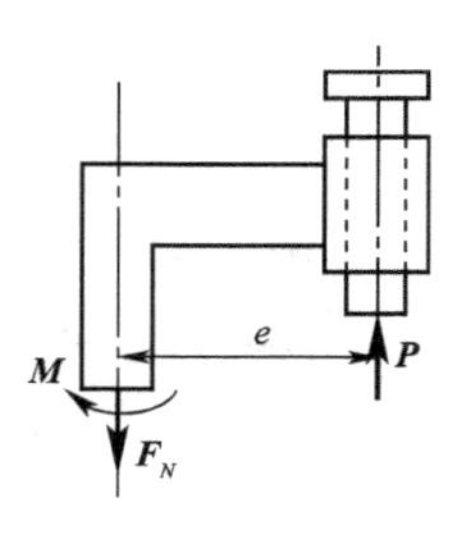

图 1-9-8 钻床应力

解：(1)外力分析。

将 $\boldsymbol{P}$ 力平移到立柱轴线上需附加一个力偶 $\boldsymbol{P}_e$，$\boldsymbol{P}$ 使物体产生轴向拉伸，$\boldsymbol{P}_e$使物体产生平面弯曲，立柱的变形为弯曲与拉伸的组合变形。

(2)内力分析。

为了平衡截面一侧的外力，截开的横截面上有轴力 $\boldsymbol{F}_N$和弯矩 $\boldsymbol{M}$，如图 1-9-8b)所示。

横截面上的轴力为：

$$\boldsymbol{F}_N=\boldsymbol{P}=150\times10^2\text{N}$$

横截面上的弯矩为：

$$\boldsymbol{M}=\boldsymbol{P}e=150\times10^2\times0.4\times10^3=600\times10^4\text{N}\cdot\text{mm}$$

(3)应力分析。

由轴向拉力产生的均匀拉应力，其值为：

$$\sigma=\frac{P}{A}=\frac{150\times10^2}{\frac{\pi d^2}{4}}=\frac{6\times10^4}{\pi d^2}$$

由弯矩使横截面上产生的弯曲正应力，最大值为：

$$\sigma_{\max}=\frac{M}{W_Z}=\frac{Pe}{\frac{\pi d^3}{32}}=\frac{32Pe}{\pi d^3}$$

立柱右侧边缘点总应力为拉应力，其值为：

$$\sigma_{右}=\frac{F_N}{A}+\frac{Pe}{W_Z}=\frac{4P}{\pi d^2}+\frac{32Pe}{\pi d^3}$$

立柱左侧边缘点总应力为：

$$\sigma_{左}=\frac{F_N}{A}-\frac{Pe}{W_Z}=\frac{4P}{\pi d^2}-\frac{32Pe}{\pi d^3}$$

拉压由计算结果定。

(4)强度计算。

由于铸铁抗拉能力差，由最大拉应力力，受拉的右侧进行强度计算：

$$\sigma_{右} = \frac{F_N}{A} + \frac{Pe}{W_Z} = \frac{4P}{\pi d^2} + \frac{32Pe}{\pi d^3} \leqslant [\sigma_1]$$

先按弯曲强度条件求出立柱的一个近似直径，然后将直径稍稍增大，再带入偏心拉伸强度条件中进行校核，用试凑法最后求出满足的直径。

按弯曲强度条件求出立柱的一个近似直径：

$$\sigma_{右} = \frac{Pe}{W_Z} = \frac{32Pe}{\pi d^3} \leqslant 35 \quad d \geqslant \sqrt[3]{\frac{32 \times 6 \times 10^4}{3.14 \times 35}} = 120\text{mm}$$

取 $d = 125\text{mm}$，带入偏心拉伸的强度条件中校核：

$$\sigma_{右} = \frac{F_N}{A} + \frac{Pe}{W_Z} = \frac{4P}{\pi d^2} + \frac{32Pe}{\pi d^3} = \frac{6 \times 10^4}{3.14 \times 125^2} + \frac{32 \times 6 \times 10^6}{3.14 \times 125^3} = 32.4\text{MPa} < 35\text{MPa}$$

强度条件满足，最后选用立柱的直径 $d = 125\text{mm}$。

第二节　弯曲与扭转组合变形的强度计算

工程机械中的轴类构件，工作时大多会发生弯曲与扭转的组合变形，如图 1-9-9 所示的转轴。轴上齿轮在受到圆周力 $\boldsymbol{F}_t$ 作用产生扭转变形；受到径向力 $\boldsymbol{F}_r$ 作用产生弯曲变形，所以圆轴发生的变形是弯扭组合变形。

一、弯扭组合变形分析

下面对弯扭组合变形的内力、应力及其强度条件进行研究分析。

1. 内力分析

如图 1-9-9a）所示，折杆 ABC 在 A 点作用一力 $\boldsymbol{F}$，将力 $\boldsymbol{F}$ 平移到 CB 段的 B 点，得力 $\boldsymbol{F}$ 和力偶 $\boldsymbol{T}$。力 $\boldsymbol{F}$ 使 BC 段产生弯曲变形，力偶 $\boldsymbol{T}$ 使 BC 段产生扭转变形，所以 BC 段产生的是弯曲与扭转的组合变形，如图 1-9-9b）所示。作弯矩图如图 1-9-9c）所示，作扭矩图如图 1-9-9d）所示。

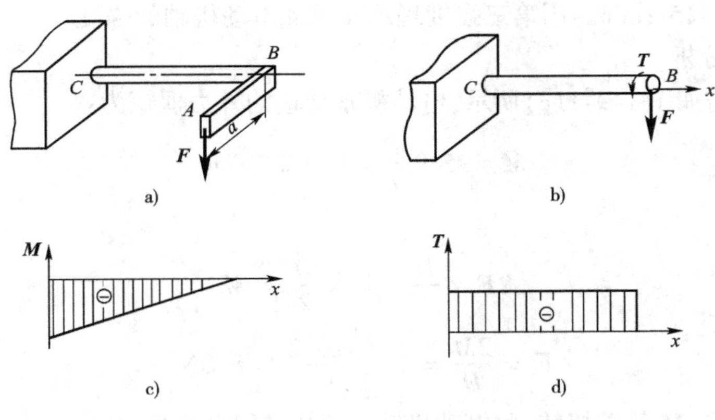

图 1-9-9　弯扭组合

2. 应力分析

从上面分析可知，固定端弯矩最大，弯矩 $\boldsymbol{M}$ 产生正应力 σ 垂直横截面，上、下边缘正应力最大;扭矩 $\boldsymbol{T}$ 产生剪应力 τ 平行横截面,边缘剪应力最大。应力分布如图 1-9-10 所示。C 截面上正上方和正下方两点应力达到最大值,是危险点。

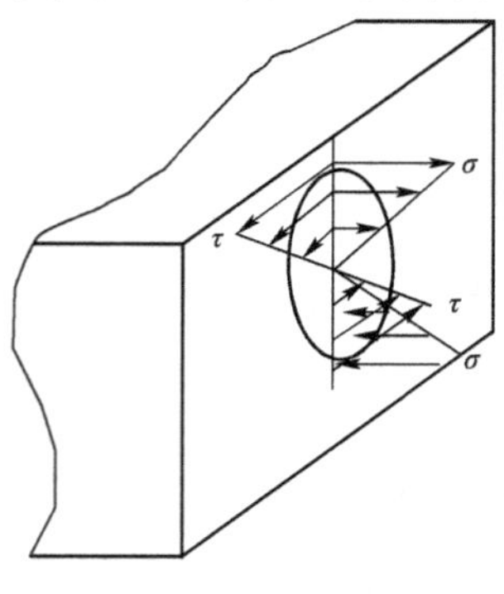

图 1-9-10 弯扭组合应力

3. 强度计算

由于在弯曲与扭转组合变形中,构件横截面上的剪应力和正应力分别作用在两个互相垂直的平面内,不能采用简单应力线形叠加的方法,而要采用第三强度理论或第四强度理论进行计算。其强度计算公式如下:

运用第三强度理论的计算公式为:

$$\sigma_{r3} = \sqrt{\sigma^2 + 4\tau^2} \leqslant [\sigma] \tag{1-9-4}$$

运用第四强度理论的计算公式为:

$$\sigma_{r4} = \sqrt{\sigma^2 + 3\tau^2} \leqslant [\sigma] \tag{1-9-5}$$

对于塑性材料圆截面杆:

$$\sigma = \frac{\boldsymbol{M}}{W_Z}, \tau = \frac{\boldsymbol{T}}{W_n}$$

再将 $W_n = 2W_Z$ 代入以上两式,得第三、第四强度理论下圆轴弯扭组合时的强度计算公式为:

$$\sigma_{r3} = \frac{\sqrt{\boldsymbol{M}^2 + \boldsymbol{T}^2}}{W_Z} \leqslant [\sigma] \tag{1-9-6}$$

$$\sigma_{r4} = \frac{\sqrt{\boldsymbol{M}^2 + 0.75\boldsymbol{T}^2}}{W_Z} \leqslant [\sigma] \tag{1-9-7}$$

二、应用举例

例 1-9-4 如图 1-9-11 所示电动机轴,带轮直径 $D = 300\text{mm}$,轴外伸长度 $l = 100\text{mm}$,轴直径 $d = 50\text{mm}$,轴材料许用应力 $[\sigma] = 60\text{MPa}$。带紧边拉力 $2\boldsymbol{F}$,松边拉力 $\boldsymbol{F}$。电动机功率 $P = 9\text{kW}$,转速 $n = 715\text{r/min}$。用第三强度理论校核此电动机轴的强度。

解:(1)外力分析。

电动机轴受力如图 1-9-11c)所示,电动机轴传递的外力偶矩为:

$$\boldsymbol{M} = 9549\frac{P}{n} = 120.2\text{N} \cdot \text{m}$$

带拉力为:

$$2\boldsymbol{F} \times \frac{D}{2} - \boldsymbol{F} \times \frac{D}{2} = M$$

$$\boldsymbol{F} = \frac{2M}{D} = \frac{2 \times 120.2}{300} = 800\text{N}$$

力 $\boldsymbol{F}$ 使轴弯曲,$\boldsymbol{M}$ 使轴扭转,此电动机轴是弯扭转组合变形。

(2)内力分析。

转轴横截面上的扭矩为:

$$\boldsymbol{T} = \boldsymbol{M} = 120.2\text{N} \cdot \text{mm}$$

作扭矩图,如图 1-9-11d)所示。

作弯矩图,如图 1-9-11e)所示。最大弯矩为:

$$M_{max} = -3F \times 1 = -3 \times 800 \times 0.1 = -240\text{N} \cdot \text{m}$$

(3)强度校核。

危险面为轴的最左端,按第三强度理论校核:

$$\sigma_{r3} = \frac{\sqrt{M^2 + T^2}}{W_Z} = \frac{\sqrt{(-240000)^2 + 120200^2}}{\frac{\pi \times 50^3}{32}} = 21.88\text{MPa} < [\sigma]$$

所以电动机轴的强度足够。

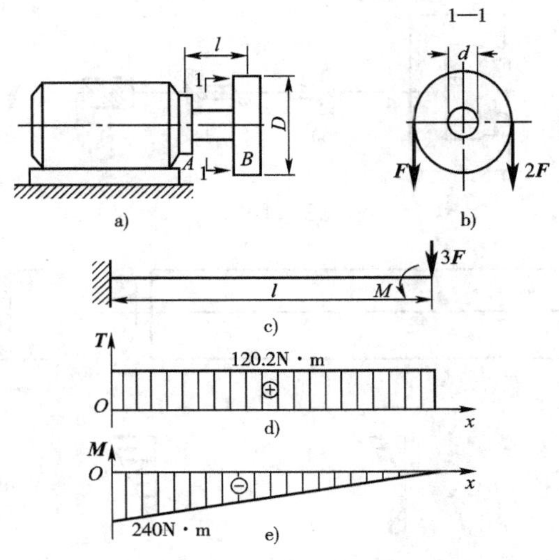

图 1-9-11　电动机轴应力图

习　　题

1-9-1　在题图 1-9-1 所示构件中,图 1-9-1a)中杆件 AB 段产生(　　　)变形,BC 段产生(　　　)变形,CD 段产生(　　　)变形;题图 1-9-1b)中杆件 AB 段产生(　　　)变形,BC 段产生(　　　)变形,CD 段产生(　　　)变形;题图 1-9-1c)中力 F 作用于 DC 段的 D 端,故杆件 AB 段产生(　　　)变形,BC 段产生(　　　)变形,CD 段产生(　　　)变形。

1-9-2　材料为铸铁的压力机机身受力情况如题图 1-9-2 所示,从强度方面考虑,其横截面 m—m 应采用题图(　　　)所示的截面较为合理。

1-9-3　如题图 1-9-3 所示偏心受拉杆,偏心矩 $e = \frac{h}{6}$ 时,横截面上正应力的分布规律是(　　　)。

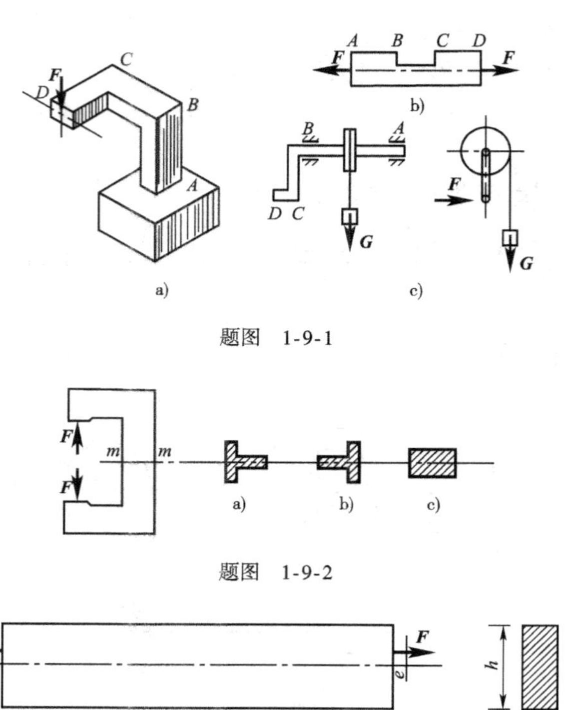

题图 1-9-1

题图 1-9-2

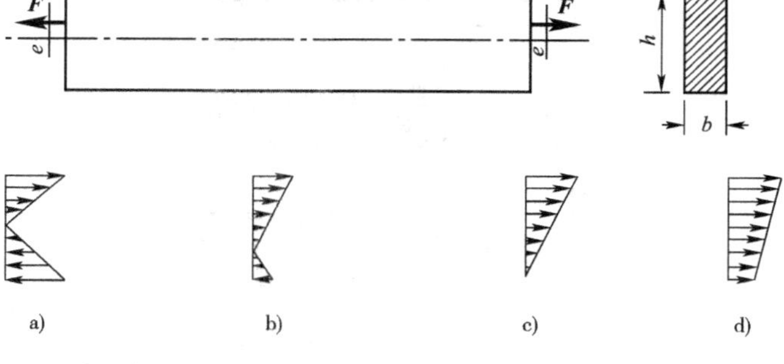

题图 1-9-3

1-9-4 如题图 1-9-4 所示杆件,若在正方形截面短柱的中间开一切槽,其横截面面积为原面积的一半。问最大压应力增大多少倍?

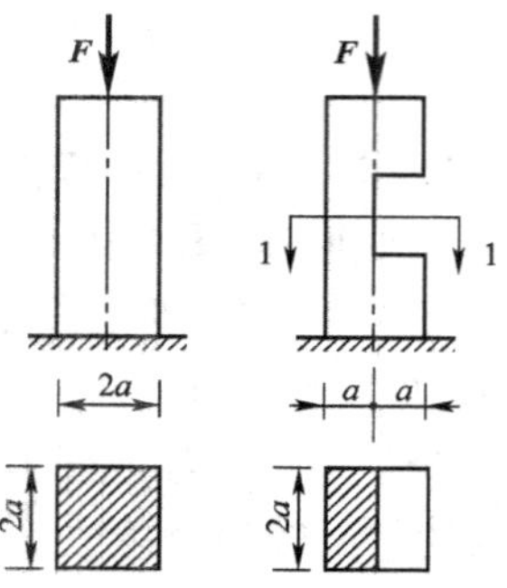

题图 1-9-4

1-9-5 如题图 1-9-5 所示简支梁 AB,受载荷 $\boldsymbol{F}_p = 20\text{kN}$ 的作用,梁的跨度 $l = 2.5\text{m}$,横截面为矩形,其高度 $h = 100\text{mm}$,宽度 $b = 60\text{mm}$。若已知 $\sigma = 30°$,材料的许用应力 $[\sigma] = 80\text{MPa}$,试校核此梁的强度。

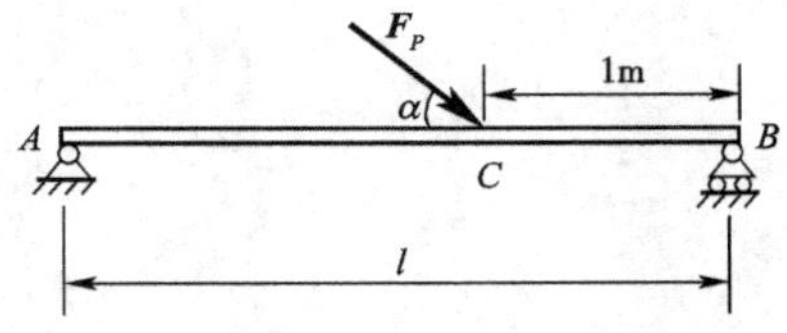

题图　1-9-5

1-9-6　手摇绞车如题图1-9-6所示。轴的直径 $d=30\text{mm}$，其材料的许用应力 $[\sigma]=80\text{MPa}$，载荷 $\boldsymbol{F}_P=800\text{N}$。试按第三强度理论校核轴的强度。

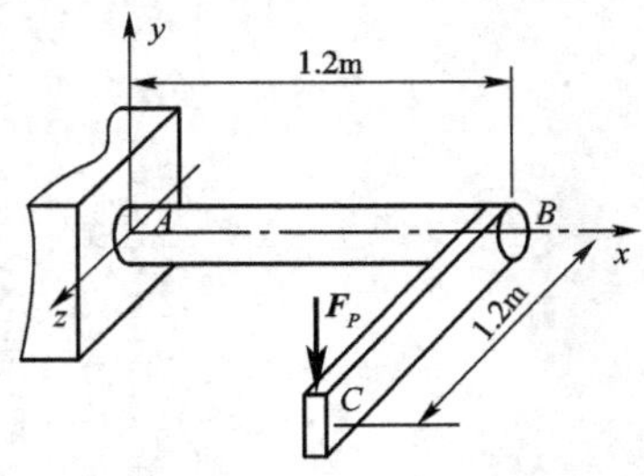

题图　1-9-6

1-9-7　手摇绞车如题图1-9-7所示。传递的功率 $P=7\text{kW}$，转速 $n=200\text{r/min}$。齿轮压力角 $\alpha=20°$，轴的直径 $d=50\text{mm}$。若轴的许用应力 $[\sigma]=80\text{MPa}$。试按第三强度理论校核该轴的强度。

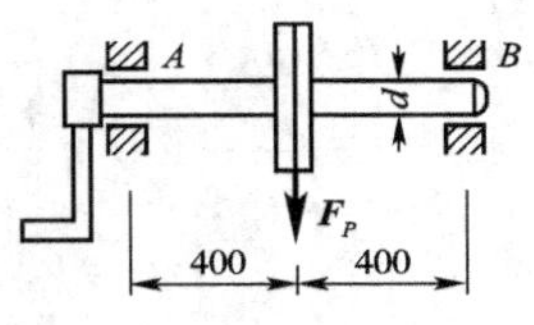

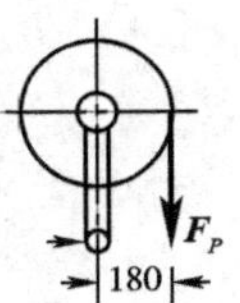

题图　1-9-7

第二篇

机械设计基础

第一章　平面机构的运动简图和自由度

学习目标

知识目标

1. 掌握运动副的概念；
2. 掌握平面机构运动简图的画法；
3. 掌握平面机构自由度的计算方法。

能力目标

1. 学会绘制平面机构的运动简图；
2. 学会分析与计算平面机构的自由度。

人类在长期的生产实践和社会生活中为了节省劳动、提高效率，不断改进所使用的工具，从而创造和发展了机械及机械学科。机械学科是一门以机构和机器为研究对象的科学。

机器是一种用来转换或传递能量、物料和信息的，能执行机械运动的装置。它一般包括四个组成部分：动力部分、传动部分、控制部分和执行部分。例如内燃机、发电机、各种切削加工机床及计算机等都是机器。尽管机器的种类繁多，其构造、用途和性能也各异，但从结构和功能上看，各种机器都具有以下三个特征：

(1)都是一种人为的实体组合。

(2)组成机器的各实体单元之间具有确定的相对运动。

(3)可以代替人的劳动，实现能量转换或完成有用的机械功。

机构只是一个构件系统，只具备机器的前两个特征。所谓机构，是具有确定相对运动的构件的组合，能实现预期的机械运动，主要用来传递运动和力。常用的机构有连杆机构、凸轮机构、齿轮机构和间歇运动机构等。

机器的主要部分是由机构组成的。一部机器可以包含一个或若干个机构。机器除构件系统外还包含电气、液压等其他装置。机构只用于传递运动和力，机器除传递运动和力之外，还应当具有变换或传递能量、物料、信息的功能。但是，在研究构件的运动和受力情况时，机器与机构之间并无区别。因此，习惯上用“机械”一词作为机器和机构的总称。

构件是组成机构的最小运动单元体，它可以是单一零件，也可以是由几个零件组成的刚性结构。组成构件的零件之间没有相对运动。零件是不可拆的制造单元体，它可以分为两类：一类称为通用零件，它在各种机械中都能遇到，如齿轮、螺钉、轴、弹簧等；另一类称为专用零件，它只出现于某些机械之中，如汽轮机的叶片、内燃机的活塞等。

机构按其运动空间可分为：

(1)平面机构　所有构件都在同一平面或相互平行的平面内运动。

(2)空间机构　各构件不在同一平面或相互平行的平面内运动。

目前工程上常见的机构大多属于平面机构,所以本章只讨论平面机构。

第一节　运动副及其分类

一、运动副的概念

1)构件的自由度

构件所具有的独立运动的数目,称为构件的自由度。如图2-1-1所示,在xoy坐标系中,一个作平面运动的自由构件S,可随其上任意一点A沿x轴和y轴方向移动和绕A点转动。由此可见,一个作平面运动的自由构件,它具有三个独立的运动,即有三个自由度。

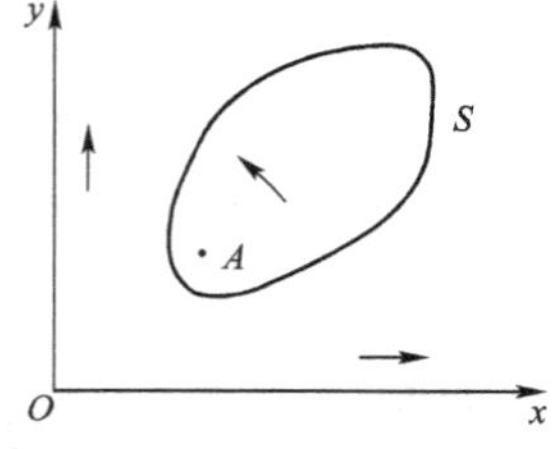

图2-1-1　构件的自由度

2)运动副

机构的构件之间以一定的方式连接而且可以产生一定的相对运动。这种使两构件直接接触而又能产生一定形式的相对运动的连接称为运动副。轴与轴承的连接、液压缸的连接、齿轮之间的连接都构成运动副。

运动副限制了两构件之间的某些独立运动,这种对构件独立运动的限制称为约束。构件组成运动副后,其独立运动受到约束,自由度便随之减少。

二、运动副的类型及其特点

两构件组成的运动副,不外乎通过点、线或面的接触来实现。根据构件间接触形式的不同,平面运动副可分为低副和高副两类。

1. 低副

两构件通过面接触组成的运动副称为低副。根据两构件间相对运动形式的不同,平面机构低副有转动副和移动副两种。

1)转动副

若两构件间只能在一个平面内产生相对转动,这种运动副称为转动副,又称铰链,如图2-1-2所示。

2)移动副

若两构件间只能沿某一轴线产生相对移动,这种运动副称为移动副,如图2-1-3所示。

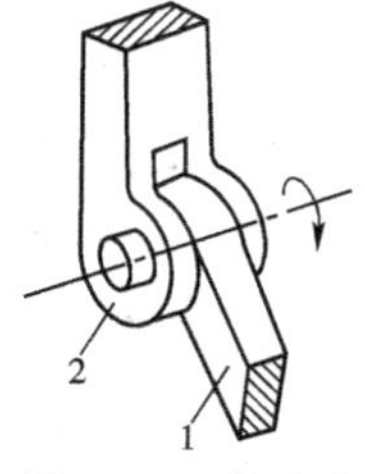

图2-1-2　转动副

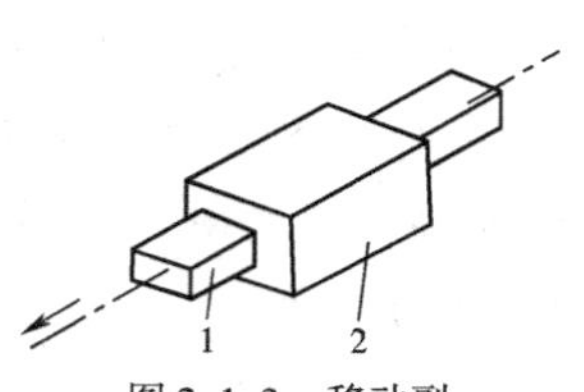

图2-1-3　移动副

低副接触表面一般为平面和圆柱面，它制造容易，承载能力强，耐磨损。每个低副有两个约束，保留一个自由度。

2. 高副

两构件通过点或线接触组成的运动副称为高副。如图 2-1-4 所示的凸轮与推杆、图 2-1-5所示的轮齿与轮齿，它们分别在接触处构成高副。

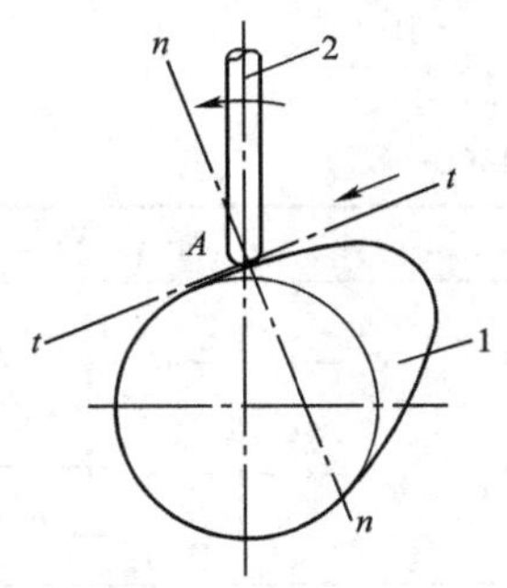

图 2-1-4　凸轮与尖顶推杆的点接触

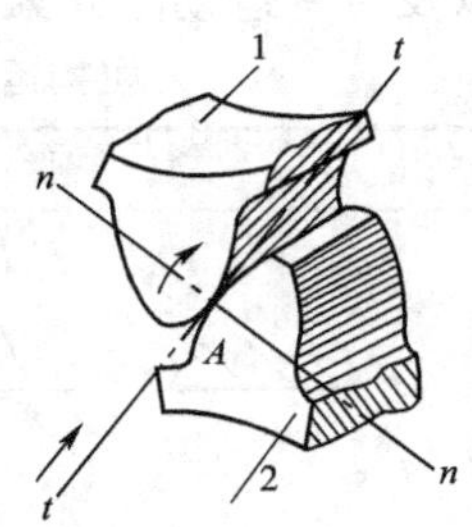

图 2-1-5　轮齿之间的线接触

高副是点或线接触，因此承载能力差，容易磨损，同时由于高副的接触面多为曲面，因而制造比较困难。但是，高副接触部分的几何形状可有多种，因而能完成比较复杂的运动。每个高副有一个约束，保留两个自由度。

第二节　平面机构运动简图

一、平面机构运动简图的概念

在对现有机构进行运动分析或设计新机构时，为了使问题简化，不考虑实际机构的外形结构，仅用简单的线条和符号表示构件和运动副，并按一定的比例定出各运动副的相对位置。这种说明机构各构件间相对运动关系的简单图形称为机构运动简图。

对机构运动简图的基本要求是：能清楚地表达机构的结构组成，能准确地反映与原机构完全相同的运动特性。有时只是为了表达机构的结构组成，也可以不严格按比例绘制简图，通常把这种简图称为机构示意图。

二、构件的分类

机构中的构件按其运动性质可分为 3 类：

1）机架

机构中被看做固定不动的构件，它用来支承其他可动构件。例如机床的床身是机架，它支承轴、齿轮等活动构件。

2）原动件

运动规律已知的活动构件。它直接接受或最先接受能源作用，有驱动力或力矩。它的运动由外界输入，因此又称为输入构件。例如柴油机中的活塞。在机构运动简图中，常将原动件标上表示运动方向的箭头。

3)从动件

机构中随着原动件的运动而运动的活动构件,如柴油机中的连杆、曲轴、齿轮等都是从动件。其中输出运动或实现机构功能的,称为输出构件或执行件,如柴油机中的曲轴。

三、带有运动副元素的构件图示

运动副以及带有运动副元素的构件的画法见表2-1-1。

机构运动简图常用符号(摘自 GB 4460—85)　　表2-1-1

名　称	符　号	名　称	符　号
固定结构	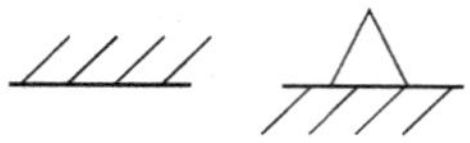	外啮合圆柱齿轮机构	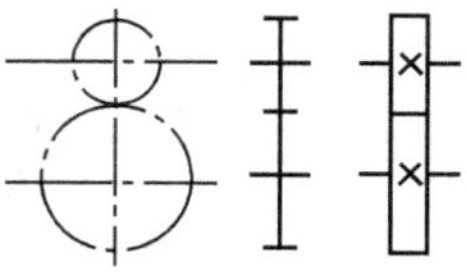
两副元素构件	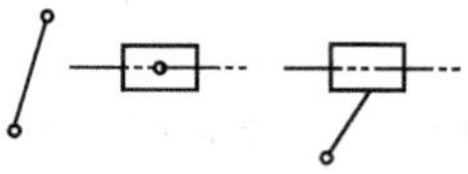	内啮合圆柱齿轮机构	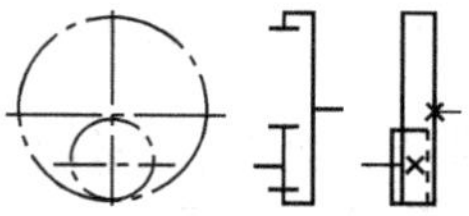
三副元素构件	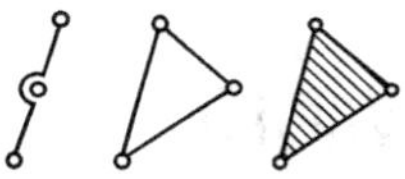	齿轮齿条机构	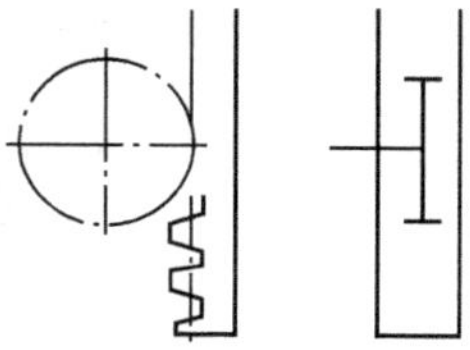
转动副	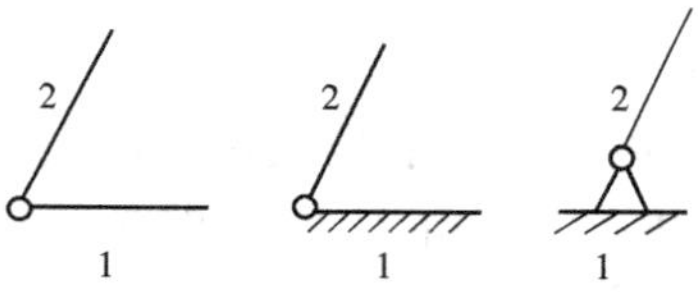 2　1　2　1　2　1	圆锥齿轮机构	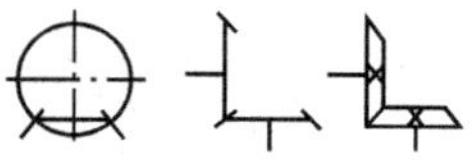
移动副	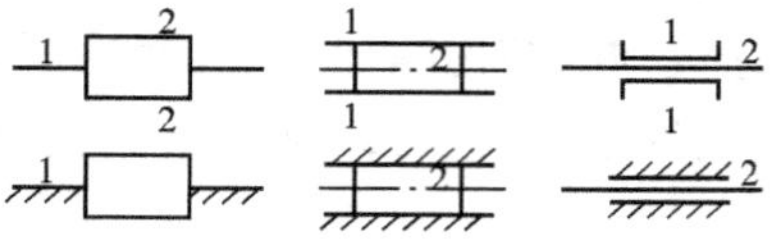 1　2　2　1　1　2　1　2　1　2　1　2　1　2	蜗杆蜗轮机构	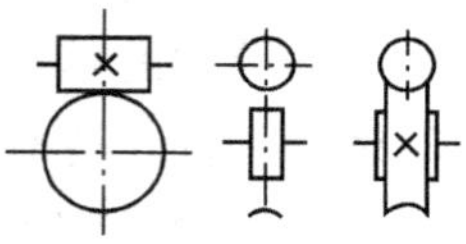
平面高副	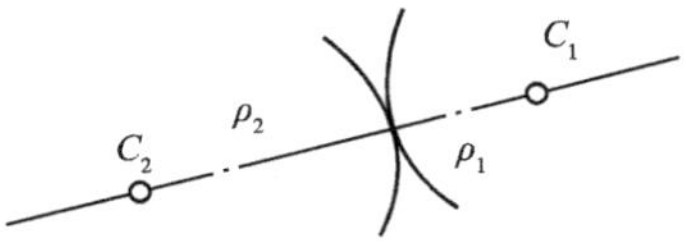 C_1　C_2　ρ_2　ρ_1	带传动	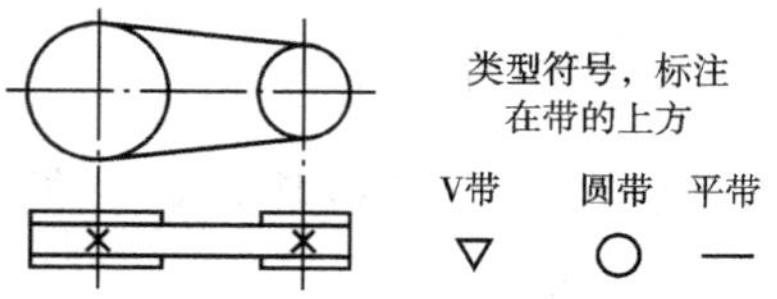 类型符号,标注在带的上方 V带　圆带　平带
凸轮机构	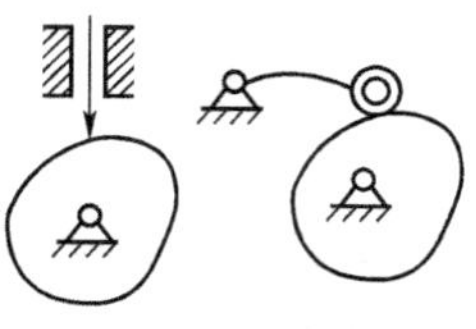	链传动	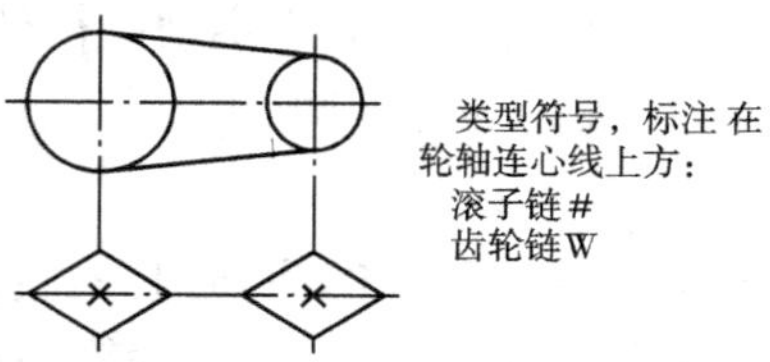 类型符号,标注在轮轴连心线上方: 滚子链# 齿轮链W

续上表

名　称	符　号	名　称	符　号
棘轮机构			

四、平面机构运动简图的绘制

机构运动简图绘制步骤如下：

(1)确定机构中构件的数目及类型，分析机构的组成和运动　从原动件开始按传动路线逐个分出各运动单元(构件)，确定机构的构件数目，进而确定原动件、执行构件、机架及各从动件，并依次将各构件标上数字编号。

(2)确定运动副的类型和数目　从原动件开始，仍按传动路线，根据直接接触的两构件间的连接方式和相对运动情况，确定运动副的种类和数目，并标注上相应的字母代号。

(3)选择视图平面及机构瞬时作图位置　在绘制机构运动简图时，一般将与各个构件运动平面平行的平面作为视图平面，且要确定机构的瞬时绘图位置，因为机构在运动时是无法绘制其运动简图的。

(4)选择比例尺，绘制机构运动简图　根据机构实际尺寸及图纸大小，以能够清晰表达机构运动为目的，选择适当比例尺。

$$比例尺 = \frac{实际长度}{图示长度} \quad (单位:m/mm 或 mm/mm)$$

测量出运动副之间的距离和移动副导路的位置尺寸或高度，即测量机构的运动尺寸；按比例在图纸上定出各运动副之间的相对位置，如转动副的中心、移动副导路的方位、平面高副的轮廓(组成高副的两构件在该瞬时接触点的曲率中心位置及曲率半径大小)等，并用规定的符号画出运动副；将位于同一构件的运动副用简单的线条连接，机架打上斜线表示，原动件上标注表达运动方向的箭头，并标注绘图比例和机构的实际运动尺寸，完成机构运动简图。

下面通过举例说明机构运动简图的绘制步骤。

例 2-1-1　试绘制如图 2-1-6a)所示颚式破碎机的机构示意图。

解：(1)确定机构中构件的数目及类型　颚式破碎机由机架 1、偏心轴 2、动颚 3、肘板 4 共四个构件组成。偏心轴是原动件，动颚和肘板是从动件。当带轮和偏心轴绕轴线 A 作转动时，驱使动颚 3 作平面运动，从而将矿石粉碎。

(2)确定运动副的类型和数目　偏心轴 2 与机架 1 组成转动副 A，动颚 3 与偏心轴 2 组成转动副 B，肘板 4 与动颚 3 组成转动副 C，肘板 4 与机架 1 组成转动副 D。整个机构有四个转动副。

(3)选择视图平面及机构瞬时作图位置　选择与各个构件运动平面相平行的平面作为视图平面，并以如图 2-1-6a)所示位置为机构的作图位置。

(4)绘制机构示意图。选定适当比例尺，用规定的符号画出运动副，将同一构件上的运动副用简单的线条连接,绘出机构示意图,如2-1-6b)所示。

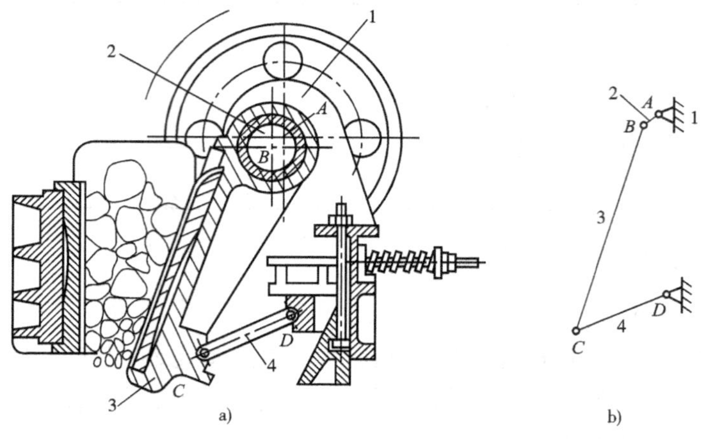

图2-1-6 颚式破碎机

第三节 平面机构的自由度

机构的各构件之间应具有确定的相对运动。显然,不能产生相对运动或作无规则运动的一堆构件难以用来传递运动。为了使组合起来的构件能产生相对运动并具有运动确定性,有必要探讨机构自由度和机构具有确定运动的条件。

一、平面机构自由度计算公式

一个作平面运动的自由构件具有3个自由度。当两个构件通过运动副连接时,它们的相对运动受到约束。每个低副有两个约束,引入一个低副则限制两个自由度;每个高副有一个约束,引入一个高副则限制一个自由度。若平面机构有n($n=K-1$,K表示机构中的构件数)个作平面运动的活动构件,在没通过运动副连接之前,共有$3n$个自由度;若机构中有P_L个低副,P_H个高副,则机构中引入的总约束为$2P_L+P_H$,所剩下的约束数就是机构自由度,用F表示,即:

$$F = 3n - 2P_L - P_H \tag{2-1-1}$$

这就是计算平面机构自由度的公式。由公式可知,机构自由度F取决于活动构件的件数以及运动副的性质(低副或高副)和个数。

机构的自由度即是机构相对于机架所具有的独立运动的数目。由前述可知,从动件是不能独立运动的,只有原动件才能独立运动。通常每个原动件只具有一个独立运动(如电动机转子具有一个独立转动,内燃机活塞具有一个独立移动),因此,机构具有确定相对运动的条件是:机构的自由度F必定与原动件数相等,且$F>0$。

例2-1-2 计算图2-1-6所示颚式破碎机主体机构的自由度。

解:在颚式破碎机主体机构中,有三个活动构件,即$n=3$;包含四个转动副,$P_L=4$;没有高副,$P_H=0$。由公式(2-1-1)得:

$$F = 3n - 2P_L - P_H = 3\times3 - 2\times4 = 1$$

该机构具有一个原动件(偏心轴2),原动件数与机构的自由度相等,故具有确定的相对运动。

二、计算平面机构自由度的注意事项

应用式(2-1-1)计算平面机构的自由度时,对下述几种情况必须加以注意:

1. 复合铰链

两个以上的构件同时在一处用转动副相连接就构成复合铰链。如图2-1-7a)所示是三个构件汇交成的复合铰链,图2-1-7b)是它的俯视图。由图2-1-7b)可以看出,这三个构件共组成两个转动副。依此类推,K个构件汇交而成的复合铰链应具有$(K-1)$个转动副。在计算机构自由度时应注意识别复合铰链,以免把转动副的个数算错。

例2-1-3　计算图2-1-8所示圆盘锯主体机构的自由度。

解:机构中有七个活动构件,$n=7$;A、B、C、D四处都是三个构件汇交的复合铰链,各有两个转动副,E、F处各有一个转动副,故$P_L=10$。由式(2-1-1)可得:

$$F = 3\times7 - 2\times10 = 1$$

F与机构原动件数相等。当原动件8转动时,圆盘中心E将确定地沿EE'移动。

2. 局部自由度

机构中常出现一种不影响整个机构运动的、与输出构件运动无关的、局部的独立运动,称为局部自由度(或多余自由度),在计算机构自由度时应予排除。

例2-1-4　计算图2-1-9a)所示滚子从动件凸轮机构的自由度。

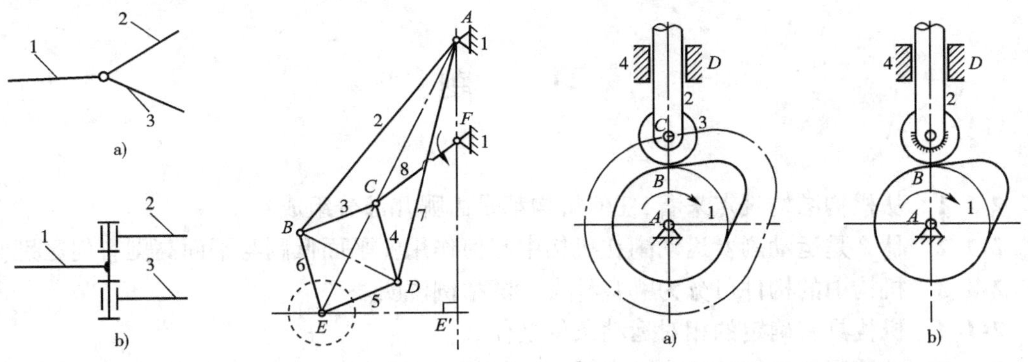

图2-1-7　复合铰链　　图2-1-8　圆盘锯机构　　图2-1-9　滚子凸轮机构

解:如图2-1-9a)所示,当原动件凸轮1转动时,通过滚子3驱使从动件2以一定运动规律在机架4中往复移动。因此,从动件2是输出构件。不难看出,在这个机构中,无论滚子3绕其轴线C是否转动或转动快慢,都不影响输出构件2的运动。因此滚子绕其中心的转动是一个局部自由度。为了在计算机构自由度时排除这个局部自由度,可设想将滚子与从动件焊成一体(转动副C也随之消失),变成图2-1-9b)所示形式。在图2-1-9b)中,$n=2$,$P_L=2$,$P_H=1$。由式(2-1-1)可得:

$$F = 3\times2 - 2\times2 - 1 = 1$$

局部自由度虽然不影响整个机构的运动,但滚子可使高副接触处的滑动摩擦变成滚动摩擦,减少磨损,所以实际机械中常有局部自由度出现。

3. 虚约束

与别的约束起着相同作用的约束,称为虚约束。它对机构的运动不起任何限制作用,在计算自由度时应当除去不计。

平面机构中常出现的虚约束有:

(1)两个构件之间组成多个导路平行的移动副,其中只有一个移动副起约束作用,其余都是虚约束,如图 2-1-10 所示。

(2)两个构件之间组成多个轴线重合的转动副,其中只有一个转动副起作用,其余都是虚约束。

(3)机构中起相同作用的对称部分是虚约束,如图 2-1-11 所示。虚约束虽然对运动不起作用,但能改善机构受力情况和增加刚度。因此实际中常有虚约束存在。

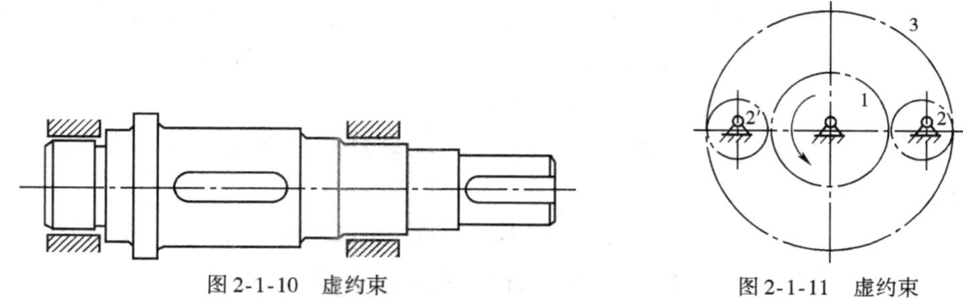

图 2-1-10　虚约束　　图 2-1-11　虚约束

习　题

2-1-1　从机构结构观点来看,任何机构都是由哪几部分组成?

2-1-2　什么是运动副?运动副在机构中起何作用?平面低副与平面高副有何区别?

2-1-3　机构中的构件可分为哪些种类?试举例说明。

2-1-4　机构具有确定的相对运动条件是什么?

2-1-5　试绘制各机构的机构示意图,如题图 2-1-1 所示。

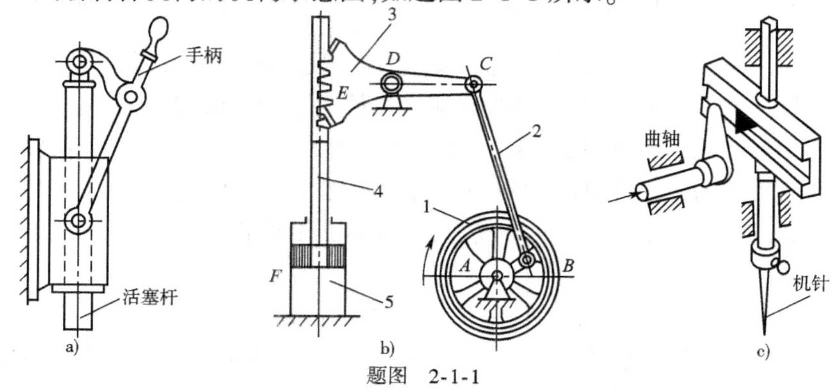

题图　2-1-1

a)唧筒机构;b)活塞泵;c)缝纫机下针机构

2-1-6 计算题图 2-1-2 所示机构的自由度(若有复合铰链、局部自由度或虚约束,必须明确指出)。

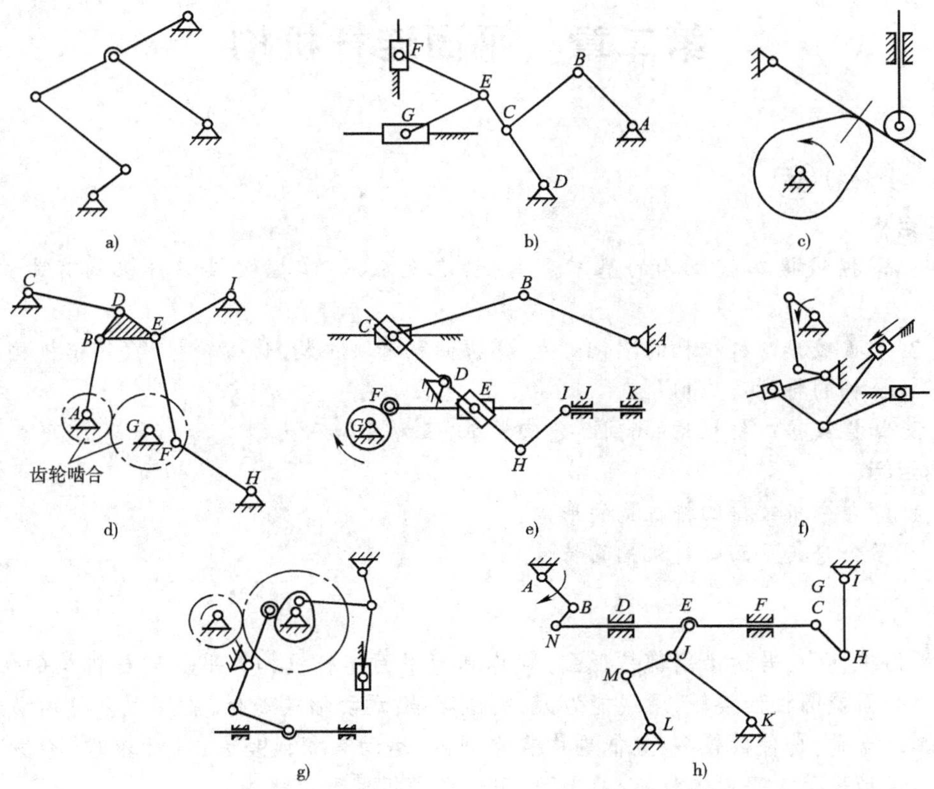

题图 2-1-2

第二章　平面连杆机构

学习目标

知识目标

1. 掌握铰接四杆机构的基本形式、特点及应用;掌握铰接四杆机构有曲柄的条件;

2. 掌握铰接四杆机构的演化形式;掌握曲柄滑块机构、偏心轮机构、导杆机构、曲柄摇杆机构的特性及应用;

3. 掌握铰接四杆机构的特性:急回特征、压力角和死点。

能力目标

1. 学会分析铰接四杆机构的形式;

2. 学会分析平面四杆机构的特性。

在平面机构中,若运动副都是低副,则称其为平面连杆机构。平面连杆机构的优点是:运动副为平面或圆柱面接触,承载能力大,制造容易;运动形式多样,能实现多种运动规律和轨迹。其缺点是:构件数较多,且低副中存在间隙,运动累积误差大;设计较难,不易精确实现复杂的运动规律。平面连杆机构广泛应用于各种机械和仪器中。

最简单的平面连杆机构由四个构件组成,称为平面四杆机构,其应用非常广泛,而且是平面多杆机构的基础。本章着重介绍平面四杆机构的类型、特性及其设计方法。

第一节　铰链四杆机构的基本形式

在平面四杆机构中,若运动副都是转动副,则称其为铰链四杆机构,如图 2-2-1 所示。在此机构中,构件 4 为机架;构件 1、3 与机架直接相连,称为连架杆;构件 2 与机架间接相连,称为连杆。机构工作时,连架杆作定轴转动,连杆作平面复杂运动。能做整周转动的连架杆称为曲柄,只能在一定角度范围内摆动的连架杆称为摇杆。按两连架杆中曲柄与摇杆的存在情况,铰链四杆机构可分为三种基本形式。

一、曲柄摇杆机构

在铰链四杆机构中,若两个连架杆之一为曲柄,另一连架杆为摇杆,则称为曲柄摇杆机构,如图 2-2-2 所示。在此机构中,连架杆 1 为曲柄,它可绕固定铰链中心 A 作整周转动,故活动铰链中心 B 的轨迹为圆;连架杆 3 为摇杆,它只能绕固定铰链中心 D 来回摆动,故活动铰链中心 C 的轨迹为一段圆弧。

曲柄摇杆机构的传动特点是可实现曲柄转动与摇杆摆动的相互转换。如图 2-2-3 所示雷达调整机构，构件 1 为曲柄，它转动后通过连杆 2 使摇杆 3（即天线）绕 D 点摆动，从而调整天线的俯仰角以对准通信卫星。如图 2-2-4 所示缝纫机踏板机构，构件 3 为摇杆（即踏板），它上下摆动后通过连杆 2 使曲柄 1（大皮带轮）连续转动，从而驱动缝纫机工作。

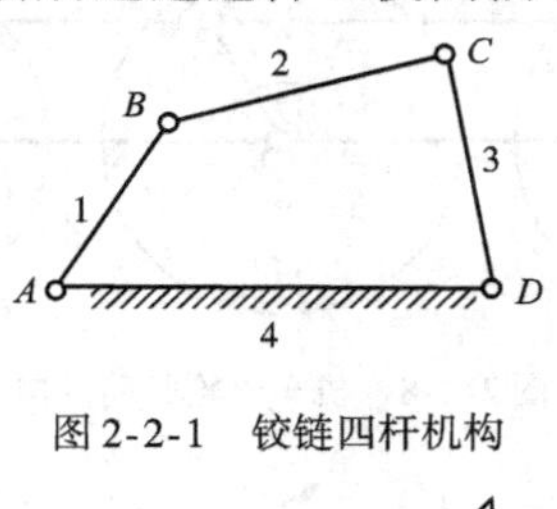

图 2-2-1　铰链四杆机构

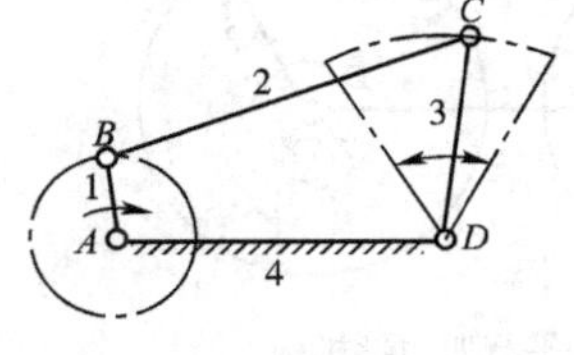

图 2-2-2　曲柄摇杆机构

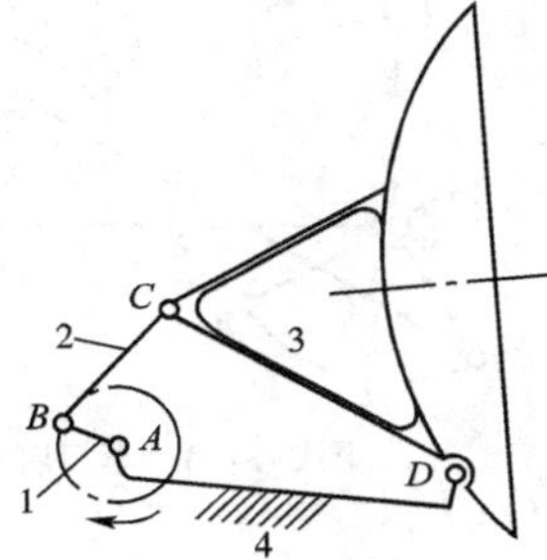

图 2-2-3　雷达调整机构

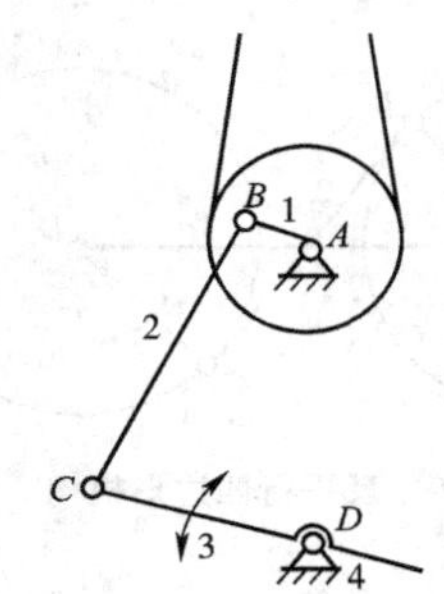

图 2-2-4　缝纫机踏板机构

二、双曲柄机构

在铰链四杆机构中，若两个连架杆均为曲柄，则称为双曲柄机构，如图 2-2-5 所示。双曲柄机构的传动特点是当主动曲柄匀速转动时，从动曲柄一般做变速转动。

如图 2-2-6 所示惯性筛机构，其中 $ABCD$ 为双曲柄机构，主动曲柄 1 匀速转动时，从动曲柄 3 变速转动（通过杆 5 带动筛子 6 作变速往复移动，从而达到利用惯性筛分物料的目的）。

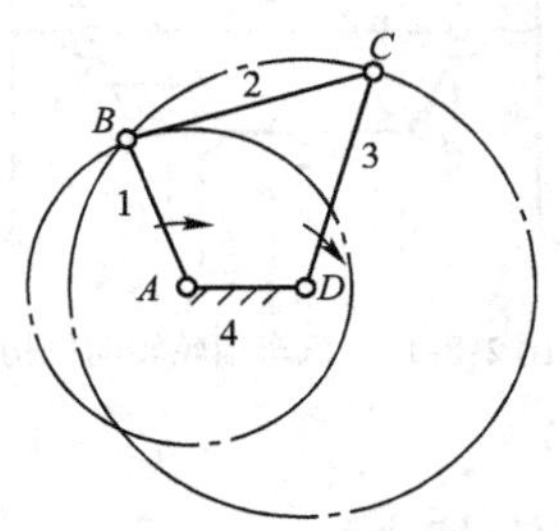

图 2-2-5　双曲柄机构

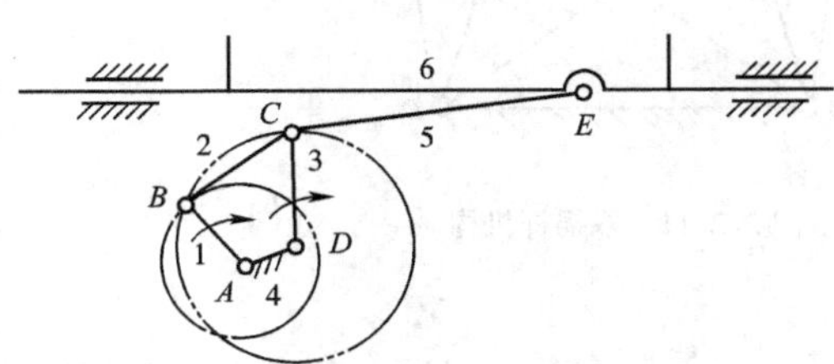

图 2-2-6　惯性筛机构

双曲柄机构中用得最多的是平行四边形机构，即相对的两杆平行且长度相等的双曲柄机构，如图 2-2-7 所示。平行四边形机构的传动特点是两曲柄以相同的角速度同向转动，连杆作平动。如图 2-2-8 所示平行四边形机构在机车车轮联动机构中的应用。

在双曲柄机构中，若两相对杆的长度分别相等，但不平行，则称为反平行四边形机构，如

图 2-2-9 所示。在反平行四边形机构中,当以其长边为机架时,两曲柄的转动方向相反,如图 2-2-10 所示的车门启闭机构就利用了这个特性,它可使两扇车门(*AE* 和 *DF*)同时开启或关闭;当以其短边为机架时,两曲柄的转向相同,其性能与一般的双曲柄机构相似。

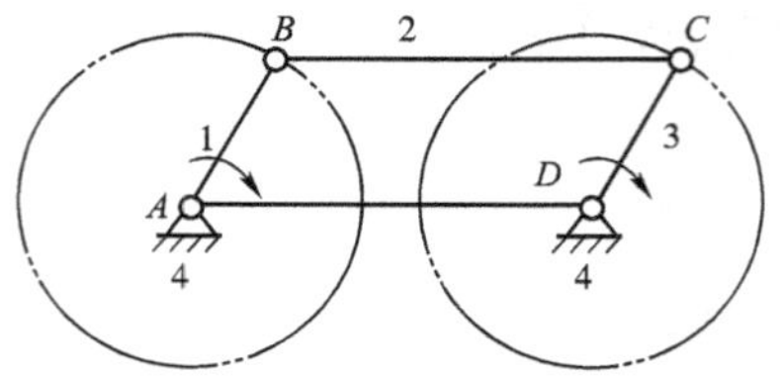

图 2-2-7 平行四边形机构

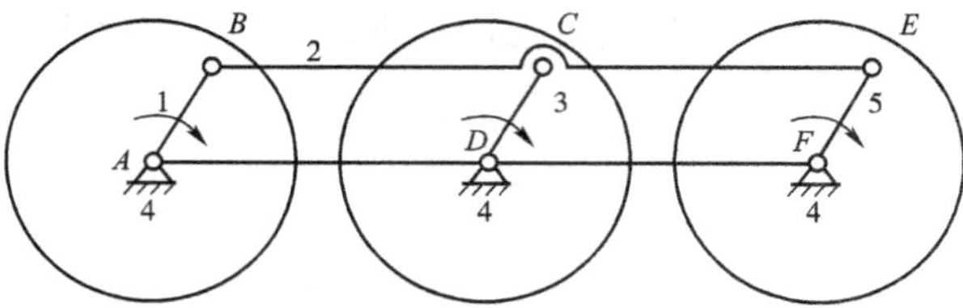

图 2-2-8 机车车轮联动机构

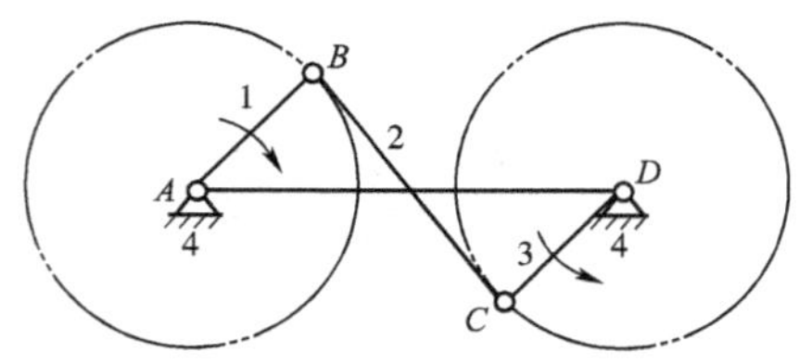

图 2-2-9 反平行四边形机构

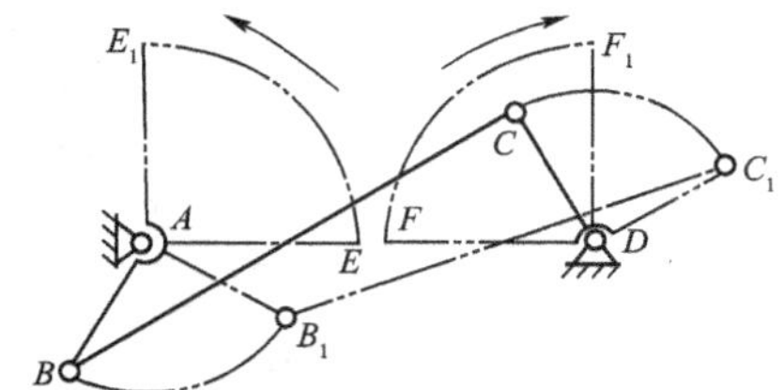

图 2-2-10 车门启闭机构

三、双摇杆机构

在铰链四杆机构中,若两个连架杆均为摇杆,则称为双摇杆机构,如图 2-2-11 所示。

双摇杆机构的传动特点是可将一种摆动转换成另一种摆动。在双摇杆机构中,如果两摇杆长度相等,则称为等腰梯形机构。图 2-2-12 为等腰梯形机构在汽车前轮转向机构中的应用,车身 4 为机架,连架杆 1、3 是摇杆且分别与左、右前轮固连,2 为连杆,转动方向盘可通过杆 5 驱动摇杆 1、3(车轮)摆动,从而实现汽车的转向。

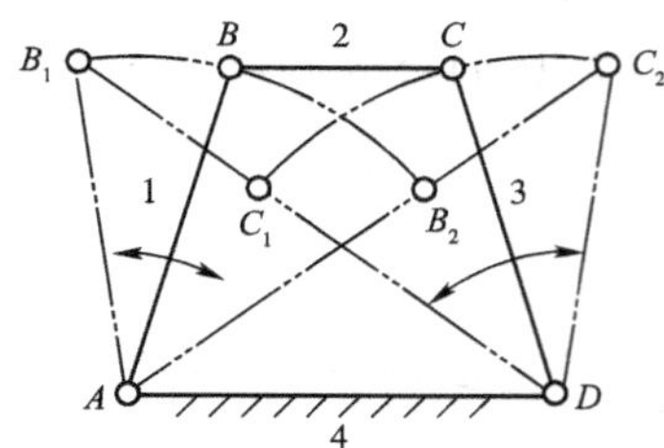

图 2-2-11 双摇杆机构

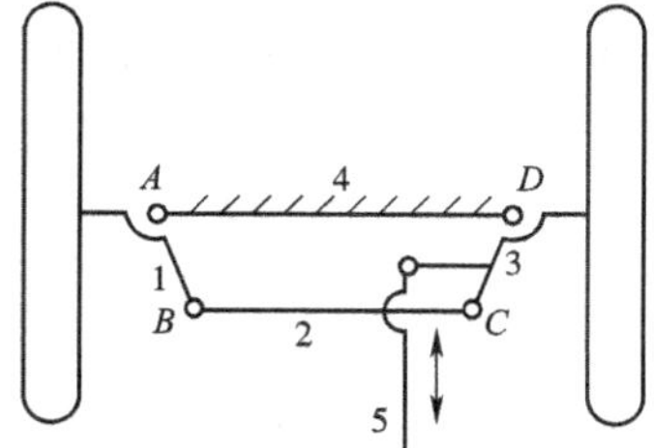

图 2-2-12 汽车前轮转向机构

第二节 铰链四杆机构的演化机构

一、曲柄滑块机构

如图 2-2-13 所示的四杆机构中,4 为机架,1、3 为连架杆,2 为连杆,3 与 4 之间构成移动副,其余三个运动副为转动副。机构工作时,连架杆 1 为曲柄,连架杆 3 作往复移动称为滑块，该机构称为曲柄滑块机构。当滑块移动的导路 m—m 通过曲柄的转动中心 A 时，称为对心曲柄滑块机构，如图 2-2-13a）所示；当滑块移动的导路 m—m 不通过曲柄的转动中心 A 时，称为偏置曲柄滑块机构，如图 2-2-13b）所示，偏置的距离 e 称为偏心距。

曲柄滑块机构的传动特点是可以实现曲柄转动和滑块往复移动之间的相互转换，它在内燃机、冲床、空压机等机械中得到了广泛的应用。在如图 2-2-13a）所示的对心曲柄滑块机构中，如果分别选择其他三个构件为机架，则可得到以下讨论的机构。

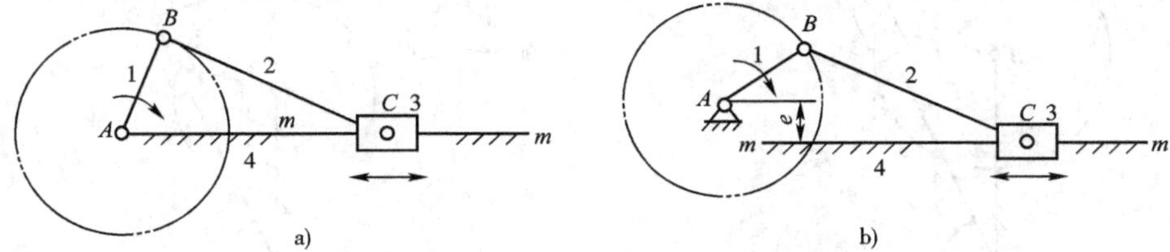

图 2-2-13　曲柄滑块机构

二、转动导杆机构

在如图 2-2-13a）所示的对心曲柄滑块机构中，若改选构件 1 为机架，则得到如图 2-2-14 所示的曲柄转动导杆机构，简称转动导杆机构。在此机构中，两连架杆 2、4 均作整周转动，其中构件 2 称为曲柄，构件 4 为滑块 3 提供导轨作用，称为导杆。

转动导杆机构的传动特点是当曲柄匀速转动时，导杆作变速转动。如图 2-2-15 所示插床插刀运动机构，利用转动导杆机构 ABC 中导杆 4 的变速运动，使插刀 6 在切削行程运动慢，在空回行程运动快，以缩短非工作时间，提高生产效率。

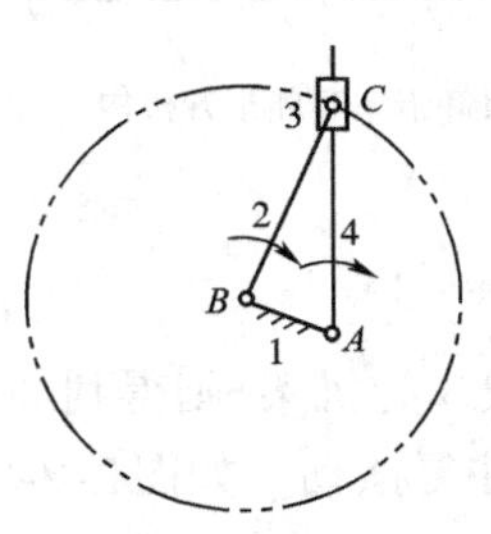

图 2-2-14　转动导杆机构

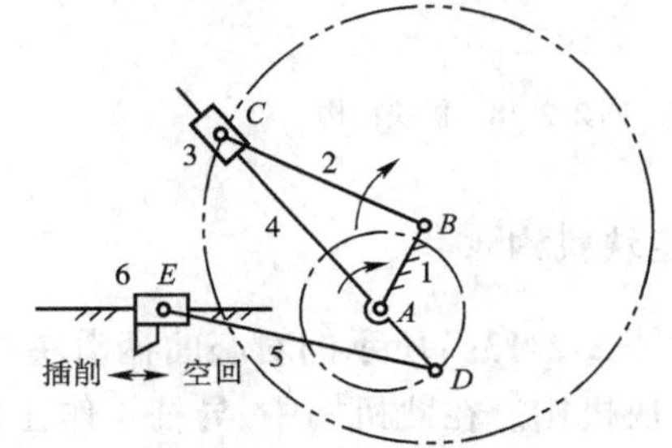

图 2-2-15　插床插刀运动机构

三、摆动导杆机构

在图 2-2-14 所示的转动导杆机构中，若使机架长度大于曲柄长度，即 $L_{AB} > L_{BC}$，则得到如图 2-2-16 所示的摆动导杆机构。在此机构中，构件 2 可整周转动，而导杆 4 只能往复摆动。

摆动导杆机构的传动特点是当曲柄匀速转动时，导杆作变速摆动。如图 2-2-17 所示摆动导杆机构 ABC 在牛头刨床刨刀运动机构中的应用，其作用与转动导杆机构在插床插刀运动机构中的作用相同。

四、摇块机构

在如图 2-2-13a）所示的对心曲柄滑块机构中，若改选构件 2 为机架，则得到如图 2-2-18

所示的摇块机构。在此机构中,构件 1 作整周转动,滑块 3 作往复摆动。

摇块机构的传动特点是它可将导杆的相对移动转化为曲柄的转动。如图 2-2-19 所示摇块机构在自卸卡车车厢举升机构中的应用。其中摇块 3 为油缸,利用压力油推动活塞使车厢翻转卸料。

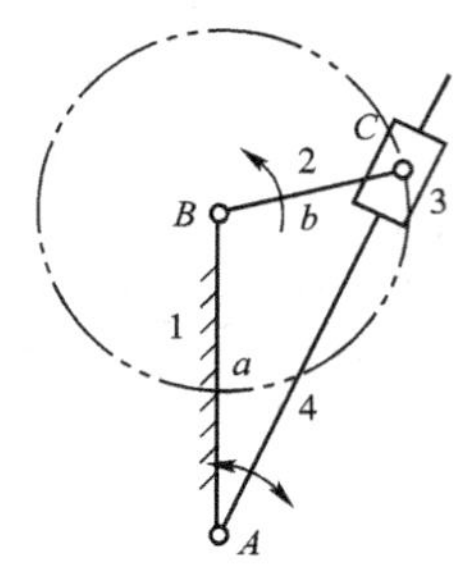

图 2-2-16　摆动导杆机构

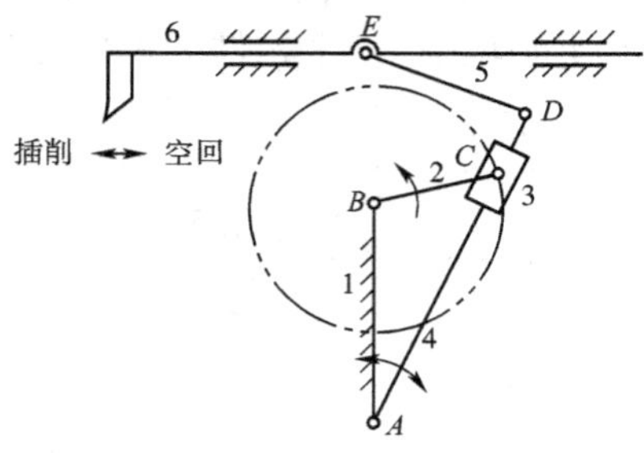

图 2-2-17　牛头刨床刨刀运动机构

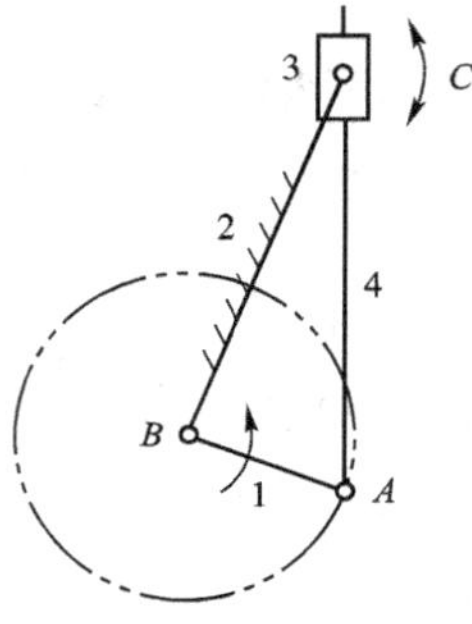

图 2-2-18　摇块机构

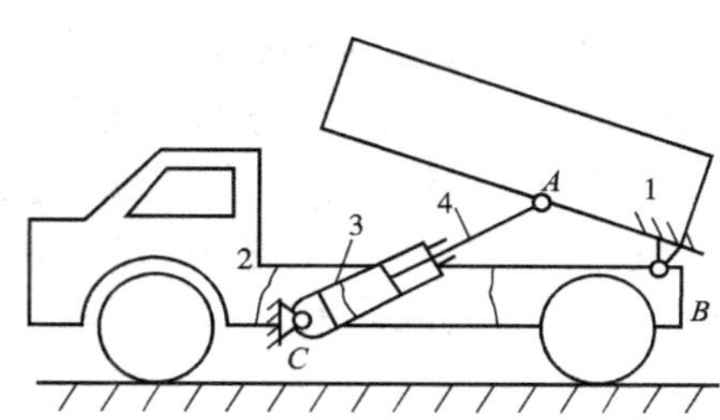

图 2-2-19　自卸卡车车厢举升机构

五、定块机构

在如图 2-2-13a)所示的对心曲柄滑块机构中,若改选滑块 3 为机架,则得到如图 2-2-20 所示的定块机构。在此机构中,导杆 4 作往复移动,构件 2 作往复摆动。如图 2-2-21 所示的手压抽水机为该机构的应用实例。

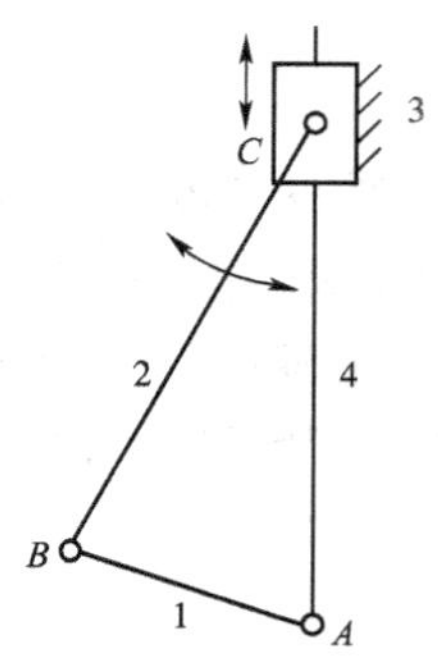

图 2-2-20　定块机构

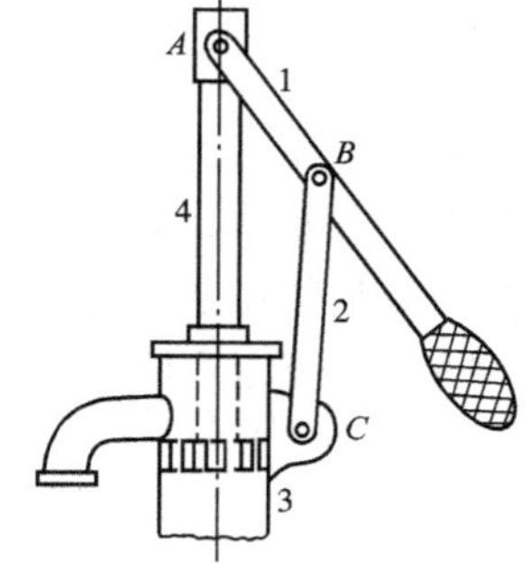

图 2-2-21　手压抽水机

第三节　铰链四杆机构的特性

一、曲柄存在条件

图2-2-22铰链四杆机构中，机构中各构件的长度分别为 a、b、c、d。

1. $a<d$

当 $a<d$，如果构件 AB 为曲柄。则构件 AB 应能通过与 AD 共线两个位置 AB' 及 AB''。

与此相应，由三角形的边长关系可得各构件的长度应满足：

$$a+d\leqslant b+c, a+b\leqslant d+c, a+c\geqslant a+b$$

由上述三式两两相加可得：

$$a\leqslant c, a\leqslant b, a\leqslant d$$

2. $a>d$

当 $a>d$，同理可得：

$$d+a\leqslant b+c, d+b\leqslant a+c, d+c\leqslant a+b$$

由此三式两两相加推得：

$$d\leqslant c, d\leqslant c, d\leqslant a$$

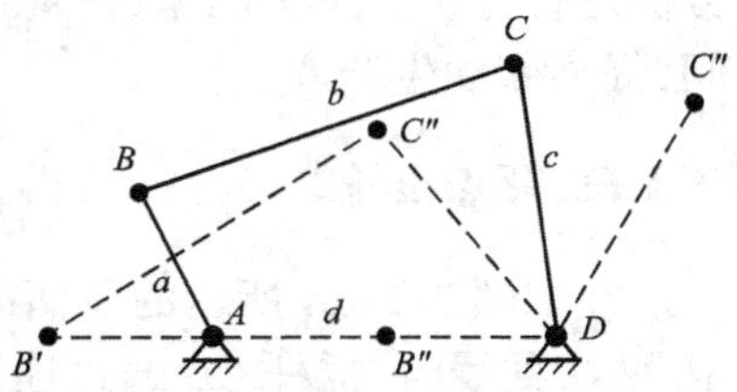

图2-2-22　铰链四杆机构曲柄存在条件

根据分析结果，可得铰链四杆机构有曲柄的条件为：

(1)最短杆与最长杆的长度之和，小于或等于其余两杆长度之和。

(2)连架杆和机架中必有一个是最短杆。

根据上述曲柄存在条件可得以下推论：

(1)铰链四杆机构中，若最短杆与最长杆的长度之和小于或等于其余两杆长度之和，则取最短杆的相邻杆为机架时，得曲柄摇杆机构；取最短杆为机架时，得双曲柄机构；取与最短杆相对的杆为机架时，得双摇杆机构。

(2)铰链四杆机构中，若最短杆与最长杆的长度之和大于其余两杆长度之和，则不论取何杆为机架时均无曲柄存在，而只能得双摇杆机构。

二、急回运动特性

在如图2-2-23所示的曲柄摇杆机构中，曲柄 AB 为原动件，它以等角速度 ω_1 顺时针转动。当曲柄和连杆在 AB_1C_1 共线时，摇杆处于右极限位置 C_1D；当曲柄和连杆在 AB_2C_2 共线时，摇杆处于左极限位置 C_2D。机构所处的 AB_1C_1D 和 AB_2C_2D 这两个位置称为极位，摇杆两个极位 C_1D、C_2D 之间的夹角 ψ 称为摆角，曲柄两个极位 AB_1、AB_2 之间所夹的锐角 θ 称为极位夹角。当机构从极位 AB_1C_1D 运动到另一极位 AB_2C_2D 时，曲柄转过的角度为 $\varphi_2=180°-\theta$，摇杆转过的角度为 ψ，所用时间为 $t_2=\varphi_2/\omega_1$；当机构从极位 AB_2C_2D 转回到极位 AB_1C_1D 时，曲柄转过的角度为 $\varphi_1=180°+\theta$，摇杆转过的角度仍为 ψ，所用时间为 $t_1=\varphi_1/\omega_1$；因为 $\varphi_2<\varphi_1$，所以 $t_2<t_1$，即摇杆往复摆动的快慢不同。令摇杆从 C_2D 摆到 C_1D 为工作行程，这时摇杆的平均角速度为 $\omega_{m1}=\psi/t_1$；令摇杆从 C_1D 摆到 C_2D 为空回行程，这时摇杆的平均角速度为 $\omega_{m2}=\psi/t_2$，显然 $\omega_{m2}>\omega_{m1}$，即曲柄摇杆机构空回行程速度大于工作行程速度。这一运动特性称为急回运动特性。

机构急回运动的程度可用行程速比系数 K 来衡量,即:

$$K=\frac{\omega_{m2}}{\omega_{m1}}=\frac{\psi/t_2}{\psi/t_1}=\frac{t_1}{t_2}=\frac{\varphi_1}{\varphi_2}=\frac{180^\circ+\theta}{180^\circ-\theta} \tag{2-2-1}$$

上式表明,当 $\theta=0$ 时,$K=1$,机构无急回特性;当 $\theta\neq0$ 时,机构具有急回特性;θ 角愈大,K 值愈大,急回特性愈显著。θ 角的大小与各构件的长度有关,设计时,通常要预选 K 值,求出 θ,因此,由式(2-2-1)可求得:

$$\theta=180^\circ\times\frac{K-1}{K+1} \tag{2-2-2}$$

除曲柄摇杆机构外,偏置曲柄滑块机构和摆动导杆机构等也具有急回特性,可用类似的方法进行分析。牛头刨床、往复式输送机等机械,就是利用机构的急回特性,缩短非工作时间,提高劳动生产率。

三、死点位置

在如图 2-2-24 所示的曲柄摇杆机构中,设摇杆 CD 为主动件,则当连杆 BC 与从动曲柄 AB 两次共线时,摇杆 CD 通过连杆作用于从动曲柄 AB 上的力恰好通过其回转中心 A,此力对 A 点不产生力矩,所以出现了不能使曲柄转动的“卡死”或转向不确定现象。机构的这种位置称为死点位置,这种现象称为死点。可见,四杆机构中是否出现死点,决定于从动件是否与连杆共线。

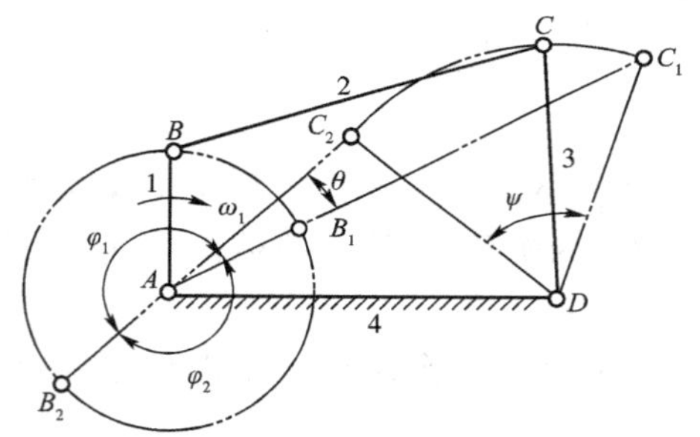

图 2-2-23　曲柄摇杆机构的急回特性

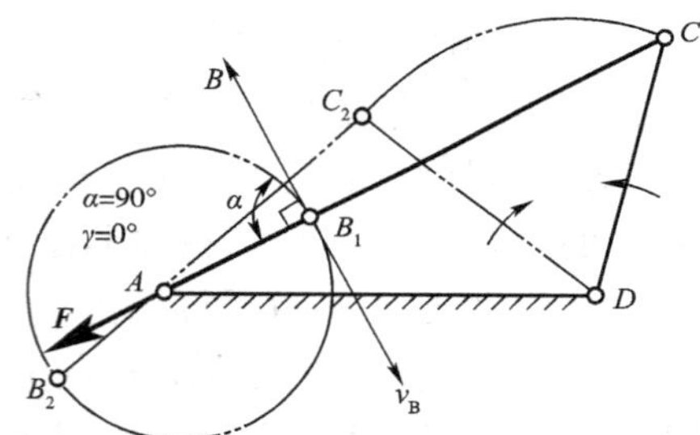

图 2-2-24　曲柄摇杆机构的死点位置

对于传动机构来说,机构有死点是不利的,必须采取适当的措施,使机构能顺利地通过死点从而正常工作。通常采用安装飞轮加大惯性的方法,借惯性作用使机构冲过死点。缝纫机踏板机构中的大带轮即兼有飞轮的作用。也可采用将两组以上的相同机构并联使用,让各组机构的死点相互错开排列,从而克服死点。

在工程实践中,也常利用机构的死点来满足一些特定的工作要求。如图 2-2-25 所示的钻床夹具,用力 F 压下手柄 2,工件 5 即被夹紧,此时连杆 2 与从动件 3 共线(BCD)。外力 F 撤除后,在夹紧反力 F_n 的作用下,因机构处于死点位置,夹具并不会自动松开而仍保持夹紧状态。当需要取出工件时,抬起手柄松开夹具即可。

四、压力角和传动角

在如图 2-2-26 所示的曲柄摇杆机构中,如果不计质量和摩擦力,则连杆 2 是二力构件,由原动件1经过连杆2作用在从动件3上点 C 的驱动力 F，将沿着 BC 方向。力 F 与点 C 绝对速度 $\boldsymbol{v}_c$ 方向之间所夹的锐角 α 称为机构在此位置的压力角，而力 F 与 $\boldsymbol{v}_c$ 方向的垂直方向之间所夹的锐角 γ 称为机构在此位置的传动角。显然，α 和 γ 互为余角。

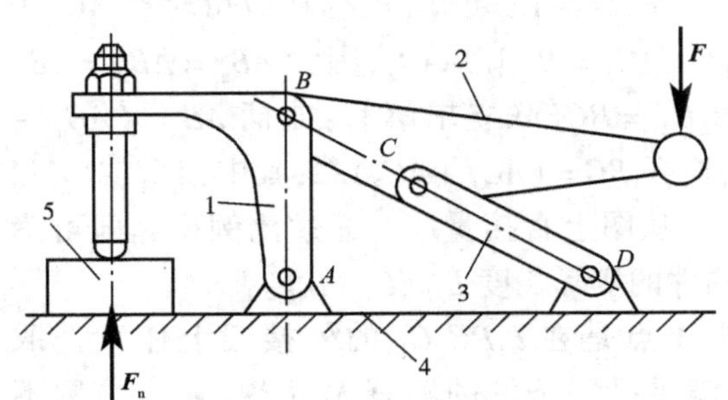

图2-2-25　钻床夹具

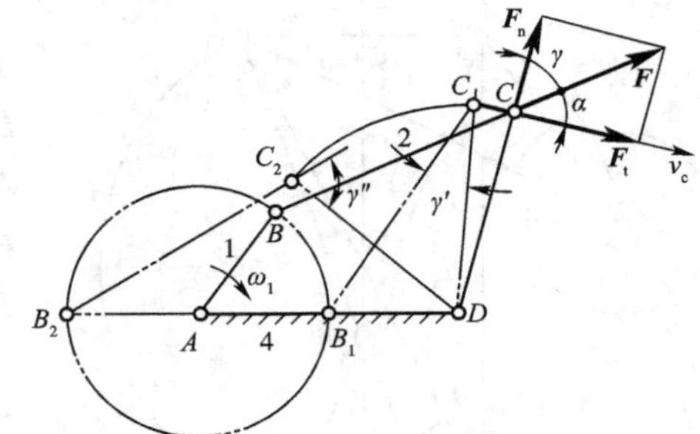

图2-2-26　曲柄摇杆机构的压力角和传动角

力 F 在速度 $\boldsymbol{v}_c$ 方向的分力为 $F_t(F_t = F\cos\alpha = F\sin\gamma)$，力 F 在 $\boldsymbol{v}_c$ 方向的垂直方向的分力为 $F_n(F_n = F\sin\alpha = F\cos\gamma)$。分力 F_t 对 D 点有力矩作用，是使从动件转动的有用分力；而分力 F_n 对 D 点无力矩作用，仅使运动副压紧，增加了摩擦，是有害分力。可见，传动角 γ 越大，压力角 α 越小，有用分力 F_t 越大，有害分力 F_n 越小，对机构的传力越有利，传动效率越高。因此，在连杆机构中常用传动角 γ 的大小及其变化情况来衡量机构传力性能的好坏。

机构在运动过程中，其传动角的大小是变化的。根据分析，当曲柄 AB 转到与机架 AD 共线两位置 AB_1、AB_2 时，对应的传动角 γ' 和 γ'' 中较小者为机构的最小传动角 γ_{min}。为了保证机构正常工作，必须规定最小传动角 γ_{min} 的下限。对于一般机械，通常取 $\gamma_{min} \geq 40°$；对于颚式破碎机、冲床等大功率机械，最小传动角应当取大一些，可取 $\gamma_{min} \geq 50°$。

第四节　平面四杆机构的设计

平面四杆机构设计的基本任务是：根据给定的运动要求，选定机构的形式，确定各构件的长度。四杆机构设计的方法有图解法、实验法和解析法。本章主要介绍按给定行程速比系数或连杆位置设计四杆机构的图解法。

一、按给定行程速比系数 K 设计四杆机构

设计一曲柄摇杆机构，已知摇杆长度 L_{CD}、摆角 ψ 和行程速比系数 K，试用图解法确定其余三个构件的长度。

本设计的关键是确定曲柄转动中心 A，设计步骤如下：

(1)求出极位夹角 $\theta = 180° \times (K-1)/(K+1)$。

(2)选定比例尺，任选一点作为摇杆的摆动中心 D，作出摇杆两个极位 C_1D 和 C_2D，使 $C_1D = C_2D = L_{CD}$，$\angle C_1DC_2 = \psi$，如图2-2-27所示。

(3)连接 C_2、C_1，并作 C_2M 垂直于 C_2C_1，再作 $\angle C_2C_1N = 90° - \theta$，得 C_1N 与 C_2M 相交于 P 点，则 $\angle C_1PC_2 = \theta$。

(4)作出 Rt$\triangle PC_1C_2$ 的外接圆(圆心 O 在斜边 PC_1 的中点),因为同圆弧上的圆周角相等,此圆周上(弧 C_1C_2 和弧 EF 除外)的任意一点 A,满足 $\angle C_1AC_2 = \angle C_1PC_2 = \theta$,所以均可作为曲柄的转动中心。

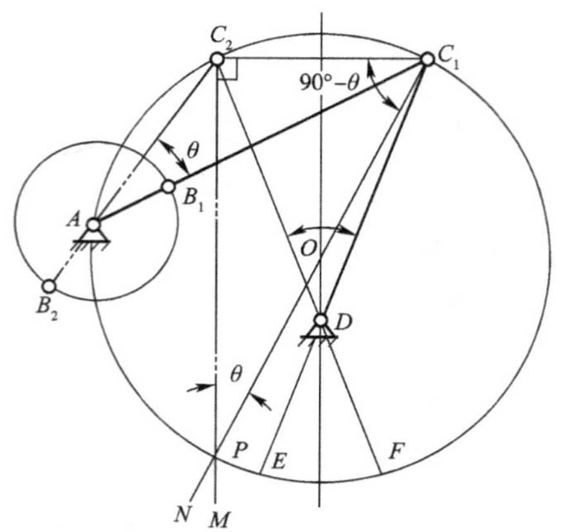

图 2-2-27 按给定行程速比系数 K 设计四杆机构

(5)从图 2-2-13 可知,机构在极位时有 $AC_1 = AB_1 + B_1C_1$,$AC_2 = B_2C_2 - AB_2$,因为 $AB_1 = AB_2 = AB$,$B_1C_1 = B_2C_2 = BC$,联立求解有:曲柄 $AB = (AC_1 - AC_2)/2$,连杆 $BC = (AC_1 + AC_2)/2$,其中,AC_1、AC_2 和机架 AD 可从图上直接量取。通过比例换算即可确定三个构件的实际长度 L_{AB}、L_{BC}、L_{AD}。

因为 A 点是在 $\triangle PC_1C_2$ 的外接圆上任意选取的,所以满足已知条件的解有无穷多。A 点位置不同,机构最小传动角的大小也不同,为了得到良好的传动性能,还须根据最小传动角及其他附加条件来确定 A 点的位置。

二、按给定连杆位置设计四杆机构

1. 按给定连杆的两个位置设计四杆机构

如图2-2-28a)所示一加热炉的炉门启闭机构 $ABCD$,炉门(即连杆 BC)关闭时在铅垂位置 E_1,炉门开启时在水平位置 E_2。炉门上两铰链中心 B 和 C 的位置已知,要求设计该铰链四杆机构。

该设计的实质是已知连杆长度及连杆两个位置 B_1C_1、B_2C_2,确定其余三构件的长度,如图 2-2-28b) 所示。要确定其余三构件的长度,关键是确定固定铰链中心 A、D 的位置。由于在铰链四杆机构中,铰链 B 的轨迹是以 A 为圆心的圆弧,铰链 C 的轨迹是以 D 为圆心的圆弧,所以 A 点必在 B_1B_2 的垂直平分线 b_{12} 上,D 点必在 C_1C_2 的垂直平分线 c_{12} 上。显然,只给定连杆两个位置,将有无穷多解。本设计中,固定铰链 A、D 的位置受加热炉结构的限制,只能安装在 y—y 线上。连接 AB_1、C_1D,即得所求的四杆机构。

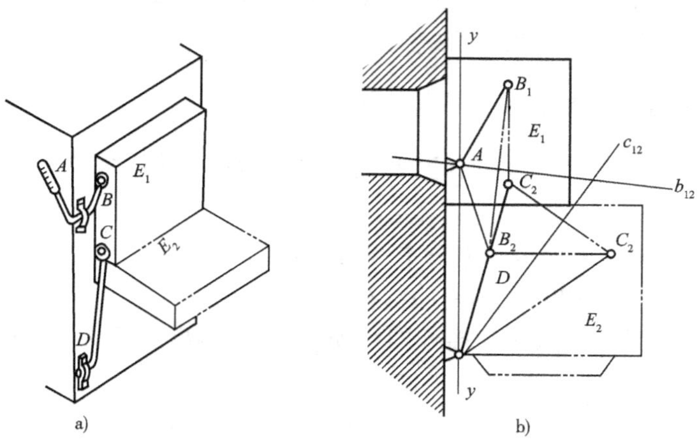

图 2-2-28 按给定连杆的两个位置设计四杆机构

2. 按给定连杆的三个位置设计四杆机构

如图 2-2-29 所示，已知连杆的长度及连杆经过的三个位置 B_1C_1、B_2C_2、B_3C_3，设计四杆机构。同上分析，因为 B_1、B_2、B_3 三点共圆，C_1、C_2、C_3 三点共圆，所以作 B_1B_2 和 B_2B_3 的垂直平分线 b_{12}、b_{23}，其交点即为固定铰链 A 的位置，作 C_1C_2 和 C_2C_3 的垂直平分线 C_{12}、C_{23}，其交点即为固定铰链 D 的位置，连接 AB_1、C_1D，即得所求的四杆机构。此时，有唯一解。

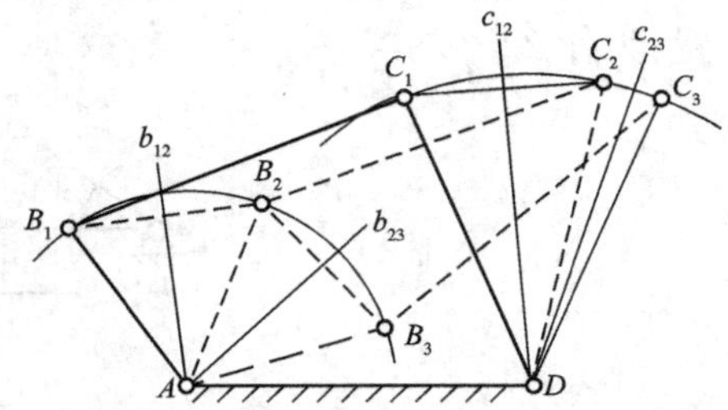

图 2-2-29　按给定连杆的三个位置设计四杆机构

习　　题

2-2-1　铰链四杆机构的基本形式有哪几种？已知铰链四杆机构各构件的长度分别为 $a=240\text{mm}$，$b=600\text{mm}$，$c=400\text{mm}$，$d=500\text{mm}$。试问当分别取 a、b、c、d 为机架时，将各得到何种机构？

2-2-2　题图 2-2-1 所示机构，AD 为机架，AB 为原动件时，为何种机构？当以 BC 构件为机架，AB 为原动件时，演变成何种机构？

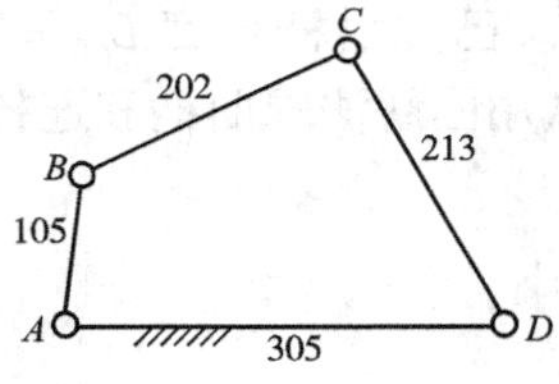

题图　2-2-1

2-2-3　铰链四杆机构各杆长如题图 2-2-2 所示，分别以 1、2、3 构件为机架时，将演化成何种机构？

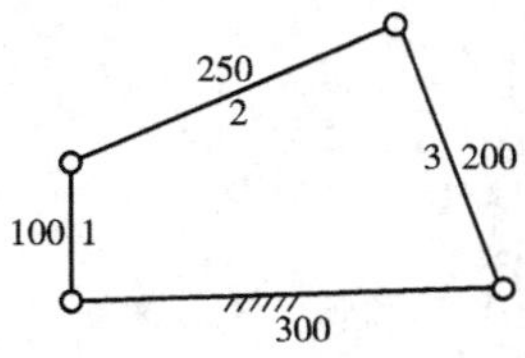

题图　2-2-2

2-2-4　图 2-2-3 所示的曲柄滑块机构中，已知曲柄长度 $a=20\text{mm}$，连杆长度 $b=60\text{mm}$，偏心距 $e=10\text{mm}$。

(1) 按 1:1 的比例作出机构的两个极限位置，并量出滑块的行程 s 和极位夹角 θ 的值。

(2) 求出行程速比系数 K。

(3) 当曲柄顺时针转动时，滑块在哪个方向移动得快？哪个方向移动得慢？

(4)当曲柄主动时,该机构是否存在死点位置?当滑块主动时,该机构是否存在死点位置,为什么?

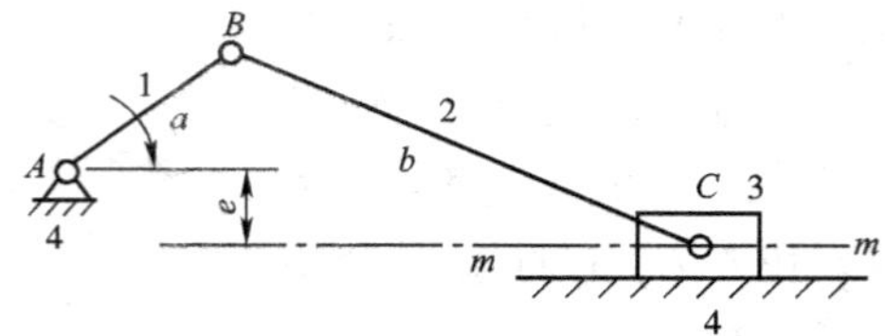

题图 2-2-3

2-2-5 试问题图2-2-4所示各机构是否均有急回运动?以构件1为原动件时,是否都有死点?在什么情况下才会有死点?

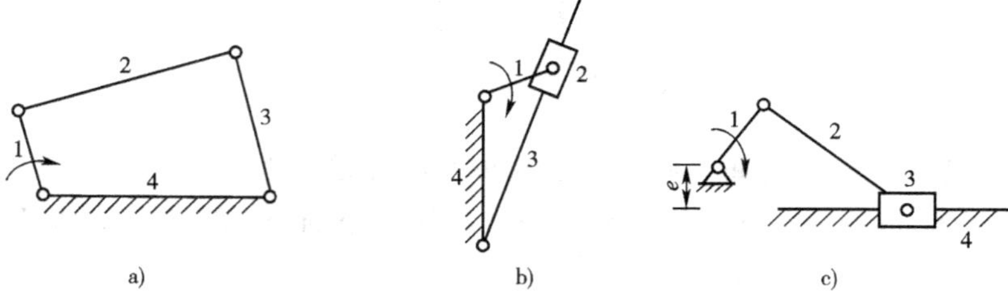

题图 2-2-4

a)曲柄摇杆机;b)摇块机构;c)偏置式曲柄滑块机构

2-2-6 设计一曲柄摇杆机构。已知摇杆长度 $L_{CD}=75$mm,机架长度 $L_{AD}=83$mm,摆角 $\psi=45°$,行程速比系数 $K=1.25$,试用图解法求曲柄和连杆的长度 L_{AB}、L_{BC}。

第三章 凸轮机构

学习目标

知识目标

1. 掌握凸轮机构的组成、特点、分类和应用；
2. 了解从动杆的常用运动规律；
3. 掌握凸轮机构压力角的概念及压力角与基圆半径的关系。

能力目标

1. 学会凸轮机构运动过程分析；
2. 学会分析从动杆的常用运动规律及特点；
3. 学会分析凸轮机构压力角及凸轮机构基本尺寸的确定。

第一节 凸轮机构的应用和分类

在机械设计时，为了完成一定的运动，常要求某些从动件的位移、速度或加速度按照预定的规律变化，尤其当从动件需按复杂的运动规律运动时，通常采用凸轮机构。凸轮机构广泛应用于各种机械，特别是自动机械和自动控制机械。

一、凸轮机构的组成和特点

如图2-3-1所示一内燃机的配气机构。当凸轮1回转时，其轮廓迫使从动件2(即气阀)上下移动，从而使阀门开启和关闭。阀门的启闭运动规律取决于凸轮轮廓曲线的形状。

二、凸轮机构的分类

凸轮机构的类型很多，常按凸轮和从动件的形状及其运动形式的不同来分类。

1. 按凸轮的形状分类

1)盘形凸轮

如图2-3-1所示，凸轮呈盘状，绕固定轴线转动，并且具有变化的向径，称为盘形凸轮。盘形凸轮的结构简单，应用最广。

2)圆柱凸轮

如图2-3-2所示，凸轮呈圆柱状，绕固定轴线转动，并且具有曲线凹槽，称为圆柱凸轮。圆柱凸轮可以看成是将移动凸轮卷在圆柱体上形成的。圆柱凸轮机构是一种空间凸轮机构。

3)移动凸轮

如图2-3-3所示,凸轮呈板状,做往复直线移动,称为移动凸轮。它可以看成是转轴在无穷远处的盘形凸轮的一部分。

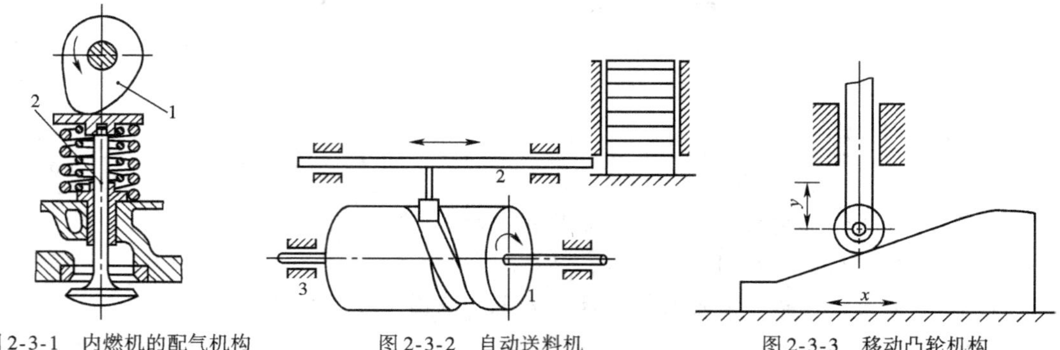

图2-3-1 内燃机的配气机构　图2-3-2 自动送料机　图2-3-3 移动凸轮机构

2. 按从动件的形状分类

1)尖顶从动件

如图2-3-4a)所示,这种从动件的结构最简单,但因尖顶与凸轮是点接触,易磨损,故只适用于低速和轻载场合,如仪表等机构中。

2)滚子从动件

如图2-3-4b)所示,这种从动件的滚子和凸轮之间为滚动摩擦,磨损较小,故可承受较大的载荷,因而应用较广。

3)平底从动件

如图2-3-4c)所示,这种从动件与凸轮的接触区易形成油膜,润滑好,且机构的传动角恒等于90°,传动平稳,效率高,故适用于高速场合。

3. 按从动件的运动形式分类

1)移动从动件

如图2-3-4a)、c)所示,从动件做往复移动。若其轴线通过凸轮的回转中心,则称为对心移动从动件,如图2-3-4c)所示;否则称为偏置移动从动件,如图2-3-4a)所示。

2)摆动从动件

如图2-3-4b)所示,从动件做往复摆动。

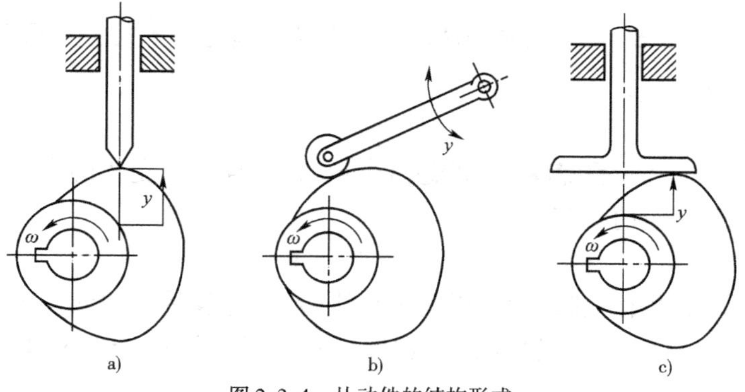

图2-3-4 从动件的结构形式

第二节　常用从动件的运动规律

一、凸轮机构运动过程

从动件的运动规律即是从动件的位移 s、速度 v 和加速度 a 随时间 t 变化的规律。当凸轮作匀速转动时，其转角 δ 与时间 t 成正比（$\delta=\omega t$），所以从动件运动规律也可以用从动件的运动参数随凸轮转角的变化规律来表示，即 $s=s(\delta)$，$v=v(\delta)$，$a=a(\delta)$。通常用从动件运动线图直观地表述这些关系，如图 2-3-5 所示。

现以对心移动尖顶从动件盘形凸轮机构为例，说明凸轮与从动件的运动关系，如图 2-3-5a）所示，以凸轮轮廓曲线的最小向径 r_{min} 为半径所作的圆称为凸轮的基圆，r_{min} 称为基圆半径。点 A 为凸轮轮廓曲线的起始点。当凸轮与从动件在 A 点接触时，从动件处于最低位置（即从动件处于距凸轮轴心 O 最近位置）。当凸轮以匀角速 ω_1 逆时针转动 δ_t 时，凸轮轮廓 AB 段的向径逐渐增加，推动从动件以一定的运动规律到达最高位置 B'（此时从动件处于距凸轮轴心 O 最远位置），这个过程称为推程。这时从动件移动的距离 h 称为升程，对应的凸轮转角 δ_t 称为推程运动角。当凸轮继续转动 δ_s 时，凸轮轮廓 BC 段向径不变，此时从动件处于最远位置停留不动，相应的凸轮转角 δ_s 称为远休止角。当凸轮继续转动 δ_h 时，凸轮轮廓 CD 段的向径逐渐减小，从动件在重力或弹簧力的作用下，以一定的运动规律回到起始位置，这个过程称为回程。对应的凸轮转角 δ_h 称为回程运动角。当凸轮继续转动 δ_s' 时，凸轮轮廓 DA 段的向径不变，此时从动件在最近位置停留不动，相应的凸轮转角 δ_s' 称为近休止角。当凸轮再继续转动时，从动件重复上述运动循环。如果以直角坐标系的纵坐标代表从动件的位移 s_2，横坐标代表凸轮的转角 δ，则可以画出从动件位移 s_2 与凸轮转角 δ 之间的关系线图，如图 2-3-5b）所示，它简称为从动件位移曲线。我们把动件位移、速度、加速度与凸轮转角 δ 之间的关系线图称为运动线图。

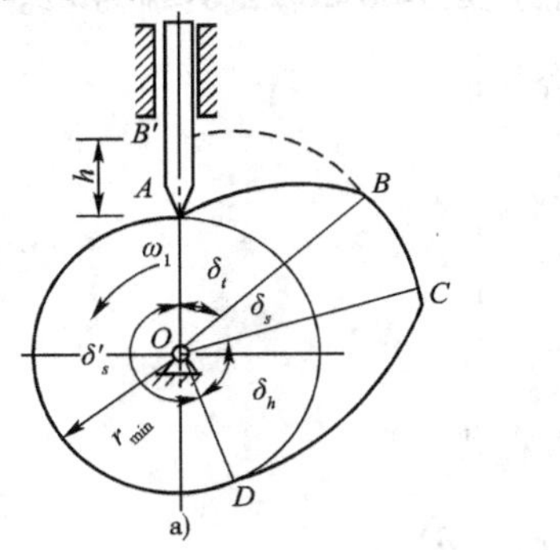

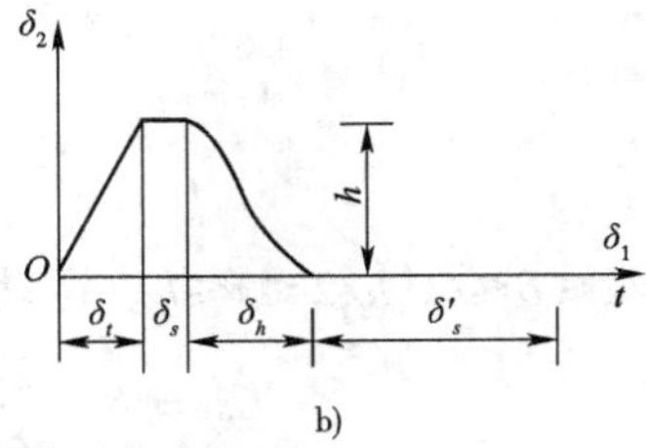

图 2-3-5　凸轮机构运动过程

二、常用从动件的运动规律

1. 等速运动规律

从动件在运动过程中，其运动速度为常数的运动规律称为等速运动规律。从动件位移、速度、加速度与凸轮转角 δ 之间的运动方程如下：推程：$0\leqslant\delta\leqslant\delta_0$，$0\leqslant s\leqslant h$；初始条件：$\delta=0$，

$s=0$;终止条件:$\delta=\delta_0$,$s=h$。推程运动方程式:

$$\left.\begin{aligned} s &= \frac{h}{\delta_0}\delta \\ v &= \frac{h}{\delta_0}\omega \\ a &= 0 \end{aligned}\right\} \tag{2-3-1}$$

回程:$0\leqslant\delta\leqslant\delta'_0$,$0\leqslant s\leqslant h$;初始条件:$\delta=0$,$s=h$;终止条件:$\delta=\delta'_0$,$s=0$。推程运动方程式:

$$\left.\begin{aligned} s &= h(1-\delta/\delta'_0) \\ v &= -\frac{h}{\delta'_0}\omega \\ a &= 0 \end{aligned}\right\} \tag{2-3-2}$$

等速运动规律推程运动线图如图 2-3-6 所示。

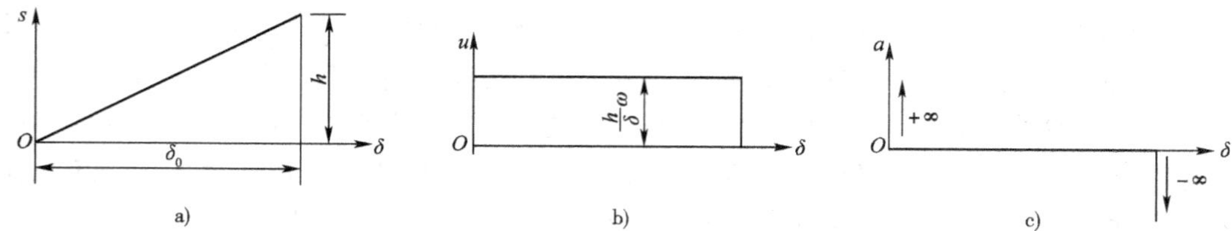

图 2-3-6　等速运动规律推程运动线图

当采用等速运动规律时,从动件在运动的起始点和终止点因速度有突变,在理论上加速度值为瞬时无穷大,使从动件产生非常大的惯性力,致使凸轮受到很大的冲击,并称此种冲击为刚性冲击。因此等速运动规律的应用只适合于低速、轻载的场合。

2. 等加速等减速运动规律

从动件在一个行程中,前半程作等加速运动,后半程作等减速运动,这种运动规律称为等加速等减速运动规律。推程:$0\leqslant\delta\leqslant\delta_0$,$0\leqslant s\leqslant h$;等加速段:$0\leqslant\delta\leqslant\delta_0/2$,$0\leqslant s\leqslant h/2$。运动方程式:

$$\left.\begin{aligned} s &= \frac{2h}{\delta_0^2}\delta^2 \\ v &= \frac{4h\omega}{\delta_0^2}\delta \\ a &= \frac{4h\omega^2}{\delta_0^2} \end{aligned}\right\} \tag{2-3-3}$$

等减速段:$\delta_0/2\leqslant\delta\leqslant\delta_0$,$h/2\leqslant s\leqslant h$。运动方程式:

$$\left.\begin{aligned} s &= h-\frac{2h}{\delta_0^2}(\delta_0-\delta)^2 \\ v &= \frac{4h\omega}{\delta_0^2}(\delta_0-\delta)^2 \\ a &= -\frac{4h\omega^2}{\delta_0^2} \end{aligned}\right\} \tag{2-3-4}$$

回程:$0\leqslant\delta\leqslant\delta'_0$,$0\leqslant s\leqslant h$;等加速段:$0\leqslant\delta\leqslant\delta'_0/2$,$h\leqslant s\leqslant h/2$。运动方程式:

$$\left.\begin{aligned}s&=h-\frac{2h}{\delta'^2_0}\delta^2\\v&=-\frac{4h\omega}{\delta'^2_0}\delta\\a&=-\frac{4h\omega^2}{\delta'^2_0}\end{aligned}\right\}\tag{2-3-5}$$

等减速段：$\delta'_0/2\leqslant\delta\leqslant\delta'_0, h/2\leqslant s\leqslant 0$。运动方程式：

$$\left.\begin{aligned}s&=\frac{2h}{\delta'^2_0}(\delta'_0-\delta)^2\\v&=-\frac{4h\omega}{\delta'^2_0}(\delta'_0-\delta)\\a&=\frac{4h\omega^2}{\delta'^2_0}\end{aligned}\right\}\tag{2-3-6}$$

推程运动线图，如图 2-3-7 所示。

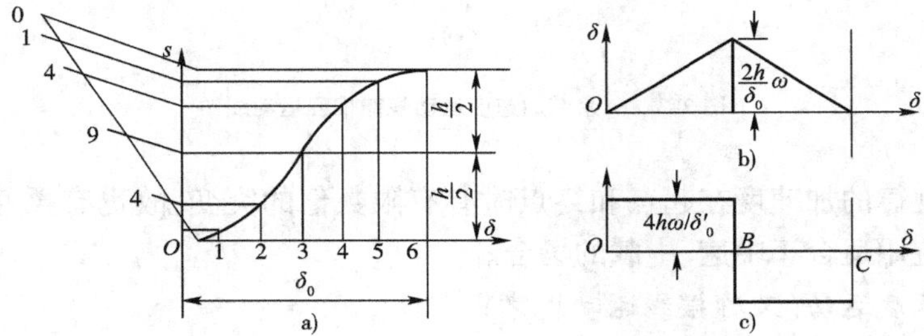

图 2-3-7　等加速度等减速度运动规律推程运动线图

当采用等加速等减速运动规律时，避免了运动速度的突变，改善了从动件在速度转折点处的惯性冲击，但仍有一定程度的冲击存在，称为柔性冲击。因此只适合于中、低速，轻载的场合。

3. 简谐运动（又称余弦加速度运动规律）

当一点在圆周上等速运动时，其在直径上投影的运动即为简谐运动，从动件作简谐运动时，其加速度线图按余弦曲线变化，这种运动规律称为余弦加速度运动规律。设以从动件的行程 h 为直径作一圆，显然从动件的位移为：

$$s=\frac{h}{2}-\frac{h}{2}\cos\theta=\frac{h}{2}(1-\cos\theta)$$

根据凸轮转角 δ 圆上运动点的转角 θ 的关系分别推得推程和回程运动方程式为，推程：$0\leqslant\delta\leqslant\delta_0, 0\leqslant s\leqslant h$。运动方程式：

$$\left.\begin{aligned}s&=\frac{h}{2}\left[1-\cos\left(\frac{\pi}{\delta_0}\delta\right)\right]\\v&=\frac{\pi h\omega}{2\delta_0}\sin\left(\frac{\pi}{\delta_0}\delta\right)\\a&=\frac{\pi^2h\omega^2}{2\delta_0^2}\cos\left(\frac{\pi}{\delta_0}\delta\right)\end{aligned}\right\}\tag{2-3-7}$$

回程:$0\leqslant\delta\leqslant\delta'_0$,$0\leqslant s\leqslant h$。运动方程式:

$$\left.\begin{aligned} s &= \frac{h}{2}\left[1+\cos\left(\frac{\pi}{\delta'_0}\delta\right)\right] \\ v &= -\frac{\pi h\omega}{2\delta'_0}\sin\left(\frac{\pi}{\delta'_0}\delta\right) \\ a &= -\frac{\pi^2 h\omega^2}{2\delta'_0}\cos\left(\frac{\pi}{\delta'_0}\delta\right) \end{aligned}\right\} \tag{2-3-8}$$

推程运动线图如图 2-3-8 所示。

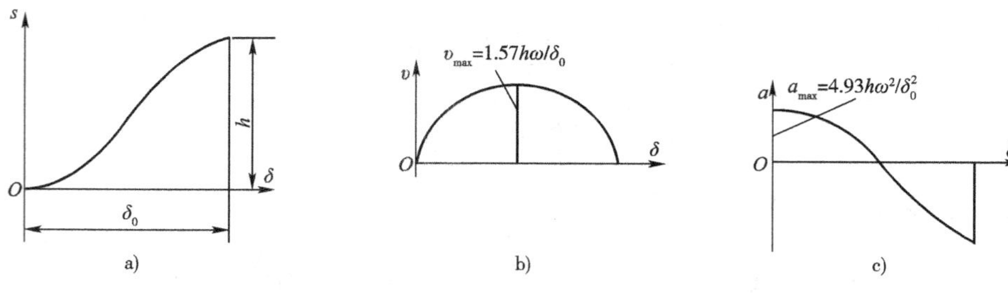

图 2-3-8　余弦加速度运动规律推程运动线图

这种运动规律的加速度在起点和终点时有有限数值的突变,故也有柔性冲击。因此简谐运动规律的应用适合于中速、中载的场合。

4. 正弦加速度运动(又称摆线运动规律)

当滚圆沿坐标轴作匀速纯滚动时,圆周上一点的轨迹即为一条摆线,此时该点在纵坐标轴上投影随时间变化的规律,即为摆线运动规律。从动件作摆线运动规律时,其加速度线图按正弦曲线变化,这种运动规律称为正弦加速度运动规律。经推导得推程和回程运动方程式为,推程:$0\leqslant\delta\leqslant\delta_0$,$0\leqslant s\leqslant h$。运动方程式:

$$\left.\begin{aligned} s &= h\left[\frac{\delta}{\delta_0}-\frac{1}{2\pi}\sin\left(\frac{2\pi}{\delta_0}\delta\right)\right] \\ v &= \frac{h\omega}{\delta_0}\left[1-\cos\left(\frac{2\pi}{\delta_0}\delta\right)\right] \\ a &= \frac{2\pi h}{\delta_0^2}\omega^2\sin\left(\frac{2\pi}{\delta_0}\delta\right) \end{aligned}\right\} \tag{2-3-9}$$

回程:$0\leqslant\delta\leqslant\delta'_0$,$0\leqslant s\leqslant h$。运动方程式:

$$\left.\begin{aligned} s &= h\left[1-\frac{\delta}{\delta'_0}+\frac{1}{2\pi}\sin\left(\frac{2\pi}{\delta'_0}\delta\right)\right] \\ v &= \frac{h\omega}{\delta'_0}\left[\cos\left(\frac{2\pi}{\delta'_0}\delta\right)-1\right] \\ a &= -\frac{2\pi h}{\delta'^2_0}\omega^2\sin\left(\frac{2\pi}{\delta'_0}\delta\right) \end{aligned}\right\} \tag{2-3-10}$$

推程运动线图如图 2-3-9 所示。

从动件作正弦加速度运动时，其加速度没有突变，因而将不产生冲击。因此正弦加速度运动规律的应用适合于高速、中载的场合。

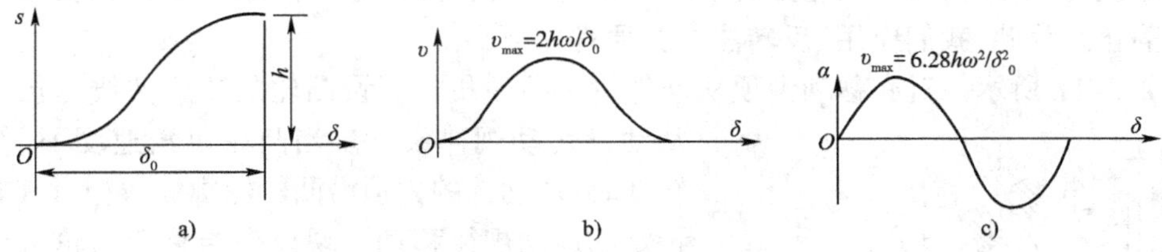

图 2-3-9 正弦加速度运动规律推程运动线图

5. 组合运动规律

随着对机械性能要求的不断提高，对从动件的运动规律要求也越来越高，有时单一型运动规律不能满足工程要求，就采用多种运动规律组合成新型的运动规律，以改善其运动特性。例如采用等加等减运动规律时，在加速度突变处以正弦加速度曲线过渡而组成的改进梯形加速度运动规律，如图 2-3-10 所示。

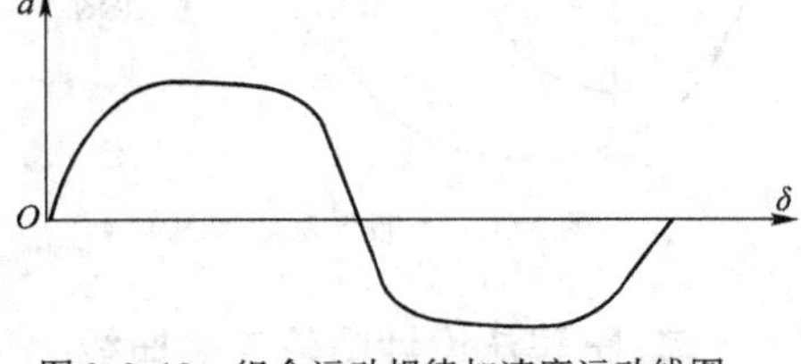

图 2-3-10 组合运动规律加速度运动线图

再如当采用等速运动规律时，将等速运动规律行程的两端与正弦加速度运动规律组合起来，以使其运动动力性能得到改善。

三、从动件运动规律的选取原则

(1) 机器的工作过程只要求当凸轮转过某一角度时，从动件完成一行程或摆角，则只从便于加工考虑，采用圆弧、直线或其他易于加工的曲线作为凸轮轮廓曲线。

(2) 机器工作过程不仅要求当凸轮转过一角度时，从动件完成一行程或转角，而且还要求从动件按一定的运动规律运动，则必须按照工作要求的运动规律来设计。

(3) 对于高速凸轮机构，即使工作过程对从动件的运动规律无特殊要求，但考虑到机构的运动速度较高，如从动件的运动规律选择不当，可能会产生很大的惯性力和冲击，从而使凸轮机构加剧磨损和降低寿命，以至影响工作。所以，为了改善其动力性能，也必须选择合适的从动件运动规律。等速运动、等加等减和余弦加速度运动，均有不同程度的冲击，所以不宜用于高速的情况。正弦加速度运动，尽管理论最大加速度值大于余弦加速度运动的理论加速度值，但因其加速度无突变现象，不存在柔性冲击，故有较好的动力性能，可在高速下应用。

第三节 盘形凸轮轮廓的设计

根据工作条件要求，在选定了凸轮机构的形式、凸轮转向、凸轮的基圆半径和从动件的运动规律后，就可以进行凸轮轮廓曲线的设计。凸轮轮廓曲线的设计有图解法和解析法。图解法简便、直观，但精度较低，适用于要求不高的场合。解析法借助于计算机辅助设计精确地设计凸轮轮廓，适用于要求较高的场合。

一、反转法原理

凸轮机构工作时,通常凸轮是运动的。用图解法绘制凸轮轮廓曲线时,却需要凸轮与图面相对静止。为此,我们应用“反转法”,其原理如下:

图 2-3-11 所示一对心移动尖顶从动件盘形凸轮机构。设凸轮的轮廓曲线已按预定的从动件运动规律设计。当凸轮以角速度 ω_1 绕轴 O 转动时,从动件的尖顶沿凸轮轮廓曲线相对其导路按预定的运动规律移动。现设想给整个凸轮机构加上一个公共角速度 $-\omega_1$,此时凸轮将不动。根据相对运动原理,凸轮和从动件之间的相对运动并未改变。这样从动件一方面随导路以角速度 $-\omega_1$ 绕轴 O 转动,另一方面又在导路中按预定的规律作往复移动。由于从动件尖顶始终与凸轮轮廓相接触,显然,从动件在这种复合运动中,其尖顶的运动轨迹即是凸轮轮廓曲线。这种以凸轮作动参考系,按相对运动原理设计凸轮轮廓曲线的方法称为反转法。

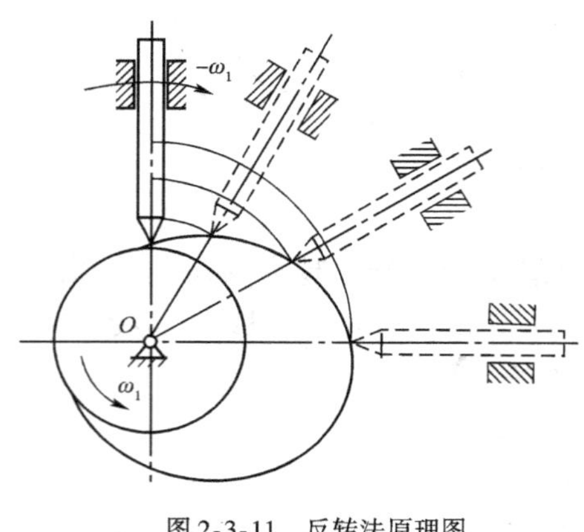

图 2-3-11　反转法原理图

二、图解法设计凸轮轮廓曲线

根据工作要求合理地选择从动件的运动规律之后,可以按照结构所允许的空间和具体要求,初步确定凸轮的基圆半径 r_{min},然后绘制凸轮的轮廓。

下面介绍几种常见的凸轮轮廓的绘制方法。

1. 对心移动尖顶从动件盘形凸轮轮廓的绘制

已知从动件的位移运动规律,凸轮的基圆半径 r_{min},以及凸轮以等角速度 ω_1 顺时针回转,要求绘出此凸轮的轮廓。

根据“反转法”的原理,可以作图如下:

(1)根据已知从动件的运动规律作出从动件的位移线图(图 2-3-12b),并将横坐标用若干点等分分段。

(2)以 r_{min} 为半径作基圆。此基圆与导路的交点 B_0 便是从动件尖顶的起始位置。

(3)自 A_0 沿 ω_1 的相反方向取角度 δ_t、δ_h、δ_S,并将它们各分成与图 2-3-12b)对应的若干等分,得 C_1、C_2、C_3、…点。连接 OC_1、OC_2、OC_3、…它们便是反转后从动件导路的各个位置。

(4)量取各个位移量,即取 $B_1C_1 = 11'$、$B_2C_2 = 22'$、$B_3C_3 = 33'$、…得反转后尖顶的一系列位置 B_1、B_2、B_3、…。

(5)将 B_0、B_1、B_2、B_3、…连成光滑的曲线,便得到所要求的凸轮轮廓(图 2-3-12a)。

2. 对心移动滚子从动件盘形凸轮轮廓曲线的绘制

首先,把滚子中心看作尖顶从动件的尖顶,按照上面的方法画出一条轮廓曲线 β_0。再以 β_0 上各点为中心,以滚子半径为半径,画一系列圆,最后作这些圆的包络线 β,它便是使用滚子从动件时凸轮的实际轮廓,而 β_0 称为此凸轮的理论轮廓,如图 2-3-13 所示。

三、解析法设计凸轮轮廓曲线

解析法设计凸轮轮廓曲线实际是通过建立凸轮理论轮廓线、实际轮廓线的方程，精确计算出轮廓线上各点的坐标。解析法设计凸轮轮廓的原理还是采用"反转法"。凸轮轮廓设计时，坐标原点取在凸轮回转中心，坐标系统一般用极坐标系统。

设凸轮机构的滚子半径为 r_T，基圆半径 r_o，从动件运动规律 $s = s(\varphi)$，凸轮以等角速度 ω_1 顺时针方向回转。考虑加工工艺要求，凸轮回转中心必须作为极坐标的极点。根据反转法原理，可画出相对于初始位置反转 φ 角的机构位置，如图 2-3-14 所示。图中 ρ、θ 为理论轮廓线 η 上各点的极坐标值；ρ_T、θ_T 为实际轮廓线 η' 上各点的极坐标值。

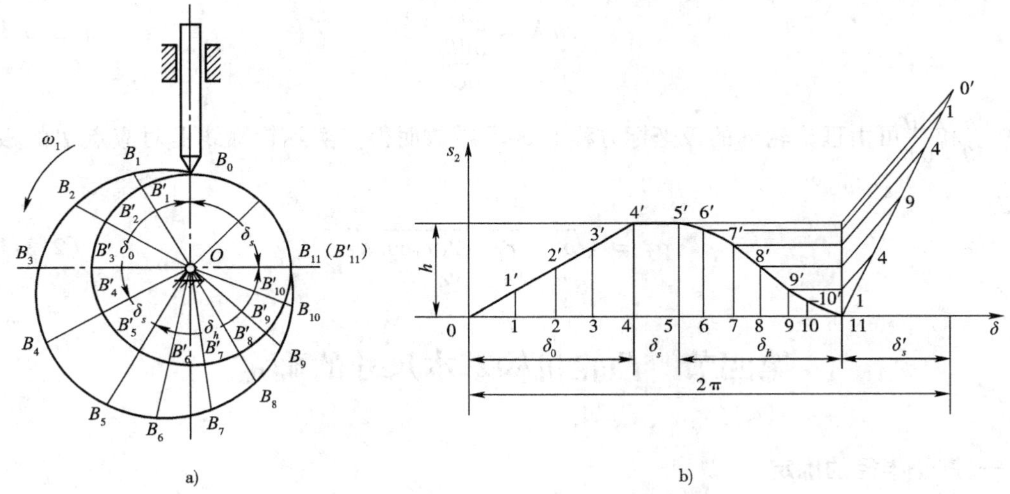

图 2-3-12　尖顶从动件盘形凸轮轮廓的绘制

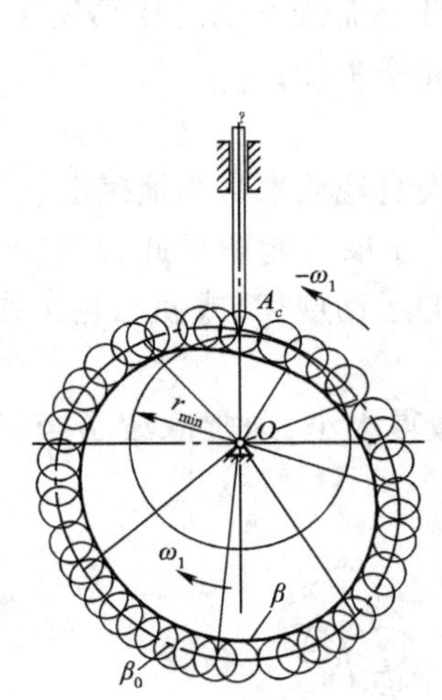

图 2-3-13　滚子直从动件盘形凸轮图

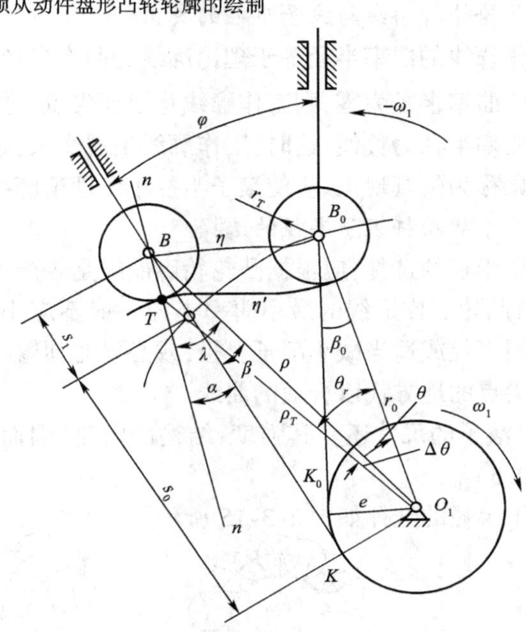

图 2-3-14　极坐标解析法设计盘形凸轮

从动件滚子中心 B(也是凸轮理论轮廓线上的点)的极坐标为:

$$\rho = \sqrt{(s+s_0)^2+e^2} \qquad (2\text{-}3\text{-}11)$$
$$\theta = \varphi + \beta - \beta_0$$

式中,$s_0=\sqrt{r_0^2-e^2}$;$\tan\beta_0=\dfrac{e}{s_0}$;$\tan\beta=\dfrac{e}{(s_0+s)}$。

由于凸轮实际轮廓线是理论轮廓线的等距曲线,所以两曲线对应点具有相同的法线和曲率中心。过 B 点作理论轮廓线的法线 $n—n$ 交滚子于 T 点,T 即为实际轮廓线上的对应点。法线 $n—n$ 于向径 ρ 之间的夹角为 λ,可求出:

$$\tan\lambda = \frac{\dfrac{d\rho}{d\varphi}}{\dfrac{\rho d\theta}{d\varphi}} \qquad (2\text{-}3\text{-}12)$$

式中,$\dfrac{d\rho}{d\theta}$和$\dfrac{d\theta}{d\varphi}$可由理论轮廓的极坐标方程对 φ 求导数而得。实际轮廓线上对应点 T 的极坐标为:

$$\rho_T = \sqrt{\rho^2+r_T^2-2\rho r_T\cos\lambda} \qquad (2\text{-}3\text{-}13)$$
$$\theta T = \theta + \Delta\theta$$

第四节　凸轮机构基本尺寸的确定

一、滚子半径的确定

1. 凸轮轮廓曲线与滚子半径的关系

工作廓线的曲率半径等于理论廓线的曲率半径 ρ 与滚子半径 r_T 之差。此时若 $\rho = r_T$,工作廓线的曲率半径为零,则工作廓线将出现尖点,这种现象称为变尖现象;若 $\rho < r_T$,则工作廓线的曲率半径为负值,这时,工作廓线出现交叉,致使从动杆不能按预期的运动规律运动,这种现象称为失真现象。应使滚子半径小于理论廓线的最小曲率半径 ρ_{min}。

2. 滚子从动杆滚子半径的选择

滚子半径的选择,应根据凸轮轮廓曲线是否产生变尖或失真现象来恰当地确定。

(1)凸轮工作廓线的最小曲率半径一般不应小于 5mm。如果不能满足此要求时,就应增大基圆半径或适当减小滚子半径,或必要时须修改从动杆的运动规律,或使凸轮工作廓线上出现尖点的地方代以合适的曲线。

(2)滚子的尺寸还受其强度、结构的限制,因而也不能做得太小,通常取滚子半径 $r_T=(0.1\sim0.5)r_0$。

滚子半径的选择如图 2-3-15 所示。

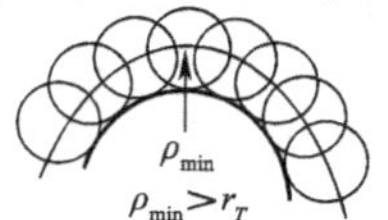

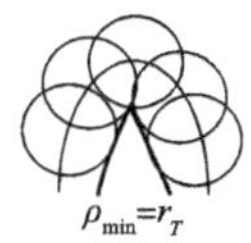

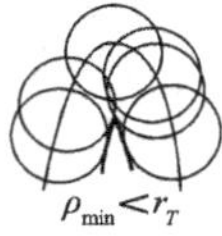

图 2-3-15　滚子半径的选择

二、压力角及其许用值

从动杆所受正压力的方向(沿凸轮廓线在接触点的法线方向)与从动杆上作用点的速度方向之间所夹之锐角,称为凸轮机构的压力角,用 α 表示。在凸轮机构中,压力角 α 是影响凸轮机构受力情况的一个重要参数,如图 2-3-16 所示。

在一般情况下,既要求凸轮有较高效率、受力情况良好,又要求其机构尺寸紧凑,因此,压力角不能过大,也不能过小,应有一许用值,这个许用值用$[\alpha]$表示。推荐的许用压力角为,推程(工作行程):移动从动件$[\alpha]=30°$;摆动从动件$[\alpha]=45°$。回程:因受力较小且无自锁问题,故许用压力角可取得大些,通常$[\alpha]=80°$。

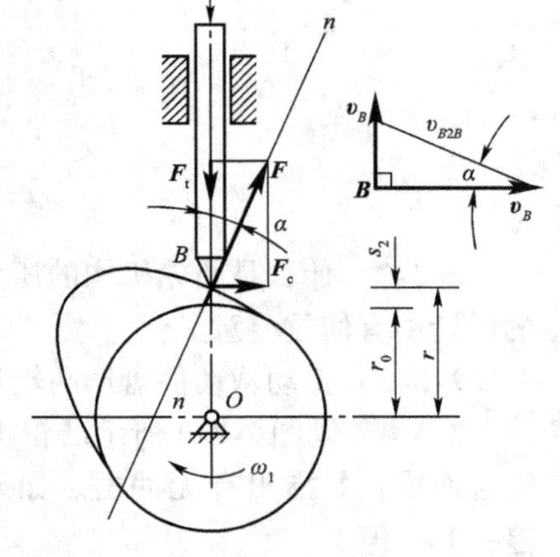

图 2-3-16 凸轮机构的压力角与半径的关系

三、基圆半径的确定

在设计凸轮机构时,凸轮的基圆半径取得越小,所设计的机构越紧凑。但是,必须指出,基圆半径过小会引起压力角增大,致使机构工作情况变坏。

显然,在其他条件不变的情况下,基圆半径 r_0 越小,压力角 α 越大。基圆半径过小,压力角会超过许用值而使机构效率太低甚至发生自锁。因此实际设计中,只能在保证凸轮轮廓的最大压力角不超过许用值的前提下,考虑缩小凸轮的尺寸。

四、凸轮的常用材料

由于凸轮与从动件是点、线接触,工作中的凸轮表面会有较大磨损,载荷也往往有冲击,故一般要求凸轮表面具有较高硬度,以降低表面磨损,而心部应有良好的韧性,以抵抗载荷的冲击。表 2-3-1 介绍了凸轮常用材料。

凸轮常用材料 表 2-3-1

项　目	工作要求	材料牌号	热处理要求
凸轮	一般要求	45、40Cr	调质硬度 HB220～260;表面淬火 HRC48～55
	较高要求	15、20Cr	渗碳层硬度 0.8～1.5mm;淬火硬度 HRC56～62
	重要部位	35CrMo、38CrMoAlA	氮化硬度 >HV850(>HRC67)

习　题

2-3-1 在题图 2-3-1 所示直动平底从动件盘形凸轮机构中,请指出:

(1)图示位置时凸轮机构的压力角 α。

(2)图示位置从动件的位移。

(3)图示位置时凸轮的转角。

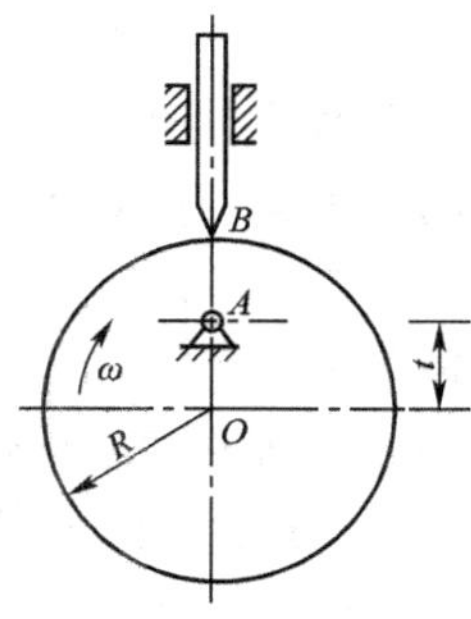

题图 2-3-1

2-3-2 什么是凸轮机构的压力角？凸轮机构产生自锁的原因是什么？它在凸轮机构的设计中有何重要意义？

2-3-3 直动从动件盘形凸轮机构压力角的大小与该机构的哪些因素有关？

2-3-4 题图2-3-2所示凸轮机构从动件推程运动线图是由哪两种常用的基本运动规律组合而成？并指出有无冲击。如果有冲击，哪些位置上有何种冲击？从动件运动形式为停—升—停。

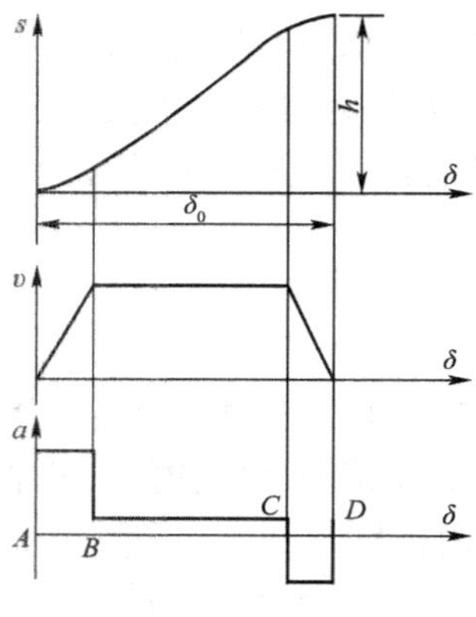

题图 2-3-2

第四章　棘轮机构和槽轮机构

学习目标

知识目标

1. 掌握棘轮机构的工作原理、特点、应用；
2. 掌握槽轮机构的工作原理、特点、应用。

能力目标

1. 学会分析棘轮机构的工作原理；
2. 学会分析槽轮机构的工作原理。

主动件连续运动时，从动件周期性地出现停歇状态的机构称为间歇运动机构。间歇运动机构在自动生产线的转位机构、步进机构及其他复杂的机械中有着广泛的应用。间歇运动机构的类型很多，本章主要介绍棘轮机构和槽轮机构。

第一节　棘轮机构

一、棘轮机构的工作原理

棘轮机构是一种常用的间歇运动机构，其工作原理如图2-4-1所示。棘轮机构主要由棘轮、棘爪和机架组成。棘轮3与轴用键连接，弹簧5用来使制动棘爪4和棘轮3始终保持接触，驱动棘爪2与连杆机构的摇杆1组成回转副。摇杆空套在轴上，可自由摆动。当摇杆逆时针摆动时，驱动棘爪便插入棘轮的齿槽中，推动棘轮转过一定角度，而制动棘爪则在棘轮的齿背上滑过；当摇杆顺时针摆动时，驱动棘爪在棘轮的齿背上滑过，而制动棘爪将阻止棘轮作顺时针转动，故棘轮静止不动。因此，摇杆作连续的往复摆动时，棘轮作单向间歇转动。摇杆1的摆动，可用平面连杆机构、凸轮机构等来实现。

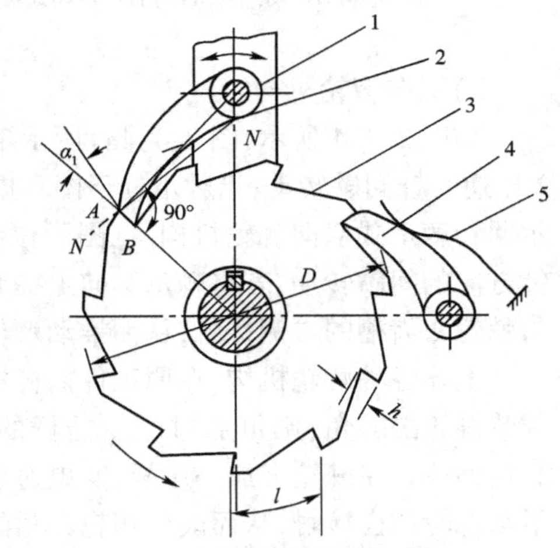

图2-4-1　棘轮机构的工作原理

1-摇杆；2-驱动棘爪；3-棘轮；4-制动棘爪；5-弹簧

如果要求摇杆往复摆动时都能使棘轮向同一方向转动，则可采用图2-4-2所示的双动式棘轮机构。驱动棘爪可制成钩头或直头，如图2-4-2a）、b）所示。

二、棘轮机构的类型、特点与应用

1. 棘轮机构的类型

根据结构特点,棘轮机构可分为轮齿式和摩擦式两类。本章重点介绍最为常用的轮齿式棘轮机构。轮齿式棘轮机构又可分为以下三种类型:

1)单向外啮合棘轮机构

如图2-4-1所示,该机构的特点是,当摇杆朝某一方向摆动时,棘爪推动棘轮转过某一角度;当摇杆反向摆动时,棘轮静止不动。图2-4-2a)、b)所示也是单向外啮合棘轮机构,但在摇杆上有两个棘爪,当摇杆来回摆动时,都能使棘轮沿单一方向转动。单向外啮合棘轮机构的齿形为不对称形,常用的有锯齿形(图2-4-1)、直边三角形(图2-4-2a)等。

2)单向内啮合棘轮机构

如图2-4-3所示,该机构的特点和前者基本相同,只是在棘轮和棘爪的啮合方式上不同。

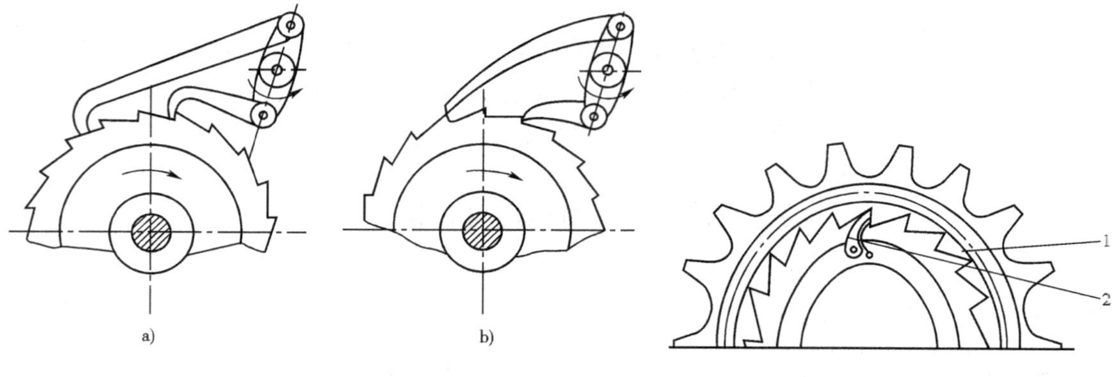

图2-4-2 双动式棘轮机构
a)钩头双动式棘爪;b)直头双动式棘爪

图2-4-3 内啮合棘轮机构
1-棘轮;2-棘爪

3)双向棘轮机构

如图2-4-4所示,图2-4-4a)所示矩形齿双向棘轮机构,当棘爪1处于实线位置时,棘轮2作逆时针间歇转动;当棘爪处于图示虚线位置时,棘轮作顺时针间歇转动。图2-4-4b)所示回转棘爪式双向棘轮机构,在图示位置,棘爪1推动棘轮2齿槽的左侧,使棘轮2作逆时针方向的间歇转动;若将棘爪1向上提起转过180°,再将其放下,则棘爪1直边的工作面便与棘轮2齿槽的右侧接触,从而推动棘轮2作顺时针方向的间歇转动。

上述各种棘轮机构,在原动件摇杆摆角一定的条件下,棘轮每次的转角是不变的。若要调节棘轮的转角,则可通过改变摇杆的摆动角或改变拨过棘轮齿数的多少来实现。如图2-4-5所示,在棘轮上加一遮板,变更遮板的位置,即可使棘爪行程的一部分在遮板上滑过,不与棘轮的齿接触,从而改变棘轮转角的大小。

2. 棘轮机构的特点与应用

棘轮机构结构简单、加工容易,改变转角大小方便,故广泛应用于各种自动机械和仪表中。其缺点是在运动开始和终止时，棘轮和棘爪间都产生冲击，因此不宜用在具有很大质量的轴上。

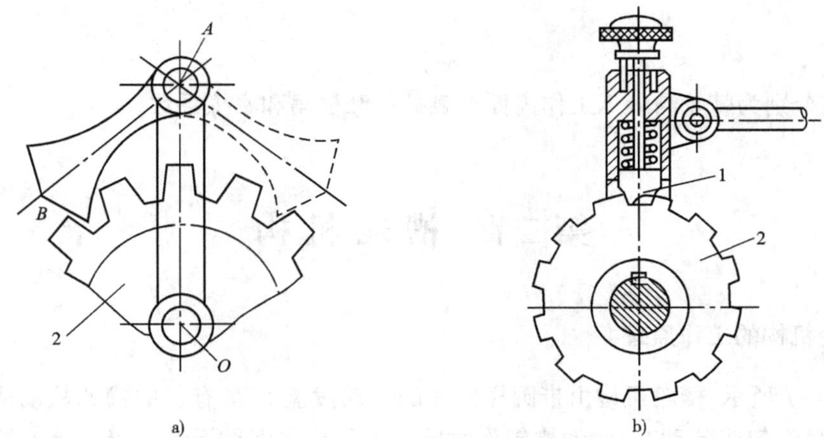

图 2-4-4 双向棘轮机构

a）矩形齿双向棘轮机构；b）回转棘爪双向棘轮机构

1-棘爪；2-棘轮

三、棘轮与棘爪的位置关系及棘轮齿面倾斜角 α 的确定

如图 2-4-6 所示，为了使棘爪所受的力最小，或者在棘爪受力一定的情况下使棘轮获得最大的力矩，棘爪轴 O_2 应在 O_1A 的垂直线上，即 $\angle O_1AO_2=90°$。另一方面，为了使棘爪能顺利地滑到齿根，应使棘轮工作齿面与径向线 O_1A 呈 α 角，该角称为棘轮轮齿的倾斜角，其大小分析如下：

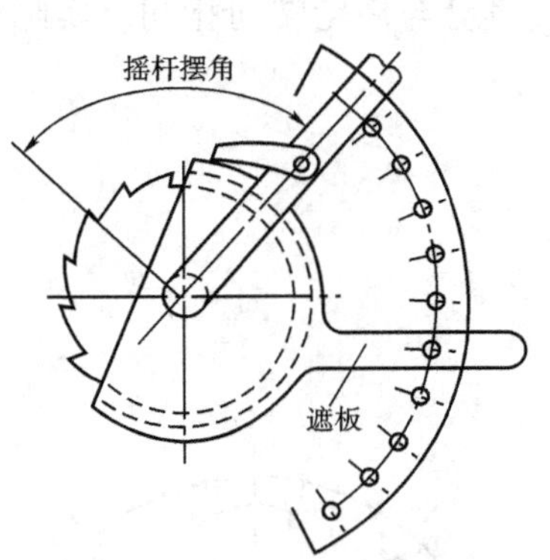

图 2-4-5 转角可调的棘轮机构

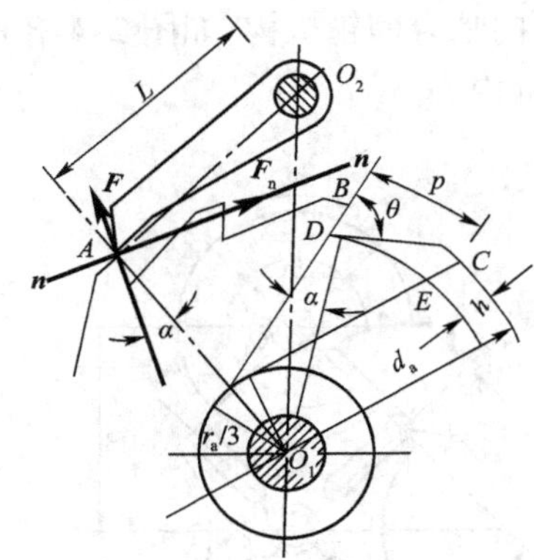

图 2-4-6 棘爪受力分析

设棘轮轮齿对棘爪的反作用力有法向反力 F_n 和摩擦力 F。F_n 对 O_2 轴线的力矩为 $F_nL\sin\alpha$，将驱使棘爪滑入棘轮齿根，而摩擦力 F 对 O_2 轴线的力矩 $FL\cos\alpha$ 起阻碍作用。为保证棘爪能顺利滑入，其工作条件为 $F_nL\sin\alpha > FL\cos\alpha$。

由于：

$$\frac{F}{F_n} = \mu = \tan\varphi$$

代入上式,得:

$$\tan\alpha > \tan\varphi$$

即:

$$\alpha > \varphi \qquad (2\text{-}4\text{-}1)$$

式中,φ 和 μ 分别为棘轮与棘爪工作齿面接触处的摩擦角和摩擦系数。

第二节　槽轮机构

一、槽轮机构的工作原理

如图 2-4-7 所示,槽轮机构由带圆柱销 A 的主动拨盘 1、具有径向槽的从动槽轮 2 和机架组成。拨盘作匀速转动时,驱动槽轮作时转时停的单向间歇运动。当拨盘 1 的圆销 A 尚未进入槽轮 2 的径向槽时,由于槽轮 2 的内锁止弧 β 被拨盘 1 的外锁止弧 α 卡住,故槽轮静止不动;当拨盘 1 的圆销 A 开始进入槽轮 2 的径向槽时,这时锁止弧松开,槽轮 2 受圆销 A 的驱动产生转动;当圆销 A 开始脱离槽轮的径向槽时,槽轮的另一内内锁止弧又被拨盘 1 外锁止弧卡住,致使槽轮又静止不动,直到圆销 A 再进入槽轮 2 的另一径向槽时,如此运动循环,使槽轮产生时转时停的单向间歇运动。

二、槽轮机构的基本形式、特点与应用

槽轮机构有两种基本形式,一是外啮合槽轮机构,如图 2-4-7 所示,其拨盘 1 与槽轮 2 转向相反;二是内啮合槽轮机构,如图 2-4-8 所示,其拨盘与槽轮转向相同。实际中一般常用外啮合槽轮机构。

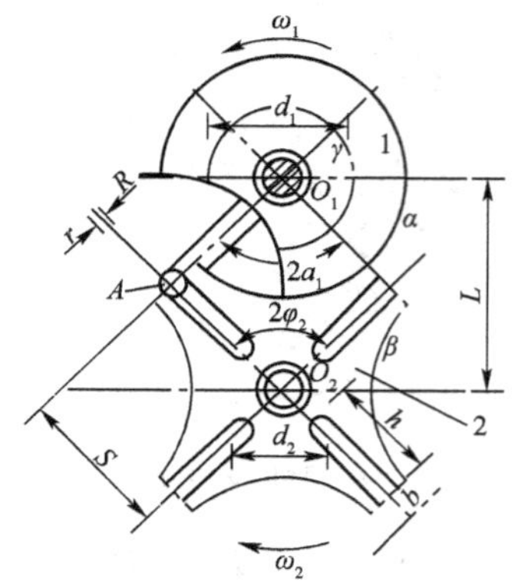

图 2-4-7　外啮合槽轮机构

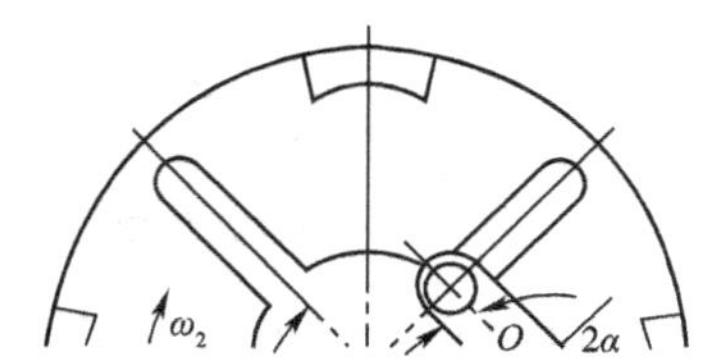

图 2-4-8　内啮合槽轮机构

槽轮机构结构简单、工作可靠,机械效率高,在进入和脱离接触时运动比较平稳,能准确控制转动的角度。但槽轮的转角不可调节,故只能用于定转角的间歇运动机构中,如自动机床、电影机械、包装机械等。

三、槽轮机构的运动设计及几何计算

如图 2-4-7 所示，为避免圆销 A 与槽轮发生撞击，应使槽轮 2 在开始和终止转动时的瞬时角速度为零，即圆销进入或脱出径向槽的瞬时，径向槽的中线应与圆销中心轨迹相切（即 O_2A 应与 O_1A 垂直）。设 z 为均匀分布的径向槽数，当槽轮 2 转过 $2\varphi_2 = \frac{2\pi}{z}$ 弧度时，拨盘 1 相应转过的转角为：

$$2\alpha_1 = \pi - 2\varphi_2 = \pi - \frac{2\pi}{z} \tag{2-4-2}$$

在拨盘转一周的一个运动循环内，槽轮的运动时间 t_d 与主动拨盘转一周的总时间 T 之比称为该槽轮机构的运动系数，用 τ 表示。当拨盘匀速转动时，时间之比可以用转角的比值来表示。对于图 2-4-7 所示的只有一个圆销的槽轮机构，t_d 和 T 对应于拨盘的转角分别为 $2\alpha_1$ 和 $2\varphi_2$。因此，该槽轮机构的运动系数为：

$$\tau = \frac{t_d}{T} = \frac{2\alpha_1}{2\pi} = \frac{\pi - \frac{2\pi}{z}}{2\pi} = \frac{z-2}{2z} = \frac{1}{2} - \frac{1}{z} \tag{2-4-3}$$

为了保证槽轮运动，其运动系数应大于零。由式(2-4-3)可知，槽轮的径向槽数 $z \geqslant 3$。由式(2-4-3)还可看出，这种槽轮机构的运动系数 $\tau < 0.5$，即槽轮的运动时间总小于静止时间。

欲使槽轮机构的运动系数 $\tau > 0.5$，可在拨盘上装数个圆销。设拨盘上均匀分布的圆销数为 k，当拨盘转一周时，槽轮将被拨动 k 次。因此，槽轮运动时间为单圆销时的 k 倍，即：

$$\tau = \frac{k(z-2)}{2z} \tag{2-4-4}$$

运动系数 τ 还应小于 1（$\tau = 1$ 表示槽轮与拨盘一样做连续转动，不能实现间歇运动），即：

$$\frac{k(z-2)}{2z} < 1$$

由此可得：

$$k < \frac{2z}{z-2} \tag{2-4-5}$$

设计槽轮机构，首先应根据工作要求确定槽轮的槽数和主动拨盘的圆销数，其他尺寸可查阅机械设计手册。

习　题

2-4-1　棘轮机构有几种类型？它们分别有什么特点？

2-4-2　槽轮机构的运动系数如何确定？运动系数 τ 为什么大于零而小于 1？

2-4-3 有一外啮合槽轮机构,已知槽轮槽数 $z=6$,槽轮的停歇时间为1s,槽轮的运动时间为2s。求槽轮机构的运动特性系数及所需的圆销数目。

2-4-4 某一单销六槽外槽轮机构,已知槽轮停止时进行工艺动作,所需时间为20s,试确定主动轮的转速。

2-4-5 某单销槽轮机构,槽轮的运动时间为1s,静止时间为2s,它的运动特性系数是多少？槽数为多少？

第五章　齿 轮 传 动

学习目标

知识目标

1. 掌握齿轮传动的特点和分类；

2. 掌握渐开线的形成及其性质；

3. 掌握直齿圆柱齿轮的主要参数和几何尺寸计算；

4. 掌握渐开线齿轮的啮合特点，一对渐开线齿轮传动的正确啮合条件和连续传动条件；

5. 了解渐开线齿轮的根切现象和不根切的最少齿数；轮齿的失效形式；

6. 了解齿轮的设计准则及设计过程。

能力目标

1. 能测定齿轮的参数，确定齿轮的尺寸；

2. 初步具备设计齿轮传动装置的能力。

第一节　齿轮传动的特点和类型

一、齿轮传动的特点

齿轮传动是借助一对具有特殊齿形的轮子间轮齿的直接接触（啮合）来传递空间两轴间的运动和动力的机械装置，该机构在现代机器中得到了最广泛的应用。

齿轮传动的主要优点：瞬时传动比（两轮瞬时角速度之比）恒定不变；传递动力大、效率高（最高可达99%）；低速重载的转矩可达 1.4×10^{6}N·m 以上；使用寿命长，工作平稳，可靠性高；结构紧凑，适用的圆周速度和功率范围较大（其圆周速度可从0.1m/s到300m/s，传递功率可达10万kW）；可实现任意位置两轴间的传动。

齿轮传动的主要缺点：制造、安装精度要求较高，因而成本较高；低精度齿轮传动中，冲击、振动和噪声较大；不宜承担轴间距离过大的传动。

二、齿轮传动的分类

齿轮传动按照轴线相对位置和齿轮的形态可作如下分类（图2-5-1）：

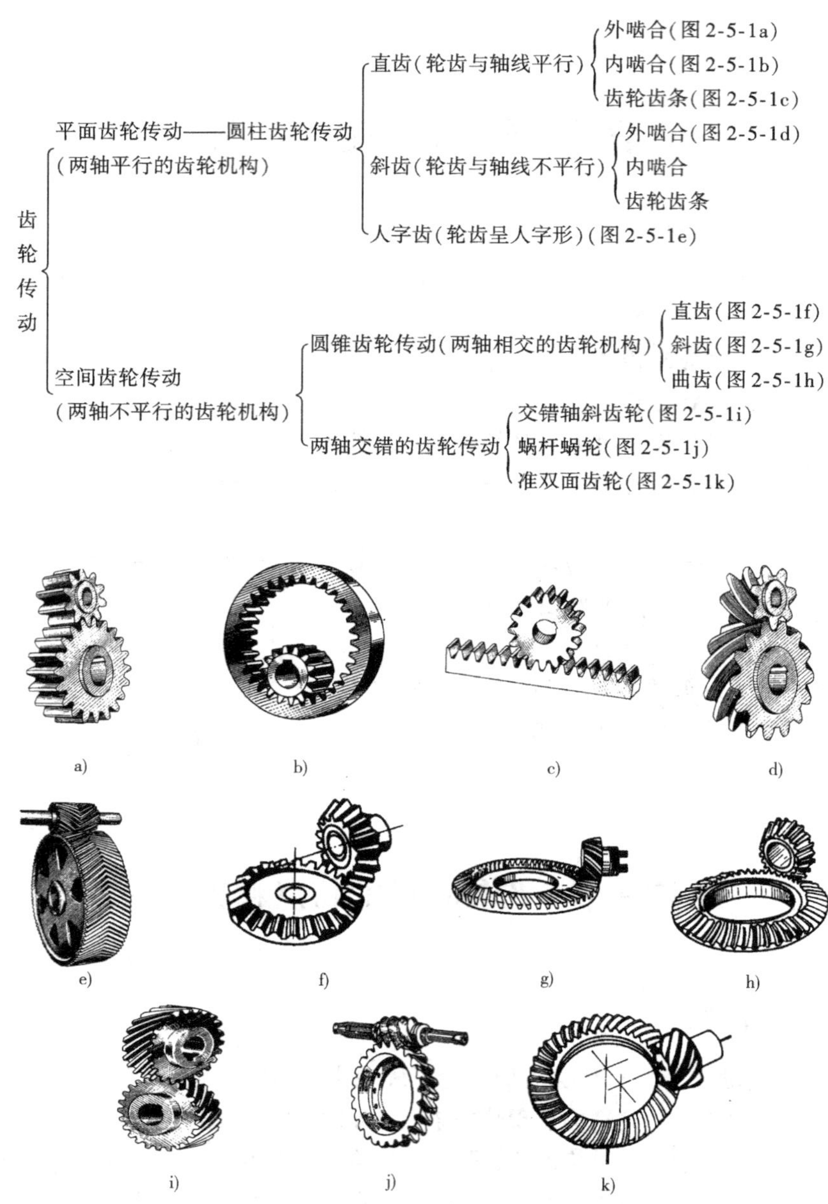

图2-5-1 齿轮传动类型

齿轮传动按工作环境可分为闭式齿轮传动、开式齿轮传动和半开式齿轮传动。闭式齿轮传动的齿轮安装在封闭的、刚性很大的箱体内,能保证齿轮传动获得良好的润滑条件。重要的齿轮传动均采用闭式齿轮传动。开式齿轮传动的齿轮是外露的,齿轮传动不能获得良好的润滑条件,它主要依靠定时的手工加油进行润滑,另外还需要安装防护罩。半开式齿轮传动介于闭式齿轮传动、开式齿轮传动之间,即大齿轮部分浸入油池中,其他装置需要安装防护罩。低速或不重要的齿轮传动可采用开式、半开式齿轮传动。

本章主要讨论渐开线齿轮的传动。

第二节　渐开线及渐开线齿廓的啮合特性

一、齿廓啮合基本定律

齿轮传动机构是高副机构，一对齿轮的传动是通过主动轮齿廓与从动轮齿廓依次啮合实现的。为保证齿轮传动准确平稳，其瞬时传动比应保持恒定不变。

齿廓的瞬时传动比 i_{12} 用主动轮 1 与从动轮 2 的瞬时角速度之比来表示，即 $i_{12}=\frac{\omega_1}{\omega_2}$。如图 2-5-2 所示，$O_1$ 与 O_2 分别是主动轮 1 和从动轮 2 的转动中心，主动轮 1 以角速度 ω_1 绕 O_1 顺时针转动，推动从动轮以角速度 ω_2 绕 O_2 逆时针转动。假设一对相互啮合的齿廓 C_1、C_2 在 K 点接触，过 K 点的齿廓公法线是 $n—n$；$\boldsymbol{v}_{K1}$ 和 $\boldsymbol{v}_{K2}$ 分别为齿廓 C_1 和 C_2 在 K 点的线速度。为保证两齿廓连续传动，即彼此不发生分离或互相嵌入，则必须使两齿廓在公法线方向上无相对运动，即 $\boldsymbol{v}_{K1}$ 和 $\boldsymbol{v}_{K2}$ 在 $n—n$ 方向上的分速度应相等：

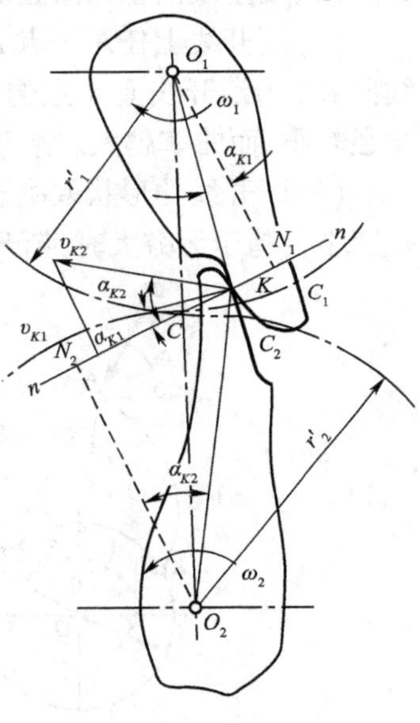

图 2-5-2　齿廓啮合基本定律

$$v_{K1}\cos\alpha_{K1}=v_{K2}\cos\alpha_{K2}$$

或

$$\omega_1\ \overline{O_1K}\cos\alpha_{K1}=\omega_2\ \overline{O_2K}\cos\alpha_{K2}$$

由此可得两轮的传动比为：

$$i_{12}=\frac{\omega_1}{\omega_2}=\frac{\overline{O_2K}\cos\alpha_{K2}}{\overline{O_1K}\cos\alpha_{K1}}$$

过两轮心 O_1 和 O_2 分别作公法线 $n—n$ 的垂线，交 $n—n$ 于 N_1 及 N_2 点。此时图中有如下几何关系：

$$\overline{O_1N_1}=\overline{O_1K}\cos\alpha_{K1}$$
$$\overline{O_2N_2}=\overline{O_2K}\cos\alpha_{K2}$$

由于 $\triangle O_1CN_1\backsim\triangle O_2CN_2$，则两轮的传动比又可写为：

$$i_{12}=\frac{\omega_1}{\omega_2}=\frac{\overline{O_2N_2}}{\overline{O_1N_1}}=\frac{\overline{O_2C}}{\overline{O_1C}} \tag{2-5-1}$$

式(2-5-1)称为齿廓啮合基本定律，它表明要使任意瞬时的传动比保持不变，C 点必须是一定点。因此，对于定传动比的齿轮传动，其齿廓必须满足的条件是：无论两齿廓在何位置接触，过接触点所作的齿廓公法线必须与两齿轮的连心线相交于一固定点 C。

定点 C 称为节点。分别以 O_1 和 O_2 为圆心，以 O_1C 和 O_2C 为半径所作的两个相切圆称为节圆，它们的半径分别用 r'_1 和 r'_2 表示。由式(2-5-1)可知，两轮在 C 处的相对速度为零，故两轮的啮合传动可视为一对半径分别为 r'_1 和 r'_2 的节圆作纯滚动。

凡是能够满足齿廓啮合基本定律的一对齿廓称为共轭齿廓。理论上可以作为共轭齿廓的曲线有无穷多种，但在实际生产中，齿廓曲线的选择除要满足齿廓啮合基本定律外，还必须考虑制造、安装和强度等要求。因此，工业上常用的齿廓仅有渐开线、摆线和圆弧等，其中渐开线在通用设备上应用最广。

二、渐开线的形成及性质

1. 渐开线的形成

如图2-5-3所示,当一条直线 NK 沿一圆作纯滚动时,直线上任意点 K 的运动轨迹 AK 称为该圆的渐开线。这个圆称为渐开线的基圆,它的半径用 r_b 表示;直线 NK 称为渐开线的发生线。

2. 渐开线的性质

由渐开线的形成过程可知渐开线有下列特性:

(1)发生线沿基圆滚过的长度,等于基圆上相应的弧长,即 $\overline{NK}=\overset{\frown}{AN}$。

(2)渐开线上任意一点 K 的法线恒切于基圆,故其切点 N 为渐开线上 K 点的曲率中心,线段 NK 为渐开线上 K 点的曲率半径。由图2-5-3可见,渐开线上离基圆越近的点,其曲率半径越小,而曲率越大。渐开线在基圆上 A 点的曲率半径为0。

(3)渐开线的形状取决于基圆的大小。如图2-5-4所示,基圆半径越大,渐开线愈平缓;基圆半径趋于无穷大时,渐开线变成一条直线。

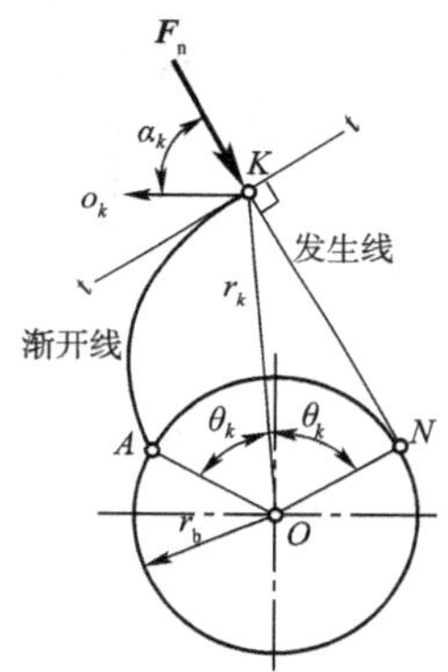

图2-5-3 渐开线的形成图

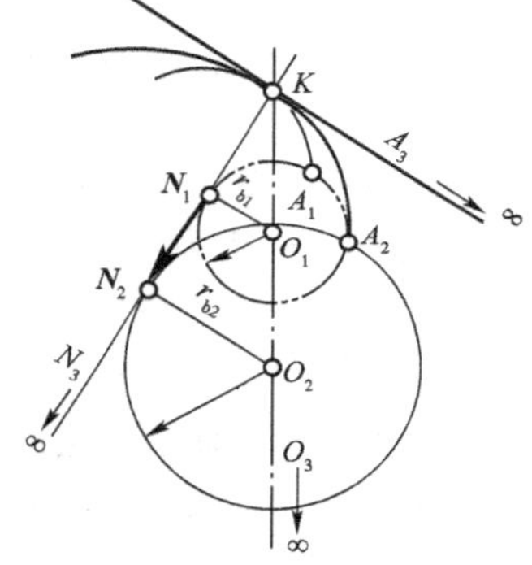

图2-5-4 渐开线的形状与基圆大小的关系

(4)基圆以内无渐开线。

(5)渐开线上各点的压力角是变化的。渐开线上 K 点的法线(传力方向)与该点的速度方向线所夹的锐角 α_K 称为渐开线在该点的压力角。由图2-5-3可知:

$$\cos\alpha_K=\frac{\overline{ON}}{\overline{OK}}=\frac{r_b}{r_K} \tag{2-5-2}$$

该式表明渐开线上各点的压力角不等,r_K 越大,K 点离圆心越远,其压力角越大。而基圆处的压力角为零。

三、渐开线齿廓的啮合特性

1. 传动比恒定不变

由渐开线作为齿廓的齿轮称为渐开线齿轮。图2-5-5所示一对渐开线齿轮啮合,设两渐开线齿轮基圆半径为 r_{b1} 和 r_{b2},两齿廓在 K 点啮合。根据渐开线性质,过 K 点的公法线必与两基圆相切；当齿轮继续转至 K' 点啮合时，过 K' 点所作的公法线也必须与两基圆相切，切点为 N_1、N_2。

由此可知，这对齿廓在任意点啮合时，其齿廓公法线必为两基圆的内公切线。由于两基圆的大小和安装位置均固定不变，同一方向上的内公切线 N_1N_2 只有一条，而两轮连心线 O_1O_2 亦是固定线段，因此两者的交点 C 必为定点，满足齿廓啮合基本定律，即这对齿轮的传动比恒定不变。又由图 2-5-5可知，$\triangle O_1N_1C \backsim \triangle O_2N_2C$，故传动比还可写为：

$$i_{12} = \frac{\overline{\omega}_1}{\overline{\omega}_2} = \frac{\overline{O_2C}}{O_1C} = \frac{r'_2}{r'_1} = \frac{r_{b2}}{r_{b1}} \tag{2-5-3}$$

由上式可以看出，由于 r_{b1} 和 r_{b2} 恒定，故传动比恒定不变。

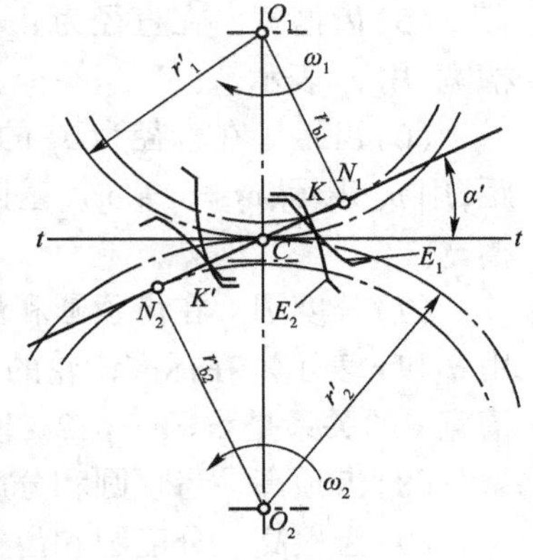

图 2-5-5　渐开线齿廓的啮合特性

2. 啮合线恒定不变

啮合点的轨迹称为啮合线。由于齿轮基圆的大小和位置均固定，公法线 n—n 是唯一的，因此渐开线齿轮在啮合过程中，无论在哪一点啮合，啮合点总是沿着两轮基圆的内公切线 N_1N_2 移动的。因此啮合线恒定不变的。

3. 啮合角恒定不变

啮合线 N_1N_2 与两节圆内公切线 t—t 所夹的锐角称为啮合角 α'。显然，啮合角 α' 即为节点 C 处的压力角，所以又称为节圆压力角，由于啮合线 N_1N_2 与两节圆内公切线 t—t 均恒定，所以该角是恒定不变的。

4. 传力方向恒定不变

由于渐开线齿轮传动的啮合线 N_1N_2 为定线，啮合角 α' 为定角，因此在一对轮齿的整个啮合中，轮齿齿廓受到的正压力方向（与齿廓公法线即啮合线 N_1N_2 一致）亦始终不变，因而传动平稳。

5. 中心距具有可分性

当一对渐开线齿轮制成后，两轮的基圆半径已确定，则即使安装时两轮中心距有一些变化，根据式(2-5-3)可知，其传动比也一定不变。一对渐开线齿轮中心距稍有改变时其传动比恒定不变，这种特性称为中心距可分性。这给制造和安装带来了极大的方便，也是渐开线齿轮得到广泛应用的原因之一。

第三节　渐开线标准直齿圆柱齿轮的主要参数和几何尺寸

一、齿轮各部分的名称

图 2-5-6 为直齿圆柱齿轮的部分结构。图 2-5-6a）为外齿轮，图 2-5-6b）为内齿轮，图 2-5-6c）为齿条。由图可知，齿轮、轮齿的齿廓由形状相同的两条反向渐开线曲面组成。

轮齿各部分的名称及符号规定如下：

(1)齿顶圆　过轮齿顶部所作的圆称为齿顶圆，其直径和半径分别用 d_a 和 r_a 表示。

(2)齿根圆　过轮齿根部所作的圆称为齿根圆,其直径和半径分别用 d_f 和 r_f 表示。

(3)基圆　发生渐开线齿廓的圆称基圆,其直径和半径分别用 d_b 和 r_b 表示。

(4)齿厚　在直径为 d_k 的任意圆周上,一个轮齿两侧齿廓间的弧长称为该圆上的齿厚,用 s_k 表示。

(5)齿槽宽　在直径为 d_k 的任意圆周上,相邻轮齿两侧齿廓间的弧长称为该圆上的齿槽宽,用 e_k 表示。

(6)齿距　在直径为 d_k 的任意圆周上,相邻两齿同侧齿廓之间的弧长称为该圆上的齿距,用 p_k 表示,$p_k=s_k+e_k$。基圆齿距用 p_b 表示,$p_b=s_b+e_b$。s_b、e_b 分别为基圆上的齿厚和齿槽宽。

(7)分度圆　在齿顶圆和齿根圆之间的作为齿轮尺寸计算基准的圆,其直径和半径分别用 d 和 r 表示。在标准齿轮的分度圆上齿厚与齿槽宽相等,即分度圆上的齿距 p、齿厚 s、齿槽宽 e 的关系是:$s=e=p/2$。

(8)齿顶高　齿顶圆和分度圆之间的径向距离称为齿顶高,用 h_a 表示。

(9)齿根高　分度圆和齿根圆之间的径向距离称为齿根高,用 h_f 表示。

(10)齿高　齿顶圆和齿根圆之间的径向距离称为齿高,用 h 表示。

(11)齿轮宽度　沿轴线方向的齿轮长度称为齿宽,用 b 表示。

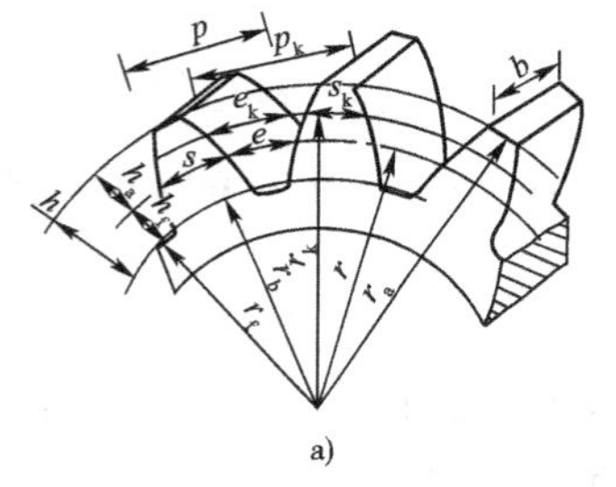

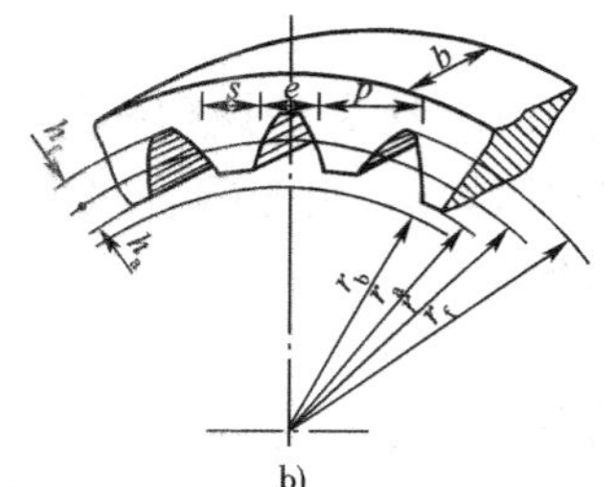

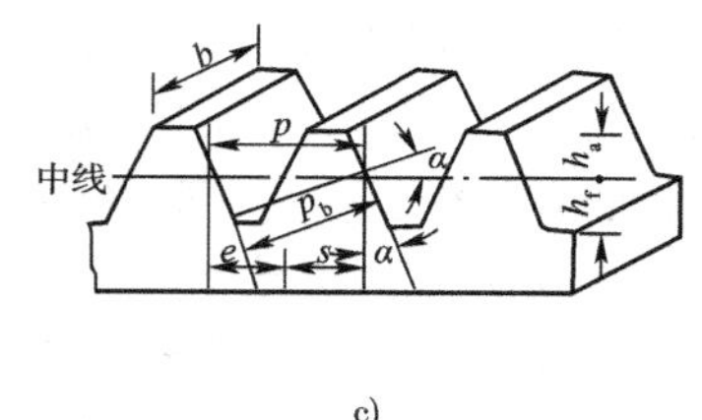

图 2-5-6　齿轮各部分的名称

内齿轮与外齿轮的不同点是:内齿轮的齿厚相当于外齿轮的齿槽宽,内齿轮的齿槽宽相当于外齿轮的齿厚。内齿轮的齿廓也是渐开线,但其轮齿的形状与外齿轮不同,外齿轮的齿廓是外凸的,而内齿轮的齿廓则是内凹的。

齿条可以看做是齿轮的特殊形式,它的特点是:由于齿条的齿廓是直线,齿轮上的圆都演化为直线,如齿顶线、齿根线、分度线等,故齿廓上各点的法线是平行的;齿条传动是平动,齿廓上各点速度的大小和方向都一致,所以齿条齿廓上各点的压力角都相同,其大小等于齿廓的倾斜角,通常称为齿形角。

二、直齿圆柱齿轮的基本参数

(1)齿数　齿轮整个圆周上轮齿的总数,用 z 表示。

(2)模数　根据圆的周长和齿距的定义可知:

$$\pi d_K = zp_K \text{ 或 } d_K = \frac{zp_K}{\pi}$$

式中,比值 p_k/π 含有无理数 π,这给设计、制造及测量带来不便,为此需要在齿轮上取一圆,

将该圆的 p_k/π 比值规定为标准值,并使该圆上的压力角也为标准值,这个圆即为分度圆。规定分度圆上的齿距 p 对 π 的比值称为模数,用 m 表示,即:

$$m = \frac{p}{\pi} \tag{2-5-4}$$

式中,m 的单位为 mm。

模数是齿轮的一个重要的基本参数,已经标准化。我国制定了标准模数系列(表 2-5-1)。因此,分度圆的直径为:

$$d = \frac{pz}{\pi} = mz \tag{2-5-5}$$

分度圆的齿距 p 为:

$$p = s + e = \pi m \tag{2-5-6}$$

标准模数系列(GB 1357—87)　　表 2-5-1

第一系列	1	1.25	1.5	2	2.5	3	4	5	6	8	10	12	16	20	25	32	40	50
第二系列	1.75	2.5	2.75	(3.25)	3.5	(3.75)	4.5	5.5	(6.5)	7	9	(11)	14	18	22	28	36	45

注:1. 本表适用于渐开线圆柱齿轮,对斜齿轮而言是指法向模数。

2. 优先选用第一系列,括号内的模数尽可能不用。

3. 压力角。由式(2-5-2)可知,渐开线上各点的压力角是不同的,通常所说的压力角指分度圆上的压力角,用 α 表示。国家标准规定齿轮分度圆压力角为标准值,即 $\alpha = 20°$。

4. 齿顶高系数、顶隙系数和顶隙。当齿轮模数确定后,齿轮的齿顶高、齿根高、齿高和顶隙可以表示为:

$$\left.\begin{aligned} h_a &= h_a^* m \\ h_f &= (h_a^* + c^*)m \\ h &= (2h_a^* + c^*)m \\ c &= c^* m \end{aligned}\right\} \tag{2-5-7}$$

式中,h_a^* 和 c^* 分别称为齿顶高系数和顶隙系数,对于圆柱齿轮,其标准值按正常齿制和短齿制规定见表 2-5-2 。

渐开线圆柱齿轮的齿顶高系数和顶隙系数　　表 2-5-2

项　目	正常齿制	短齿制
h_a^*	1.0	0.8
c^*	0.25	0.3

三、直齿圆柱标准齿轮几何尺寸的计算

标准齿轮是指分度圆上齿厚 s 等于齿槽宽 e,且 m、α、h_a^*、c^* 为标准值的齿轮。齿数、模数和压力角为渐开线标准直齿圆柱齿轮的三个主要参数,齿轮的几何尺寸和齿形都与这些参数有关。

标准直齿圆柱齿轮各部分的几何尺寸计算公式见表 2-5-3。

标准直齿圆柱齿轮几何尺寸计算公式　　　表 2-5-3

名称		符号	计算公式	
			外齿轮	内齿轮
基本参数	齿数	z	通常小齿轮的齿数在 20 ~ 28 范围内选取	
	模数	m	依齿轮强度计算后按表 2-5-1 选取	
	压力角	α	$\alpha = 20°$	
	齿顶高系数	h_a^*	取标准值。对正常齿制取 1;短齿制取 0.8	
	顶隙系数	c^*	取标准值。对正常齿制取 0.25;短齿制取 0.3	
几何尺寸	齿槽宽	e	$e = p/2 = \pi m/2$	
	齿厚	s	$s = p/2 = \pi m/2$	
	齿距	p	$P = \pi m$	
	齿顶高	h_a	$h_a = h_a^* m$	
	齿根高	h_f	$h_f = (h_a^* + c^*)m$	
	齿高	h	$h = (h_a + h_f) = (2h_a^* + c^*)m$	
	顶隙	c	$c = c * m$	
	分度圆直径	d	$d = mz$	
	基圆直径	d_b	$d_b = d\cos\alpha = mz\cos\alpha$	
	基圆齿距	p_b	$p_b = \pi m\cos\alpha$	
	齿顶圆直径	d_a	$d_a = d + 2h_a = (z + 2h_a^*)m$	$d_a = d - 2h_a = (z - 2h_a^*)m$
	齿根圆直径	d_f	$d_f = d - 2h_f = (z - 2h_a^* - 2c^*)m$	$d_f = d + 2h_f = (z + 2h_a^* + 2c^*)m$
	中心距	a	$a = m(z_1 + z_2)/2$	$a = m(z_2 - z_1)/2$

例 2-5-1　设两齿轮的传动比 $i_{12} = 2.5$,$z_1 = 40$,$h_a^* = 1$,$m = 10\text{mm}$,$\alpha = 20°$。求 z_2 及两齿轮的尺寸。

解:

$$i_{12} = \frac{z_2}{z_1} = 2.5$$

$$z_2 = i_{12}z_1 = 2.5 \times 40 = 100$$

$$d_1 = mz_1 = 10 \times 40 = 400\text{mm}$$

$$d_2 = mz_2 = 10 \times 100 = 1000\text{mm}$$

$$h_a = mh_a^* = 1 \times 10 = 10\text{mm}$$

$$h_f = m(h_a^* + c^*) = 10 \times (1 + 0.25) = 12.5\text{mm}$$

$$h = h_a + h_f = 10 + 12.5 = 22.5\text{mm}$$

$$d_{a1} = d_1 + 2h_a = 400 + 20 = 420\text{mm}$$

$$d_{a2} = d_2 + 2h_a = 100 + 20 = 1020\text{mm}$$

$$d_{f1} = d_1 - 2h_f = 400 - 2 \times 12.5 = 375\text{mm}$$

$$d_{f2} = d_2 - 2h_f = 100 - 2 \times 12.5 = 975\text{mm}$$

$$d_{b1} = d_1\cos\alpha = 400\cos20° = 400 \times 0.9397 = 375.88\text{mm}$$

$$d_{b2} = d_2\cos20° = 1000\cos20° = 1000 \times 0.9397 = 939.69\text{mm}$$

$$a = \frac{m}{2}(z_1 + z_2) = \frac{10}{2}(40 + 100) = 700\text{mm}$$

$$s = e = \frac{p}{2} = \frac{1}{2}\pi m = 15.708\text{mm}$$

第四节　渐开线齿轮的正确啮合和连续传动条件

一、渐开线直齿圆柱齿轮的正确啮合条件

前已述及,渐开线齿轮能实现定传动比传动,但这并不是任意两个渐开线齿轮都能正确啮合传动,而是必须满足一定的啮合条件。齿轮的正确啮合条件也称为齿轮副的配对条件。

齿轮传动时,它的每一对轮齿仅啮合一段时间便要分离,而由后一对轮齿接替。为了保证一对轮齿在啮合过程中瞬时传动比不变,当前一对轮齿在 K 点接触时,后一对轮齿应在啮合线的另一点 K' 啮合。由图 2-5-7 可知,要使前后两对轮齿能够同时在啮合线上接触,则两齿轮上相邻两齿同向齿廓在啮合线上的长度(称为法向齿距)必须相等,否则就会出现两轮齿廓分离或重叠的情况。

由渐开线的性质可知,齿轮的法向齿距 p_n 等于两轮基圆齿距 p_b,因此,要使两轮正确啮合,必须满足:

$$p_{b1} = p_{b2}$$

因 $p_b = \pi m\cos\alpha$,代入上式并整理,可得:

$$m_1\cos\alpha_1 = m_2\cos\alpha_2$$

由于渐开线齿轮的模数 m 和压力角 α 都是标准值,因此要满足上式,应使:

$$\left.\begin{aligned} m_1 = m_2 = m \\ \alpha_1 = \alpha_2 = \alpha \end{aligned}\right\} \tag{2-5-8}$$

即一对渐开线直齿圆柱齿轮正确啮合的条件是:两轮的模数和压力角分别相等。

二、渐开线齿轮连续传动的条件

齿轮啮合传动时,要保证传动的连续性,必须在前一对轮齿转过一定角度尚未脱离啮合时,后一对轮齿就已及时进入啮合。要达到这一要求,啮合齿轮必须满足一定的传动条件。

图 2-5-8 所示一对能正确啮合的齿轮。轮 1 为主动轮,其转动方向如图所示。一对齿廓开始啮合时,应是主动轮的齿根部分与从动轮的齿顶部分接触,所以开始啮合点是从动轮的齿顶圆与啮合线 N_1N_2 的交点 B_2。当两轮继续转动时,啮合点的位置沿啮合线 N_1N_2 向下移动,齿轮 2 齿廓上的啮合点由齿顶向齿根移动,而齿轮 1 齿廓上的啮合点则由齿根向齿顶移动。终止啮合点是主动轮的齿顶圆与啮合线 N_1N_2 的交点 B_1。线段 B_1B_2 为啮合点的实际轨迹,故称为实际啮合线长度。线段 N_1N_2 称为理论啮合线长度。

图 2-5-8 中,要保证传动连续而不中断,应当使前一对轮齿在点 B_1 脱离啮合之前,后一对轮齿已经在点 B_2 进入啮合。要做到这一点,显然必须使 $\overline{B_1B_2} \geqslant p_b$,$p_b$ 是齿轮的基圆齿距。若 $\overline{B_1B_2} = p_b$,则表明当前一对轮齿正要脱离啮合时,后一对轮齿刚好进入啮合,传动恰

好连续;若 $\overline{B_1B_2} < p_b$,则表明当前一对轮齿脱离啮合时,后一对轮齿尚未进入啮合,齿轮传动中断;若 $\overline{B_1B_2} > p_b$,则表明当前一对轮齿尚未脱离啮合时,后一对轮齿就已进入啮合,这样同时参与啮合的轮齿有时是一对,有时是两对,传动连续。

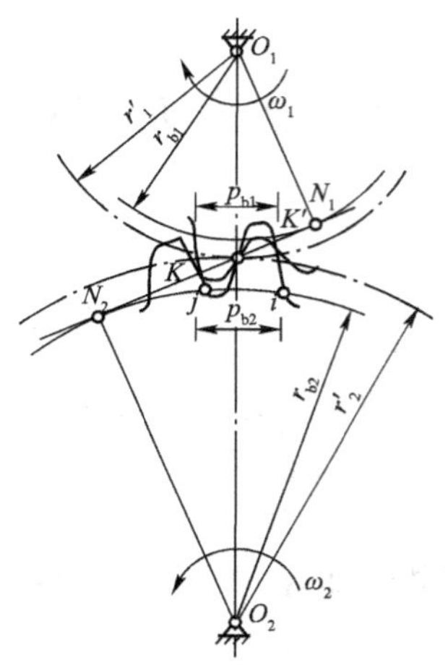

图 2-5-7　正确啮合的条件

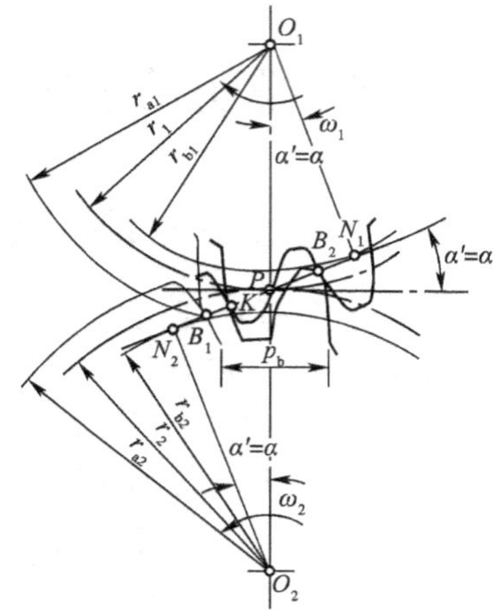

图 2-5-8　连续传动的条件

因此,齿轮连续传动的条件是:

$$\varepsilon = \frac{\overline{B_1B_2}}{p_b} \geqslant 1 \tag{2-5-9}$$

ε 称为重合度,它表明同时参与啮合轮齿的对数。ε 大,表明同时参与啮合轮齿的对数多,或同时参与啮合所占的时间比例大,每对齿的负荷小,传动平稳性好。因此,ε 是衡量齿轮传动质量的主要指标之一。

三、标准中心距

通常将一对标准齿轮节圆与分度圆相重合的安装称为标准安装。标准安装的中心距称为标准中心距,以 a 表示。齿轮实际安装的中心距用 a' 表示。如图 2-5-9 所示,对于外啮合齿轮机构,标准中心距为:

$$a = a' = r'_1 + r'_2 = r_1 + r_2 = \frac{m}{2}(z_1 + z_2) \tag{2-5-10}$$

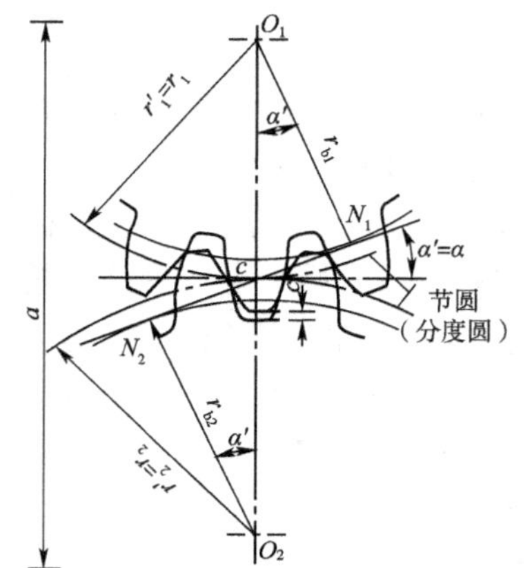

图 2-5-9　外啮合齿轮机构

因标准安装时节圆与分度圆相重合,故此时的啮合角与压力角相等,即 $\alpha = \alpha'$。在按标准中心距安装时,两齿轮能满足无齿侧间隙的要求,顶隙也等于标准值。应当指出,当实际中心距 $a \neq a'$ 时,节圆与分度圆不重合,即 $\alpha \neq \alpha'$ 。

a 和 a' 的关系可由下面的式子给出:

$$a' = r'_1 + r'_2 = \frac{r_{b1}}{\cos\alpha'} + \frac{r_{b2}}{\cos\alpha'} = \frac{1}{\cos\alpha'}(r_1\cos\alpha + r_2\cos\alpha) = \frac{a}{\cos\alpha'}\cos\alpha$$

即：
$$a'\cos\alpha' = a\cos\alpha$$

例 2-5-2　一对标准直齿圆柱齿轮外啮合传动，其 $m=2\text{mm}$，$\alpha=20°$，$z_1=20$，$z_2=40$，如果安装在61mm 的中心距上，问是否属于标准安装？此时其节圆半径 r_1'、r_2'各为多少？是否与分度圆一样大？其啮合角 α'等于多少？

解：由于：
$$a=\frac{m}{2}(z_1+z_2)=60\text{mm}$$

所以属于非标准安装。

由
$$\begin{cases} a'=r_1'+r_2'=61\text{mm} \\ i_{12}=\dfrac{r_2'}{r_1'}=\dfrac{z_2}{z_1}=\dfrac{40}{20}=2 \end{cases}$$

解得：　$r_1'=20.3\text{mm}$；$r_2'=40.7\text{mm}$　　与分度圆不一样大

由(2-5-11)可得：
$$\cos\alpha'=\frac{a\cos\alpha}{a'}=\frac{60\times\cos 20°}{61}=0.9243$$

所以：
$$\alpha'=22.47°$$

第五节　齿轮的加工方法

一、渐开线齿形的切齿原理

齿轮轮齿成型的加工方法很多，如切削法、铸造法、热轧法、冲压法、模锻法等，切削法最常用。按加工原理，切削法分为仿形法和范成法两种。

1. *仿形法*

仿形法是利用成型刀具的轴面齿形与渐开线齿槽形状一致的特点，直接在轮坯上加工出齿形。常用的成型刀具有盘状铣刀(图 2-5-10a)和指状铣刀(图 2-5-10b)两种。加工时主要有两种运动：一是切削运动，即刀具绕本身的轴线回转，同时轮坯或铣刀沿轮坯的轴线方向进给运动，以切制出整个齿宽；二是分度运动，即切制完一个齿槽后，将轮坯转过 $360°/z$ 角度，再切制第二个齿槽，依次加工出齿轮的全部轮齿。

由于渐开线齿形取决于 m、z 和 α 等三个基本参数，$\alpha=20°$为定值，因此成型铣刀只需要根据齿轮轮坯的 m 和 z 来选择。为了减少刀具的数量，规定同一种模数的成型铣刀只有八把，每一种刀号的铣刀切制一定齿数范围内的齿轮，如表 2-5-4 所示。由于同一种刀号的模数铣刀是按照该组齿轮中最少齿数的齿形制成的，因而在加工规定齿数范围外齿数的齿轮时，切制出来的齿廓是近似的。

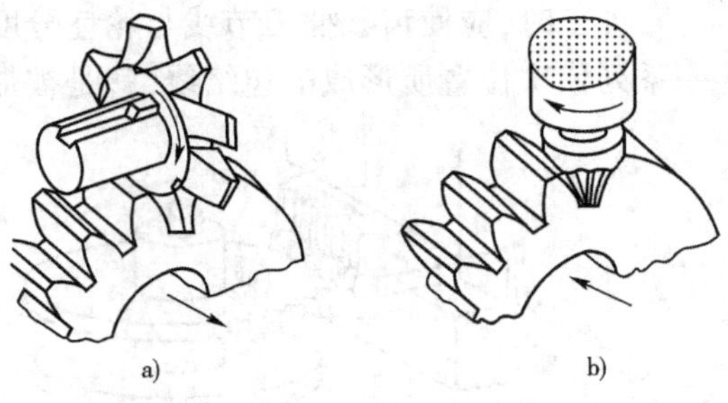

图 2-5-10　仿形法加工轮齿
a)用盘状齿轮铣刀切齿；b)用指状齿轮铣刀切齿

盘状铣刀的刀号及加工齿数的范围　　表 2-5-4

刀号	1	2	3	4	5	6	7	8
铣齿范围	12 ~ 13	12 ~ 16	17 ~ 20	21 ~ 25	26 ~ 34	35 ~ 54	55 ~ 134	≥135

2. 范成法

范成法是利用一对齿轮(或齿轮齿条)相互啮合过程中两轮齿廓互为包络线的原理切制轮齿的加工方法。将其中一个齿轮(或齿条)制成刀具,当它的节圆(或齿条刀具的节线)与被加工的轮坯的节圆(分度圆)作纯滚动时,刀具的齿廓包络出被加工齿轮的齿廓。常用的范成法成型加工有插齿和滚齿等。

1)齿轮插刀加工

如图 2-5-11 所示,齿轮插刀的模数和压力角与被加工齿轮相同,刀具齿顶部比基准齿形高出 c^*m 一段,其作用是在切齿时加工出轮坯齿根的 c^*m 一段,以保证齿轮无侧隙啮合传动时留有适当的顶隙。

插齿过程中主要运动有:插刀与轮坯以恒定的传动比($n_刀/n_坯 = z_坯/z_刀$)作回转运动,即范成运动,它们就像一对齿轮互相啮合一样;同时,插刀沿齿轮坯宽度方向作往复运动,即切削运动,使刀刃切削轮坯;此外,为了保证切齿质量和提高刀具的使用寿命,每一次沿着轮坯径向插削的深度有一定的限制。因此,在切削过程中,插刀还需要向轮坯的中心移动,即径向进给,直至刀具的分度圆与轮坯的分度圆相切,刚好切出齿的全高为止。用这种方法加工出来的齿廓,为插齿刀刃在轮坯上的一系列依次位置所形成的包络线,如图 2-5-11b)所示。

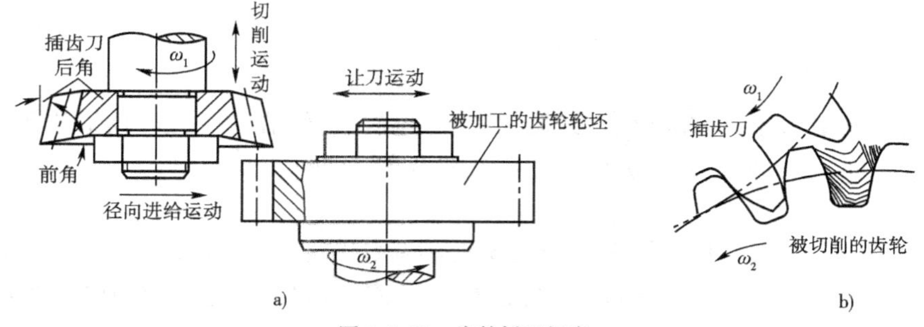

图 2-5-11　齿轮插刀切齿

2)齿条插刀加工

如图 2-5-12 所示齿条插刀切削轮坯的情形,其加工原理与齿轮插刀切削相同。

加工时,应使齿条插刀节线与轮坯分度圆的相对运动为纯滚动,则插刀刀刃在轮坯上的一系列依次位置所形成的包络线,就是被加工轮坯的渐开线齿廓。

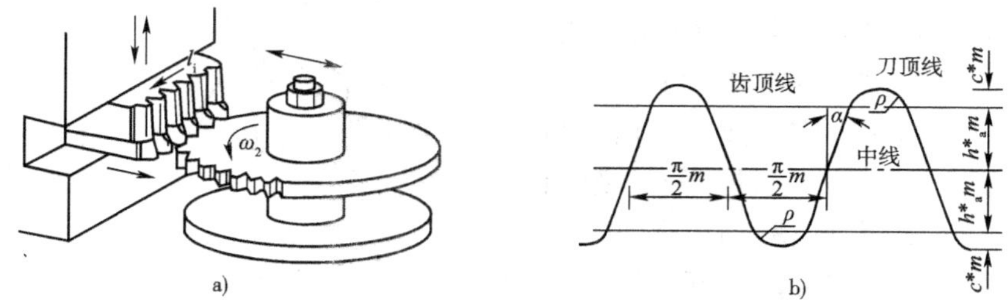

图 2-5-12　齿条插刀切齿

a)用齿条刀具插齿;b)齿条刀具

3）齿轮滚刀加工

上述两种插齿加工都是间断切削，生产率较低。图2-5-13所示齿轮滚刀切削轮坯的情形，齿轮滚刀加工为连续切削。滚刀是一个在轮坯端面上的投影具有齿条插刀齿形的螺杆。用滚刀加工齿轮时，滚刀的轴线与轮坯的端面所形成的夹角应等于滚刀的螺旋升角 λ，以使滚刀螺纹的切线恰与轮坯的齿向相同。滚刀转动时，就相当于齿条在连续移动。当滚刀与齿坯分别绕各自轴线转动时，按范成原理便切出轮坯的渐开线齿廓。

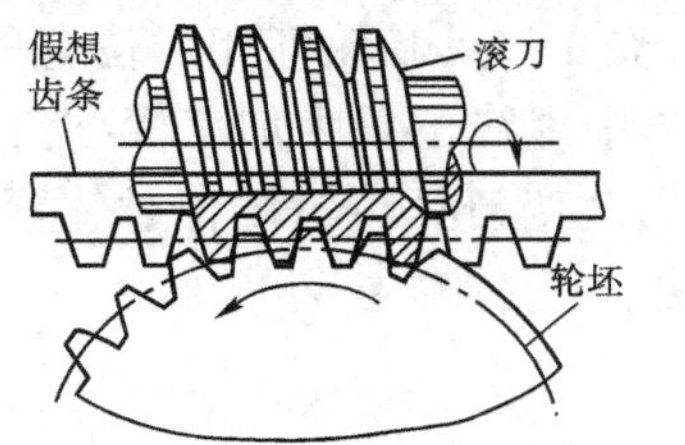

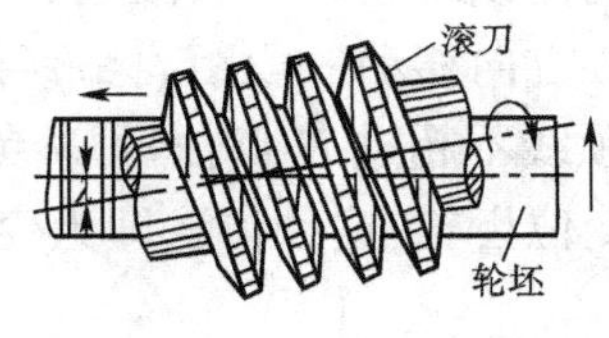

图2-5-13　滚刀加工齿轮

二、渐开线齿形的根切

1. 根切现象与产生根切的原因

用范成法加工齿轮时，若刀具的齿顶线（或齿顶圆）超过理论啮合线极限点 N 时，如图2-5-14所示，则被加工齿轮的齿根附近的渐开线齿廓被切去一部分，这种现象称为根切，如图2-5-15所示。

被根切后的轮齿不仅削弱了轮齿的抗弯强度，影响轮齿的承载能力，而且使轮齿的啮合过程缩短，重合度下降，齿轮传动的平稳性降低，因此应力求避免。

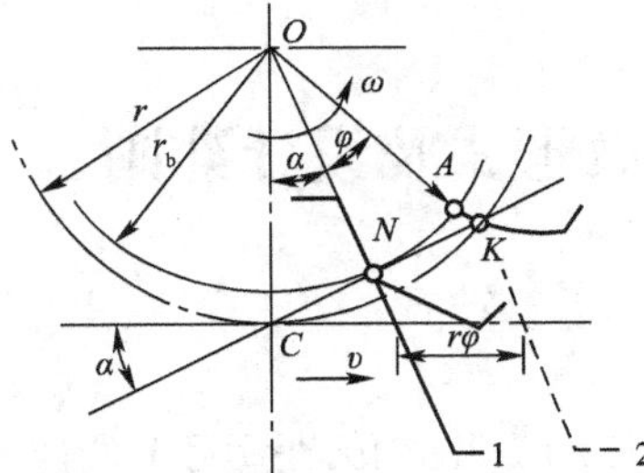

图2-5-14　根切的产生图

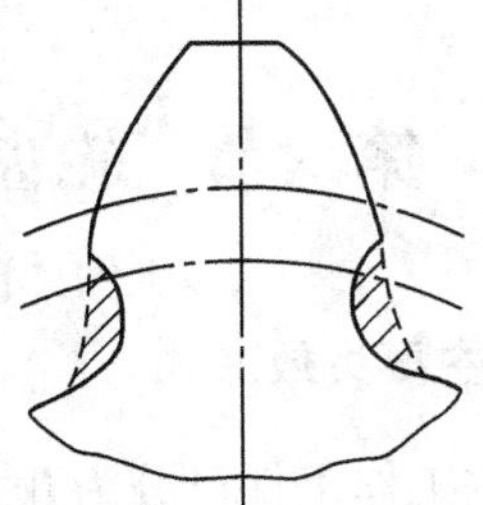

图2-5-15　轮齿根切现象

2. 避免根切条件与最少齿数

图2-5-16所示齿条插刀加工标准外齿轮的情形，齿条插刀的分度线与齿轮的分度圆相切。要使被切轮齿不产生根切，刀具的齿顶线不得超过 N 点，即：

$$h_a^* m \leqslant l_{NM}$$

而：

$$l_{NM} = l_{CN}\sin\alpha = r\sin^2\alpha = \frac{mz\sin^2\alpha}{2}$$

由此可推出标准齿轮不发生根切应满足的条件是：

$$z \geqslant \frac{2h_a^*}{\sin^2\alpha}$$

其最少齿数则为：

$$z_{\min} = \frac{2h_a^*}{\sin^2\alpha} \tag{2-5-11}$$

当 $\alpha = 20°$，$h_a^* = 1$ 时，$z_{\min} = 17$。

实际设计中，若要求传动装置结构紧凑(齿轮齿数 $z < 17$)且不允许有根切出现时，可采用变位齿轮，如图 2-5-16 所示。变位齿轮是相对标准齿轮而言的。如前所述，齿轮根切的原因在于刀具的齿顶线超过了极限啮合点。若用改变刀具和轮坯相对位置的方法，将刀具向远离轮坯中心方向移动一段距离 xm(图 2-5-17 中虚线位置为加工标准齿轮的齿条插刀位置)，使刀具顶线不超过 N 点，即可避免根切。用改变刀具与轮坯相对位置的方法加工出来的齿轮即为变位齿轮，这种方法即为变位修正法。

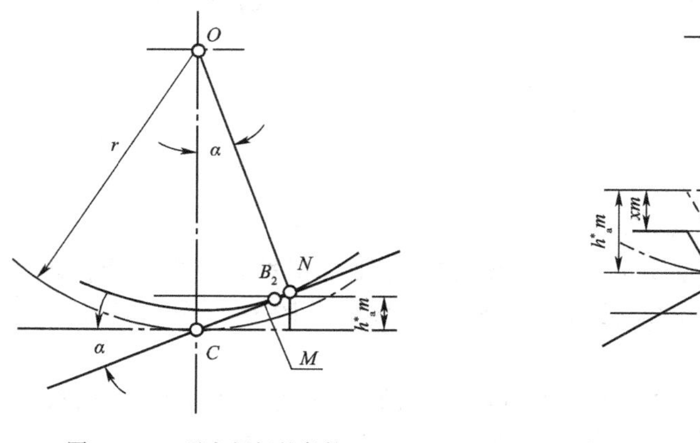

图 2-5-16　避免根切的条件　　　　图 2-5-17　变位修正

第六节　轮齿的主要失效形式及设计准则

一、轮齿的主要失效形式

齿轮传动按工作条件可分为开式传动和闭式传动。开式传动适用于低速及不重要的场合。闭式传动由于润滑、密封良好，一般适用于汽车、机床及航空发动机等的齿轮传动中。轮齿的失效形式主要有以下五种。

1. 轮齿折断

从形态看，轮齿折断有整体折断和局部折断两种形式。整体折断一般发生在齿根，这是因为轮齿相当于一个悬臂梁，受载后轮齿根部产生的弯曲应力(而且是交变应力)最大。当齿轮单侧受载时，应力呈脉动循环变化；当齿轮双侧受载时，应力呈对称循环变化。轮齿在周期变化的弯曲应力作用下，齿根过渡部分常存在应力集中，当应力值超过材料的弯曲疲劳极限时，齿根处产生疲劳裂纹，裂纹逐渐扩展，致使轮齿整体折断，这种折断称为疲劳折断，如图 2-5-18a)所示。

局部折断通常发生于轮齿的一端，这是由于载荷集中造成的。直齿轮轮齿工作时，当宽度过大、制造安装不良或轴的变形过大时，载荷集中于轮齿的一端，致使局部受载过大而发生局部折断。斜齿轮工作时,轮齿工作面上的接触线为一斜线,轮齿受载后如遇载荷集中也会发生轮齿的局部折断。这种由于短时突然过载而引起的轮齿折断称为过载折断,如图2-5-18b)所示。

一般地说,为防止轮齿折断,首先应对轮齿进行抗弯疲劳强度计算,使齿轮必须具有足够的模数;其次采用增大齿根过渡圆角半径、降低表面粗糙度、进行齿面强化处理(如喷丸)、减轻加工过程中的损伤等工艺措施,有利于提高轮齿抗疲劳折断的能力;最后尽可能消除载荷的分布不均匀现象,可有效避免轮齿的局部折断。

2. 齿面点蚀

轮齿工作时,齿面接触处产生很大的接触应力,脱离啮合后接触应力消失,对齿面某一固定点来说,它受到的接触应力是周期变化的脉动循环应力。

当这种接触应力超过了轮齿材料的接触疲劳极限时,齿面产生裂纹,裂纹扩展致使表层金属微粒脱落,形成一些浅坑(小麻点),这种现象称为齿面点蚀,如图2-5-19所示。

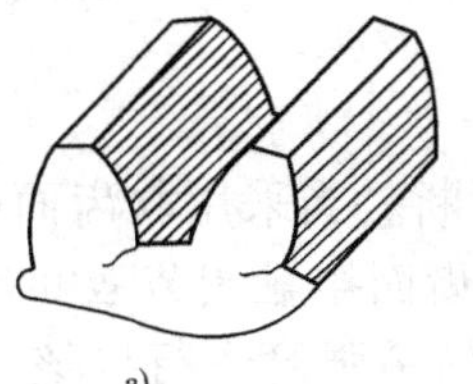

b)

图2-5-18 轮齿折断

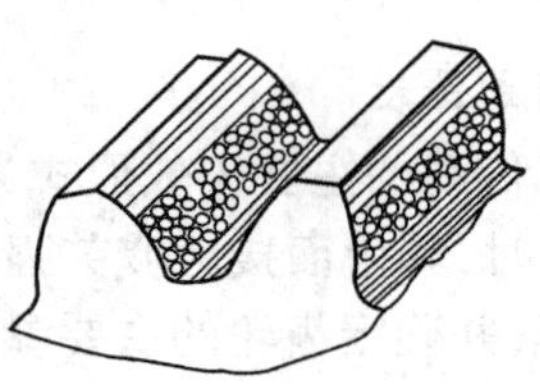

图2-5-19 齿面点蚀

齿面点蚀通常出现在润滑良好的闭式齿轮传动中。实践表明,点蚀的部位发生在轮齿齿面节线附近靠齿根的一侧,这是由于该处通常只有一对轮齿啮合,接触应力较高,轮齿间相对滑动速度小,润滑油膜不易形成的缘故。为防止齿面过早点蚀,可采用提高齿面硬度,降低齿面粗糙度,使用黏度较高的润滑油等措施。一般在闭式软齿面齿轮设计时,应按齿面接触疲劳强度进行设计计算。

3. 齿面磨损

轮齿在啮合过程中存在相对滑动,致使齿面间产生摩擦、磨损。当金属微粒、砂粒、灰尘等硬质磨粒进入轮齿间时引起磨粒磨损,如图2-5-20所示。齿面磨损使渐开线齿廓破坏,齿厚减薄,致使侧隙增大而引起冲击和振动,而且还会因齿厚减薄使强度降低而导致轮齿折断。

闭式齿轮传动中,只要经常注意润滑油的更换和清洁,一般不会发生磨粒磨损。而开式齿轮传动中,由于磨损速度较快,通常齿面还来不及达到点蚀的程度,其表层材料就已产生磨粒磨损,因此点蚀现象一般不会发生。

4. 齿面胶合

在高速重载齿轮传动中,由于轮齿齿面受到很大的压力,润滑油膜容易破裂。而在低速重载齿轮传动中,齿面润滑油膜不易形成。这些都会造成轮齿啮合区局部相互接触的齿面发生高温粘连或是压力粘连,同时齿廓间存在相对滑动,致使齿面金属被撕落下来,在齿面沿滑动方向出现条状沟痕,这称为胶合,如图2-5-21所示。

提高齿面硬度、降低齿面粗糙度能提高齿面抗胶合能力。低速传动使用黏度较高的润滑油,高速传动采用含抗胶合剂的润滑油等对提高齿面抗胶合能力也很有效。

5. 塑性变形

重载时,在摩擦力作用下,轮齿表层材料将沿着摩擦力方向发生塑性流动,导致主动齿轮齿面节线处出现凹坑,从动齿轮齿面节线处出现凸脊,此称为齿面塑性变形。齿面塑性变形使齿形被破坏,直接影响齿轮的正常啮合。为防止齿面的塑性变形,可采用提高齿面硬度,选用黏度较高的润滑油等措施。

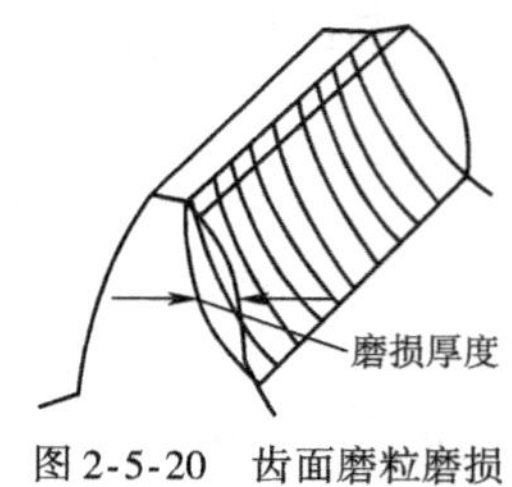

图 2-5-20　齿面磨粒磨损

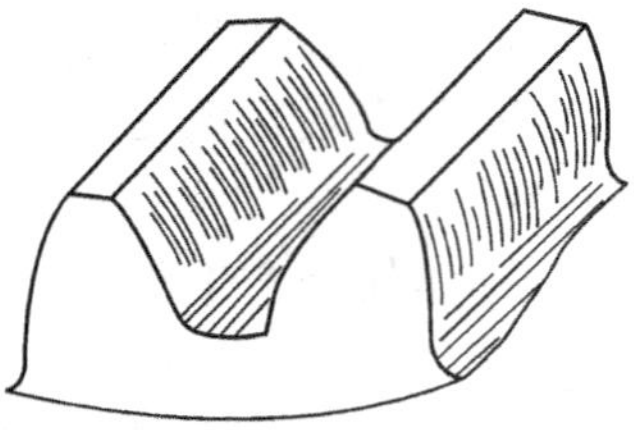

图 2-5-21　齿面胶合

二、齿轮的设计准则

1. 闭式传动

闭式传动的主要失效形式为齿面点蚀和轮齿的弯曲疲劳折断。当采用软齿面(硬度≤350HBS)时,其齿面接触疲劳强度相对较低,因此设计时首先按齿面接触疲劳强度条件进行设计计算,并确定齿轮的主要参数和尺寸,然后再按轮齿的弯曲疲劳强度进行校核。当采用硬齿面(硬度>350HBS)时,一般首先按轮齿的弯曲疲劳强度条件进行设计计算,确定齿轮的模数及其主要几何尺寸,然后再校核其齿面接触疲劳强度。

2. 开式传动

开式传动的主要失效形式为磨粒磨损。通常按照齿根弯曲疲劳强度进行设计计算,确定齿轮的模数及其他参数,但考虑磨粒磨损的影响再将模数增大10%~20%,无须校核接触强度。

三、齿轮的材料与热处理

为了使齿轮能正常工作,齿轮材料应保证轮齿表面有足够的硬度,以增强它的抗点蚀、抗磨损、抗胶合和抗塑性变形的能力;轮芯部应有足够的强度和韧性,以抵抗齿根折断和冲击载荷;同时材料应具有良好的加工性和热处理性能,使之便于加工,利于提高其力学性能。

常用的齿轮材料首先是优质碳素钢和合金结构钢;其次是铸钢和铸铁;最后是有色金属和工程塑料。除尺寸较小、普通用途的齿轮采用圆轧钢毛坯外,大多数齿轮都采用锻钢毛坯;对形状复杂、直径较大和不易锻造的齿轮采用铸钢或球墨铸铁材料;对传递功率不大、低速、无冲击及开式齿轮传动中的齿轮,常采用灰铸铁材料。

有色金属仅用于制造有特殊要求(如抗腐蚀、防磁性等)的齿轮。

对高速、轻载及精度要求不高的齿轮,为减小噪声,也可采用非金属材料(如塑料、尼龙、夹布胶木等)做成小齿轮,大齿轮仍用钢或铸铁材料。

1. 软齿面齿轮

对于软齿面齿轮,常用的齿轮材料有35、45、35SiMn、40Cr等,其热处理方法为调质或正火处理。调质后材料的综合性能良好,硬度一般为280~300HBS,切齿后的精度一般可达8

级,精切可达 7 级。正火处理可以改善材料的力学性能和切削性能,齿面硬度一般为 150～200HBS。

2. 硬齿面齿轮

对于硬齿面齿轮,通常是在调质后切齿,然后进行表面硬化处理。有的齿轮在硬化处理后还要进行精加工(如磨齿、剃齿等),故调质后的切齿应留有适当的加工余量。硬齿面主要用于高速、重载或要求尺寸紧凑的重要传动中。常用齿轮材料见表 2-5-5。

齿轮常用材料　　表 2-5-5

材料	牌号	热处理	硬度	强度极限 σ_B(MPa)	屈服极限 σ_S(MPa)	应用范围
优质碳素钢	45	正火 调质 表面淬火	169～217HBS 217～255HBS 40～50HRC	580 650 750	290 360 450	低速轻载 低速中载 高速中载或 低速重载,冲击很小
	50	正火	180～220HBS	620	320	低速轻载
合金钢	40Cr	调质 表面淬火	240～260HBS 48～55HRC	700 900	550 650	中速中载 高速中载,无剧烈冲击
	42SiMn	调质 表面淬火	217～269HBS 45～55HRC	750	470	高速中载,无剧烈冲击
	20Cr	渗碳淬火	56～62HRC	650	400	高速中载,承受冲击
	20CrMnTi	渗碳淬火	56～62HRC	1100	850	
铸钢	ZG310～570	正火 表面淬火	160～210HBS 40～50HRC	570	320	中速、中载、大直径
	ZG340～640	正火 调质	170～230HBS 240～270HBS	650 700	350 380	
球墨铸铁	QT600－2 QT500－5	正火	220～280HBS 147～241HBS	600 500	—	低中速轻载,有小冲击
灰铸铁	HT200 HT300	人工时效 (低温退火)	170～230HBS 187～235HBS	200 300	—	低速轻载,冲击很小

《渐开线圆柱齿轮精度》(GB 10095—88)(此标已废止)对各类的精度规定了 12 个等级,其中 1 级精度最高,12 级精度最低。常采用的是 6～9 级。设计时,应根据传动用途、工作条件、传递功率、圆周速度等合理确定齿轮的精度等级。齿轮传动精度等级的选择及应用见表 2-5-6。

齿轮传动精度等级的选择及应用　　表 2-5-6

精度等级	圆周速度 v(m/s)			应用
	直齿圆柱齿轮	斜齿圆柱齿轮	直齿圆锥齿轮	
6 级	≤15	≤25	≤9	高速重载的齿轮传动,如飞机、汽车和机床中的重要齿轮,分度机构的齿轮传动
7 级	≤10	≤17	≤6	高速中载或中速重载的齿轮传动,如标准系列减速器中的齿轮,汽车和机床中齿轮

续上表

精度等级	圆周速度 v(m/s)			应用
	直齿圆柱齿轮	斜齿圆柱齿轮	直齿圆锥齿轮	
8 级	≤5	≤10	≤3	机械制造中对精度无特殊要求的齿轮
9 级	≤3	≤3.5	≤2.5	低速及对精度要求低的传动

第七节　直齿圆柱齿轮传动的强度计算

一、圆柱齿轮传动的受力分析

1. 轮齿受力分析

为了计算齿轮的强度,设计轴和轴承,首先应分析轮齿上所受的力。

如图 2-5-22 所示,在理想状态下,齿轮工作时载荷沿接触线均匀分布,为简化分析常以作用在齿宽中点 C 处的集中力来代替该均布力。若略去摩擦力的影响,则该集中力为沿啮合线指向齿面的法向力 F_n。法向力可分解为两个分力,即切向力 F_t 和径向力 F_r,各力的大小计算如下:

$$\left.\begin{aligned} &\text{圆周力} \quad F_t = \frac{2T_1}{d_1} \\ &\text{径向力} \quad F_r = F_t \tan\alpha \\ &\text{法向力} \quad F_n = \frac{F_t}{\cos\alpha} = \frac{2T_1}{d_1\cos\alpha} \end{aligned}\right\} \tag{2-5-12}$$

式中,d_1 为主动齿轮的分度圆直径,单位为 mm;T_1 为主动齿轮传递的名义转矩,单位为 N·mm。如果主动轮传递功率为 P_1(kW),转速为 n_1(r/min),则:

$$T_1 = (9.55 \times 10^6)\frac{P_1}{n_1} \tag{2-5-13}$$

α 为分度圆压力角,$\alpha = 20°$。

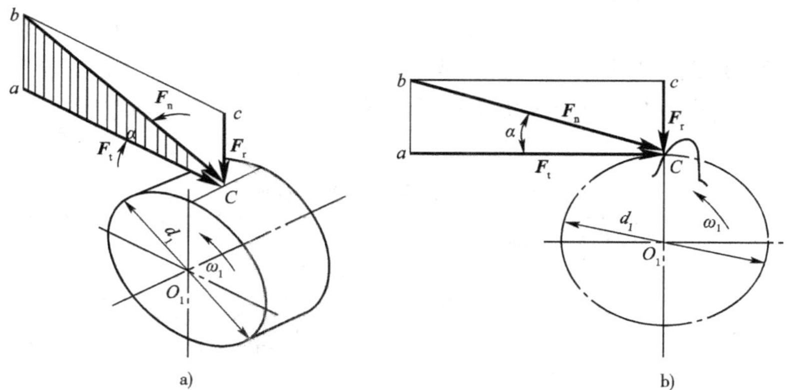

图 2-5-22　齿轮的受力分析

力的方向判定：如图 2-5-23 所示，作用在主动轮和从动轮上的各对分力等值反向。动轮上的切向力 F_{t1} 为工作阻力，方向与其回转方向相反；动轮上的切向力 F_{t2} 为驱动力，其回转方向相同。轮的径向力 F_{r1} 和 F_{r2} 分别指向各自的轮心。

2. 计算载荷

按式(2-5-12)计算的 F_t、F_r、F_n 均是作用在轮齿上的名义载荷，在实际传动中常受到很多因素的影响，故应将名义载荷修正为计算载荷。以轮齿的法向力 F_n 为例，计算载荷 F_{nc} 可表示为

$$F_{nc} = KF_n \tag{2-5-14}$$

式中，K 为载荷系数，可由表 2-5-7 查取。

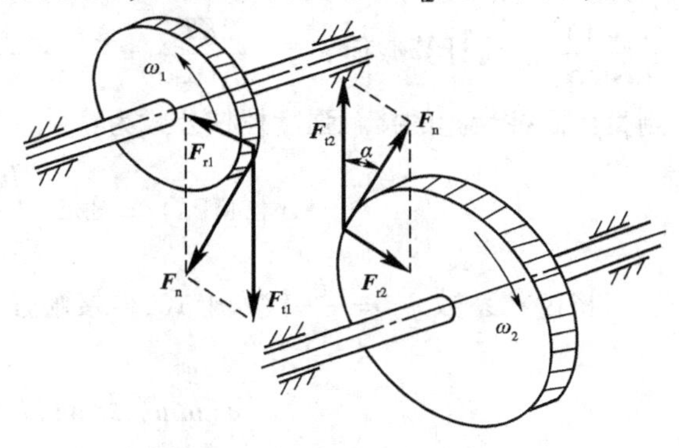

图 2-5-23　柱齿轮各力的方向

载 荷 系 数　　表 2-5-7

工 作 机 械	载 荷 性 质	原　动　机		
		电　动　机	多缸内燃机	单缸内燃机
均匀加料的运输机、轻型卷扬机、发电机、机床辅助传动	均匀、轻微冲击	1 ~ 1.2	1.2 ~ 1.6	1.6 ~ 1.8
不均匀加料的运输机和加料机、重型卷扬机、球磨机、机床主传动	中等冲击	1.2 ~ 1.6	1.6 ~ 1.8	1.8 ~ 2.0
冲床、钻床、冷轧机、破碎机、挖掘机	大的冲击	1.6 ~ 1.8	1.9 ~ 2.1	2.2 ~ 2.4

二、直齿圆柱齿轮承载能力的计算

1. 齿面接触疲劳强度的计算

齿面点蚀与齿面接触应力的大小有关。齿轮传动时，在节点处一般只有一对齿啮合，此时，齿轮受载最大，实践也证明了齿根部分靠近节线处最易发生点蚀，所以取节点处的接触应力为计算依据。

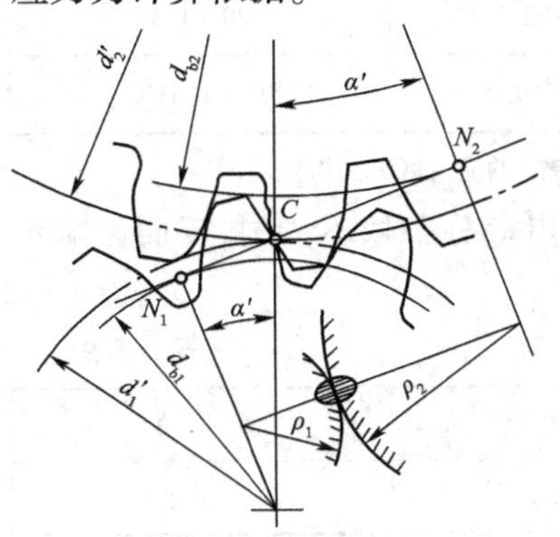

图 2-5-24　齿面的接触应力

一对外啮合齿轮在节点处啮合，可近似看成半径 ρ_1 和 ρ_2 的两个圆柱体在 F_n 作用下相互接触(图 2-5-24)。

由弹性力学可知，在接触区的中线处，接触应力最大，为：

$$\sigma_H = Z_E\sqrt{\frac{F_n}{b}\left(\frac{1}{\rho_1}+\frac{1}{\rho_2}\right)} \tag{2-5-15}$$

式中，Z_E 为弹性系数(MPa)，其值与两轮的材料有关。

由图 2-5-24 可知，节点处的齿廓曲率半径为：

$$\rho_1 = N_1C = \frac{d_1}{2}\sin\alpha,\qquad \rho_2 = N_2C = \frac{d_2}{2}\sin\alpha$$

取 $i=\frac{d_2}{d_1}$，$a=\frac{1}{2}(d_1+d_2)$，或表示为 $d_1=\frac{2a}{i+1}$，则综合曲率半径 $\frac{1}{\rho_1}+\frac{1}{\rho_2}=\frac{\rho_2+\rho_1}{\rho_1\rho_2}=\frac{(i+1)^2}{ia\sin\alpha}$。将计算载荷 $F_{nc}=\frac{2KT_1}{d_1\cos\alpha}=\frac{KT_1(i+1)}{a\cos\alpha}$ 和综合曲率半径代入式(2-5-15)，则一对钢制直齿圆柱齿轮的接触强度校核公式为：

$$\sigma_H(\text{MPa})=335\sqrt{\frac{KT_1(i+1)^3}{iba^2}}\leqslant[\sigma_H] \tag{2-5-16}$$

将齿宽系数 $\psi_a=\frac{b}{a}$ 代入上式，得接触强度设计公式：

$$a(\text{mm})\geqslant 48(i+1)\sqrt[3]{\frac{KT_1}{i\psi_a[\sigma_H]^2}} \tag{2-5-17}$$

式中，$[\sigma_H]$为许用接触应力，见表2-5-8。

式(2-5-16)和式(2-5-17)中：T_1 的单位为 N·mm；b 和 a 的单位为 mm；σ_H 和$[\sigma_H]$的单位为 MPa。

许用接触应力$[\sigma_H]$值　　表2-5-8

材　料	热处理方法	齿面硬度	$[\sigma_H]$(MPa)
普通碳钢	正火	150~210HBS	240+0.8HBS
碳素钢	调质、正火	170~270HBS	380+0.7HBS
合金钢	调质	200~350HBS	380+HBS
铸钢	—	150~200HBS	180+0.8HBS
碳素铸钢	调质、正火	170~230HBS	310+0.7HBS
合金铸钢	调质	200~350HBS	340+HBS
碳素钢、合金钢	表面淬火	45~58HRC	500+11HRC
合金钢	渗碳淬火	54~64HRC	23HRC
灰铸铁	—	150~250HBS	120+HBS
球墨铸铁	—	200~300HBS	170+1.4HBS

注：$[\sigma_H]$算式是根据《渐开线圆柱齿轮承载能力计算方法》(GB 3480—1997)的应力区域图拟定的。

齿宽系数 ψ_a 越大，齿轮越宽，承载能力越高，但载荷沿齿宽分布越不均匀，反而影响承载能力，因此应合理选择齿宽系数，见表2-5-9。

齿宽系数的荐用值　　表2-5-9

传递载荷类型	轻　型	中　型	重　型
ψ_a	0.2~0.4	0.3~0.6	>0.8

注：齿轮对称布置时取大值，悬臂布置时取小值。

式(2-5-16)和式(2-5-17)只适用一对钢制外啮合齿轮传动。若配对材料改变时,式中常数项作如下修改:钢对铸铁时,改为292和44;钢对球墨铸铁时,改为320和47;铸铁对铸铁时,则改为258和40。

由式(2-5-16)可知,当齿轮的传动比、材料和齿宽一定时,影响接触强度的主要参数是中心距或分度圆直径。

2. 轮齿弯曲疲劳强度计算

轮齿疲劳折断与齿根弯曲应力有关。对于一般精度的齿轮,可近似认为,全部载荷仅由一对轮齿承受,且载荷 F_n 作用于齿项。轮齿受弯见图2-5-25。

将 F_n 沿作用线移动到轮齿的对称线,分解成互相垂直的两个分力。分力 $F_n\cos\alpha_F$ 使齿根产生弯曲应力和切应力,分力 $F_n\cos\alpha_F$ 使齿根产生压应力。因切应力和压应力较小,通常略去不计。

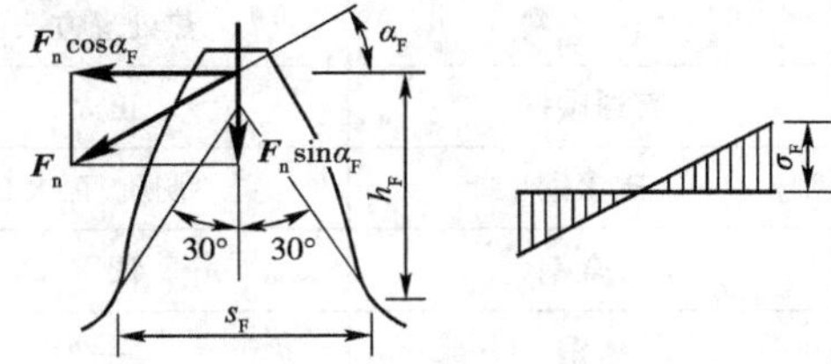

图2-5-25　齿根弯曲疲劳强度

设齿根危险截面的厚度为 s_F,弯曲力臂为 h_F,则危险截面上的弯曲应力为:

$$\sigma_F = \frac{M}{W} = \frac{F_n\cos\alpha_F h_F}{\dfrac{bs_F^2}{6}}$$

将计算载荷 $F_{nc} = \dfrac{2KT_1}{d_1\cos\alpha}$ 代替 F_n,整理后得:

$$\sigma_F = \frac{2KT_1}{bd_1m}\cdot\frac{6\left(\dfrac{h_F}{m}\right)\cos\alpha_F}{\left(\dfrac{s_F}{m}\right)^2\cos\alpha}$$

令

$$Y_{Fa} = \frac{6\left(\dfrac{h_F}{m}\right)\cos\alpha_F}{\left(\dfrac{s_F}{m}\right)^2\cos\alpha}$$

Y_{Fa}称为齿形系数,其只与影响轮齿形状的齿数 z 有关,而与模数 m 无关。此外,考虑齿根过度曲线处应力集中效应,以及切应力和压应力的影响,引入应力修正系数 Y_{Sa},并令$Y_{FS} = Y_{Fa}\cdot Y_{Sa}$。代入 $d_1 = mz_1$,则得轮齿弯曲疲劳强度校核公式:

$$\sigma_F(\text{MPa}) = \frac{2KT_1}{bm^2z_1}Y_{FS} \leqslant [\sigma_F] \quad (2\text{-}5\text{-}18)$$

将 $\psi_a = \dfrac{b}{a}$、$a = \dfrac{mz_1(i+1)}{2}$ 代入上式,得轮齿弯曲疲劳强度设计公式:

$$m(\text{mm}) \geqslant \sqrt[3]{\frac{4KT_1}{\psi_a z_1^2(i+1)}\cdot\frac{Y_{FS}}{[\sigma_F]}} \quad (2\text{-}5\text{-}19)$$

式中,Y_{FS}为复合齿形系数,见表2-5-10;$[\sigma_F]$为许用弯曲应力,见表2-5-11。

式(2-5-18)和式(2-5-19)中:z_1 为小齿轮齿数;T_1 的单位为 N·mm;b 和 m 的单位为mm;σ_F 和$[\sigma_F]$的单位为 MPa。

复合齿形系数 Y_{FS} 表 2-5-10

$z(z_v)$	17	18	19	20	21	22	23	24	25	26	27	28	29
Y_{FS}	4.51	4.45	4.41	4.36	4.33	4.30	4.27	4.24	4.21	4.19	4.17	4.15	4.13
$z(z_v)$	30	35	40	45	50	60	70	80	90	100	150	200	∞
Y_{FS}	4.12	4.06	4.04	4.02	4.01	4.00	3.99	3.98	3.97	3.96	4.00	4.03	4.06

注:本表根据《通用机械渐开线圆柱齿轮 承载能力简化计算方法》(GB 10063—88)编制。

许用弯曲应力$[\sigma_F]$值 表 2-5-11

材　　料	热处理方法	齿面硬度	$[\sigma_F]$(MPa)
普通碳钢	正火	150~210HBS	130+0.15HBS
碳素钢	调质、正火	170~270HBS	140+0.2HBS
合金钢	调质	200~350HBS	155+0.3HBS
铸钢	—	150~200HBS	100+0.15HBS
碳素铸钢	调质、正火	170~230HBS	120+0.2HBS
合金铸钢	调质	200~350HBS	125+0.25HBS
碳素钢、合金钢	表面淬火	45~58HRC	160+2.5HRC
合金钢	渗碳淬火	54~64HRC	5.8HRC
灰铸铁	—	150~250HBS	30+0.1HBS
球墨铸铁	—	200~300HBS	130+0.2HBS

注:1. $[\sigma_F]$算式是根据《渐开线圆柱齿轮承载能力计算方法》(GB 3480—1997)的应力区域图拟定的。
2. 当齿轮受对称循环变应力时,应将式中的$[\sigma_F]$乘以0.7。

式(2-5-19)中的$\frac{Y_{FS}}{[\sigma_F]}$应取$\frac{Y_{FS1}}{[\sigma_{F1}]}$与$\frac{Y_{FS2}}{[\sigma_{F2}]}$中的较大者代入,并将计算模数按表2-5-1圆整。

由式(2-5-18)可知,影响轮齿弯曲强度的主要参数是模数。

设计齿轮传动时,还应注意合理选择以下参数:

(1)模数 m　对于传递动力的齿轮,一般取模数 $m \geq 1.5 \sim 2$mm。

(2)齿数 z　对于闭式软齿面的齿轮传动,在满足弯曲疲劳强度和保持分度圆直径不变的前提下,可选用较多的齿数,有利于增大重合度,使传动平稳,又可减少轮坯的金属切削量,降低成本。通常取 $z_1 = 20 \sim 40$。对于闭式硬齿面齿轮传动和开式齿轮传动,主要应考虑轮齿的弯曲强度,故应取较少的齿数以增加模数。通常取 $z_1 = 17 \sim 20$。

(3)传动比 i　一对齿轮传动,为防止小齿轮过早磨损及传动装置尺寸过大,一般取直齿圆柱齿轮的传动比 $i \leq 5$。

例 2-5-3　由电动机驱动的单级直齿圆柱齿轮减速器,单向传动,载荷有轻微冲击,已知传递功率 $P_1 = 15$kW,小齿轮转速 $n_1 = 970$r/min,传动比 $i = 3.28$,采用软齿面,试设计此齿轮传动。

设计步骤如表 2-5-12 所示。

表 2-5-12

计算项目	计算内容与说明	计算结果
(1)确定材料和确定许用应力	35SiMn 调质 齿面硬度 230HBS (表 2-5-5) 45 钢 正火 齿面硬度 190HBS (表 2-5-5)	
小齿轮材料	$[\sigma_{H1}]=380+HBS_1=380+230=610MPa$ (表 2-5-8)	$[\sigma_{H1}]_1=610MPa$
大齿轮材料	$[\sigma_{H2}]=380+0.7HBS_2=380+0.7\times190=513MPa$ (表 2-5-8)	$[\sigma_{H2}]_2=513MPa$
许用接触应力	$[\sigma_{F1}]=155+0.3HBS_1=155+0.3\times230=224MPa$ (表 2-5-11)	$[\sigma_{F1}]_1=224MPa$
许用弯曲应力	$[\sigma_{F2}]=140+0.2HBS_2=140+0.2\times190=178MPa$ (表 2-5-11)	$[\sigma_{F2}]_2=178MPa$
(2)按齿面接触疲劳强度设计载荷系数	根据轻微冲击、齿轮对称布置、软齿面 取 $K=1.4$	$K=1.4$
小齿轮转矩	$T_1=9.55\times10^6\dfrac{P_1}{n_1}=9.55\times10^6\dfrac{15}{970}=1.48\times10^5N\cdot mm$	$T_1=1.48\times10^5N\cdot mm$
齿宽系数	中等载荷、对称布置取 $\psi_a=0.4$ (表 2-5-9)	$\psi_a=0.4$
许用接触应力	取$[\sigma_{H1}]$和$[\sigma_{H2}]$中的较小值,即$[\sigma_H]=513MPa$	$[\sigma_H]=513MPa$
计算中心距	$a\geqslant48(i+1)\sqrt[3]{\dfrac{KT_1}{i\psi_a[\sigma_H]^2}}$ $=48\times(3.28+1)\sqrt[3]{\dfrac{1.4\times1.48\times10^5}{3.28\times0.4\times513^2}}=173.28mm$	
齿数	$Z_1=28$ $Z_2=iZ_1=3.28\times28=91.84$	$Z_1=28$ $Z_2=92$
模数	$m=\dfrac{2a}{z_1+z_2}=\dfrac{2\times173.28}{28+92}=2.89mm$ 取 $m=3mm$ (表 2-5-1)	取 $m=3mm$
中心距	$a=\dfrac{m}{2}(z_1+z_2)=\dfrac{3}{2}(28+92)=180mm$	$a=180mm$
齿宽	$b=\psi_a=0.4\times180=72mm$ $b_2=b=72mm$ $b_1=b_2+(5\sim10)$	$b_2=72mm$ $b_1=80mm$
复合齿形系数	$Y_{FS1}=4.15$ $Y_{FS2}=3.97$ (表 2-5-10)	$Y_{FS1}=4.15$ $Y_{FS2}=3.97$
(3)轮齿弯曲疲劳强度校核	$\sigma_{F1}=\dfrac{2KT_1Y_{FS1}}{bm^2z_1}=\dfrac{2\times1.4\times1.48\times10^5\times4.15}{72\times3^2\times28}$ $=94.78<[\sigma_{F1}]$ $\sigma_{F2}=\sigma_{F1}\dfrac{Y_{FS2}}{Y_{FS1}}=94.78\times\dfrac{3.97}{4.15}=90.67MPa<[\sigma_{F2}]$	$\sigma_{F1}=94.78MPa$ $\sigma_{F2}=90.67MPa$
弯曲强度校核	$v=\dfrac{\pi d_1n_1}{60\times1000}=\dfrac{3.14\times3\times28\times970}{60\times1000}=4.27m/s$	弯曲强度足够
(4)齿轮传动的精度等级	选用 8 级精度 (表 2-5-6)	选用 8 级精度
(5)结构设计	(略)	

第八节　蜗轮蜗杆传动

一、蜗轮蜗杆传动的概述

1. 蜗轮蜗杆传动的组成

蜗轮蜗杆传动主要由蜗杆和蜗轮组成,如图 2-5-26 所示。蜗杆为主动件,形状似梯形螺纹,蜗轮的形状似一具有特殊形状的斜齿轮。它们的轴线在空间交错呈 90°。蜗杆的螺纹升角与蜗轮的螺旋角大小相等、方向相同。通过蜗杆轴线并垂直蜗轮轴线的平面称为主平面,在主平面内蜗杆具有齿条形状直线齿廓,蜗轮为标准渐开线齿廓,如图 2-5-27 所示。除主平面外其他与主平面平行的各平面内,蜗杆剖面形状不是齿条形状,蜗轮的剖面也不是渐开线齿廓。

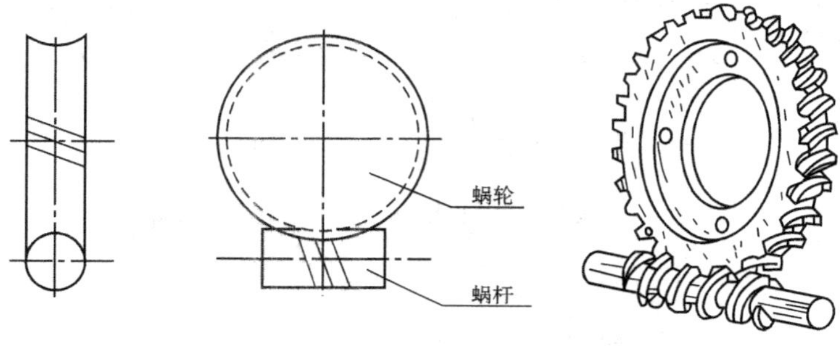

图 2-5-26　蜗轮蜗杆传动

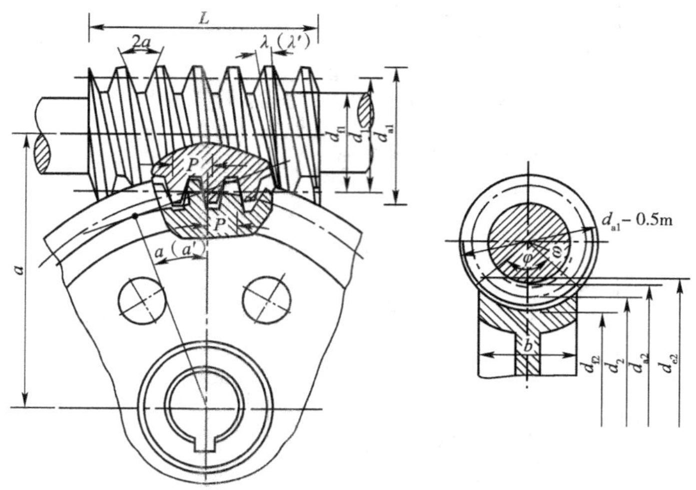

图 2-5-27　普通圆柱蜗轮蜗杆传动

2. 蜗轮蜗杆传动的特点

与齿轮传动相比,蜗轮蜗杆传动有以下几个特点:

(1)传动比大　蜗轮蜗杆传动的传动比 i 较大,在一般动力传动中,$i=8\sim60$,在分度机构中可达600～1000。

(2)工作平稳　蜗杆的齿是连续螺旋形,故工作平稳,噪声小。

(3)可以自锁　在蜗轮蜗杆传动中,蜗杆如同螺杆,蜗轮与蜗杆轮齿间的作用力关系也和螺旋传动一样,也可以自锁,即蜗轮不能带动蜗杆。在起重机装置中,就是利用蜗杆的自锁,使重物停留在空中而不会自动降下。

(4)传动效率低　一般效率 $\eta=0.7\sim0.9$,自锁时 $\eta<0.5$,这就限制了它传递的功率(一般不超过50kW)。当连续工作时,要求有良好的润滑和散热。

(5)蜗轮材料贵　在动力传动中,为减少摩擦、提高效率和寿命,蜗轮往往采用价格昂贵的青铜制造。

(6)不能任意互换啮合　在直齿圆柱齿轮传动中,由于模数和压力角都已标准化了,切制模数相同而齿数不同的齿轮,只需用一把齿轮滚刀即可,而且具有相同模数的齿轮可以互换啮合。但在蜗轮蜗杆传动中,由于蜗轮轮齿是呈圆弧形并包围着蜗杆,所以切制蜗轮的蜗轮滚刀,其参数必须与工作蜗杆的参数完全相同(即不仅模数、压力角相同,滚刀与蜗杆的分度圆直径、螺纹的头数、升角也都要求相同),因此蜗轮滚刀的专用性大。而且,仅是模数相同的蜗杆与蜗轮是不能任意互换啮合的。

二、传动比

图2-5-28中,设蜗杆和蜗轮的转速分别为 n_1 和 n_2,蜗杆头数 z_1,蜗轮齿数 z_2,则在主平面的节点 C 处,蜗杆的轴向速度 v_1 等于蜗轮的圆周速度 v_2,即 $v_1=v_2$

又　$$v_1=\frac{\pi m z_1 n_1}{60}\qquad v_2=\frac{\pi m z_2 n_2}{60}$$

则蜗轮蜗杆传动的传动比为:

$$i=\frac{n_1}{n_2}=\frac{z_2}{z_1}$$

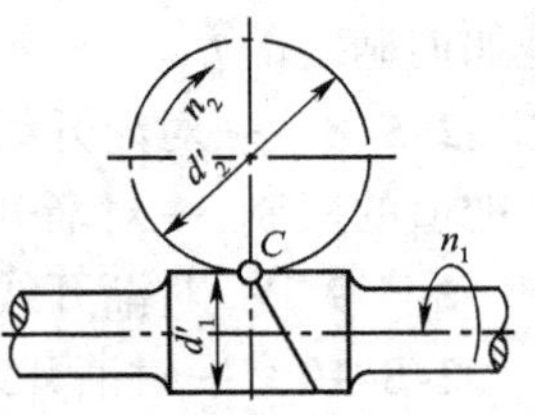

图2-5-28　蜗轮蜗杆传动的传动比

蜗杆的头数一般取 $z_1=1\sim4$,当 z_1 取1时,传动可获得较大传动比,但效率低;当取较大值时,可获得较高的效率,但传动比较小,且蜗杆加工困难。一般分度机构中多取较小值,动力传动可采用较大值。为了避免蜗轮加工产生根切,当 $z_1=1$ 时,$z_2\geqslant17$;$z_1>2$ 时,$z_2\geqslant27$。

对于动力型传动,可按表2-5-13选用蜗杆头数 z_1 与蜗轮齿数 z_2。

蜗杆头数 z_1 与蜗轮齿数 z_2 的推荐值　　表2-5-13

i	z_1	z_2
7～8	4	28～32
9～13	3～4	27～52
14～24	2～3	28～72
25～27	2～3	50～81
28～40	1～2	28～80
≥40	1	≥40

三、失效形式

蜗轮蜗杆传动的失效形式与齿轮传动相同,有轮齿折断、齿面磨损、齿面点蚀、齿面胶合和齿面塑性变形。但蜗轮蜗杆传动与齿轮传动的基本性质完全不同,蜗杆在传动中有很大的相对滑动速度,引起齿面的磨损和发热并导致胶合。因此,蜗杆传动的主要失效形式是磨损和胶合。在闭式传动中,蜗轮的主要失效形式是胶合和点蚀;在开式传动中的主要失效形式是磨损。提高蜗杆齿面硬度和粗糙度,蜗轮齿面采用青铜制造,工作中采用抗胶合润滑剂,都能有效地提高蜗杆传动的抗磨损和抗胶合能力。

习　　题

2-5-1　欲使一对齿廓在其啮合过程中保持传动比不变,该对齿廓应符合什么条件?

2-5-2　当一对互相啮合的渐开线齿廓绕各自的基圆圆心转动时,其传动比不变。为什么?

2-5-3　何谓齿轮传动的啮合线?为什么渐开线齿轮的啮合线为直线?

2-5-4　什么叫渐开线齿轮传动的中心距可分性?

2-5-5　渐开线标准直齿圆柱齿轮的参数有哪几个?哪些是标准的?其标准值为多少?

2-5-6　标准直齿条的特点是什么?

2-5-7　什么叫渐开线齿轮传动的实际啮合线?渐开线直齿轮传动的实际啮合线 $\overline{B_1B_2}$ 是如何确定的?

2-5-8　一对渐开线标准直齿轮的正确啮合条件是什么?若放弃模数和压力角必须取标准值的限制,一对渐开线直齿轮的正确啮合条件是什么?

2-5-9　一对渐开线直齿轮无侧隙啮合的条件是什么?

2-5-10　一对渐开线标准外啮合直齿轮非标准安装时,安装中心距 a' 与标准中心距 a 哪个大?啮合角 α' 与压力角 α' 哪个大?为什么?

2-5-11　一根渐开线在基圆半径 $r_b = 50$mm 的圆上发生,试求渐开线上向径 $r = 65$mm 的点的曲率半径 ρ、压力角 α 。

2-5-12　测得正常齿制、压力角 $\alpha = 20°$、标准齿轮的齿顶圆直径 $d_a = 164$mm,齿高 $h = 9$mm。求该齿轮的模数 m、齿数 z 和基圆直径 d_b。

2-5-13　已知一对外啮合标准直齿圆柱齿轮的中心距 $a = 160$mm,齿数 $z_1 = 20$,$z_2 = 60$,求模数 m 和分度圆直径。

2-5-14　当 $\alpha = 20°$ 的渐开线标准外齿轮的齿根圆和基圆相重合时,其齿数为多少?又若齿数大于求出的数值,则基圆和齿根圆哪一个大一些?

2-5-15　设两齿轮的传动比 $i_{12} = 4$,$z_1 = 30$,$h_a^* = 1$,$m = 4$mm,$\alpha = 20°$,求(1)z_2;(2)d_1,d_2;(3)d_{f1},d_{f2};(4)s,e。

2-5-16　有一对按标准中心距安装的正常齿外啮合渐开线标准直齿圆柱齿轮传动,已知：$z_1=20$，$z_2=36$，$\alpha=20°$，标准中心距 $a=140\mathrm{mm}$。求该对齿轮的 m；d_1、d_2；d_{a1}、d_{a2}；d_{f1}、d_{f2}；d_{b1}、d_{b2}。

2-5-17　已知小齿轮传递的功率 $P_1=8\mathrm{kW}$，小齿轮转速 $n_1=960\mathrm{r/min}$，传动比 $i=4.7$，单向转动，载荷平稳，齿轮对称布置，试设计此单级直齿圆柱齿轮传动。

2-5-18　已知开式直齿圆柱齿轮传动 $i=3.5$，$P=3\mathrm{kW}$，$n_1=50\mathrm{r/min}$，单向转动，载荷平稳，$z_1=21$，试校核此传动的强度。

第六章 带 传 动

学习目标

知识目标

1. 掌握带传动的工作原理、特点、类型和应用；
2. 掌握V带的构造和标准；
3. 了解带传动的打滑与弹性滑动现象；
4. 掌握带传动的安装与维护要求；
5. 了解V带设计计算。

能力目标

1. 具备正确安装、维护带传动的能力；
2. 初步具备设计带传动装置的能力。

第一节 带传动的特点和类型

一、带传动的类型与应用

带传动是一种常见的机械传动形式，它由主动轮1、从动轮2和传动带3组成，如图2-6-1所示。与齿轮传动相比，带传动具有结构简单、成本低廉等优点，因此也是一种常用的传动。

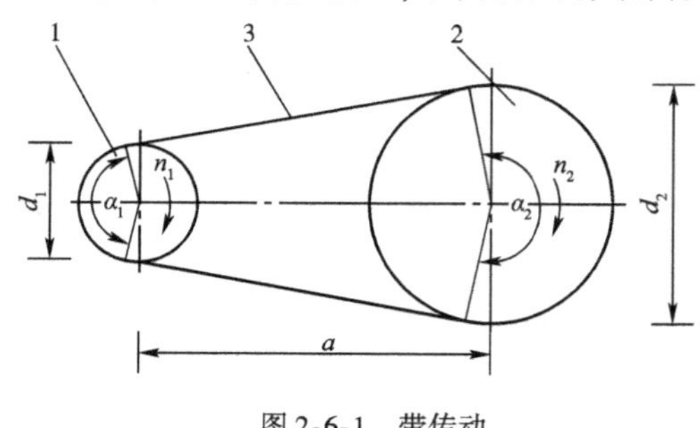

图2-6-1 带传动

带传动按工作原理区分，有摩擦型和啮合型两类。摩擦型带传动靠带与带轮之间的摩擦力来传递运动和动力；啮合型带传动则依靠带上的齿和带轮的啮合来实现传动。

摩擦型带传动按带的截面形状分为平带传动、V带传动、圆带传动等，如图2-6-2所示。其中V带传动又可分为普通V带传动、窄V带传动、多楔带传动、大楔角V带传动、宽V带传动等。

平带的截面形状为矩形，内表面为工作面，主要用于两轴平行，转向相同的较远距离的传动。

V带的截面形状为梯形，两侧面为工作面，带轮的轮槽截面也为梯形。根据斜面的受力分析可知，在相同张紧力和相同摩擦系数的条件下，V带产生的摩擦力要比平带的摩擦力大，所以，V带传动能力强，结构更紧凑，在机械传动中应用最广泛。

多楔带是在平带基体上有若干纵向楔形凸起，如图 2-6-2d）所示，它兼有平带和 V 带的优点且能弥补其不足，多用于结构紧凑的大功率传动中。

圆形带的截面形状为圆形，如图 2-6-2c）所示，仅用于如缝纫机、仪器等低速小功率的传动。

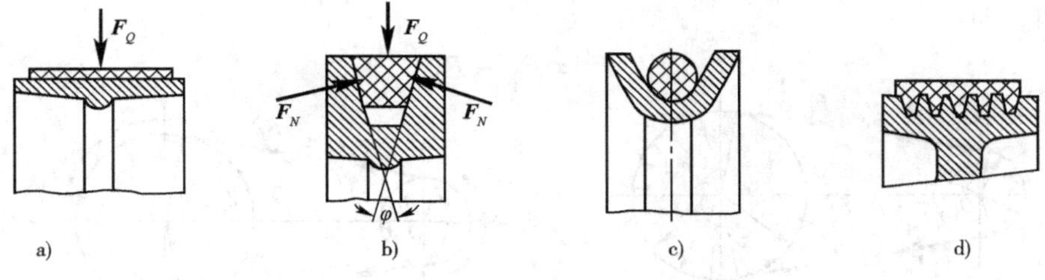

图 2-6-2　带横截面形状

a）平带传动；b）V 带传动；c）圆带传动；d）多楔带传动

同步齿形带即为啮合型传动带，如图 2-6-3 所示。同步带内周有一定形状的齿。

二、带传动的特点

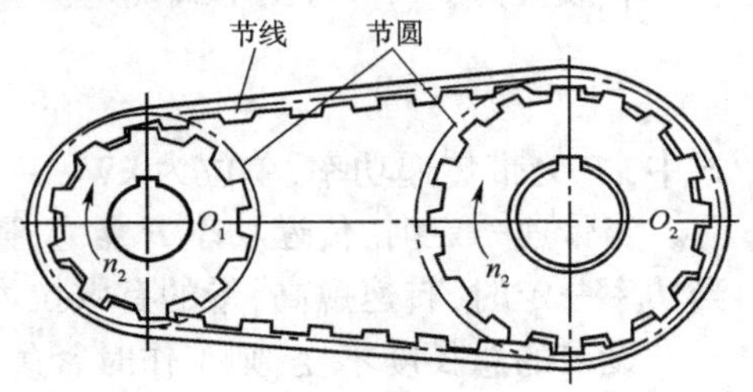

图 2-6-3　同步齿形带传动

带传动的优点是：

（1）带传动是通过中间挠性件——带传递运动和动力的，传动带具有良好的弹性，有缓冲和吸振作用，因此带传动传动平稳，噪声小。

（2）带传动可用于中心距较大的两轴间的传动。其结构简单，制造、安装、维护方便。

（3）对于摩擦型带传动，过载时带和带轮间发生打滑，可防止其他零件损坏，故对系统具有保护作用。

带传动的缺点是：

（1）在摩擦带传动中，带与带轮接触面间有相对滑动，不能保证准确的传动比。

（2）对轴和轴承的压力较大。

（3）传动效率低，带的寿命较短。

（4）传动的外廓尺寸较大。

通常，带传动常用于中小功率电动机与工作机械之间的动力传递。以 V 带传动应用最广，一般带速为 $\nu = 5 \sim 25\text{m/s}$，传动比 $i_{12} \leqslant 7$，传动效率 $\eta \approx 0.90 \sim 0.95$。

第二节　带传动的工作情况分析

一、带传动的受力分析

为使带和带轮接触面上产生足够的摩擦力，带必须以一定的拉力紧套在带轮上。静止时，传动带紧绕在带轮上，带的任意横截面上都受到相同大小的张紧力，称为初拉力 $\boldsymbol{F}_0$，如图 2-6-4a）所示。

工作时,由于带和带轮接触面间摩擦力的作用,使传动带两边的拉力发生了变化:带绕入主动轮的一边被拉紧,其拉力由 $\boldsymbol{F}_0$ 增大到 $\boldsymbol{F}_1$,称为紧边,$\boldsymbol{F}_1$ 称为紧边拉力;带绕入从动轮的一边则被放松,其拉力由 $\boldsymbol{F}_0$ 减小到 $\boldsymbol{F}_2$,称为松边,$\boldsymbol{F}_2$ 称为松边拉力,如图 2-6-4b)所示。带两边拉力之差称为带传动的有效拉力 $\boldsymbol{F}$,亦称圆周力,其值为带与带轮接触弧上各点摩擦力的总和。即:

$$\boldsymbol{F} = \boldsymbol{F}_1 - \boldsymbol{F}_2 \tag{2-6-1}$$

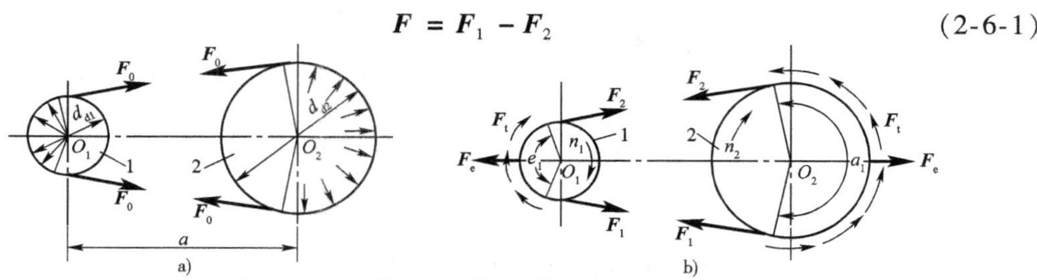

图 2-6-4 带两边拉力

有效拉力 $\boldsymbol{F}$(N)可由下式确定:

$$\boldsymbol{F} = 1000\frac{P}{v} \tag{2-6-2}$$

式中,P 为带传递功率,单位为 kW;v 为带速,单位为 m/s。

当带速一定时,传递功率 P 愈大,则有效拉力 $\boldsymbol{F}$ 愈大,所需带与轮面间的摩擦力也愈大。当功率一定时,转速愈高,带的有效拉力就愈小。

设带的总长度不变,则工作时紧边增加的长度与松边减少的长度相等;紧边增加的拉力与松边减小的拉力相等。即:

$$\boldsymbol{F}_1 - \boldsymbol{F}_0 = \boldsymbol{F}_0 - \boldsymbol{F}_2$$

所以:

$$\boldsymbol{F}_0 = \frac{1}{2}(\boldsymbol{F}_1 + \boldsymbol{F}_2) \tag{2-6-3}$$

如图 2-6-5 所示,传动带与带轮接触弧所对的中心角称为包角,用 α 表示。包角 α 越小,接触弧越短,接触面间所产生的总摩擦力 $\Sigma\boldsymbol{F}$ 就越小,许用有效圆周力 $[\boldsymbol{F}]$ 也越小,因此必须保证有足够大的包角 α。由于小带轮的包角 α_1 总比大带轮的包角 α_2 要小,故工作时只需限制小带轮的包角 α_1,一般取 $\alpha_1 \geqslant 120°$。

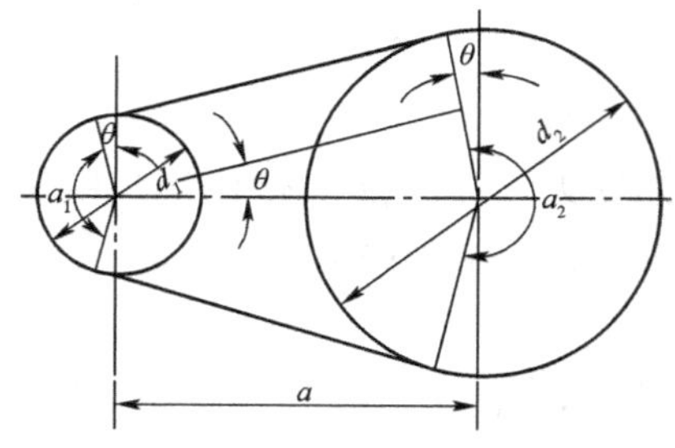

图 2-6-5 带轮包角

另外,当载荷有冲击或振动时,接触面间所产生的摩擦力也要降低,因而许用圆周力 $[\boldsymbol{F}]$ 也要降低。

二、带传动的应力分析

带传动时,带中应力由以下三部分组成:

(1)带的拉力产生的紧边拉应力 σ_1 和松边拉应力 σ_2,σ_1 和 σ_2 分别为:

$$\left.\begin{aligned}\sigma_1 &= \frac{\boldsymbol{F}_1}{A}\\ \sigma_2 &= \frac{\boldsymbol{F}_2}{A}\end{aligned}\right\} \tag{2-6-4}$$

式中，A 为带的横截面面积，单位为 mm^2；σ_1 和 σ_2 的单位为 MPa。

（2）带的离心力产生的离心拉应力 σ_c　由于带本身的质量，带绕过带轮时随着带轮作圆周运动将产生离心力。离心力将使带受拉，在截面产生离心拉应力：

$$\sigma_c = \frac{qv^2}{A} \tag{2-6-5}$$

式中，σ_c 为离心拉应力，单位为 MPa；v 为带速，单位为 m/s；q 为带单位长度上的质量，单位为 kg/m。

（3）带的弯曲产生的弯曲应力 σ_b　传动带绕经带轮时要弯曲，其弯曲应力可近似按下式确定：

$$\sigma_b = \frac{2yE}{d} \tag{2-6-6}$$

式中，E 为带的弹性模量，单位为 MPa；y 为带的中性层到最外层的垂直距离，单位为 mm；d 为带轮的基准直径，单位为 mm。

图 2-6-6 所示带工作时的应力分布情况，各截面的应力大小由该处引出的带的法线长短表示。最大应力发生在紧边和小轮接触处，其值为：

$$\sigma_{max} = \sigma_1 + \sigma_c + \sigma_{b1} \tag{2-6-7}$$

由图 2-6-6 可知，带在工作过程中，其应力是在 σ_{min} 与 σ_{max} 之间不断变化的，因此，带经长期运行后会发生疲劳破坏。

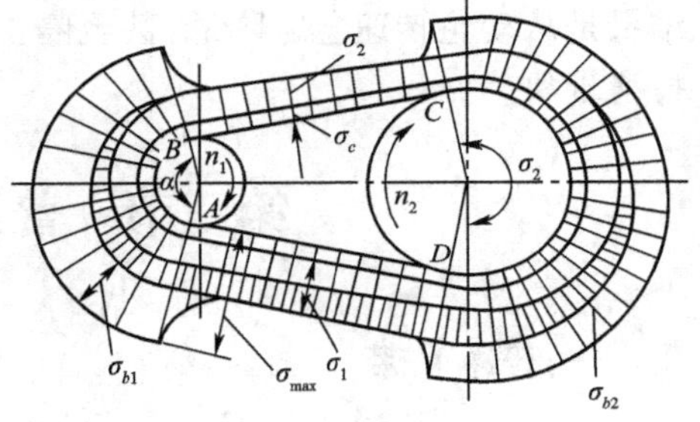

图 2-6-6　带工作时的应力分布情况

为保证带具有足够的疲劳强度，应满足：

$$\sigma_{max} = \sigma_1 + \sigma_c + \sigma_{b1} \leqslant [\sigma] \tag{2-6-8}$$

式中，$[\sigma]$ 为根据疲劳寿命决定的带的许用应力，其单位为 MPa，其值由疲劳试验得出。

三、带传动的弹性滑动与打滑

传动带是弹性体，受力不同时伸长量不等。带自 A 点绕上主动轮时，所受的拉力为 $\boldsymbol{F}_1$，此时带速与主动轮的线速度相同，如图 2-6-7 所示。

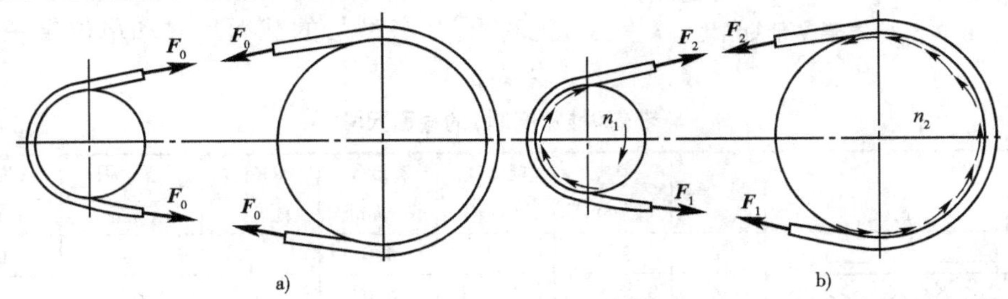

图 2-6-7　带轮传动

在带由 A 点转到 B 点的过程中，带的拉力由 $\boldsymbol{F}_1$ 减小到 $\boldsymbol{F}_2$，带的弹性变形也随之减小，在带与带轮之间产生了相对滑动，因而在 B 点的带速低于主动轮的线速度。同样，带在从动轮上也会发生相对滑动，但与带在主动轮上相反，带速大于从动轮的线速度。

这种由于带的弹性和拉力差而引起的带与带轮之间的局部相对滑动称为弹性滑动。带工作时弹性滑动是不可避免的。

由上述可知,由于弹性滑动的存在,导致从动轮的圆周速度 ν_2 低于主动轮的圆周速度 ν_1,其降低程度用滑动率 ε 表示:

$$\varepsilon = \frac{\nu_1 - \nu_2}{\nu_1} = \frac{\pi(d_1 n_1 - d_2 n_2)}{\pi d_1 n_1} = \frac{d_1 n_1 - d_2 n_2}{d_1 n_1}$$

考虑弹性滑动影响而得出的传动比公式如下:

$$i = \frac{n_1}{n_2} = \frac{d_2}{d_1(1 - \varepsilon)} \tag{2-6-9}$$

式中,n_1、n_2 为主、从动轮转速,单位为 r/min;d_1、d_2 为主、从动轮基准直径,单位为 mm。

一般,V 带传动的滑动率 $\varepsilon = 0.01 \sim 0.02$,其值很小,在一般的计算中可不予考虑。

在一定的初拉力 $\boldsymbol{F}_0$ 作用下,带与带轮面间的摩擦力之和有一极限值,当传递的圆周力(有效拉力)超过该极限时,带将沿带轮表面全面滑动,这种现象称为打滑。可见打滑的原因是过载引起紧边、松边拉力差增大,致使带绕出主动轮的圆周速度低于主动轮圆周速度,其结果是从动轮转速急剧降低,甚至停止运动。打滑将使带磨损加剧,正常工作中应避免出现打滑现象。

第三节　普通 V 带传动的设计计算

一、普通 V 带

普通 V 带由顶胶、抗拉体、底胶和包布组成,如图 2-6-8 所示。抗拉体是承受负载拉力的主体,有帘布芯结构和绳芯结构两类。前者抗拉强度较高,制造方便,应用较广;后者柔性好,抗弯强度高,适用于带轮直径较小、速度较高的场合。

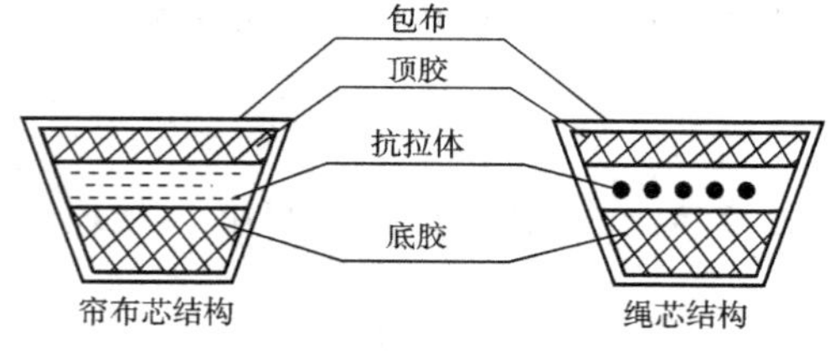

图 2-6-8　普通 V 带的结构

普通 V 带已标准化,通常制成无接头的环形。在普通 V 带和窄 V 带尺寸(GB 11544—89)中按其截面尺寸由小到大分为 Y、Z、A、B、C、D、E 七种型号,各型号的截面尺寸和单位带长质量见表 2-6-1。

V 带(基准宽度制)的截面尺寸　　表 2-6-1

型　号	节宽 b_p(mm)	顶宽① b(mm)	高度① h(mm)	楔角① θ	截面积 A(mm²)	单位长质量 q(kg/m)
Y	5.3	6.0	4.0	40°	18	0.04
Z	8.5	10.0	6.0		47	0.06
A	11.0	13.0	8.0		81	0.10
B	14.0	17.0	10.5		138	0.17
C	19.0	22.0	13.5		230	0.30
D	27.0	32.0	19.0		476	0.60
E	32.0	38.0	23.5		692	0.87

注:①为基本尺寸。

在弯曲时，带的长度和截面宽度均不变的一层称为中性层，其截面宽度 b_p 称为节宽。V 带截面高度 h 和宽度 b_p 的比值(h/b_p)称为相对高度，V 带两侧楔角 θ 为40°。

V 带装在带轮上与 b_p 相对应的带轮直径称为基准直径 d_d。在规定的张紧力下，位于带轮基准直径上的周线长度称为 V 带的基准长度，用 L_d 表示，它用于带传动几何尺寸的计算，如图2-6-9所示。带基准长度的尺寸系列见表2-6-2。

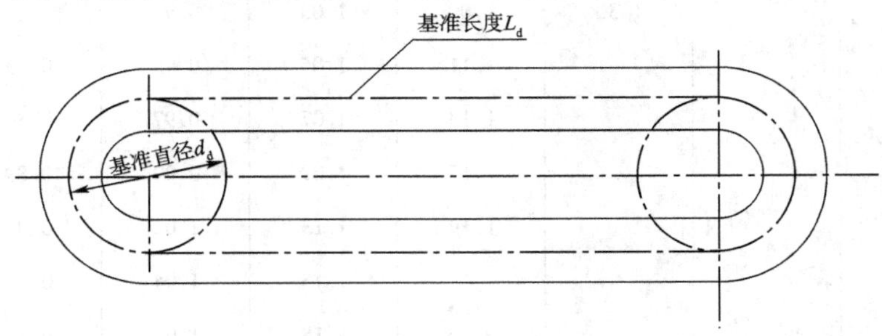

图2-6-9　普通 V 带的公称长度

普通 V 带的长度系列和带长修正系数　表2-6-2

基准长度 L_d/mm	K_L						
	Y	Z	A	B	C	D	E
200	0.81						
224	0.82						
250	0.84						
280	0.87						
315	0.89						
355	0.92						
400	0.96	0.79					
450	1.00	0.80					
500	1.02	0.81					
560		0.82					
630		0.84	0.81				
710		0.86	0.83				
800		0.90	0.85				
900		0.92	0.87	0.82			
1000		0.94	0.89	0.84			
1120		0.95	0.91	0.86			
1250		0.98	0.93	0.88			
1400		1.01	0.96	0.90			
1600		1.04	0.99	0.92	0.83		
1800		1.06	1.01	0.95	0.86		
2000		1.08	1.03	0.98	0.88		

续上表

基准长度 L_d/mm	K_L						
	Y	Z	A	B	C	D	E
2240		1.10	1.06	1.00	0.91		
2500		1.30	1.09	1.03	0.93		
2800			1.11	1.05	0.95	0.83	
3150			1.13	1.07	0.97	0.86	
3550			1.17	1.09	0.99	0.89	
4000			1.19	1.13	1.02	0.91	
4500				1.15	1.04	0.93	0.90
5000				1.18	1.07	0.96	0.92
5600					1.09	0.98	0.95
6300					1.12	1.00	0.97
7100					1.15	1.03	1.00
8000					1.18	1.06	1.02
9000					1.21	1.08	1.05
10000					1.23	1.11	1.07
11200						1.14	1.10
12500						1.17	1.12
14000						1.20	1.15
16000						1.22	1.18

二、普通 V 带轮

1. 带轮的材料

带传动一般安装在传动系统的高速级,带轮的转速较高,故要求带轮有足够的强度。带轮的常用材料为灰铸铁、钢、铝合金或工程塑料等,其中灰铸铁应用最广。当带轮圆周速度 $v<25$m/s 时,可用球墨铸铁或铸钢;小功率传动时,可用铸铝或塑料。

2. 带轮的结构设计

带轮由轮缘、轮辐和轮毂三部分组成。设计时应使其结构便于制造,质量轻且分布均匀。带轮工作表面粗糙度 $R_a\leqslant6.3\mu m$,以免带过快磨损。$v>25$m/s 时,应进行动平衡试验。

表 2-6-3 给出了普通 V 带轮的轮槽尺寸。轮槽的形状和尺寸与相应型号的带截面尺寸相适应,规定梯形轮槽的槽角有 32°、34°、36°和 38°等四种,均小于 V 带两侧面的夹角 40°。这是因为当 V 带在轮上受弯时,其截面形状会发生变化,中性层以上(外边即宽边)受拉而变窄,中性层以下(内边即窄边)受压而变宽,从而使 V 带的楔角变小。为保证 V 带和带轮接触良好,应使轮槽楔角小于 40°。

普通 V 带轮的轮槽尺寸　　表 2-6-3

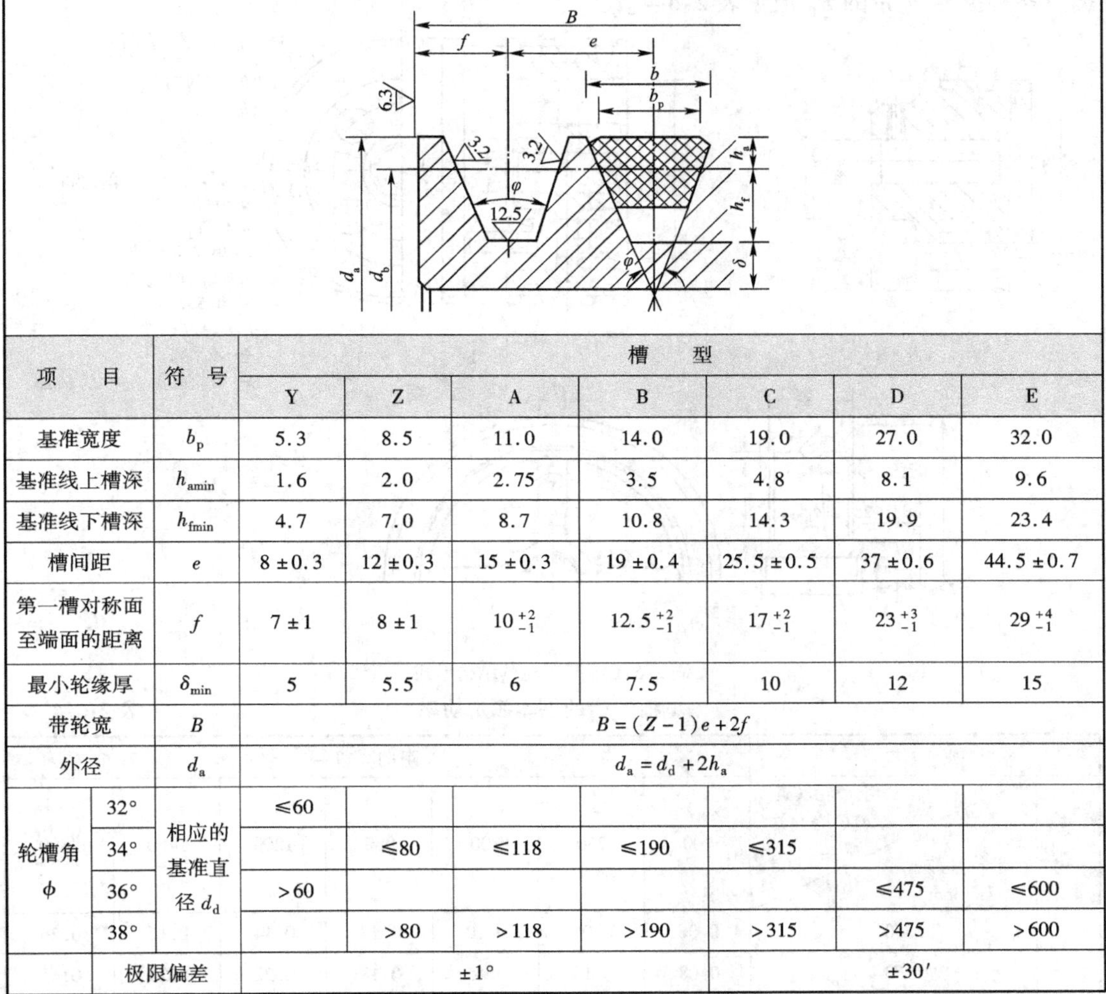

项　目		符　号	槽　型						
			Y	Z	A	B	C	D	E
基准宽度		b_p	5.3	8.5	11.0	14.0	19.0	27.0	32.0
基准线上槽深		h_{amin}	1.6	2.0	2.75	3.5	4.8	8.1	9.6
基准线下槽深		h_{fmin}	4.7	7.0	8.7	10.8	14.3	19.9	23.4
槽间距		e	8 ±0.3	12 ±0.3	15 ±0.3	19 ±0.4	25.5 ±0.5	37 ±0.6	44.5 ±0.7
第一槽对称面至端面的距离		f	7 ±1	8 ±1	10^{+2}_{-1}	12.5^{+2}_{-1}	17^{+2}_{-1}	23^{+3}_{-1}	29^{+4}_{-1}
最小轮缘厚		δ_{min}	5	5.5	6	7.5	10	12	15
带轮宽		B	$B=(Z-1)e+2f$						
外径		d_a	$d_a=d_d+2h_a$						
轮槽角 ϕ	32°	相应的基准直径 d_d	≤60						
	34°			≤80	≤118	≤190	≤315		
	36°		>60					≤475	≤600
	38°			>80	>118	>190	>315	>475	>600
	极限偏差		±1°				±30′		

图 2-6-9 给出了 V 带轮的结构，当带轮基准直径。$d_d \leqslant (2.5\sim3)d$（$d$ 为轴的直径）时，可采用实心式（图 2-6-10a）；当 $d_d<400$mm 时，可采用腹板式或板孔式（图 2-6-10b）；当$d_d>400$mm 时，可采用轮辐式（图 2-6-10c）。轮辐数目 A 可根据带轮直径选取，当 $d<500$mm 时，$A=4$；当 $d=(500\sim1600)$mm 时，$A=6$；当 $d=(1600\sim3000)$mm 时，$A=8$。

三、普通 V 带传动的设计计算

1. 带传动的失效形式和设计准则

带传动的主要失效形式是打滑和带的疲劳断裂。因此，带传动的设计准则为：在保证不打滑的条件下，带有一定的疲劳强度。

2. 单根 V 带的基本额定功率

单根 V 带所能传递的功率与带的型号、长度、带速、带轮直径、包角大小及载荷性质等有关。为便于设计，将实验测得的在载荷平稳、包角为 180° 及特定长度条件下的单根 V 带在保证不打滑并具有一定寿命时所能传递的功率 P_0 称为基本额定功率,以此作为设计的依据。各种型号 V 带的 P_0 值见表 2-6-4。

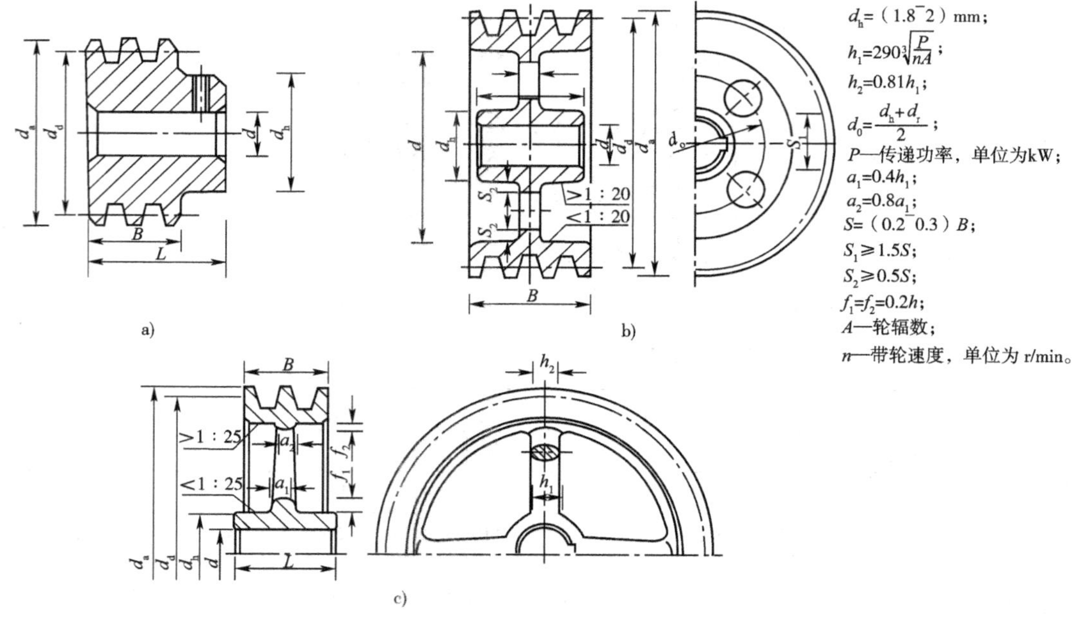

图 2-6-10　V 带轮的结构形式

单根 V 带的基本额定功率　　表 2-6-4

项目		基本额定功率						
带型	小带轮转速 n_1(r/min) / 小带轮基准直径 d_{d1}(mm)	400	730	800	980	1200	1460	2800
Z	50	0.06	0.09	0.10	0.12	0.14	0.16	0.26
	63	0.08	0.13	0.15	0.18	0.22	0.25	0.41
	71	0.09	0.17	0.20	0.23	0.27	0.31	0.50
	80	0.14	0.20	0.22	0.26	0.30	0.36	0.56
A	75	0.27	0.42	0.45	0.52	0.60	0.68	1.00
	90	0.39	0.63	0.68	0.79	0.93	1.07	1.64
	100	0.47	0.77	0.83	0.97	1.14	1.32	2.05
	112	0.56	0.93	1.00	1.18	1.39	1.62	2.51
	125	0.67	1.11	1.19	1.40	1.66	1.93	2.98
B	125	0.84	1.34	1.44	1.67	1.93	2.20	2.96
	140	1.05	1.69	1.82	2.13	2.47	2.83	3.85
	160	1.32	2.16	2.32	2.72	3.17	3.64	4.89
	180	1.59	2.61	2.81	3.30	3.85	4.41	5.76
	200	1.85	3.06	3.30	3.86	4.50	5.15	6.43

续上表

带型	小带轮基准直径 d_{d1}(mm) \ 小带轮转速 n_1(r/min)	400	730	800	980	1200	1460	2800
		基本额定功率						
C	200	2.41	3.80	4.07	4.66	5.29	5.86	5.01
	224	2.99	4.78	5.12	5.89	6.71	7.47	6.08
	250	3.62	5.82	6.23	7.18	8.21	9.06	6.56
	280	4.32	6.99	7.52	8.65	9.81	10.74	6.13
	315	5.14	8.34	8.92	10.23	11.53	12.48	4.16
	400	7.06	11.52	12.10	13.67	15.04	15.51	—

当实际使用条件与实验条件不符时，表 2-6-4 中的 P_0 值应当加以修正，修正后即得实际工作条件下单根 V 带所能传递的功率，称为许用功率 $[P_0]$。$[P_0]$ 的计算公式为：

$$[P_0] = (P_0 + \Delta P_0)K_\alpha K_L \tag{2-6-10}$$

式中，K_α 为包角系数，考虑不同包角对传动能力的影响，其值见表 2-6-5；K_L 为带长修正系数，考虑不同带长对传动能力的影响，其值见表 2-6-2；ΔP_0 为功率增量，单位为 kW，考虑传动比 $i \neq 1$ 时，带在大带轮上的弯曲应力较小，从而使 P_0 值有所提高，见表 2-6-6。

包 角 系 数 K_α　　表 2-6-5

包角 α_1 (°)	70	80	90	100	110	120	130	140
K_α	0.56	0.62	0.68	0.73	0.78	0.82	0.86	0.89
包角 α_1 (°)	150	160	170	180	190	200	210	220
K_α	0.92	0.95	0.96	1.00	1.05	1.10	1.15	1.20

单根普通 V 带 $i \neq 1$ 时额定功率的增量 ΔP_0　　表 2-6-6

型号	小带轮转速 n_1(r/min) \ 传动比 i	1.00 ~ 1.01	1.02 ~ 1.04	1.05 ~ 1.08	1.09 ~ 1.12	1.13 ~ 1.18	1.19 ~ 1.24	1.25 ~ 1.34	1.35 ~ 1.51	1.52 ~ 1.99	≥2.00
		额定功率增量 ΔP_0									
Z	400	0.00	0.00	0.00	0.00	0.00	0.00	0.00	0.00	0.01	0.01
	730	0.00	0.00	0.00	0.00	0.00	0.00	0.01	0.01	0.01	0.02
	800	0.00	0.00	0.00	0.00	0.01	0.01	0.01	0.01	0.02	0.02
	980	0.00	0.00	0.00	0.01	0.01	0.01	0.01	0.02	0.02	0.02
	1200	0.00	0.00	0.01	0.01	0.01	0.01	0.02	0.02	0.02	0.03
	1460	0.00	0.00	0.01	0.01	0.01	0.02	0.02	0.02	0.02	0.03
	2800	0.00	0.01	0.02	0.02	0.03	0.03	0.03	0.04	0.04	0.04

续上表

项目		额定功率增量 ΔP_0									
型号	传动比 i / 小带轮转速 n_1(r/min)	1.00 ~ 1.01	1.02 ~ 1.04	1.05 ~ 1.08	1.09 ~ 1.12	1.13 ~ 1.18	1.19 ~ 1.24	1.25 ~ 1.34	1.35 ~ 1.51	1.52 ~ 1.99	≥2.00
A	400	0.00	0.01	0.01	0.02	0.02	0.03	0.03	0.04	0.04	0.05
	730	0.00	0.01	0.02	0.03	0.04	0.05	0.06	0.07	0.08	0.09
	800	0.00	0.01	0.02	0.03	0.04	0.05	0.06	0.08	0.09	0.10
	980	0.00	0.01	0.03	0.04	0.05	0.06	0.07	0.08	0.10	0.11
	1200	0.00	0.02	0.03	0.05	0.07	0.08	0.10	0.11	0.13	0.15
	1460	0.00	0.02	0.04	0.06	0.08	0.09	0.11	0.13	0.15	0.17
	2800	0.00	0.04	0.08	0.11	0.15	0.19	0.23	0.26	0.30	0.34
B	400	0.00	0.01	0.03	0.04	0.06	0.07	0.08	0.10	0.11	0.13
	730	0.00	0.02	0.05	0.07	0.10	0.12	0.15	0.17	0.20	0.22
	800	0.00	0.03	0.06	0.08	0.11	0.14	0.17	0.20	0.23	0.25
	980	0.00	0.03	0.07	0.10	0.13	0.17	0.20	0.23	0.26	0.30
	1200	0.00	0.04	0.08	0.13	0.17	0.21	0.25	0.30	0.34	0.38
	1460	0.00	0.05	0.10	0.15	0.20	0.25	0.31	0.36	0.40	0.46
	2800	0.00	0.10	0.20	0.29	0.39	0.49	0.59	0.69	0.79	0.89
C	400	0.00	0.04	0.08	0.12	0.16	0.20	0.23	0.27	0.31	0.35
	730	0.00	0.07	0.14	0.21	0.27	0.34	0.41	0.48	0.55	0.62
	800	0.00	0.08	0.16	0.23	0.31	0.39	0.47	0.55	0.63	0.71
	980	0.00	0.09	0.19	0.27	0.37	0.47	0.56	0.65	0.74	0.83
	1200	0.00	0.12	0.24	0.35	0.47	0.59	0.70	0.82	0.94	1.06
	1460	0.00	0.14	0.28	0.42	0.58	0.71	0.85	0.99	1.14	1.27
	2800	0.00	0.27	0.55	0.82	1.10	1.37	1.64	1.92	2.19	2.47

3. 设计计算

设计 V 带传动时，一般已知条件是传动的用途、工作条件、传递的功率、主从动轮的转速(或传动比)、传动的位置要求及原动机类型等；设计的内容是确定 V 带的型号、长度和根数，传动中心距，带轮的材料、结构和尺寸，作用于轴上的压力等。

设计步骤如下：

(1)确定计算功率 P_c：

$$P_c = KA \cdot P \tag{2-6-11}$$

式中，KA 为工况系数，见表 2-6-7，P 为传递名义功率(如电动机的额定功率)，单位为 kW。

工作情况系数 KA 　　　　表 2-6-7

工况		KA					
		软起动			负载起动		
载荷性质	工作机类型	每天工作小时数(h)					
		<10	10~16	>16	<10	10~16	>16
载荷变动微小	液体搅拌机，通风机和鼓风机(≤7.5kW)，离心式水泵和压缩机，轻型输送机	1.0	1.1	1.2	1.1	1.2	1.3
载荷变动小	带式输送机(不均匀载荷)、通风机(>7.5kW)旋转式水泵和压缩机、发电机、金属切削机床、印刷机、旋转筛、锯木机和木工机械	1.1	1.2	1.3	1.2	1.3	1.4
载荷变动较大	制砖机、斗式提升机、往复式水泵和压缩机、起重机、磨粉机、冲剪机床、橡胶机械、振动筛、纺织机械、重载输送机	1.2	1.3	1.4	1.4	1.5	1.6
载荷变动很大	破碎机(旋转式、颚式等)，破碎机(球磨、棒磨、管磨)	1.3	1.4	1.5	1.5	1.6	1.6

注：1. 软起动——电动机(交流起动、三角形起动、直流并励)，四缸以上的内燃机，装有离心式离合器、液力联轴器的动力机。

负载起动——电动机(联机交流起动、直流复励和串励)，四缸以下的内燃机。

2. 反复起动、正反转频繁、工作条件恶劣等场合，KA 应乘以 1.2。

3. 增速传动时，应乘下列系数：

增速比	1.25~1.74	1.75~3.49	2.5~3.49	≥3.5
系　数	1.05	1.11	1.18	1.28

(2)选择带的型号。

带的型号可根据计算功率 P_c 和小带轮转速 n_1 由图 2-6-11 选取。临近两种型号的交界线时，一般选小型号，或按两种型号同时计算，分析比较后决定取舍。

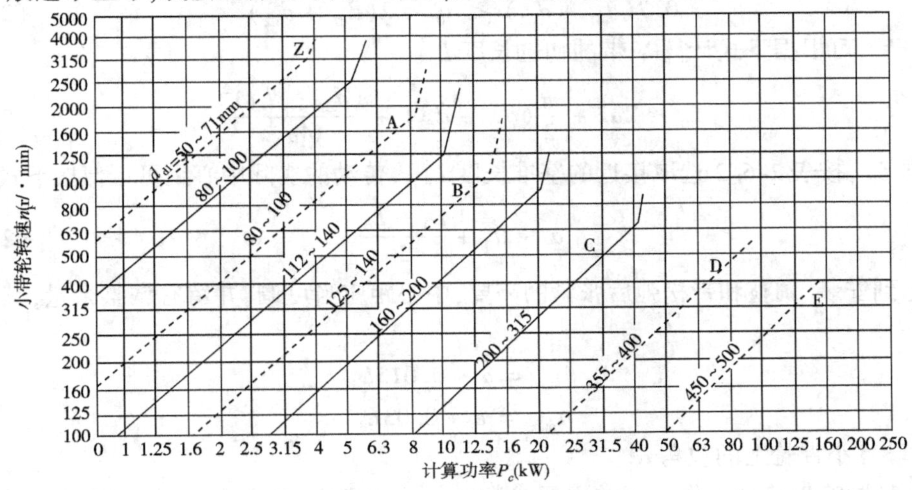

图 2-6-11　普通 V 带轮选型图

(3)确定小带轮直径 d_{d1}。

带轮直径愈小,传动所占空间愈小,但弯曲应力愈大,带愈易疲劳。表 2-6-8 列出了普通 V 带轮的最小基准直径。设计时,应使小带轮基准直径 $d_{d1} \geq d_{dmin}$。

普通 V 带轮最小基准直径及基准直径系列 表 2-6-8

型　号	Y	Z	A	B	C	D	E
d_{dmin}(mm)	20	50	75	125	200	355	500

注:带轮基准直径系列,20,22.4,25,31.5,40,45,50,56,63,71,75,80,85,90,95,100,106,112,118,125,132,140,150,160,170,180,200,212,224,236,250,265,280,325,355,375,400,425,450,475,500,530,560,630,710,800,900,1000,1120,1600,2000,2500。

(4)验算带速 v。

普通 V 带质量较大、带速较高,会因惯性离心力过大而降低带与带轮间的正压力,从而降低摩擦力和传动能力;带速过低,则在传递相同功率的条件下,所需有效拉力 F 较大,要求带的根数较多。

一般以 $v = (5 \sim 25)$ m/s 为宜。带速的计算公式为:

$$v = \frac{\pi d_{d1} n_1}{60 \times 10^2}$$

(5)确定大带轮基准直径:

$$d_{d2} = \frac{n_1}{n_2} d_{d1}$$

d_{d2}、d_{d1} 通常按表 2-6-8 推荐的基准直径系列进行调整。

(6)确定中心距 a 和带的基准长度 L_d。

当中心距较小时,传动较为紧凑,但带长也减小,在单位时间内带绕过带轮的次数增多,即带内应力循环次数增加,会加速带的疲劳;而中心距过大时,传动的外廓尺寸大,且高速运转时易引起带的颤动,影响正常工作。

一般初定中心距 a_0 可根据题目要求或按以下范围估算:

$$0.7(d_{d1} + d_{d2}) < a_0 < 2(d_{d1} + d_{d2}) \tag{2-6-12}$$

初选后,可根据下式计算 V 带的初选长度 L_0:

$$L_0 \approx 2a_0 + \frac{\pi}{2}(d_{d1} + d_{d2}) + \frac{(d_{d2} - d_{d1})^2}{4a_0} \tag{2-6-13}$$

根据 L_0,按表 2-6-2 选取接近的基准长度 L_d。传动的实际中心距可近似按下式确定:

$$a \approx a_0 + \frac{L_d - L_0}{2} \tag{2-6-14}$$

考虑到安装、调整和带松弛后张紧的需要,中心距应当可调,并留有调整余量,其变动范围为:

$$a_{min} = a - 0.015L_d$$

$$a_{max} = a + 0.03L_d$$

(7)验算小带轮上的包角 α_1。

包角是影响带传动工作能力的主要参数之一。包角大,带的承载能力高;反之易打滑。

在V带传动中,一般小带轮上的包角 α_1 不宜小于120°,个别情况下可小到90°,否则应增大中心距或减小传动比,也可以加张紧轮。α_1 的计算公式为:

$$\alpha_1 = 180° - \frac{d_{d2} - d_{d1}}{a} \times 57.3° \tag{2-6-15}$$

(8)确定V带的根数 Z。

V带的根数 Z 可由下式计算:

$$Z \geqslant \frac{P_c}{[P_0]} = \frac{P_c}{(P_0 + \Delta P_0)K_a K_L} \tag{2-6-16}$$

(9)计算初拉力 L_0。

初拉力是保证带传动正常工作的重要参数。初拉力不足,易出现打滑;初拉力过大,V带寿命缩短,压轴力增大。既保证传动功率,又不出现打滑的单根V带所需的初拉力 L_0 可由下式计算:

$$F_0 = \frac{500P_c}{Z\nu}\left(\frac{2.5}{Ka} - 1\right) + q\nu^2 \tag{2-6-17}$$

(10)计算轴上压力 F_y。

为了设计支承带轮的轴和轴承,需知带作用在轴上的载荷 F_y 的大小。为了简化计算,可近似地按两倍带初拉力 F_0 进行计算。由图2-6-12可知:

$$F_y = 2ZF_0 \sin\frac{\alpha_1}{2} \tag{2-6-18}$$

式中:F_y 为作用在带轮轴的径向压力,单位为N;Z 为带的根数;F_0 为单根带的初拉力,单位为N;α_1 为小带轮上的包角,单位为度(°)。

(11)带轮设计。

带轮设计包括以下内容:确定结构类型、结构尺寸、轮槽尺寸、材料,画出带轮工作图。

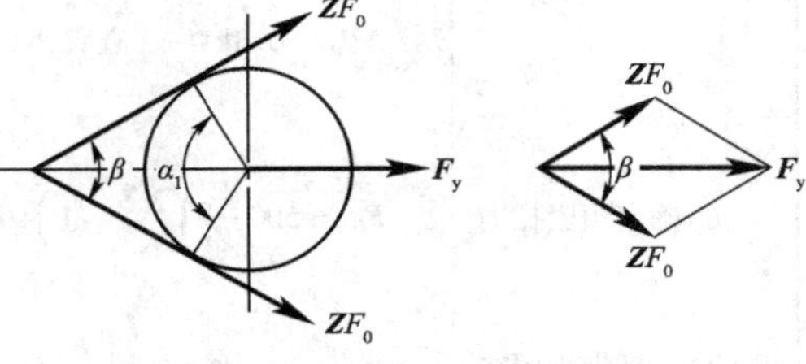

图2-6-12 作用在带轮轴上的压力

例2-6-1 设计带式输送机中普通V带传动。采用Y系列三向异步电动机Y160M—6,其额定功率 $P=7.5\text{kW}$。小带轮转速 $n_1=970\text{r/min}$、大带轮转速 $n_2=300\text{r/min}$,两班制工作。

设计步骤见表2-6-9。

表2-6-9

计算项目	计算内容与说明	计算结果
(1)选择V带型号	由表2-6-7得 $KA=1.2$,按式(2-6-9)得: $P_c=KA \cdot P=1.4\times7.5=9\text{kW}$ 根据 P_c 和 n_1,由图2-6-10选B带型。	B带型
(2)确定带轮直径与验算带速	由表2-6-8选取小带轮直径 $d_{d1}=140\text{mm}$ $v=\frac{\pi d_{d1} n_1}{60\times10^3}=7.1\text{m/s}$ 计算从动轮基准直径:	$d_{d1}=140\text{mm}$ $v=7.1\text{m/s}$ (满足条件)

续上表

计算项目	计算内容与说明	计算结果
	$d_{d2}=id_{d1}=\frac{n_1}{n_2}d_{d1}=452.7\text{mm}$ 按表 2-6-8 圆整为系列值：$d_{d2}=450\text{mm}$ 实际传动比 $i=d_{d2}/d_{d1}=3.21$	$d_{d2}=450\text{mm}$ $i=3.21$
(3)确定中心距 a 和基准带长 L_d	初定中心距 $a_0=880\text{mm}$ 满足： $0.7(d_{d1}+d_{d2})<a_0<2(d_{d1}+d_{d2})$ 计算带长 $L_{d0}\approx 2a_0+\frac{\pi}{2}(d_{d1}+d_{d2})+\frac{(d_{d2}-d_{d1})^2}{4a_0}=2713.6\text{mm}$ 按表 2-6-2 取 $L_d=2800\text{mm}$ 实际中心距： $a\approx a_0+\frac{L_d-L_{d0}}{2}=923.5\text{mm}$	$L_d=2800\text{mm}$ $a=923.5\text{mm}$
(4)验算包角	$\alpha_1\approx 180°-\frac{d_{d2}-d_{d1}}{a}\times 57.3°=161°$	$\alpha=161°$
(5)确定带根数	$Z\geqslant\frac{P_c}{(P_0+\Delta P_0)K_\alpha K_L}=3.78$ 取 4 根 $P_0=2.13\text{kW}$ (查表 2-6-4) $K\alpha=0.95$(查表 2-6-5) $\Delta P_0=0.3\text{kW}$ (查表 2-6-6) $K_L=1.03$(查表 2-6-2)	(符合要求) $Z=4$ 根
(6)确定预紧拉力	$F_0=500\frac{P_c}{Zv}\left(\frac{2.5}{K_\alpha}-1\right)+qv^2=273.6\text{N}$	$F_0=273.6\text{N}$
(7)计算带作用在轴上的压力	$F_Q=2ZF_0\sin\left(\frac{\alpha_1}{2}\right)=2159\text{N}$	$F_Q=2159\text{N}$
(8)带轮结构尺寸	(略)	

第四节 带传动的张紧、安装和维护

一、张紧装置与张紧方法

带安装在带轮上应具有一定的张紧力，以保证带传动的正常工作。但工作一段时间后，带会出现松弛现象(由于塑性变形)，使带的初拉力逐渐减小，承载能力降低。为了弥补带的永久伸长，保证带的初拉力，同时考虑带安装方便，带传动必须采用恰当的张紧装置。常见的几种张紧装置如表 2-6-10 所示。

带传动常用的张紧装置及张紧方法　　表 2-6-10

调节方法	示意图	说明
调节中心距	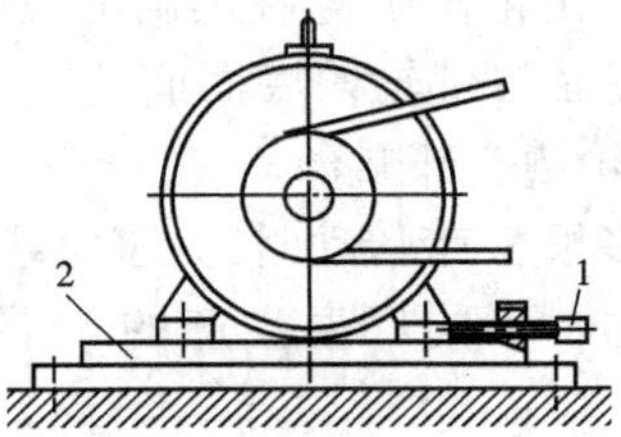 2　1	适用于水平或接近水平的布置。调节螺钉 1 使装有带轮的电动机沿滑轨 2 移动，将带轮调到适当的位置
	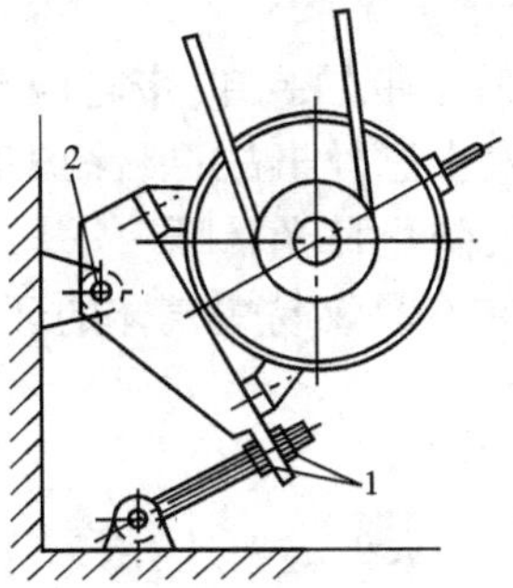 2　1	适用于垂直或接近垂直的布置。用螺杆及调节螺母 1 使装有带轮的电动机绕小轴 2 摆动，将带轮调到适当的位置
利用张紧轮	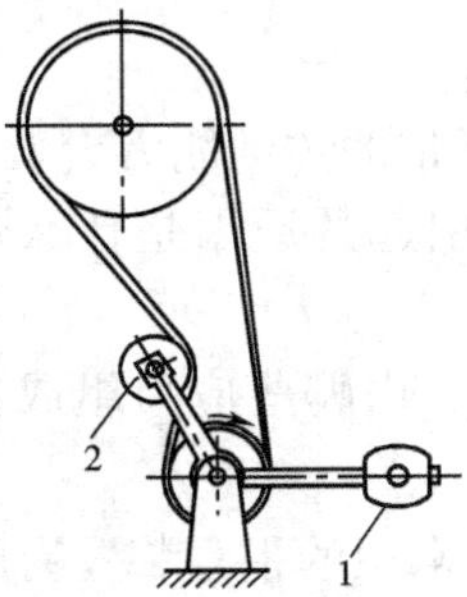 2　1	用于中心距小、传动比大的场合。张紧轮安装在带松边的外侧，并尽量靠近小带轮处，这样可增大小带轮的包角
	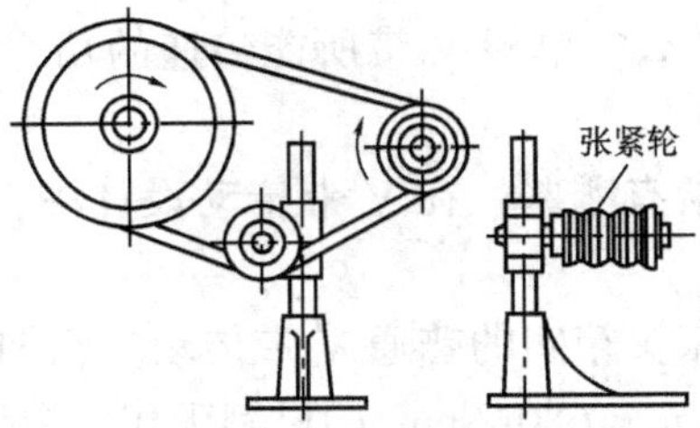 张紧轮	用于固定中心距。传动张紧轮安装在带松边的内侧，并尽量靠近大带轮处，这样可增大小带轮的包角

二、安装与维护

正确地安装、使用和加强维护，是保证带传动正常工作，延长传动带使用寿命的有效途径。

1. 传动安装要求

(1)两带轮轴线应相互平行，两轮相对应的 V 带型槽应对齐，其误差不得超过 20′，如图 2-6-13 所示。

(2)安装V带时,应先缩小中心距,将V带套入槽中后,再调整增大中心距并予以张紧,避免将带硬往带轮上撬,以免损坏带的工作表面和降低带的弹性。

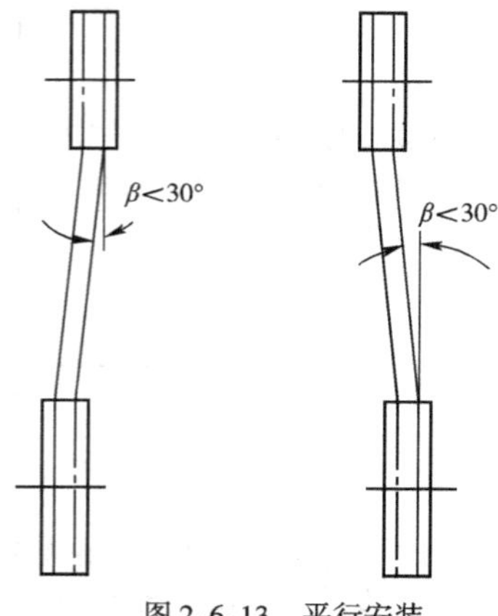

图2-6-13 平行安装

(3)V带在轮槽中应有正确的位置,带的顶面应与带轮外缘平齐,底面与带轮槽底面间应有一定间隙,以保证带两侧工作面与轮槽全部贴合。

(4)用多根V带传动时,为避免载荷分布不均,V带的配组代号应相同,不同厂家生产的V带、新旧V带不能同组使用。

2.带传动维护要求

(1)为了便于带的装卸,带轮应布置在轴的外伸端;要加防护罩,以免发生意外事故;要保护工作环境,防止酸、碱、油等沾污传动带,防止日光暴晒。

(2)切忌在有易燃易爆气体的环境中(如煤气)使用。

习　题

2-6-1　在相同的条件下,为什么V带比平带的传动能力大?

2-6-2　何为带传动的弹性滑动和打滑?引起的原因是什么?对传动的影响如何?二者有何不同?

2-6-3　带传动时,带内应力情况如何?σ_{max}由哪些应力组成?产生在什么位置?研究带内应力变化的目的何在?

2-6-4　带传动在安装时,为什么要张紧?常用的张紧装置有哪几种?在什么情况下使用张紧轮?装在什么地方?

2-6-5　带传动的主要失效形式是什么?单根V带所能传递的功率是根据什么准则确定的?

2-6-6　影响带传动工作能力的因素有哪些?在V带传动设计中,为什么要校核带速$5m/s \leqslant v \leqslant 25m/s$和包角$\alpha_1 \geqslant 120°$?

2-6-7　试设计某车床上电动机和床头箱间的普通V带传动。已知电动机的功率$P=4kW$,转速$n_1=1440r/min$,从动轴的转速$n_2=680r/min$,两班制工作。根据机床结构,要求两带轮的中心距约为950mm。

第七章　螺 纹 连 接

学 习 目 标

知识目标

1. 掌握螺纹连接形成原理、主要参数和常用类型；
2. 了解螺纹连接类型和标准连接件；
3. 了解螺纹连接的预紧与防松。

能力目标

具备正确使用螺纹连接的能力。

第一节　螺 纹 概 述

一、螺纹的形成

将一倾斜角为 ψ 的直线绕在圆柱体上便形成一条螺旋线，如图 2-7-1a）所示。取一平面图形（图 2-7-1b），使它沿着螺旋线运动，并保持该平面图形通过圆柱体的轴线，就得到螺纹。按照平面图形的形状，螺纹分为三角形螺纹、矩形螺纹、梯形螺纹、锯齿形螺纹等。上述在圆柱体上形成的螺纹称为外螺纹。用同样的方法在一圆柱形孔壁上形成的螺纹称为内螺纹。

二、螺纹的主要参数

现以圆柱普通螺纹为例说明螺纹的主要几何参数，如图 2-7-2 所示。

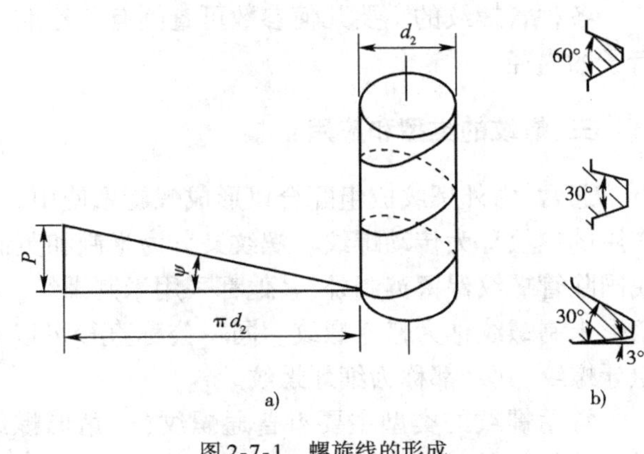

图 2-7-1　螺旋线的形成

（1）大径 d　螺纹的最大直径，即与外螺纹牙顶（或内螺纹牙底）相重合的假想圆柱面的直径，在标准中定为公称直径。

（2）小径 d_1　螺纹的最小直径，即与外螺纹牙底（或内螺纹牙顶）相重合的假想圆柱面的直径。

（3）中径 d_2　中径是一个假想圆柱的直径，该圆柱的母线上牙型沟槽和凸起宽度相等。中径是确定螺纹几何参数和配合性质的直径。

(4)螺距 P　螺纹相邻两牙型在中径上对应点间的轴向距离。

(5)导程 S　在同一条螺旋线上的相邻两牙在中径线上对应两点间的轴向距离。单线螺纹 $S = P$;多线螺纹 $S = nP$。

(6)线数 n　螺纹的螺旋线数目。为了便于制造,一般 $n \leqslant 4$。

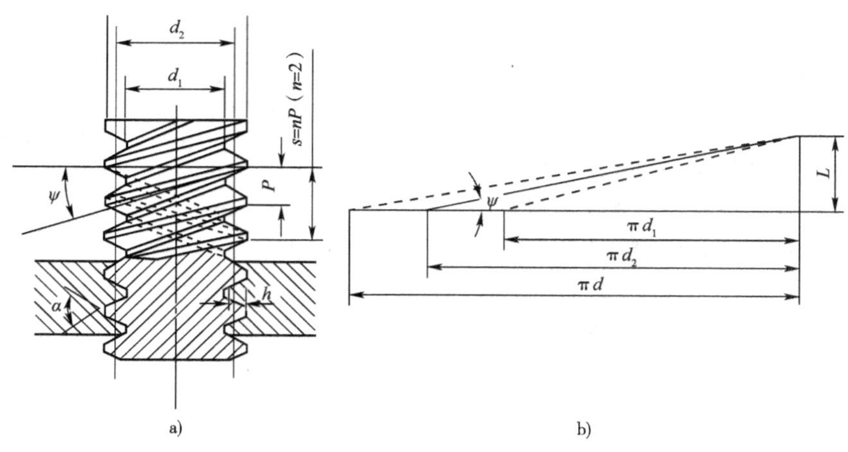

图 2-7-2　螺纹的主要几何参数

(7)螺纹升角 ψ　在中径圆柱面上,螺旋线的切线与垂直于螺纹轴线的平面的夹角(图 2-7-1a)。

$$\psi = \arctan \frac{L}{\pi d_2} = \arctan \frac{nP}{\pi d_2} \qquad (2\text{-}7\text{-}1)$$

(8)牙型角 a　螺纹轴向截面内,螺纹牙型相邻两侧边的夹角。螺纹牙型的侧边与螺纹轴线的垂线间的夹角称为牙型斜角 β,对称牙型,牙型斜角 $\beta = \frac{a}{2}$。

各种管螺纹的主要几何参数可查阅有关标准,其公称直径都不是螺纹大径,而近似等于管子的内径。

三、螺纹的类型和应用

通常,内外螺纹成组配合以形成螺旋副使用。起连接作用的螺纹称为连接螺蚊,起传动作用的螺纹称为传动螺纹。螺纹又分为米制和英制(螺距以每英寸上牙型数目表示)两类。我国除管螺纹保留英制外,其他都采用米制螺纹。我国国家标准中,把牙型角 $a = 60°$ 的三角形米制螺纹称为普通螺纹。同一公称直径可以有多种螺距的螺纹,其中螺距最大的称为粗牙螺纹,其余都称为细牙螺纹。

常用螺纹的类型主要有普通螺纹(三角形螺纹)、管螺纹、梯形螺纹、矩形螺纹和锯齿形螺纹等。前两种主要用于连接,后三种主要用于传动。其中除矩形螺纹外,其他都已标准化。标准螺纹的基本尺寸,可查阅有关标准。常见螺纹的类型、特点和应用,见表 2-7-1。

常用螺纹的类型、特点和应用　　表 2-7-1

螺纹类型		牙型图	特点和应用
连接螺纹	普通螺纹	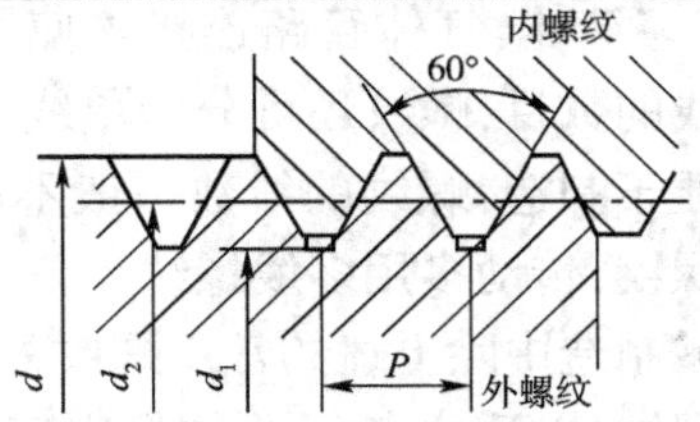 内螺纹 60° d d_2 d_1 P 外螺纹	牙型为等边三角形，牙型角 $\alpha = 60°$。同一公称直径按螺距大小，分为粗牙和细牙。细牙螺纹的牙型与粗牙相似。粗牙螺纹应用广泛。细牙螺纹的升角小、小径大，自锁性好、强度高，但不耐磨，它适用于薄壁零件、受动载荷的连接和微调机构
连接螺纹	非螺纹密封的管螺纹	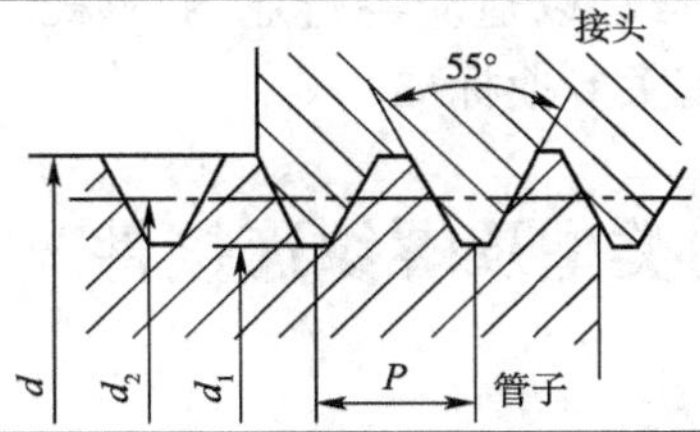 接头 55° d d_2 d_1 P 管子	牙型为等腰三角形，牙型角 $\alpha = 55°$，内外螺纹旋合后无径向间隙，管螺纹为英制细牙螺纹。适用于管接头，旋塞、阀门及其他附件。若要求连接后具有密封性，可在密封面间添加密封物（填料）
	用螺纹密封的管螺纹	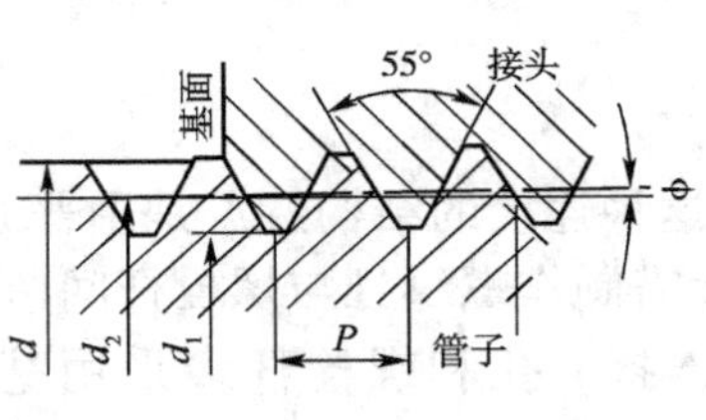 基面 55° 接头 ϕ d d_2 d_1 P 管子	牙型为等腰三角形，牙型角 $\alpha = 55°$，螺纹分布在锥度为1∶16（$\phi = 1°47'24''$）的圆锥管壁上。它包括圆锥内螺纹与圆锥外螺纹和圆柱内螺纹与圆锥外螺纹两种连接形式。螺纹旋合会逐渐变紧，利用本身的变形就可以保证连接的紧密性，不需要任何填料，密封简单，适用于管子、管接头、旋塞、阀门和其他螺纹连接的附件
	米制锥螺纹	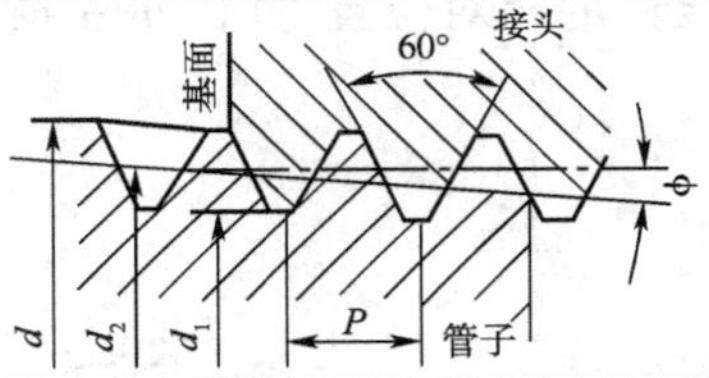 接头 基面 60° ϕ d d_2 d_1 P 管子	牙型角 $\alpha = 60°$，螺纹分布在锥度为 1∶16（$\phi = 1°47'24''$）的圆锥管壁上，用于气体或液体管路系统依靠螺纹密封的连接螺纹（水、煤气管道用管螺纹除外）
	矩形螺纹	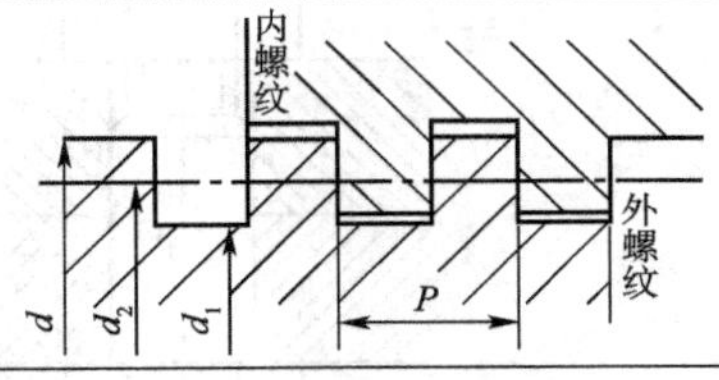 内螺纹 外螺纹 d d_2 d_1 P	牙型为正方形，牙型角 $\alpha = 0°$。其传动效率较其他螺纹高，但牙根强度弱，螺旋副磨损后，间隙难以修复和补偿，传动精度降低。目前已逐渐被梯形螺纹所代替
	梯形螺纹	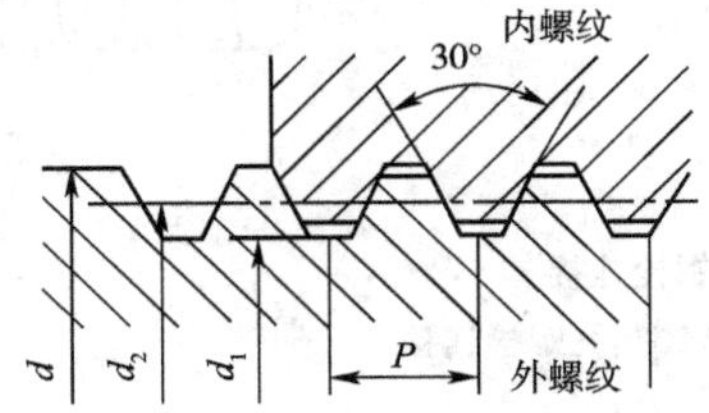 内螺纹 30° d d_2 d_1 P 外螺纹	牙型为等腰梯形，牙型角 $\alpha = 30°$，与矩形螺纹相比，传动效率略低，但工艺性好，牙根强度高，对中性好。如用剖分螺母，还可以调整间隙。梯形螺纹是最常用的传动螺纹
	矩形螺纹	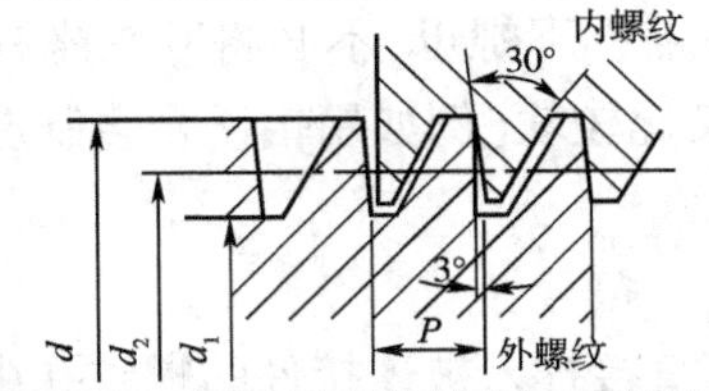 内螺纹 30° 3° d d_2 d_1 P 外螺纹	牙型为不等腰梯形，工作面的牙侧角为 3°，非工作面的牙侧角为 30°。这种螺纹兼有矩形螺纹传动效率高，梯形螺纹牙根强度高的特点，但只能用于单向受力的螺纹连接或螺旋传动中，如螺旋压力机

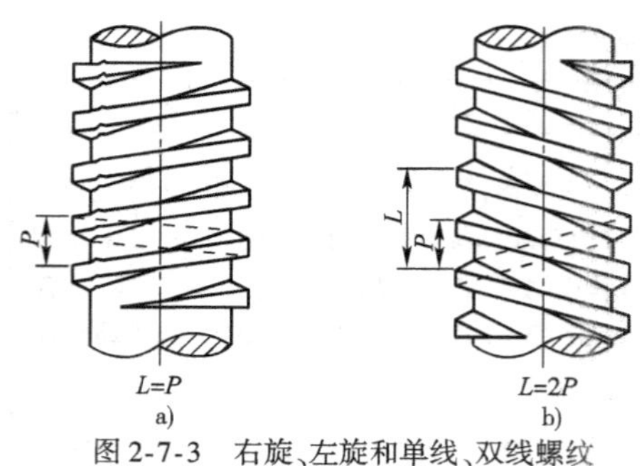

图 2-7-3　右旋、左旋和单线、双线螺纹

a)单线右旋;b)双线左旋

螺纹根据其螺旋线的绕行方向可分为左旋和右旋两种(图 2-7-3),常用的是右旋螺纹。有特殊要求时,如有害液体、气体管路连接才使用左旋螺纹。根据螺旋线的数目,螺纹还可分为单线、双线、三线螺纹等。为便于制造,螺纹的线数一般不超过 4。连接多用单线螺纹,传动多用多线螺纹。

机械制造中除上述的常用螺纹外,还制定有特殊用途的螺纹,以适应各行业的特殊工作要求,需用时可查阅有关专业标准。

第二节　螺纹连接的类型及螺纹连接件

一、螺纹连接的基本类型

1. 螺栓连接

常见的普通螺栓连接如图 2-7-4a)所示。这种连接的结构特点是用普通螺栓贯穿两个(或多个)被连接件的通孔,被连接件孔壁上无需制作螺纹且与螺栓杆间留有间隙,结构简单,装拆方便。图 2-7-4b)所示铰制孔螺栓连接。孔和螺栓杆多采用基孔制过渡配合(H7/m6、H7/n6)。这种连接能精确固定被连接件的相对位置,并能承受横向载荷,但孔的加工精度要求较高。

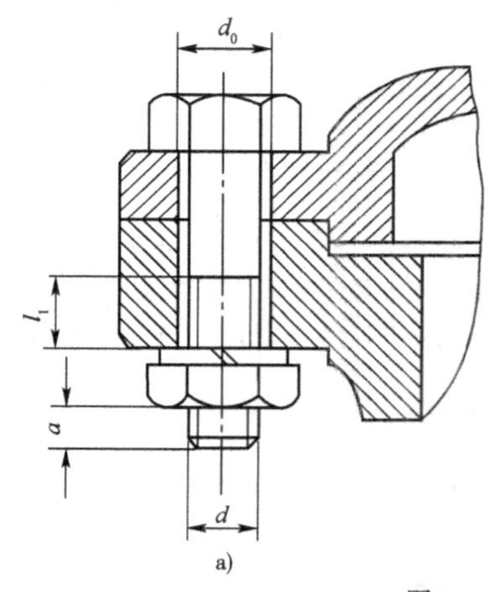

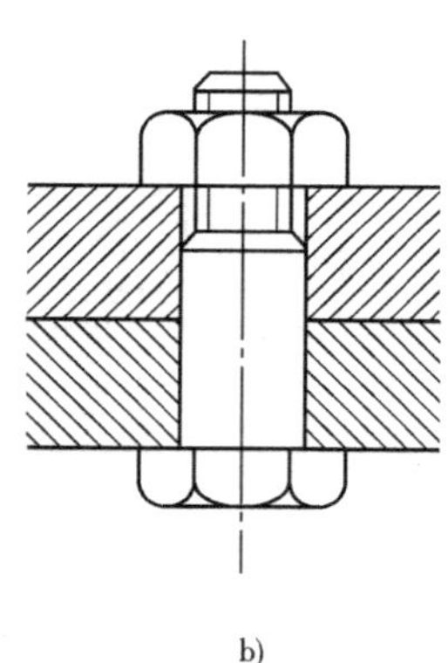

图 2-7-4　螺栓连接

a)普通螺栓连接;b)铰制孔螺栓连接

2. 双头螺柱连接

如图 2-7-5a)所示,这种连接结构拆装时只需拆下螺母,不必将双头螺柱从被连接件中拧出。被连接件之一较厚不宜制成通孔、材料又比较软(例如用铝镁合金制造的壳体),且需要经常拆装时,往往采用双头螺柱连接。

3. 螺钉连接

如图 2-7-5b)所示,这种连接的特点是螺钉直接拧入被连接件的螺纹孔中,不用螺母,在结构上比双头螺柱简单、紧凑。其用途和双头螺柱连接相似，但如经常拆装，易使螺纹孔磨损，可能导致被连接件报废，故多用于受力不大又不经常拆装的连接。

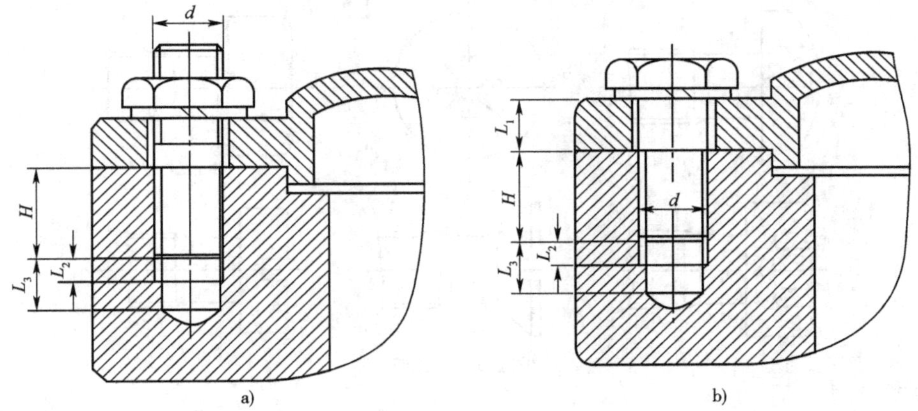

图 2-7-5　双头螺柱、螺钉连接

a) 双头螺柱连接；b) 螺钉连接

4. 紧定螺钉连接

该连接是利用螺钉末端顶住另一零件的表面或相应的凹坑中（图 2-7-6），以固定两个零件的相对位置，并可传递不大的轴向力或扭矩。

二、螺纹连接件

螺纹连接件的品种、类型很多，在机械制造中常见的螺纹连接件有螺栓、双头螺柱、螺钉、螺母、垫圈和防松零件等。这类零件的结构形式和尺寸都已标准化，可根据有关标准选用。

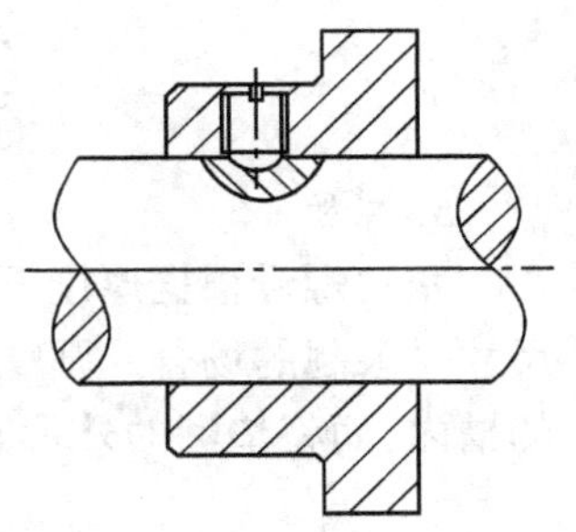

图 2-7-6　紧定螺钉连接

1. 六角头螺栓

螺栓头部形状很多，最常用的有六角头和小六角头两种（图 2-7-7）。小六角头螺栓由于头部尺寸较小，不宜用于装拆频繁、被连接件强度低和易锈蚀的地方。螺栓杆部可制出一段螺纹或全螺纹，螺纹可用粗牙或细牙。

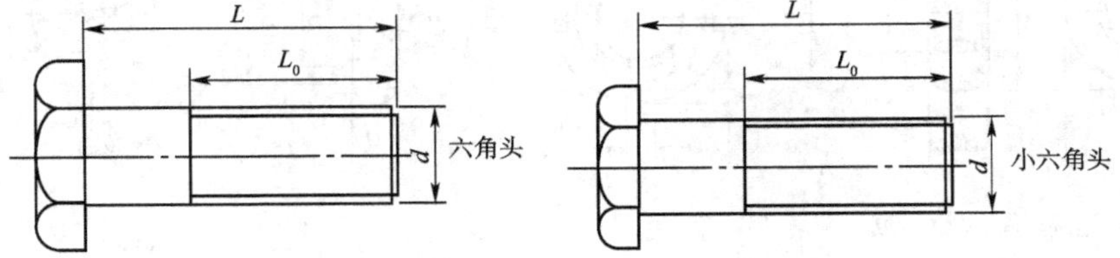

图 2-7-7　六角头螺栓

2. 双头螺柱

螺柱两端都制有螺纹，两端螺纹可相同或不同，也可制成全螺纹的螺柱。螺柱的一端旋入后即不拆卸，另一端则用于安装螺母以固定其他零件。

3. 螺钉

螺钉头部形状有圆头、扁圆头、六角头、圆柱头和沉头等。头部起子槽有一字槽，十字槽和内六角孔等形式(图2-7-8)。十字槽螺钉头部强度高,便于自动装配。内六角孔螺钉能承受较大的扳手力矩,连接强度高,可代替六角头螺栓,用于要求结构紧凑的场合。

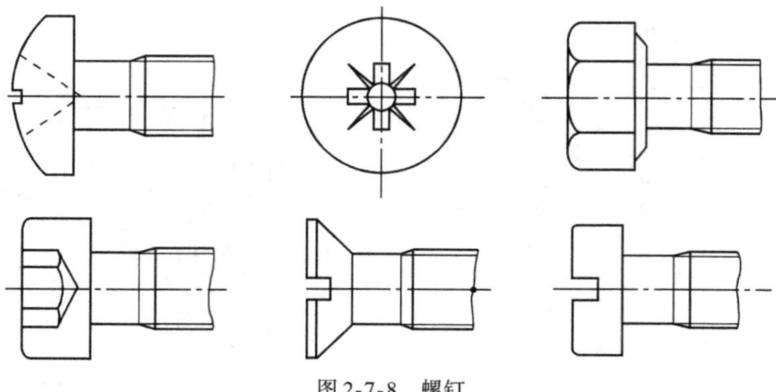

图2-7-8　螺钉

4. 紧定螺钉

紧定螺钉的末端形状,常用的有锥端、平端和圆柱端(图2-7-9)。

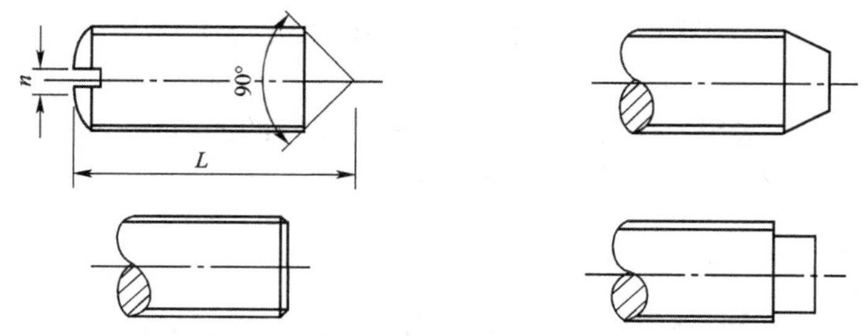

图2-7-9　紧定螺钉

5. 螺母

六角螺母根据厚度不同,分为标准螺母和薄螺母两种(图2-7-10a)。薄螺母常用于空间尺寸受限制的场合。圆螺母(图2-7-10b),常与止退垫圈配用,装配时将垫圈内舌插入轴上的槽内,而将垫圈的外舌嵌入圆螺母的槽内,螺母即被锁紧。常作为轴上零件的轴向固定。

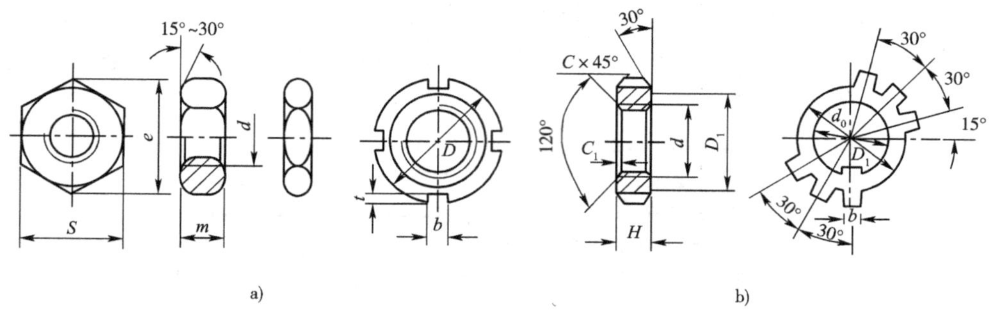

图　2-7-10

a)六角螺母;b)圆螺母

6. 垫圈

垫圈是螺纹连接中不可缺少的附件,常放置在螺母和被连接件之间,作用是增大被连接件的支承面积以减小接触处的压强和避免拧紧螺母时擦伤被连接件表面。用于同一螺纹直径的垫圈又分为特大、大、普通和小四种规格。

根据《紧固件公差　螺栓、螺钉、螺柱和螺母》(GB 3103.1—2002)的规定,螺纹连接件分为三个精度等级,其代号为A、B、C级。A级精度的公差最小,精度最高,用于要求配合精确、防止振动等重要零件的连接;B级精度多用于受载较大且经常装拆、调整或承受变载荷的连接;C级精度多用于一般的螺纹连接。常用的标准螺纹连接件(螺栓、螺钉)通常选用C级精度。

第三节　螺纹连接的预紧和防松

一、螺纹连接的预紧

按螺纹连接装配时是否拧紧,螺纹连接可分为松连接和紧连接。松螺栓连接在装配时不拧紧,这种连接只在承受外载荷时才受到力的作用。在实际应用中,绝大多数连接在装配时都需要拧紧,这时螺纹连接受到预紧力的作用。这种连接叫紧螺栓连接。预紧可以增加连接刚度、紧密性和提高防松能力。对于重要螺栓连接应根据连接的紧密性、载荷性质、被连接刚度等工作条件进行计算确定拧紧力矩大小,控制拧紧力。

通常,螺纹连接拧紧的程度是凭工人经验来决定的。为保证装配质量控制预紧力方法很多,通常是借助测力矩扳手(图2-7-11)或定力矩扳手(图2-7-12),利用控制拧紧力矩的方法来控制预紧力的大小,测力矩扳手可从刻度盘上直接读出力矩值。定力矩扳手的工作原理是当拧紧力矩超过规定值时,弹簧3被压缩,扳手卡盘1与圆柱销2之间打滑,如果继续转动手柄,卡盘即不再转动。拧紧力矩的大小可利用螺钉4调整弹簧压紧力来加以控制。

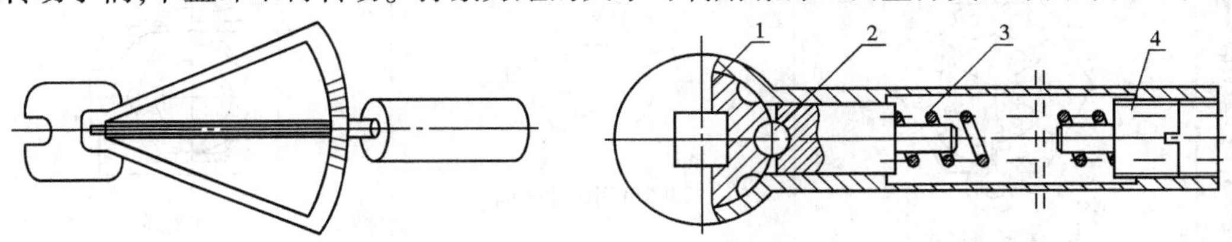

图2-7-11　测力矩扳手　　图2-7-12　定力矩扳手

采用测力矩扳手或定力矩扳手控制预紧力的方法,操作简便,但准确性较差(因拧紧力矩受摩擦系数波动的影响较大),也不适用于大型的螺栓连接。为此,可采用测量预紧前后螺栓的伸长量或测量应变等的方法来控制预紧力。另外,对于不重要的螺栓连接,也可根据拧紧螺母的转角估计螺栓预紧力值,虽然精确性较差,但简便直观。

二、螺纹连接的防松

连接用的三角形螺纹都具有自锁性,在静载荷和工作温度变化不大时,螺纹连接不会自动松脱。但在冲击、振动或变载荷的作用下,螺旋副间的正压力可能减小或瞬时消失。这种现象多次重复后,就会使螺纹连接松脱。在高温或温度变化较大的情况下,由于螺纹连接件和被连接件的材料发生蠕变和应力松弛,也会使螺纹连接松脱。轻者会影响机器的正常运转,重者会造成严重事故。因此,设计螺栓时,必须考虑连接的防松问题。

螺纹连接防松的实质就是防止工作时螺栓和螺母相对转动。防松装置的种类很多,表

2-7-2 列出了常用的几种防松方法。

常用的防松方法　　表 2-7-2

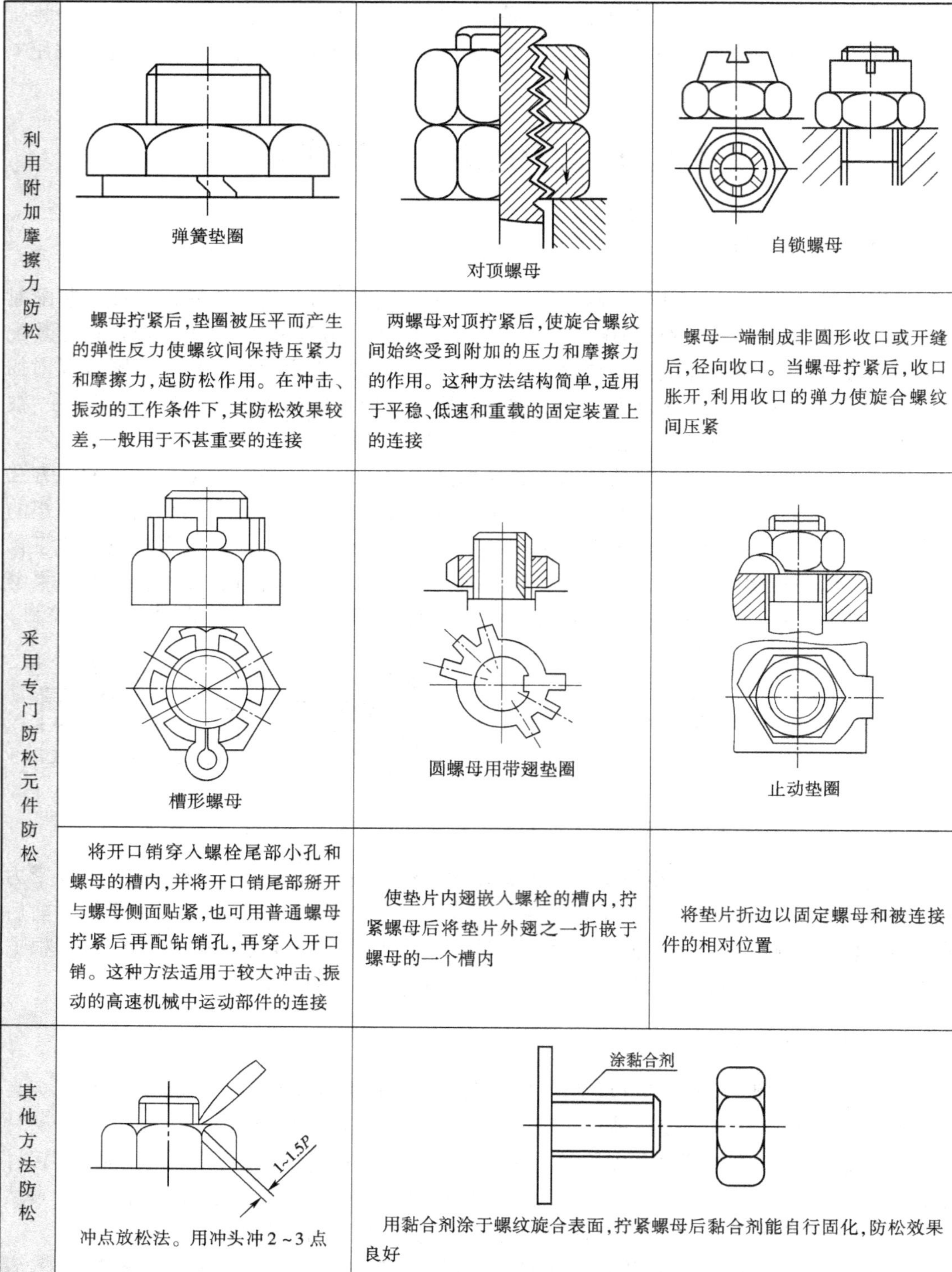

类别			
利用附加摩擦力防松	弹簧垫圈	对顶螺母	自锁螺母
	螺母拧紧后,垫圈被压平而产生的弹性反力使螺纹间保持压紧力和摩擦力,起防松作用。在冲击、振动的工作条件下,其防松效果较差,一般用于不甚重要的连接	两螺母对顶拧紧后,使旋合螺纹间始终受到附加的压力和摩擦力的作用。这种方法结构简单,适用于平稳、低速和重载的固定装置上的连接	螺母一端制成非圆形收口或开缝后,径向收口。当螺母拧紧后,收口胀开,利用收口的弹力使旋合螺纹间压紧
采用专门防松元件防松	槽形螺母	圆螺母用带翅垫圈	止动垫圈
	将开口销穿入螺栓尾部小孔和螺母的槽内,并将开口销尾部掰开与螺母侧面贴紧,也可用普通螺母拧紧后再配钻销孔,再穿入开口销。这种方法适用于较大冲击、振动的高速机械中运动部件的连接	使垫片内翅嵌入螺栓的槽内,拧紧螺母后将垫片外翅之一折嵌于螺母的一个槽内	将垫片折边以固定螺母和被连接件的相对位置
其他方法防松	冲点放松法。用冲头冲 2 ~ 3 点	用黏合剂涂于螺纹旋合表面,拧紧螺母后黏合剂能自行固化,防松效果良好	

第四节　螺旋传动

螺旋传动由螺杆和螺母组成，主要用于将回转运动变换为直线运动，同时传递动力或调整零件的相互位置。

一、螺旋传动的类型和特点

1. 按其用途分类

1）传力螺旋

以传递动力为主，一般要求用较小的转矩转动螺杆（或螺母）而使螺母（或螺杆）产生直线移动和较大的轴向推力。传力螺旋多用在工作时间较短、速度较低的场合，通常需有自锁能力。如图2-7-13所示的千斤顶、压力机。

2）传导螺旋

以传递螺旋为主，要求较高的传动精度，如车床的进给丝杆（图2-7-14）。

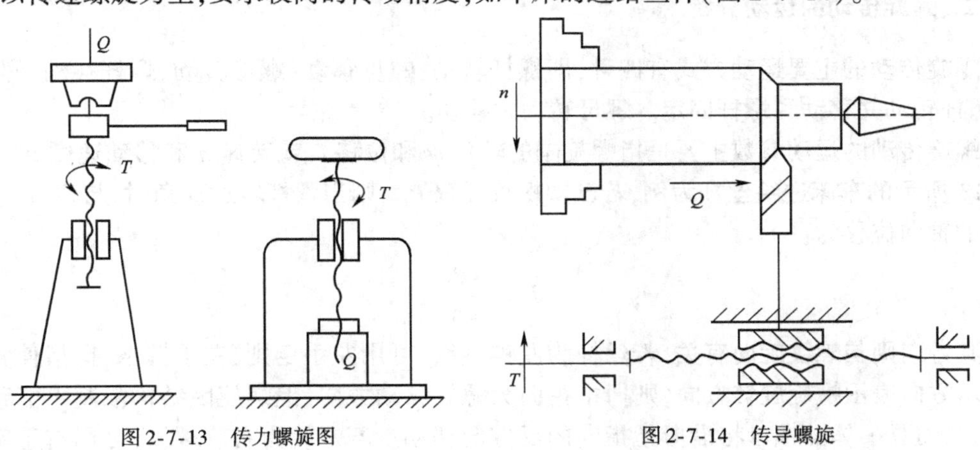

图2-7-13　传力螺旋图　　图2-7-14　传导螺旋

3）调整螺旋

用于调整并固定零部件之间的相对位置，不经常转动，受力也不大，如螺旋测微器中的螺旋（图2-7-15）。

2. 按其摩擦性质分类

1）滑动螺旋

螺杆与螺母的螺旋面直接接触，摩擦状态为滑动摩擦，是最常见的螺旋传动。这种螺旋副常采用梯形螺纹、锯齿形螺纹或矩形螺纹，结构简单，加工方便，易于自锁，但传动效率低，易磨损。在低速或微调时，会出现运动不稳定现象。螺杆常用钢制造，螺母常用铸铁或青铜制造。

2）滚动螺旋

在螺杆与螺母之间的螺旋滚道中装有滚动体，当螺杆转动时，滚动体沿螺旋滚道滚动并带动螺母作直线运动，摩擦状态为滚动摩擦。为了使滚动体能循环滚动，螺母上有回程通道。按滚动体的循环方式可分为外循环式和内循环式，如图2-7-16所示，其摩擦损失比滑动螺旋传动小,效率也高,但结构复杂,制造较困难,抗冲击性能较差,主要用于传动精度要求较高、受力不大的场合。

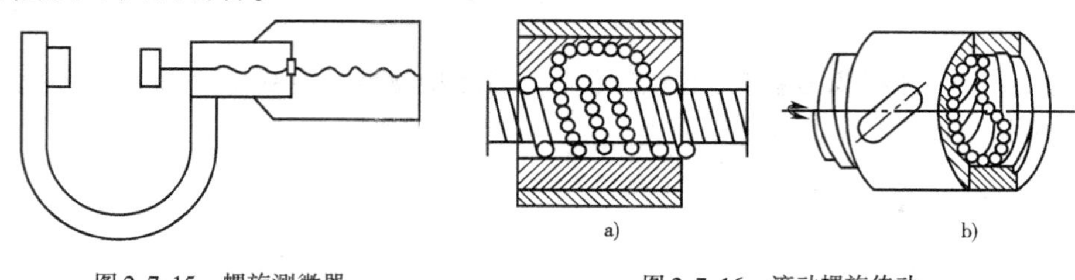

图 2-7-15 螺旋测微器

图 2-7-16 滚动螺旋传动

a)外循环;b)内循环

3)静压螺旋传动

在螺旋面间注入压力流体,使螺旋副工作表面被流体膜分开,摩擦状态为流体摩擦,这种传动摩擦损失和磨损都很小,效率很高。但需要有一套压力流体供应装置,成本较高,仅用于高效率或特殊要求的场合。

二、螺旋传动的运动分析

螺旋传动的主要运动方式有四种,即螺杆转动,螺母移动;螺母转动,螺杆移动;螺母固定,螺杆转动并移动和螺杆固定。螺母转动并移动。

螺旋传动的运动参数主要是指螺旋副的转角 ψ 和位移 l,或转速 n 和移动速度 ν。以图 2-7-13 所示的车床进给丝杆为例,若已知螺纹导程 P_h ,则当丝杆转过 ψ 角时,与刀具一体的螺母的轴向位移为:

$$l = \frac{\psi P_h}{2\pi} \tag{2-7-2}$$

其方向则与螺纹旋向有关,若丝杆为左螺旋纹,可用左手定则,左手握拳,拇指伸直,四指所示方向表示螺旋旋转方向,则拇指指向为螺旋移动方向,但螺旋因结构限制不能移动,所以,与刀具一体的螺母将沿拇指指向的反方向移动。若螺旋为右旋螺纹,可用右手定则,其判别方法与左手定则相同。

利用螺旋传动这一性质,可以设计出移动速度极慢的差动螺旋。如图 2-7-17 所示,螺杆由 A 和 B 两段螺纹构成,其导程分别为 P_{hA} 和 P_{hB},A 段在固定的螺母中移动,B 段在螺母中转动,螺母可在机架中移动。当 A,B 段旋向相同时,螺母的位移为:

$$l_3 = l_A - l_B = \frac{\psi}{2\pi}(P_{hA} - P_{hB}) \tag{2-7-3}$$

方向与螺纹 A 的移动方向相同。例如,当 $\psi = 2\pi$,$P_{hA} = 6\text{mm}$,$P_{hB} = 4\text{mm}$,均为右旋,则 $l_3 = 2\text{mm}$,方向向右。如 A 仍为右旋,而 B 为左旋,则 P_{hB}以 4mm 代入式(2-5-22),得 $l_3 = 10\text{mm}$,方向与螺纹 A 的移动方向相同,仍向右。

螺杆的转速 n 和螺母的移动速度 ν 之间的关系为:

$$\nu = \frac{nP_h}{60} = \frac{\pi d_2 n \tan\psi}{60} \tag{2-7-4}$$

式中符号意义同前。

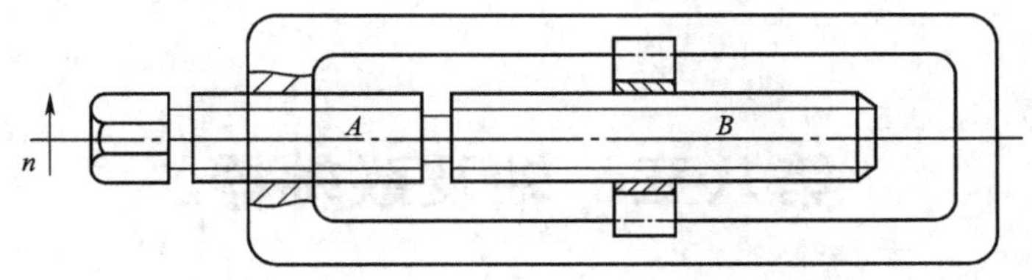

图 2-7-17 差动螺旋

习 题

2-7-1 螺纹的主要参数有哪些?

2-7-2 简述常用螺纹的类型、特点和应用场合?

2-7-3 螺纹连接的基本类型有哪些?

2-7-4 螺纹连接预紧的目的是什么?控制预紧力的方法有哪些?

2-7-5 螺纹连接的防松方法有哪些?

第八章　轴及联轴器

学习目标

知识目标

1. 掌握轴的功用、主要类型、结构及材料；
2. 掌握联轴器、离合器的功用，以及主要类型、结构和选择；
3. 掌握轴的结构设计和强度校核。

能力目标

1. 初步具备轴的结构设计及强度校核的能力；
2. 基本具备正确选择联轴器、离合器的能力。

第一节　轴的功用、类型和材料

一、轴的功用及类型

作回转运动的传动零件(例如齿轮、带轮等)安装在轴上才能传递运动和动力。因此，轴是组成机器的主要零件之一。它的主要作用有两个：支承回转零件，传递运动和动力。

轴按承载的情况可分为转轴、心轴和传动轴三种。同时承受弯矩和扭矩的轴称为转轴。如图 2-8-1 支承齿轮的轴为转轴。主要受扭矩而不受弯矩或弯矩很小的轴为传动轴，如图 2-8-2 所示的汽车传动轴。只承受弯矩而不承受扭矩的轴称为心轴，根据轴是否转动可分转动心轴、固定心轴。如图 2-8-3 所示铁路车辆的轴为转动心轴，如图 2-8-4 所示自行车的前轴为固定心轴。

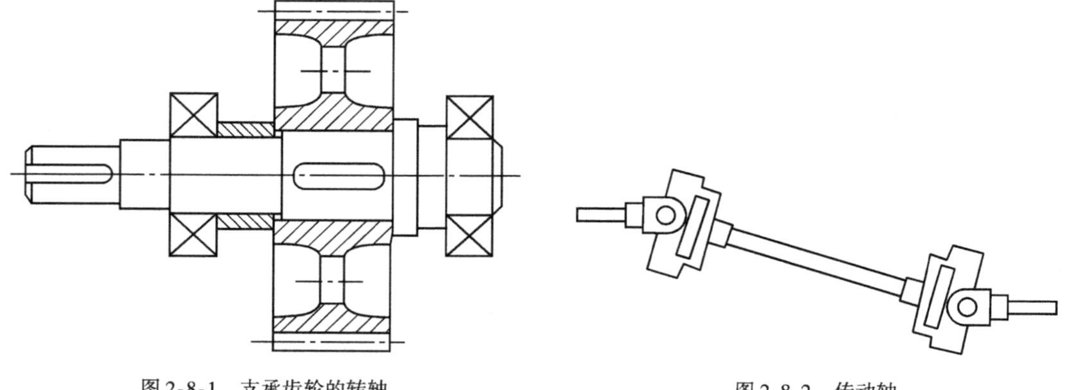

图 2-8-1　支承齿轮的转轴

图 2-8-2　传动轴

按照轴的轴线形状不同，轴还可以分为曲轴（图 2-8-5）和直轴（图 2-8-6）两大类。直轴根据外形不同，可分为光轴（图 2-8-6a）和阶梯轴（图 2-8-6b）两种，常用于传递纯扭矩；阶梯轴常用作转轴。直轴一般都制成实心的。当需要在轴中装设其他零件或减轻轴的重量时，则将轴制成空心的。空心轴内外径比值通常为以保证轴的刚度及扭转稳定性为准。

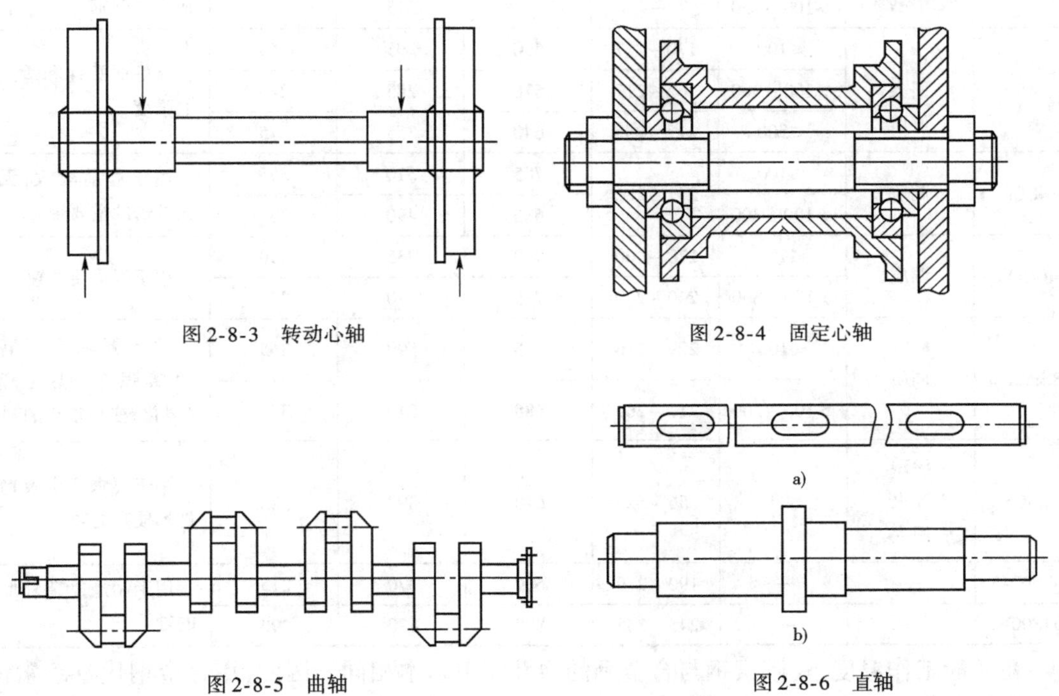

图 2-8-3　转动心轴

图 2-8-4　固定心轴

图 2-8-5　曲轴

图 2-8-6　直轴

除此之外，还有钢丝软轴。钢丝软轴是由多层钢丝绕制而成的（图 2-8-7）。它具有良好的挠性，可以把回转运动灵活地传到任何位置。

二、轴的材料

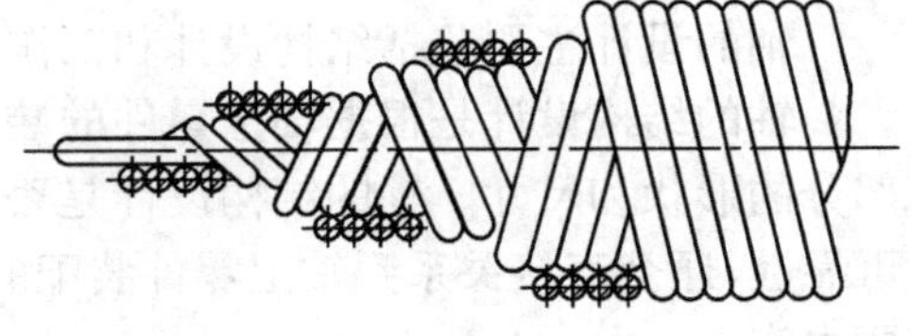

图 2-8-7　钢丝软轴

轴的常用材料有碳素钢和合金钢。轴的常用材料及其力学性能见表 2-8-1。碳素钢对应力集中的敏感性较低，价格也比合金钢低廉，因此应用较为广泛，常用的是 45 钢。为保证其力学性能，应进行调质或正火处理。不重要的或受力较小的轴以及一般传动轴可以使用 Q235 ~ Q275 钢。

合金钢则具有更高的力学性能和更好的淬火性能。因此，在传递大动力，并要求减小尺寸与质量，提高轴颈的耐磨性时，常采用合金钢。常用的合金钢有 $12CrNi_2$、$12CrNi_3$、20Cr、40Cr 和 38SiMnMo 等。轴的材料也可采用合金铸铁或球墨铸铁。这些材料吸振性较高，可用热处理方法获得所需的耐磨性，对应力集中敏感性也较低。因铸造品质不易控制，故可靠性不如钢制轴。

几种轴的常用材料及其主要力学性能　　表 2-8-1

材料牌号	热处理	毛坯直径(mm)	硬度(HBS)	抗拉强度极限 σ_B (MPa)	屈服强度极限 σ_S (MPa)	弯曲疲劳极限 σ_{-1} (MPa)	应用说明
Q235A	热轧或锻后空冷	≤100	—	400~420	225	170	用于不重要及受载荷不大的轴
		>100~250	—	375~390	215		
45	正火回火	≤100	170~217	590	295	255	有好的塑性和适当的强度
		>100~300	162~217	570	285	245	
	调质	≤200	217~255	640	355	275	
40Cr	调质	≤100	241~286	785	510	355	用于载荷较大,无大冲击的重要轴
		>100~300		685	490	335	
40CrNi	调质	≤100	270~300	900	735	430	用于很重要的轴
		>100~300	240~270	785	570	370	
38SiMnMo	调质	≤100	229~286	735	590	365	用于要求高耐磨性,高强度且热处理(氮化)变形很小的轴
		>100~300	217~269	685	540	345	
20Cr	渗碳淬火回火	≤60	56~62	640	390	305	用于要求强度及韧性均较高的轴
QT600-3	—	—	190~270	600	370	215	用于制造复杂外形的轴
QT800-2	—	—	245~335	800	480	290	

在一般工作温度下,碳素钢与合金钢的弹性模量基本相同。因此,用合金钢代替碳素钢并不能提高轴的刚度。

三、轴设计的主要内容

轴的设计主要包括结构设计和工作能力计算两方面的内容。

轴的结构设计是根据轴上零件的装配、定位及轴的加工等方面的要求合理地定出其各部分的形状和尺寸。轴的结构设计是否合理,会直接影响轴的工作能力和轴上零件的工作可靠性,还会直接关系到轴上零件装配的难易程度等。因此,轴的结构设计是轴设计中的重要内容。

轴的工作能力计算主要是对轴进行强度、刚度和振动稳定性计算。对于一般机械轴,只需对轴进行强度计算,以防止断裂或塑性变形;对于有刚度要求的轴,还需进行刚度计算,以防止过大的弹性变形;对于高速运转的轴,还要进行振动稳定性计算,以防止发生共振而破坏。

第二节　轴的结构设计

轴的结构设计主要取决于以下因素:轴在机器中的安装位置及形式、轴上零件的布置和固定方式、轴的受力情况、轴的加工工艺等。

轴的结构应满足：

(1)轴和装在轴上的零件要有准确、牢固的工作位置。

(2)轴上零件装拆和调整方便。

(3)轴应便于加工。

(4)改善受力状况,减小应力集中等。

一、轴上零件的定位

1. 轴上零件的轴向定位

(1)轴肩　阶梯轴上截面直径变化处叫做轴肩,起轴向定位作用,能承受较大的轴向载荷,应用较多。

轴肩处因轴截面的变化将产生应力集中。用于定位的轴肩其高度 h 一般为(0.07 ~ 0.1)d,d 为与零件相配合处的轴径直径。用于定位滚动轴承的轴肩(图 2-8-8 中的Ⅰ处),其高度必须低于轴承内圈的高度,以便拉力器拉爪能钩住轴承内圈,便于拆卸轴承。为了可靠地定位,轴上圆角半径 r 必须小于零件的圆角半径 R 或倒角 C ,如图 2-8-8a)、b)所示。

(2)套筒　套筒定位(图 2-8-8Ⅲ处)结构简单,一般用于轴的中部,两个零件间距较小的情况。

(3)轴用圆螺母　圆螺母定位(图 2-8-9)可承受较大的轴向力,但轴上螺纹会削弱轴的强度,故一般用细牙螺纹,并用于固定轴端的零件。当轴上两个零件距离较远时也常采用圆螺母定位。

(4)轴端挡圈　轴端挡圈仅适用于轴端零件的固定,可承受较大的轴向力,应用广,如图 2-8-8 所示。

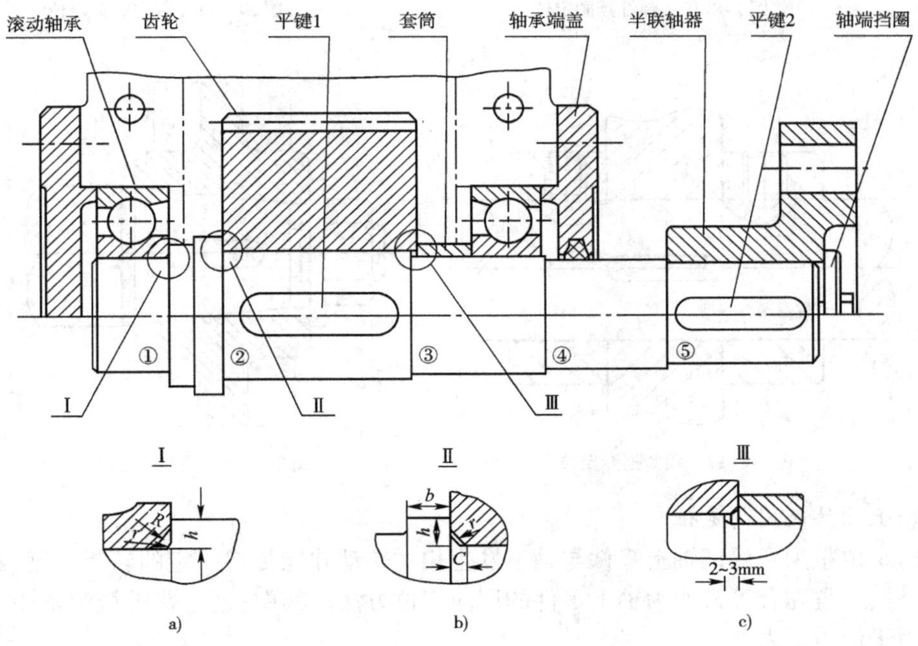

图 2-8-8　轴上零件装配与轴的结构示例

用套筒、螺母和轴端挡圈作轴向定位时,安装零件的轴段长度应比零件轮毂的宽度短2～3mm(图2-8-8Ⅲ处,图2-8-9),以便使套筒、螺母、轴端挡圈能紧靠零件的端面,防止零件窜动。

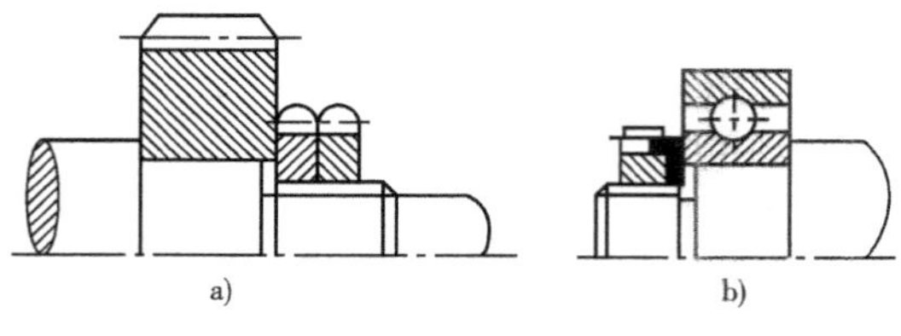

图2-8-9　圆螺母定位

(5)轴承端盖　轴承端盖用螺钉或榫槽与箱体连接顶住轴承外圈,而使滚动轴承的外圈得到轴向定位。如图2-8-8所示。

(6)弹性挡圈、紧定螺钉或锁紧挡圈　弹性挡圈(图2-8-10)、紧定螺钉(图2-8-11)和锁紧挡圈(图2-8-12)结构简单,但只能承受不大的轴向力,紧定螺钉和锁紧挡圈还可兼作周向定位之用。

(7)圆锥面　对于承受冲击载荷和同心度要求较高的轴端零件,可采用圆锥面定位(图2-8-13),并与挡圈、螺母一起使用。利用圆锥面定位,轴上零件装拆方便,利用锥面间的摩擦力可兼作周向固定之用。

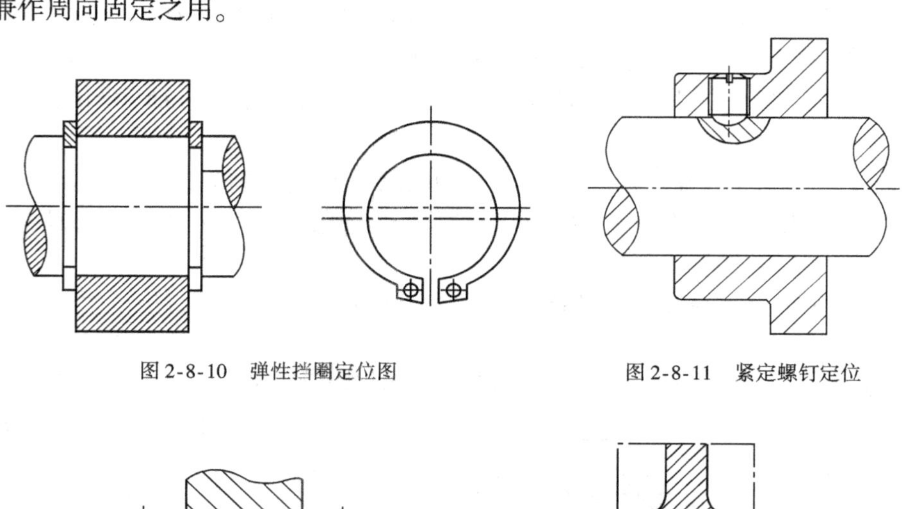
图2-8-10　弹性挡圈定位图　　图2-8-11　紧定螺钉定位

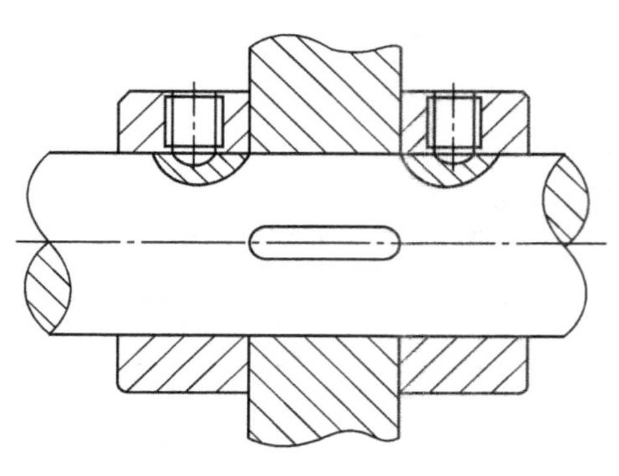
图2-8-12　锁紧挡圈定位

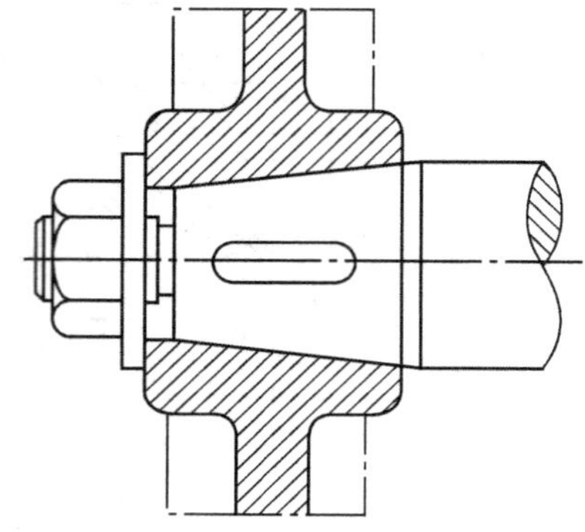
图2-8-13　圆锥面定位

2. 轴上零件的周向定位

周向定位是为了保证轴上零件与轴不发生相对转动并能传递一定的转矩。键、花键、紧定螺钉、销、过盈配合等常作为轴上零件的周向定位方法。其中,键与花键最为常用,而紧定螺钉只用于传力不大处。

二、轴的结构工艺性

轴的结构工艺性是指轴的结构形式应便于加工和轴上零件的装配且成本低。在满足使用要求的前提下，轴的结构形式应尽量简化，以利于加工。

轴上磨削表面在过渡处应有砂轮越程槽(图2-8-14a)，以利于磨削加工；需要切制螺纹的轴段，应留有螺纹退刀槽(图2-8-14b)。为减少装夹工件的时间，同一轴上不同轴段的键槽应尽可能布置在轴的同一母线上，且取相同尺寸。为了制造方便，节省工时，轴上直径相近处的多个圆角应尽可能采用相同的尺寸，倒角、键槽宽度、砂轮越程槽宽度、退刀槽宽度亦是如此。

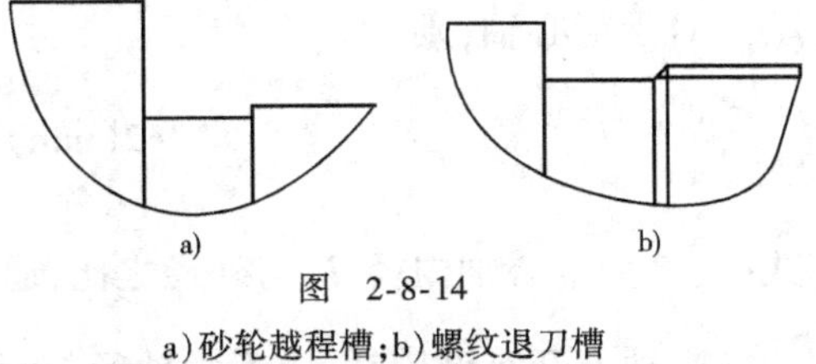

图　2-8-14
a)砂轮越程槽；b)螺纹退刀槽

第三节　轴的强度计算

轴的计算准则是校核轴的强度与刚度，使之满足使用要求。轴的强度计算应根据轴的承载情况，采用相应的计算方法，常见的轴的强度计算方法有以下两种。

一、按扭转强度计算

按扭转强度计算主要用于：

(1)只受扭矩作用或主要承受扭矩作用的传动轴。

(2)初步计算轴径以便进行结构设计。

(3)不重要的轴。对于既受弯矩又受扭矩的轴，用降低许用扭转切应力$[\tau_T]$的办法来补偿弯矩对轴的强度的影响，近似地按扭转强度条件估算最小轴径d_{min}。

轴受扭矩时的强度条件为：

$$\tau_T(\text{MPa}) = \frac{\boldsymbol{T}}{W_T} \approx \frac{9.55 \times 10^6 \dfrac{P}{n}}{0.2d^3} \leqslant [\tau_T] \qquad (2\text{-}8\text{-}1)$$

式中，τ_T为轴的扭转切应力(MPa)；T为轴所受的扭矩(N·mm)；W_T为轴的抗扭截面模量(mm^2)，对于实心圆轴$W_T = \pi d^3/16 \approx 0.2d^3$；$P$为轴所传动的功率(kW)；$n$为轴的转速(r/min)；$d$为轴的截面直径；$[\tau_T]$为许用扭转切应力(MPa)，见表2-8-2。

几种常用轴材料的许用扭转切应力$[\tau_T]$及A值　　表2-8-2

轴的材料	Q235—A20	35	45	40Cr、35SiMn、42SiMn、38SiMnMo
$[\tau_T]$(MPa)	12～20	20～30	30～40	40～52
A	158～135	135～118	118～106	106～97

注：1. 表中$[\tau_T]$已考虑了弯矩对轴的影响。

2. 关于A值的取法：估计弯矩较小，材料强度较高，或轴刚度要求不严时，A取偏小值，反之取偏大值，轴上无轴向载荷，A取偏小值，反之取偏大值；对于输出轴端，A取偏小值；对于输入轴端及中间轴，A取偏大值；用35SiMn钢时，A取偏大值。

由上式可推出轴的直径：

$$d(\mathrm{m}) \geqslant \sqrt[3]{\frac{5 \times 9.55 \times 10^6 p}{[\tau_T]^n}} = A\sqrt[3]{\frac{p}{n}} \tag{2-8-2}$$

式中, $A = \sqrt[3]{\frac{5 \times 9.55 \times 10^6}{[\tau_T]}}$ 为与材料和载荷情况有关的系数,其值可查表2-8-3。

对于空心轴,则:

$$d(\mathrm{mm}) \geqslant A\sqrt[3]{\frac{p}{n(1-\beta^4)}} \tag{2-8-3}$$

式中, β 为空心轴内径 d_1 与外径之比,通常 $\beta = \frac{d_1}{d} = 0.5 \sim 0.6$ 。

当轴上开有键槽时,应增大轴径与考虑键槽对轴的强度削弱的影响。一般有一个键槽时轴径增大3%,有两个键槽时增大7%,然后将轴径圆整为标准直径。

轴的许用弯曲应力(MPa)　　表2-8-3

材　料	σ_b	$[\sigma_{+1}]_b$	$[\sigma_0]_b$	$[\sigma_{-1}]_b$
碳素钢	400	130	70	40
	500	170	75	45
	600	200	95	55
	700	230	110	65
合金钢	800	270	130	75
	900	300	140	80
	1000	330	150	90
铸钢	400	100	50	30
	500	120	70	40

二、按弯扭合成强度条件计算

按弯扭合成强度条件进行计算必须先知道作用力的大小和作用点的位置、轴承跨距、各段轴径等参数,为此,常先按转矩估算轴径并进行轴的结构设计后,即可画出轴的弯扭合成图,然后计算危险截面的最大弯曲应力,它主要用于计算:

(1)一般重要的轴。

(2)既受弯矩又受扭矩作用且弯矩、扭矩皆已知的转轴。

计算步骤如下:

(1)作出轴的受力简图　计算时,将轴上的分布载荷简化成集中力,作用点取为载荷分布段的中点。同时,将轴上作用力分解为水平分力和垂直分力,并求水平支反力 R_H 和垂直支反力 R_V。

(2)作弯矩图　根据轴的受力简图,分别作水平面和垂直面内的弯矩图,然后根据下式计算总弯矩并作出合成弯矩图。

$$\boldsymbol{M} = \sqrt{\boldsymbol{M}_{\mathrm{H}}^2 + \boldsymbol{M}_{\mathrm{V}}^2} \tag{2-8-4}$$

(3)作扭矩图　作用在轴上的扭矩,一般从传动件轮毂宽度的中点算起。

(4)作计算弯矩(当量弯矩)图　根据第三强度理论求出计算弯矩(当量弯矩) $\boldsymbol{M}_{ca}$,并

作 $\boldsymbol{M}_{ca}$ 图，$\boldsymbol{M}_{ca}$ 计算公式如下：

$$\boldsymbol{M}_{ca} = \sqrt{\boldsymbol{M}^2 + (aT)^2} \tag{2-8-5}$$

式中，a 是将扭矩折算为等效弯矩的折算系数，因为通常弯矩所产生的弯曲应力 σ_b 是对称循环的变应力，而转矩所产生的扭转切应力 τ 则常常是不对称循环的变应力，故求当量弯矩时应计入这种循环特性差异的影响，其值与扭矩变化情况有关。对于对称循环变化的扭矩，取 $\alpha = [\sigma-1]_b/[\sigma-1]_b = 1$；对于脉动循环变化的扭矩，取 $\alpha = [\sigma_{-1}]_b/[\sigma_0]_b \approx 0.6$；对于不变的扭矩，取 $\alpha = [\sigma_{-1}]_b/[\sigma_{+1}]_b \approx 0.3$。其中，$[\sigma_{-1}]_b$、$[\sigma_0]_b$、$[\sigma_{+1}]_b$ 分别为对称循环、脉动循环及静应力状态下的许用弯曲应力，见表 2-8-3。

在同一轴上各截面所受的载荷是不同的，设计计算时应针对某些危险截面（计算弯矩大而直径偏小的截面）进行强度计算，其强度条件为：

$$\sigma_{ca} = \sqrt{\sigma_b^2 + 4\tau^2} \leqslant [\sigma_b] \tag{2-8-6}$$

式中，σ_{ca} 为危险截面的当量应力；σ_b 为危险截面上弯矩 M 产生的弯曲应力；τ 为转矩 T 产生的扭切应力。对于直径为 d 的圆轴：

$$\sigma_b = \frac{\boldsymbol{M}}{W} = \frac{\boldsymbol{M}}{\frac{\pi d^3}{32}} \approx \frac{\boldsymbol{M}}{0.1d^3} \qquad \tau = \frac{\boldsymbol{T}}{W_T} = \frac{\boldsymbol{T}}{2W}$$

式中，W、W_T 分别为轴的抗弯截面模量和抗扭截面模量。将 σ_b 和 τ 值代入式(2-8-6)，得：

$$\sigma_{ca} = \sqrt{\left(\frac{\boldsymbol{M}}{W}\right)^2 + 4\left(\frac{\boldsymbol{T}}{2W}\right)^2} = \frac{1}{W}\sqrt{\boldsymbol{M}^2 + \boldsymbol{T}^2} \leqslant [\sigma_b] \tag{2-8-7}$$

如前所述，因 σ_b 和 τ 两者循环特性不同，所以上式中的转矩 $\boldsymbol{T}$ 须乘以折合系数 α，即：

$$\sigma_{ce}(\text{MPa}) = \frac{\boldsymbol{M}_{ca}}{W} = \frac{\sqrt{\boldsymbol{M}^2 + (a\boldsymbol{T})^2}}{W} = \frac{1}{0.1d^3}\sqrt{\boldsymbol{M}^2 + (a\boldsymbol{T})^2} \leqslant [\sigma_{-1}]_b \tag{2-8-8}$$

(5) 计算危险截面轴径　对与实心圆轴，可得设计公式：

$$d(\text{mm}) \geqslant \sqrt[3]{\frac{\boldsymbol{M}_{ca}}{0.1[\sigma_{-1}]_b}} \tag{2-8-9}$$

对于心轴，$\boldsymbol{T} = 0$，所以 $\boldsymbol{M}_{ca} = \boldsymbol{M}$。转动心轴的许用应力如式(2-8-8)为 $[\sigma_{-1}]_b$，固定心轴的许用应力为 $[\sigma_0]_b$。

对于有键槽的截面，应将计算出的轴径加大 4% 左右，若计算出的轴径大于结构设计初步估算的轴径，则表明结构图中轴的强度不够，必须修改结构设计；若计算出的轴径小于结构设计的估算轴径，且相差不很大，一般就以结构设计的轴径为准。

对于一般用途的轴，按上述方法设计计算即可。对于重要的轴，尚须作进一步的强度校核（如安全系数法），其计算方法可查阅有关参考书。

例 2-8-1　试设计图 2-8-15 所示单级直齿圆柱齿轮减速器的从动轴。已知传递功率 $P = 10\text{kW}$，从动齿轮的转速 $n_2 = 202\text{r/min}$，分度圆直径 $d_2 = 356\text{mm}$，所受的圆周力 $F_{t2} = 2656\text{N}$，径向力 $F_{r2} = 985\text{N}$，齿轮分度圆直径 $d_2 = 146\text{mm}$，轮毂宽度为 80mm，工作时单向转动，轴采用深沟球轴承支承。

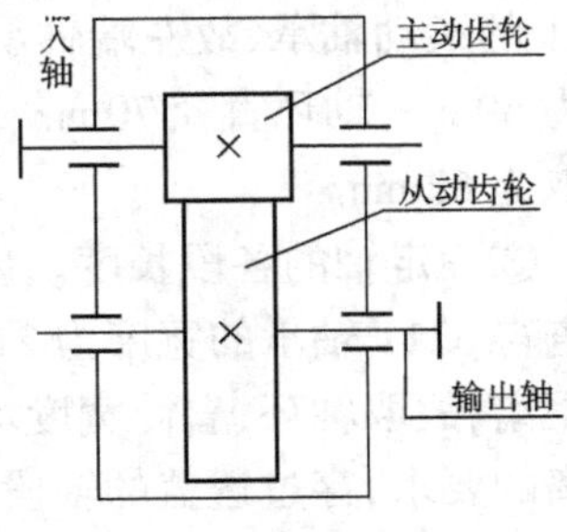

图 2-8-15　单级直齿圆柱齿轮减速器

解:(1)选择轴的材料,确定许用应力。

选用45钢并经正火处理,由表2-8-1查得硬度170~217HBS,抗拉强度$\sigma_b=600\text{MPa}$,由表2-8-3查得许用弯曲应力$[\sigma_{-1}]_b=55\text{MPa}$。

(2)按扭转强度估算最细处的直径。

根据式(2-8-2),由表2-8-2查得$A=115$,可得:

$$d(\text{mm})\geqslant A\sqrt[3]{\frac{p}{n_2}}=115\times\sqrt[3]{\frac{10}{202}}=42.2$$

所求直径d处因装有联轴器,该处有一键槽,故所算轴径应增大3%,即$d=1.03\times42.2=43.47$,取标准值45mm。

(3)轴的结构设计。

结构设计时,必须绘制轴系草图(图2-8-16),考虑轴上零件的固定方式,并逐步定出轴上各部分的尺寸。

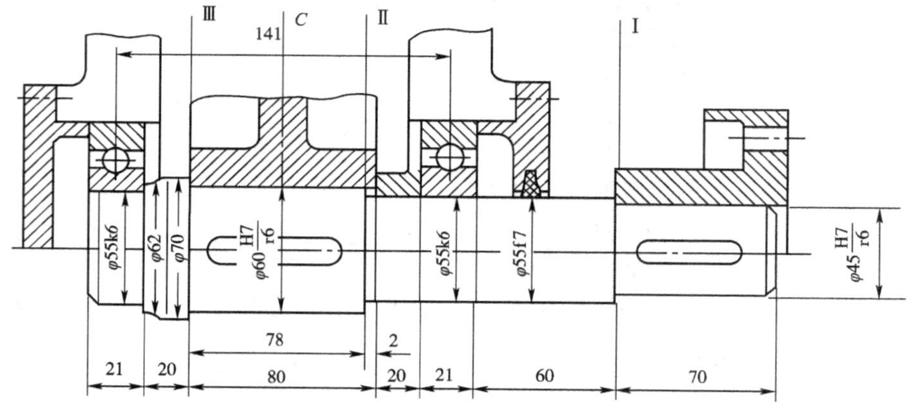

图2-8-16　圆柱齿轮减速器从动轴草图

①确定轴上零件的位置及轴上零件的固定方式。因为是单级齿轮减速器,故将齿轮布置在箱体内壁的中央,轴承对称地布置在齿轮的两边,轴的外伸端安装联轴器。

齿轮靠轴环和套筒轴向定位和固定,靠平键实现周向固定。两端轴承分别靠轴肩、套筒实现轴向定位,靠过盈配合实现周向固定。轴通过两端轴承盖实现轴向定位,联轴器靠轴肩、平键分别实现轴向定位和固定。

②确定轴的各段直径。外伸段直径为45mm。为了使联轴器轴向定位,在轴的外伸段做一轴肩,故通过轴承透盖、右端轴承和套筒的轴段直径取55mm。按题意选用两个型号为6211的滚动轴承,故左端轴承处的轴径也是55mm。为了便于齿轮的装配,齿轮处的轴头直径为60mm,轴环直径70mm,其左端呈锥形。按轴承安装尺寸的要求,左端轴承处的轴肩直径取为62mm。

③确定轴的各段长度。齿轮轮毂宽度是80mm,故取齿轮处轴长度为78mm。由轴承标准查得6211轴承的宽度为21mm。齿轮两轴的强度端面、轴承端面应与箱体内壁保持一定的距离,故取轴环、套筒宽度均为20mm。根据箱体结构要求和联轴器距箱体外壁要有一定距离的要求,穿过透盖的轴段取为60mm。联轴器处的轴头长度取70mm。由图2-8-16知,轴的轴承跨距$L=141\text{mm}$。

(4)核算。

①绘出轴的受力图(图2-8-17a)。

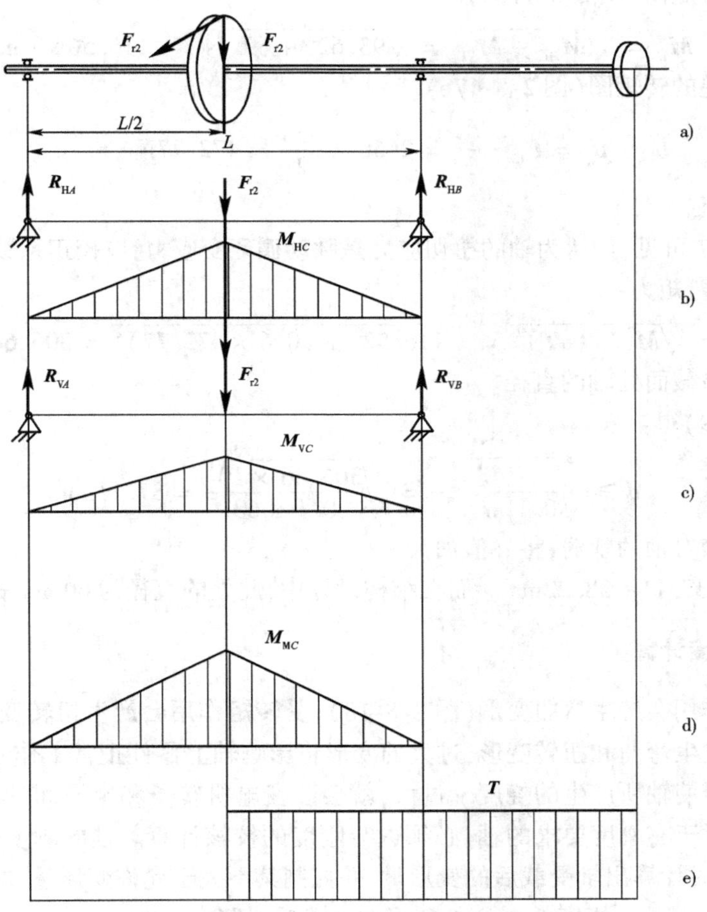

图2-8-17　轴的强度校核例题

②绘水平面的弯矩图(图2-8-17b)。

水平面的支承反力为:

$$R_{HA} = R_{HB} = \frac{F_{t2}}{2} = \frac{2656}{2} = 1328\text{N}$$

截面 C 处的弯矩为:

$$M_{HC} = R_{HA}\frac{L}{2} = 1328 \times \frac{0.141}{2} = 93.62\text{N} \cdot \text{m}$$

绘垂直面的弯矩图(图2-8-17c)。

垂直面支承反力为:

$$R_{VA} = R_{VB} = \frac{F_{r2}}{2} = \frac{985}{2} = 492.5\text{N}$$

截面 C 处的弯矩为:

$$M_{VC} = R_{VA}\frac{L}{2} = 492.5 \times \frac{0.141}{2} = 69.44\text{N}\cdot\text{m}$$

③作合成弯矩图(图 2-8-17d)。

$$M_C = \sqrt{M_{HC}^2 + M_{VC}^2} = \sqrt{93.62^2 + 69.44^2} = 116.56\text{N}\cdot\text{m}$$

④作轴传递的转矩图(图 2-8-17e)。

$$T = F_{t2}\cdot\frac{d_2}{2} = 2656 \times \frac{356}{2} = 472.77\text{N}\cdot\text{m}$$

求当量弯矩。

从图 2-8-17 可见,如认为轴的扭切应力是脉动循环变应力,取校正系数 $\alpha = 0.6$,C 截面最危险,其当量弯矩为:

$$M_{ec} = \sqrt{M_c^2 + (aT)^2} = \sqrt{116.52^2 + (0.6 \times 472.77)^2} = 306.66\text{N}\cdot\text{m}$$

⑤计算危险截面处轴的直径。

由式(2-8-9)得:

$$d \geqslant \sqrt[3]{\frac{M_{ca}}{0.1[\sigma_{-1}]_b}} = \sqrt[3]{\frac{306.66 \times 10^3}{0.1 \times 60}} = 37.11\text{mm}$$

考虑到键槽对轴的削弱,将 d 值加大 3%,故:

$d = 1.03 \times 37.11 \approx 38.22\text{mm}$。而在结构设计中,此处的直径为 60mm,故强度足够。

三、轴的刚度计算

轴受弯矩作用会产生弯曲变形(图 2-8-18),受转矩作用会产生扭转变形(图 2-8-19),轴受载以后要发生弯曲和扭转变形,过大的变形将影响轴上零件正常工作。例如,在电动机中如果由于弯矩使轴所产生的挠度 y 过大,就会改变电机转子和定子间的间隙而影响电机的性能。因此对于有刚度要求的轴,必须进行刚度的校核计算。轴的刚度分为弯曲刚度和扭转刚度,校核时计算出轴受载后的变形量,并控制其不大于允许变形量,即,

$$\text{挠度 } y \leqslant [y];\text{转角 } \theta \leqslant [\theta];\text{扭角 } \varphi \leqslant [\varphi] \tag{2-8-10}$$

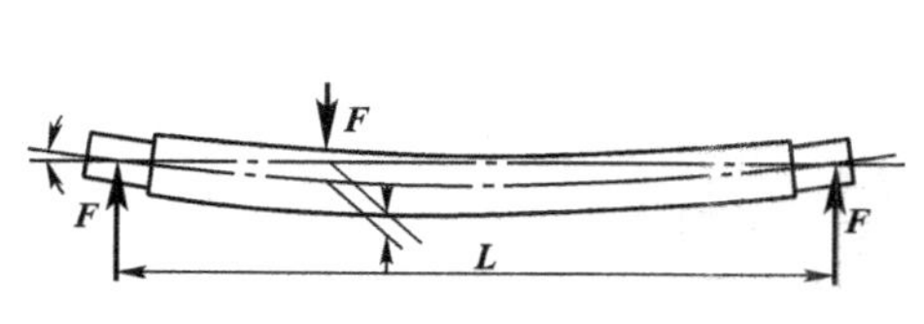

图 2-8-18　轴的挠度和转角

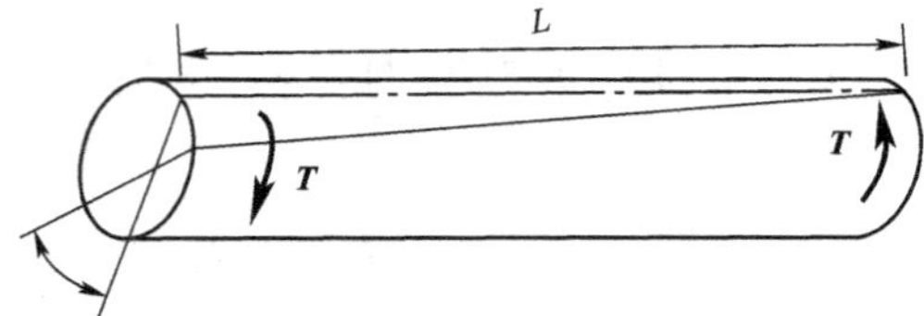

图 2-8-19　轴的扭角

式中,$[y]$、$[\theta]$、$[\varphi]$分别为许用挠度、许用转角、许用扭角,其值见表 2-8-4。

1. 轴的弯曲刚度校核

轴的弯曲刚度以挠度和偏转角来度量。在材料力学课程中已研究过两种计算方法:

(1)按挠度曲线的近似微分方程式积分求解。

(2)变形能法。对于等直径轴,用前一种方法较简便;对于阶梯轴,用后一种方法较适宜。

轴的许用变形量 表 2-8-4

<table>
<tr><th>变形种类</th><th>应用场合</th><th>许用值</th><th>变形种类</th><th>应用场合</th><th>许用值</th></tr>
<tr><td rowspan="9">挠度(mm)</td><td>一般用途轴</td><td>$(0.0003 \sim 0.0005)L$</td><td rowspan="6">转角(rad)</td><td>滑动轴承</td><td>≤0.001</td></tr>
<tr><td>刚度要求高的轴</td><td>≤0.0002L</td><td>向心球轴承</td><td>≤0.05</td></tr>
<tr><td>感应电机轴</td><td>≤0.1Δ</td><td>调心球轴承</td><td>≤0.05</td></tr>
<tr><td>安装齿轮的轴</td><td>$(0.01 \sim 0.05)m_n$</td><td>圆柱滚子轴承</td><td>≤0.0025</td></tr>
<tr><td>安装蜗轮的轴</td><td>$(0.02 \sim 0.05)m$</td><td>圆锥滚子轴承</td><td>≤0.0016</td></tr>
<tr><td colspan="2" rowspan="4">L—支撑间跨距；
Δ—电机定子与转子间的气隙；
m_n—齿轮法面模数；
m—蜗轮模数</td><td>安装齿轮处轴的截面</td><td>0.001 ~ 0.002</td></tr>
<tr><td rowspan="3">每米长的扭角(°/m)</td><td>一般传动</td><td>0.5 ~ 1</td></tr>
<tr><td>较精密的传动</td><td>0.25 ~ 0.5</td></tr>
<tr><td>重要传动</td><td><0.25</td></tr>
</table>

2. 轴的扭转刚度校核

轴的挠度和转角，如图 2-8-18 所示。轴的扭角，如图 2-8-19 所示。

轴的扭转刚度是以每米长的扭转角来度量的。等直径的轴受转矩 T 作用时，其扭角 φ 可按材料力学中的扭转变形公式求出，$\boldsymbol{T}_1$ 即：

$$\varphi(\mathrm{rad}) = \frac{\boldsymbol{T}l}{GI_P} = \frac{32\boldsymbol{T}l}{\mathrm{G}\pi d^4} \tag{2-8-11}$$

式中，$\boldsymbol{T}$ 为转矩，N · mm；l 为轴受转矩作用的长度(mm)；G 为材料的切变模量(MPa)；d 为轴径(mm)；I_p 为轴截面的极惯性矩。

对于阶梯轴，其扭角 φ 的计算式为：

$$\varphi(\mathrm{rad}) = \frac{1}{G}\sum_{i=1}^{n}\frac{\boldsymbol{T}_i l_i}{I_{pi}} \tag{2-8-12}$$

式中，$\boldsymbol{T}_i$、l_i、I_{pi} 分别代表阶梯轴第 i 段上所传递的转矩及该段的长度和极惯性矩，单位同式(2-8-11)。

例 2-8-2 一钢制等直径轴，已知传递的转矩 $\boldsymbol{T} = 400\mathrm{N \cdot m}$，轴的许用切应力$[\tau] = 400\mathrm{MPa}$，轴的长度 $l = 1700\mathrm{mm}$，轴在全长上的扭角 φ 不得超过 1°，钢的切变模量 $\mathrm{G} = 8 \times 10^4$ MPa，试求该轴的直径。

解：(1)按强度要求应使：

$$\tau = \frac{\boldsymbol{T}}{W_T} = \frac{\boldsymbol{T}}{0.2d^3} \leqslant [\tau]$$

故轴的直径：

$$d(\mathrm{mm}) = \sqrt[3]{\frac{\boldsymbol{T}}{0.2[\tau]}} = \sqrt[3]{\frac{400 \times 10^3}{0.2 \times 40}} = 79.4$$

(2)按扭转刚度要求应使：

$$\varphi = \frac{32\boldsymbol{T}l}{G\pi d^4} \leqslant [\varphi]$$

按题意 $l=1700\text{mm}$,在轴的全长上,$[\varphi]=1°=\frac{\pi}{180}(\text{rad})$故:

$$d \geqslant \sqrt[4]{\frac{32\boldsymbol{Tl}}{\pi G[\varphi]}}=\sqrt[4]{\frac{32\times4000\times10^{3}\times1700}{\pi\times8\times10^{4}\times\frac{\pi}{180}}}=83.9\text{mm}$$

故该轴的直径取决于刚度要求。圆整后可取 $d=85\text{mm}$。

四、轴的临界转速概念

由于回转件的结构不对称、材质不均匀、加工有误差等原因,使得回转重心与几何轴线间一般总有一微小的偏心距,因而回转时产生离心力,使轴受到周期性载荷的干扰。

若轴所受的外力频率与轴的自振频率一致时,运转并不稳定而发生显著的振动,这种现象称为轴的共振。产生共振时轴的转速称为临界转速。如果轴的转速停滞在临界转速附近,轴的变形将迅速增大,以至达到使轴,甚至整个机器破坏的程度。应此,对于重要的,尤其是高转速的轴必须计算其临界转速,并使轴的工作转速 n 避开临界转速 n_c。

第四节 轴毂连接

轴毂连接主要是使轴上零件与轴固定以传递转矩。常用的轴毂连接有键连接、销连接、螺纹连接、过盈配合等。

一、键连接

键是一种标准零件,主要用来实现轴与轴上零件周向固定,以传递旋转运动或转矩。某些类型的键,如楔键还可实现轴上零件的轴向固定。还有些类型的键,如导键、滑键和花键,可用作轴上零件的轴向移动。

键连接的主要类型有:平键连接、半圆键连接、楔键连接、切向键连接。其中,平键连接、半圆键连接构成松连接。楔键连接、切向键连接构成紧连接。

1. 平键连接

平键的两侧面是工作面,上表面与轮毂的键槽底面之间留有间隙。工作时,靠键同键槽侧面的挤压来传递转矩。这种键定心性较好、装拆方便。按用途,平键分为普通平键、导向平键和滑键四种。其中普通平键用于静连接,导向平键和滑键用于动连接。

1)普通平键

图 2-8-20 为普通平键连接的结构形式。按端部形状分为:圆头(A 型)、方头(B 型)及单圆头(C 型)三种。圆头平键在键槽中固定良好,但轴上键槽端部的应力集中较大。方头平键常用螺钉紧固,轴上键槽端部的应力集中较小。单圆头平键常用于轴端与轴上零件的连接。

2)导向平键与滑键

如图 2-8-21 所示,导向平键较长,需用螺钉固定在轴槽中,而毂(即轴上零件)可以沿着键移动。滑键连接如图 2-8-22 所示,滑键固定在毂上而随毂一同沿着轴上键槽移动。导向平键和滑键都能实现轴上零件轴向移动,构成动连接。但导向平键适用于轴上零件沿轴向移动距离不大的场合，反之应用滑键，若用滑键连接需在轴上铣出较长的键槽。

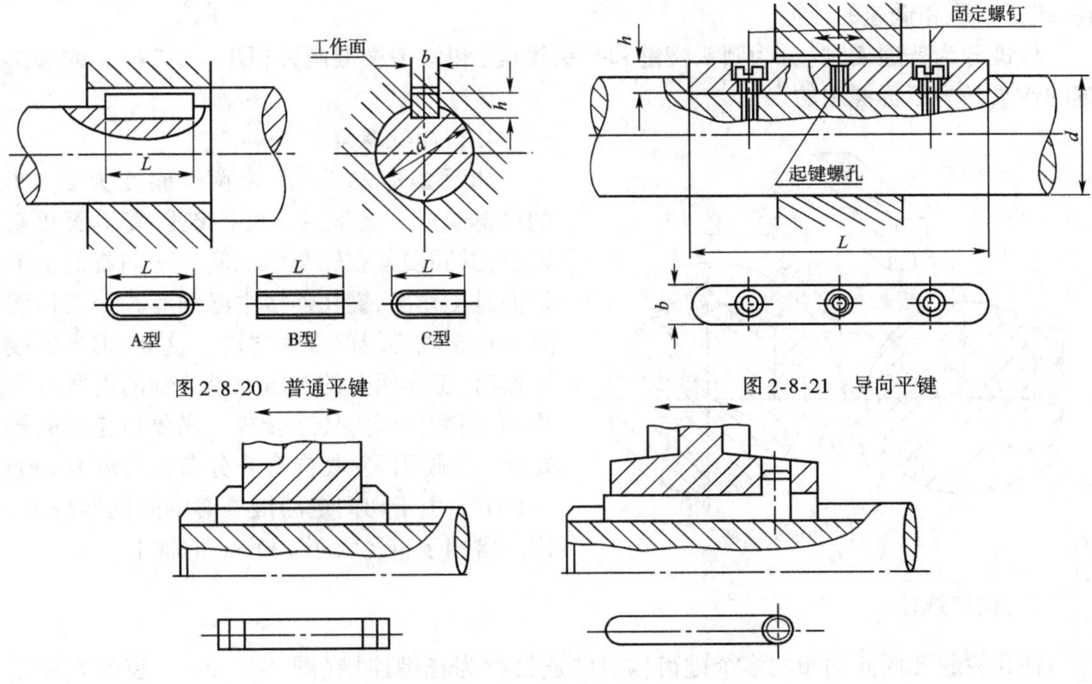

图 2-8-20 普通平键

图 2-8-21 导向平键

图 2-8-22 滑键连接

2. 半圆键连接

如图 2-8-23 所示，半圆键靠其侧面来传递转矩，两侧面为工作面。这种键连接的优点是：半圆键在键槽中能绕其几何中心摆动，以适应轮毂中键槽的斜度，定心性较好，装配方便，尤其适用于锥形轴端与轮毂的连接。缺点是轴上键槽较深，对轴的强度削弱较大，故一般只用于轻载静连接中。

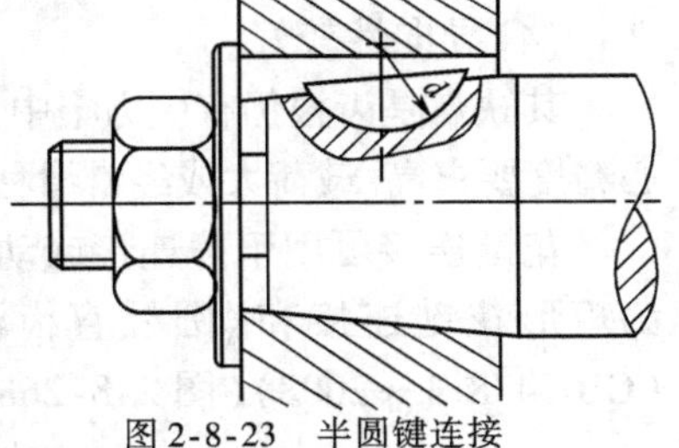

图 2-8-23 半圆键连接

3. 楔键连接

如图 2-8-24 所示，键的上下两面是工作面。键的上表面和与它相配合的轮毂键槽底面均具有 1:100 的斜度。装配时，将楔键打入轴与毂槽内，其工作面上产生很大的预紧力，工作时主要靠工作面上的摩擦力传递转矩，并能承受单方向的轴向力。

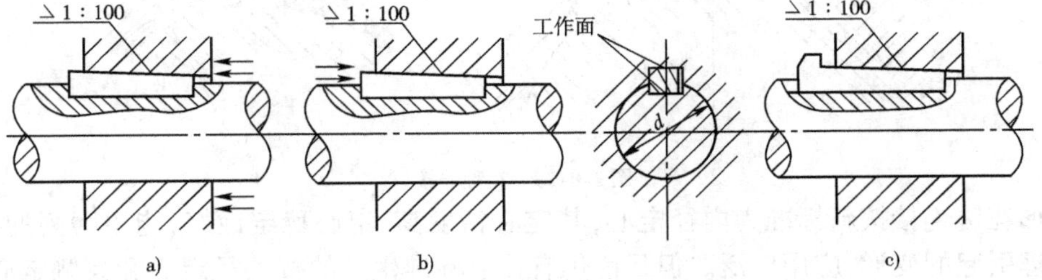

图 2-8-24 楔键连接

a）圆头楔键；b）平头楔键；c）钩头楔键

由于楔键打入键槽时,迫使轴和轮毂产生偏心 e,因此楔键仅适用于定心精度要求不高、载荷平稳和低速的连接。

楔键分为普通楔键(分为圆头楔键和平头楔键)和钩头楔键两种(图 2-8-24)。钩头楔键的钩头是为了拆键用的。

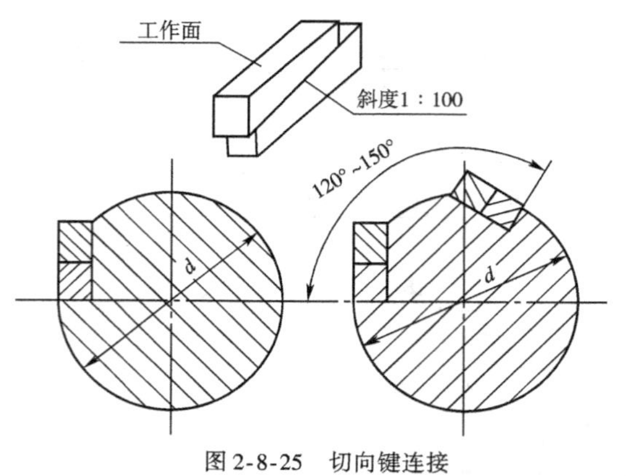

图 2-8-25　切向键连接

4. 切向键连接

如图 2-8-25 所示,由两个斜度为 1:100 的楔键组成。装配后。两楔键以其斜面相互贴合,共同楔紧在轴与毂之间。切向键的上下两面是工作面,键在连接中必须有一个工作面处于包含轴心线的平面之内。这样,则当连接工作时,工作面上的挤压力沿着轴的切线方向作用,而靠挤压力传递转矩。当要传递双向转矩时,必须用两对切向键并分布成夹角为 120°~130°。由于切向键的键槽对轴的削弱较大,因此常用于直径大于 100mm 的轴上。

二、花键连接

轴和轮毂孔周向均布的多个键齿构成的连接称为花键连接(图 2-8-26)。齿的侧面是工作面,与平键连接比较,花键连接有以下优点:

(1)齿对称布置,使轴毂受力均匀。

(2)齿轴一体而且齿槽较浅,被连接件的强度削弱较少。

(3)轴上零件与轴的对中性好。

(4)导向性较好。

其缺点是齿根仍有应力集中,有时需专门设备加工,成本较高。因此,花键连接适用于定心精度要求高、载荷大或经常滑移的连接。花键连接的齿数、尺寸、配合等均应按标准选取。

花键连接可用于静连接或动连接。按其齿形不同,可找《矩形花键尺寸、公差和检验》分为矩形花键连接和《圆柱直齿渐开线花键(米制模数　齿侧配合)　第 1 部分:总论》(GB 3478.1—2008)(图 2-8-26a)和渐开线花键连接(图 2-8-26b)两种。

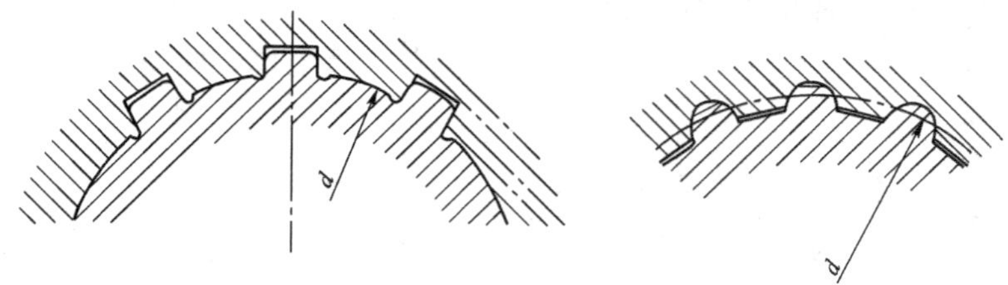

图 2-8-26　花键连接

矩形花键连接按新标准为内径定心,其定心精度高,定心稳定性好,能用磨削的方法消除热处理引起的变形,应用广泛。但目前仍有按老标准生产的按外径定心和齿侧定心方式,外径定心,内花键孔可由拉刀加工,花键轴可在普通磨床上磨削,定心精度较高,生产率高,适合于毂孔表面硬度低于 40HRC;齿侧定心载荷沿键齿分布均匀,但定心精度较差。

渐开线花键的齿廓为渐开线,渐开线花键的定心方式为齿形定心。当齿受载时,齿上的径向力能起到自动定心作用。有利于各齿均匀承载。

三、销连接

销主要用于定位和连接。如图 2-8-27 所示,即固定零件之间的相对位置,称为定位销,常用作组合加工装配时的主要辅助零件。如图 2-8-28 所示,用于零件间的连接或锁定,称为连接销,可传递不大的载荷。另外,销还可作为安全装置中的过载剪断元件(图 2-8-29),称为安全销。

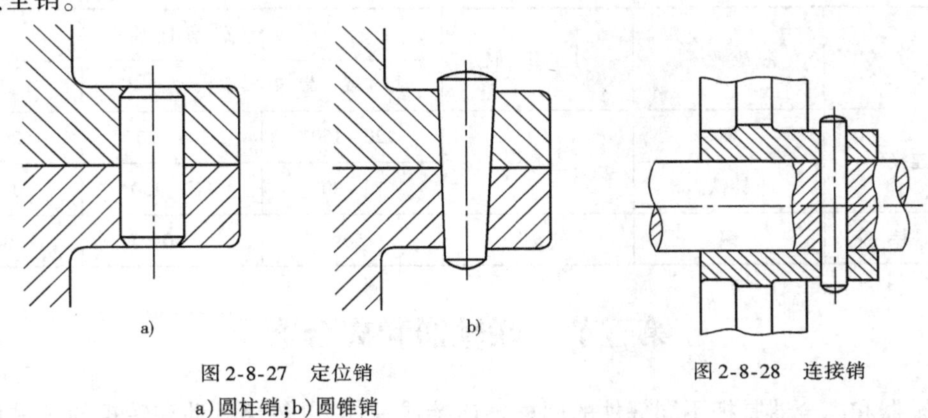

图 2-8-27　定位销

a) 圆柱销;b) 圆锥销

图 2-8-28　连接销

销的基本类型是圆柱销和圆锥销。圆柱销经多次装拆后,连接紧固性和定位精度会降低。

四、平键连接的选择和计算

1. 平键的选择

键为标准件,其主要尺寸(键宽度 $b\times$ 键高 h)、轴上及轮毂上槽深 t_1、t_2 均根据轴直径 d 由标准中选取。键长度 L 按轴的结构设计确定,键长度小于轮毂长度 5 ~ 10mm,键长不宜超过(1.6 ~ 1.8)d,并应符合标准规定的长度系列。

2. 键的强度计算

平键连接受力情况如图 2-8-30 所示,平键连接的失效形式有:对普通平键连接(静连接)而言,失效形式为工作面的压溃;对导向平键和滑键连接(动连接)而言,其失效形式为工作面过度磨损,剪断极为罕见。因此,对于平键连接,通常只需进行挤压强度或耐磨性能计算,在重要场合下才进行键的抗剪强度计算。

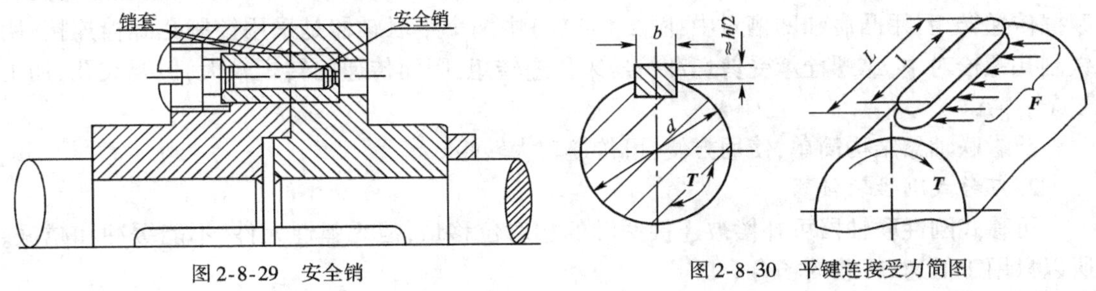

图 2-8-29　安全销

图 2-8-30　平键连接受力简图

静连接挤压强度条件为:

$$\sigma_p = \frac{4T}{dhl} \leqslant [\sigma_p] \quad (2\text{-}8\text{-}13)$$

动连接工作压强计算为:

$$p = \frac{4T}{dhl} \leqslant [\mathrm{p}] \quad (2\text{-}8\text{-}14)$$

许用应力$[\sigma_p]$和许用压强$[p]$见表2-8-5。

键连接的许用应力$[\sigma_p]$和压强$[p]$　　表2-8-5

连接方式	轮毂材料	许用值	载荷性质		
			静载荷	轻微冲击	冲击
静连接	钢	$[\sigma_p]$	120~150	100~20	60~90
	铸铁		70~80	120~150	50~60
动连接	钢	$[p]$	50	40	30

第五节　联轴器和离合器

联轴器和离合器是把不同部件的两根轴连接成一体,以传递运动和转矩的机械传动装置。用联轴器连接的两轴在机器运转过程中始终一起转动,不能分开;而用离合器连接的两轴在工作过程中就可以方便地分离或接合。

一、联轴器的原理、类型与应用

联轴器分刚性和弹性两大类。刚性联轴器由刚性传力件组成,又可分为固定式和可移式两种。固定式刚性联轴器不能补偿被连接两轴的相对位移,用在两轴轴线严格对中,并在工作时不允许两轴有相对位移的场合。可移式刚性联轴器允许两轴线有一定的安装误差,并能补偿被连接两轴的相对位移和相对偏斜。弹性联轴器包含有弹性元件,能补偿两轴的相对位移,并具有吸收振动和缓冲冲击的能力。

1. 固定式刚性联轴器

固定式刚性联轴器中应用最广的是凸缘联轴器,凸缘联轴器由两个带凸缘的半联轴器分别用键与两轴连接,并用螺栓将两个半联轴器组成一体,如图2-8-31所示。图2-8-31a)中两个半联轴器采用普通螺栓连接,螺栓与螺栓孔间有间隙,依靠联轴器两圆盘接触面间的摩擦传递转矩,用凸肩和凹槽对中;图2-8-31b)中两个半联轴器是采用铰制孔螺栓连接,用铰制孔螺栓对中,靠螺栓承受剪切和挤压来传递转矩,因而传递的转矩较大,但要铰孔,加工复杂。

凸缘联轴器结构简单,使用方便,可传递较大转矩。

2. 可移式刚性联轴器

可移式刚性联轴器可补偿被连接两轴的相对位移量,但无弹性元件,不能缓冲和减振。所以只用于低速、轻载的场合。

1）十字滑块联轴器

如图2-8-32所示，十字滑块联轴器是由两个开有凹槽的半联轴器1、3和一个两面都有凸出榫的中间滑块2（浮动盘）组成的。浮动盘的两凸榫互相垂直并分别嵌在两半联轴器的凹槽中，凸榫可在半联轴器的凹槽中滑动，利用其相对滑动来补偿两轴之间的偏移。其所允许的偏角位移$\alpha \leqslant 30'$和径向位移$y \leqslant 0.04d$（d为轴的直径）。为避免过快磨损及产生过大的离心力，轴的转速不可过高。为了减少磨损、提高寿命和效率，在榫与榫间需定期施加润滑剂。

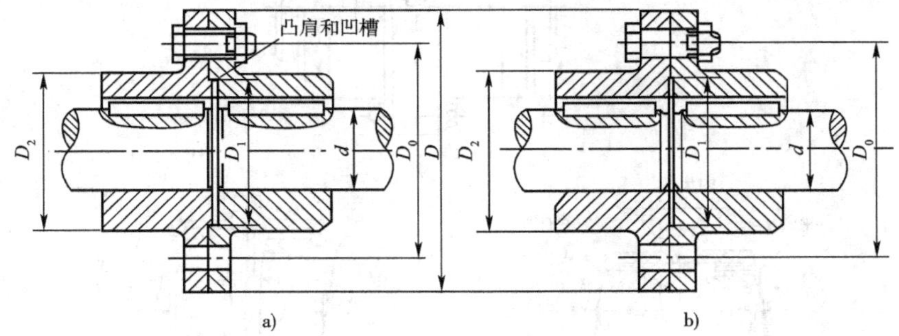

图2-8-31　凸缘联轴器

a）用凸肩和凹槽对中；b）用铰制孔以螺栓对中

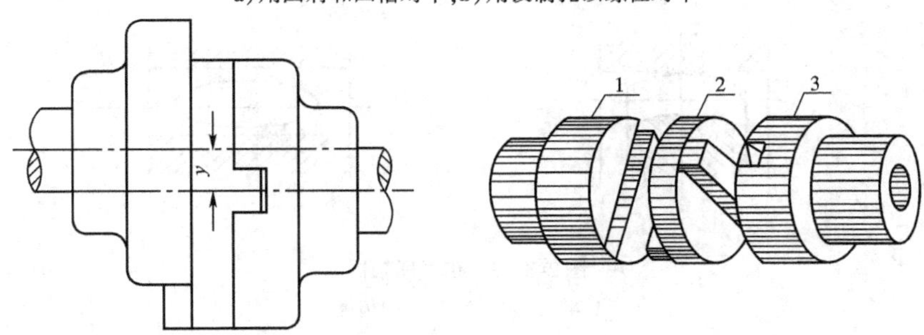

图2-8-32　十字滑块联轴器

2）齿式联轴器

如图2-8-33所示，齿式联轴器由两个内齿圈2、3和两个外齿轮轴套1、4组成，利用内外齿啮合实现两半联轴器的连接。安装时两内齿圈用螺栓连接，两外齿轮轴套用过盈配合和键与轴连接，并通过内外齿的啮合传递转矩。

3）万向联轴器

如图2-8-34所示，万向联轴器由两个叉形接头1、3与一个十字元件2组成。十字元件与两个叉形接头分别组成活动铰链，两叉形半联轴器均能绕十字形元件的轴线转动，从而使联轴器的两轴的轴线夹角可达40°～45°。但其夹角过大时效率显著降低。

万向联轴器单个使用时，当主动轴以等角速度转动时，从动轴作变角速转动，因而引起附加动载荷。为避免这种现象，常将万向联轴器成对使用，如图2-8-35所示，构成双万向联轴器。双万向联轴器安装时必须满足：主动轴、从动轴与中间轴的夹角必须相等；中间轴两端的叉形平面必须位于同一平面内。

3. 弹性联轴器

（1）如图2-8-36所示，弹性套柱销联轴器的构造与凸缘联轴器相似，只是用套有弹性套的柱销代替了连接螺栓。弹性套的变形可以补偿两轴的径向位移,并且具有缓冲和吸振作用。允许轴向位移为2~7.5mm;径向位移为0.2~0.7mm,偏角位移为30′~1°30′。

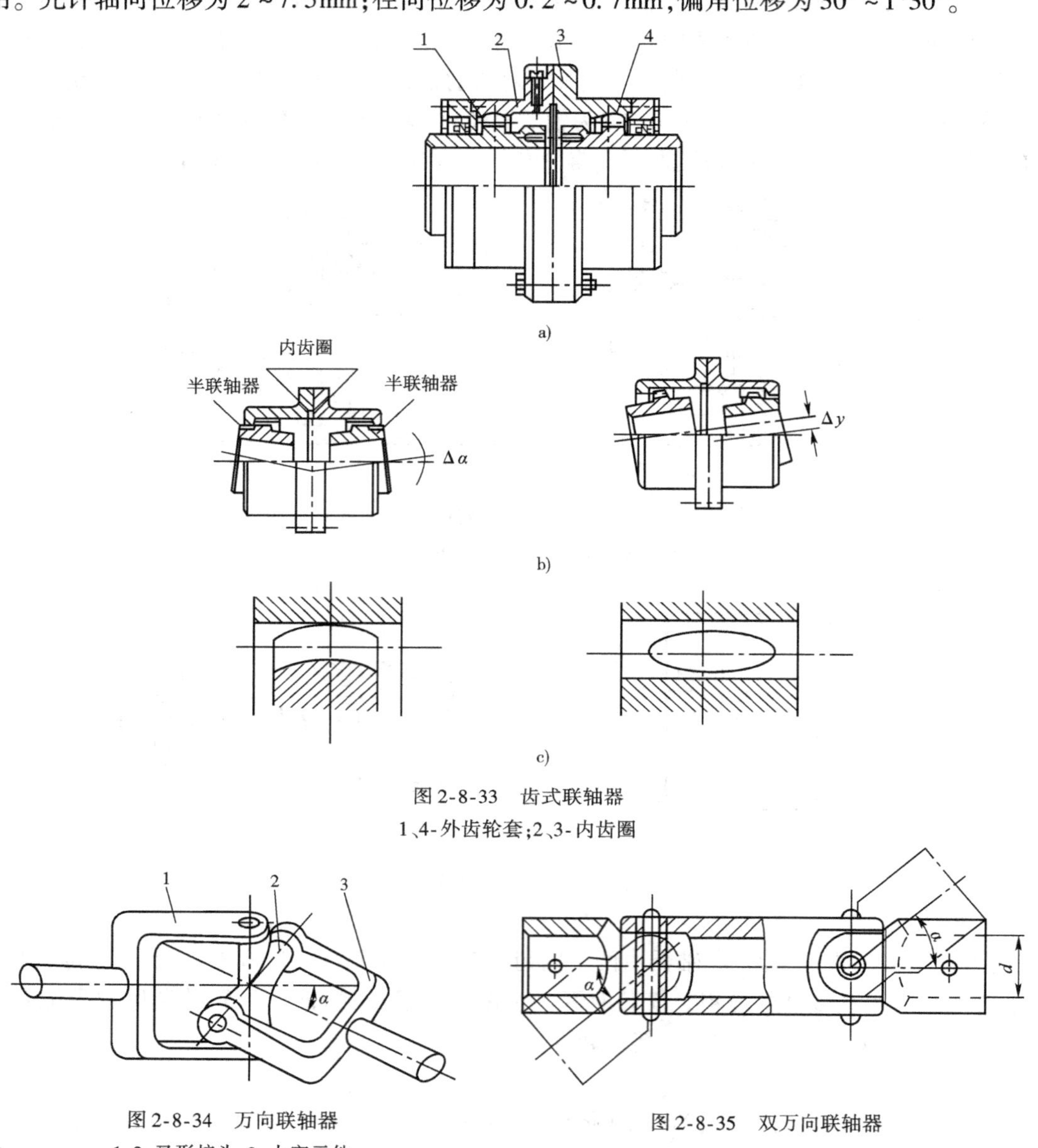

图2-8-33 齿式联轴器

1、4-外齿轮套;2、3-内齿圈

图2-8-34 万向联轴器

1、3-叉形接头;2-十字元件

图2-8-35 双万向联轴器

(2)如图2-8-37所示,弹性柱销联轴器是用尼龙柱销将两个半联轴器连接起来的。这种联轴器,结构简单,维修安装方便,具有吸振和补偿轴向位移及微量径向位移和角位移的能力。其允许径向位移为0.1~0.25mm。弹性柱销与弹性套柱销联轴器均可用于经常正反转、启动频繁、转速较高的场合。

二、离合器的原理、类型与应用

对离合器的基本要求为:工作可靠,接合、分离迅速而平稳;操纵灵活,调节和修理方便;

结构简单,重量轻,尺寸小;有良好的散热能力和耐磨性。

按工作原理的不同,离合器可分为啮合式及摩擦式两类。啮齿式离合器利用接合元件的啮合来传递转矩,其主要特点是:结构简单,外廓尺寸小,能传递较大的转矩,可保证主、从动轴同步传动。但啮合元件为刚性件,有冲击。因此,这种离合器一般仅能在停车或低速下接合。摩擦式离合器利用接合元件的工作表面的摩擦力来传递转矩,其主要特点是:接合平稳,可在任何转速下离合。但不能保持主、从动轴严格同步,接合时会产生摩擦热和磨损。按操纵方式分,离合器可分为机械操纵式、电磁操纵式、液压操纵式和气动操纵式等各种形式。按用途分,离合器可分为安全离合器和定向离合器等。

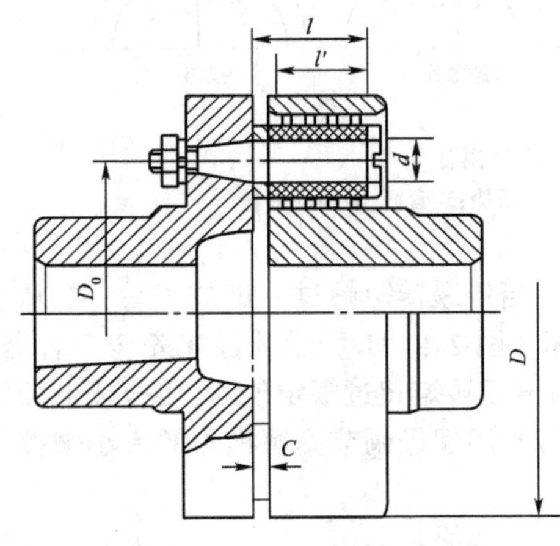

图 2-8-36 弹性套柱销联轴器

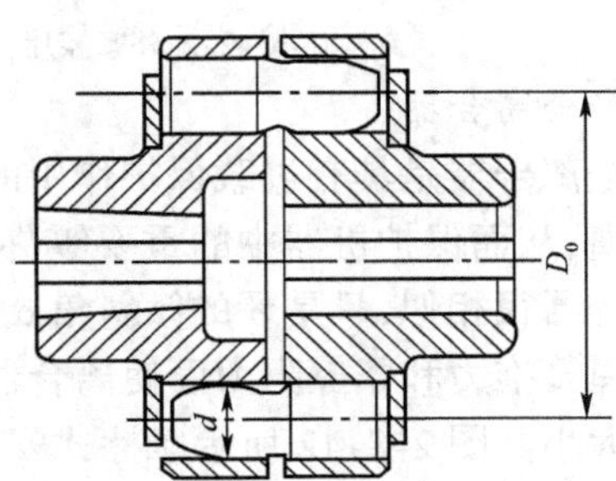

图 2-8-37 弹性柱销联轴器

1. 牙嵌离合器

牙嵌离合器是一种啮合式离合器,如图 2-8-38 所示。两个半离合器 1、3 的接合端面带牙,半离合器 1 用平键与主动轴连接,另一半离合器 3 与从动轴用导向平键(或花键)连接,并用滑环 4 使 3 在从动轴上做轴向移动,实现 1、3 的接合和分离。对中环 2 用来保证两轴同心,保持牙的工作面受载均匀。

2. 摩擦离合器

摩擦离合器按摩擦面的多少分为单盘式和多片式摩擦离合器。

图 2-8-39 所示单片式摩擦离合器。圆盘 1 紧固在主动轴上,圆盘 2 可以沿导向平键在从动轴上移动,移动盘 3 可使两圆盘接合或分离。在轴向压力 F_Q 的作用下,两圆盘工作表面产生摩擦力,从而传递转矩。单片式摩擦离合器多用于传递转矩较小的轻型机械。

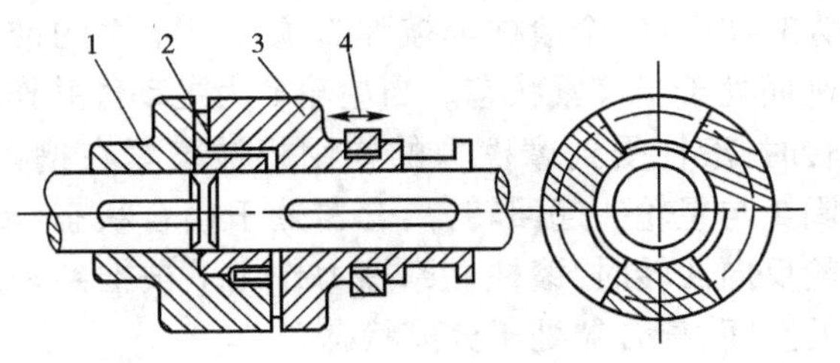

图 2-8-38 牙嵌离合器

1、3-半离合器;2-对中环;4-滑环

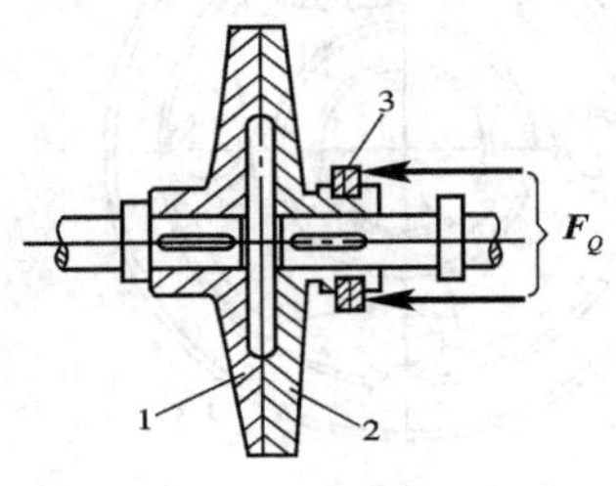

图 2-8-39 单片式摩擦离合器

1、2-圆盘;3-移动盘

图 2-8-40 所示多片式摩擦离合器。它有两组交错排列的摩擦片,外摩擦片 2 通过外圆周上的花键与鼓轮 1 相连(鼓轮与轴固连),内摩擦片 3 利用圆周上的花键与套筒 5 相连(套筒与另一轴固连),移动滑环 6 使压块 4 压紧(或放松)摩擦片,从而使离合器处于接合(或分离)状态。多片式摩擦离合器因为增加了摩擦片数,所以能提高传递转矩的能力,且径向尺寸相对减小,但结构复杂。

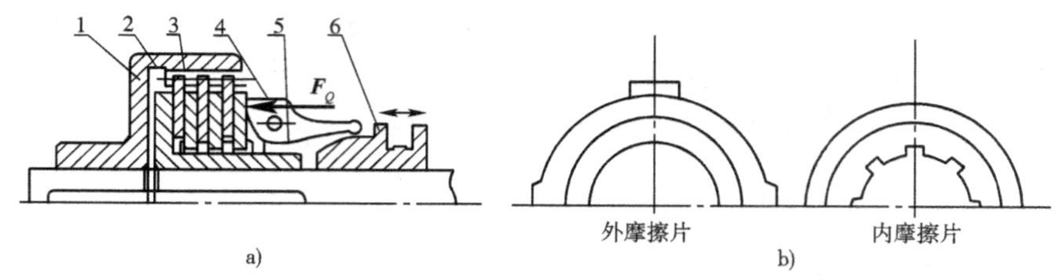

图 2-8-40　多片式摩擦离合器

1-鼓轮;2-外摩擦片;3-内摩擦片;4-压块;5-套筒;6-移动滑环

3. 安全离合器

安全离合器是具有过载保护作用的离合器。当传递转矩超过一定数值后,主、从动轴能自动分离,从而保护机器中的重要零件不致损坏。图 2-8-41 所示牙嵌式安全离合器,它和牙嵌离合器很相似,只是牙的倾斜角 α 较大。当传递转矩超过限定值时,接合牙上的轴向力将克服弹簧推力和摩擦阻力而使离合器分离。可利用螺母调节弹簧推力的大小来控制传递转矩的大小。图 2-8-42 所示摩擦式安全离合器。

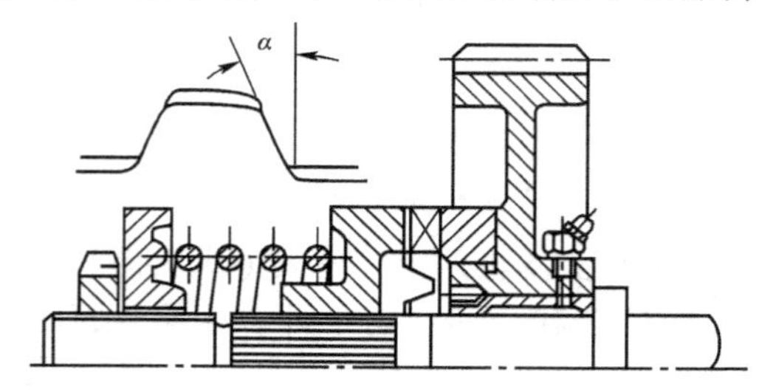

图 2-8-41　牙嵌式安全离合器

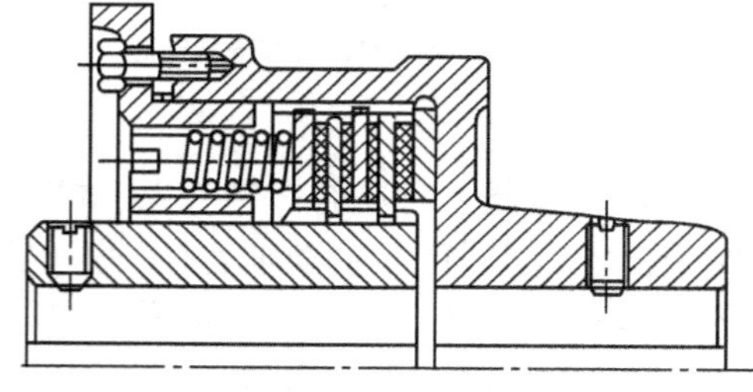

图 2-8-42　摩擦式安全离合器

4. 定向离合器

定向离合器只能按一个方向传递转矩,反方向时能自动分离。图 2-8-43 所示滚柱式定向离合器。它由星轮 1、外圈 2、滚柱 3 和弹簧顶杆 4 等组成。滚柱数目一般为3 ~ 8个,每个滚柱都被弹簧顶杆以不大的推力向前推进而处于半楔紧状态。当星轮 1 为主动件并作顺时针回转时,滚柱受到摩擦力的作用将被楔紧在槽内,带动外圈 2 与星轮一起回转,离合器处于接合状态;反之,当星轮反向回转时,滚柱在摩擦力作用下被推到楔形槽较宽的空间,离合器处于分离状态。

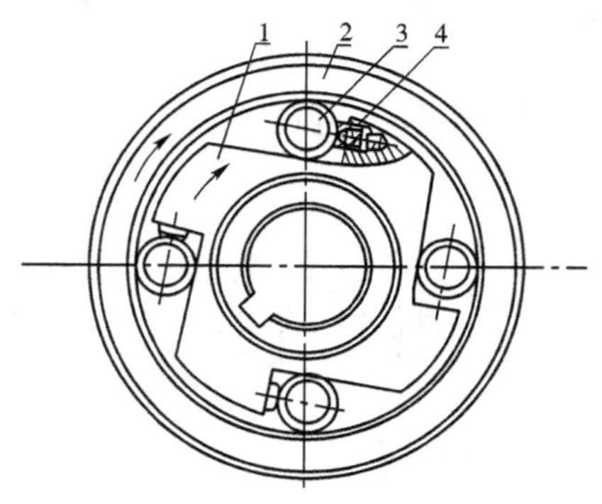

图 2-8-43　滚柱式定向离合器

1-星轮;2-外圈;3-滚柱;4-弹簧顶杆

若星轮与外圈同时作顺时针回转,当外圈转速大于星轮转速,则离合器处于分离状态,星轮与外圈互不相干,各以自己的转速转动;当外圈转速小于星轮转速,则离合器处于接合状态,因此它又称为超越离合器。

习　题

2-8-1　如题图 2-8-1 中Ⅰ、Ⅱ、Ⅲ、Ⅳ轴是转轴、心轴还是传动轴?

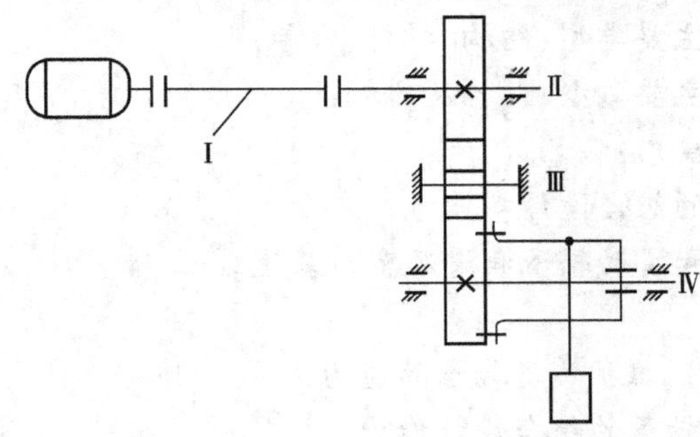

题图　2-8-1

2-8-2　轴上零件的轴向定位元件有哪些?各有何特点及应用于什么场合?

2-8-3　轴的结构工艺性应注意哪些方面?

2-8-4　如题图 2-8-2 所示某减退器输出轴的结构图。试指出其设计错误,并画出其改正图。

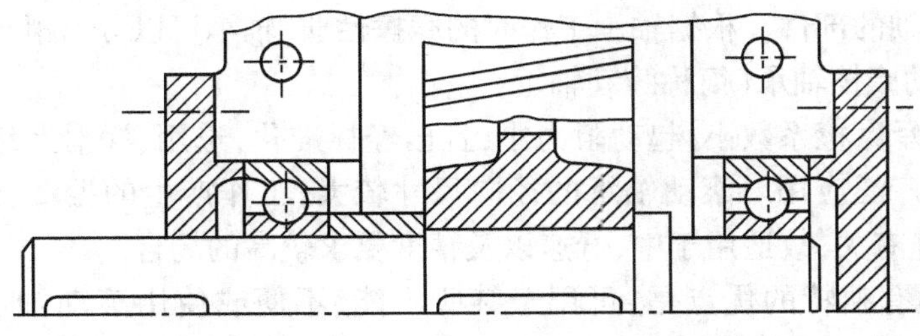

题图　2-8-2

2-8-5　有一台离心式水泵,由电动机带动,传递的功率 $P = 3\text{kW}$,轴的转速 $n = 960\text{r/min}$,轴的材料为 45 号钢,试按强度要求计算轴所需的最小直径。

2-8-6　已知一单级直齿圆柱齿轮减速器,用电动机直接拖动,电动机功率 $P = 22\text{kW}$,转速 $n_1 = 1470\text{r/min}$,齿轮的模数 $m = 4\text{mm}$,齿数 $z_1 = 18$,$z_2 = 82$,若支承间跨距 $L = 180\text{mm}$(齿轮位于跨距中央),轴的材料用 45 号钢调质,试计算输出轴危险截面处的直径 d。

第九章 轴 承

学习目标

知识目标

1. 掌握滚动轴承主要类型、结构、材料、代号；
2. 掌握滑动轴承主要类型、结构及材料；
3. 了解轴承选择要求；
4. 了解滚动轴承的组合设计；
5. 了解滚动轴承和滑动轴承润滑及密封装置。

能力目标

1. 具备选择、使用、维护各类轴承的能力；
2. 初步具备滚动轴承的组合设计能力。

第一节 轴承的分类

轴承是支承轴的部件。根据轴承工作时的摩擦性质，轴承可以分为滑动摩擦轴承（简称滑动轴承）和滚动摩擦轴承（简称滚动轴承）。

由于滚动轴承摩擦系数小，起动阻力小，且已经标准化，选用、润滑及维护方便，所以在一般机器中得到广泛应用。滚动轴承的径向尺寸较大，工作产生的振动、噪声与设备的精度、轴的工作转速有关，故适用于中、低速以及精度要求较高的场合。

滑动轴承具有独特的优点是，可用于某些不能、不便或使用滚动轴承没有优势的场合，如工作转速特高、冲击和振动特大、径向尺寸受到限制或必须剖分安装（曲轴上轴承）的结构，以及需在水或腐蚀性介质中工作的工况条件。在上述领域，滑动轴承的使用仍占有重要地位。因此，在轧钢机、内燃机、雷达、天文望远镜及各类仪表中应用广泛。

滑动轴承按其工作表面的摩擦状态分为液体摩擦和非液体摩擦。摩擦表面完全被液体膜分隔开的轴承称为液体滑动轴承（图 2-9-1a）。工作时轴承阻力来自润滑油的内部摩擦，故摩擦系数小，同时，轴承的工作表面不直接接触，也避免了表面磨损。欲形成液体摩擦，轴承必须满足一定的条件，零部件应有较高的制造、安装精度，因此多用于高速、精度要求较高或低速重载的场合。摩擦表面不能被润滑油完全隔开的轴承称为非液体滑动轴承（图 2-9-1b）。工作时摩擦系数较大，工作表面磨损较快，但结构简单，性能与制造成本较高，因此常用于一般转速、载荷不大及精度要求不高的场合。

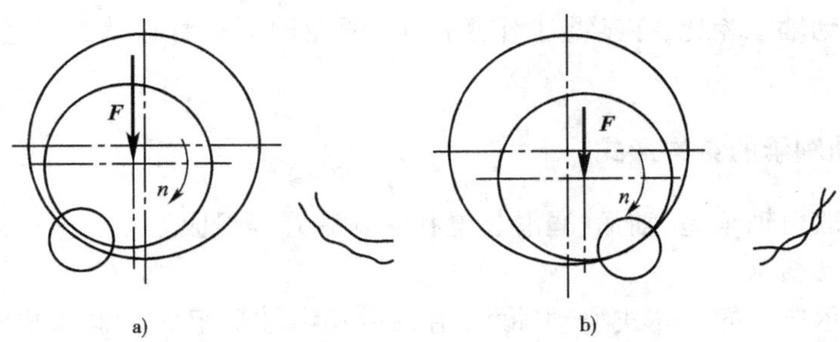

图2-9-1 滑动轴承的摩擦状态

第二节 滑动轴承的主要类型、结构和材料

一、滑动轴承的特点与应用

工作时轴套和轴颈支承面间形成的直接或间接滑动摩擦的轴承称为滑动轴承。滑动轴承工作面间一般有润滑油膜且为面接触,所以滑动轴承具有承载能力大、抗冲击、噪声低、工作平稳、回转精度高、高速性能好等独特的优点。

滑动轴承主要应用于以下场合:

(1)工作转速极高的轴承。

(2)要求轴的支承位置特别精确、回转精度要求特别高的轴承。

(3)特重型轴承。

(4)承受巨大冲击和振动载荷的轴承。

(5)必须采用剖分结构的轴承。

(6)要求径向尺寸特别小以及特殊工作条件的轴承。滑动轴承在内燃机、汽轮机、铁路机车、轧钢机、金属切削机床等设备中应用很广泛。

二、滑动轴承的类型

1. 按承受载荷方向分类

(1)径向轴承 只承受径向载荷。

(2)推力轴承 只承受轴向载荷。

(3)组合轴承 同时承受径向载荷和轴向载荷。

2. 按润滑状态分类

(1)液体润滑轴承 摩擦表面完全被液体膜分隔开,表面间的摩擦为液体分子间的内摩擦。

(2)非液体润滑轴承 摩擦表面间为边界润滑或混合润滑。

3. 按液体膜的形成原理分类

常见的滑动轴承有液体动压润滑轴承、液体静压润滑轴承和液体动静压润滑轴承。

4. 按润滑材料分类

常见的滑动轴承有液体润滑轴承、气体润滑轴承、塑性体润滑轴承、固体润滑轴承和自润滑轴承。和滚动轴承相比,在某些工作条件下,滑动轴承有着显著的优越性,不能为滚动轴承所代替。

三、径向滑动轴承的结构形式

滑动轴承一般由轴承座、轴瓦、润滑装置和密封装置等组成。

1. 整体式滑动轴承

图 2-9-2 所示典型的整体式滑动轴承,由轴承座和轴瓦组成。整体式滑动轴承结构简单、成本低,但无法调节轴颈和轴承孔间的间隙,当轴承磨损到一定程度时必须更换。装拆这种轴承时,轴或轴承必须作轴向移动,很不方便,故多用于轻载、低速、间歇工作的简单机械中,其结构已标准化。

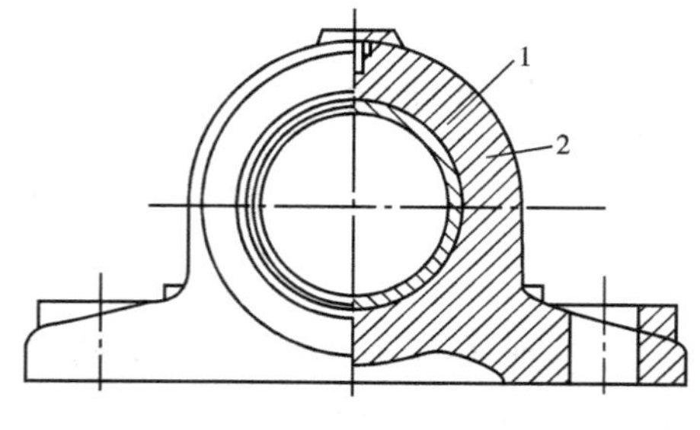

图 2-9-2 整体式径向轴承
1-轴承瓦;2-轴承座

2. 剖分式滑动轴承

图 2-9-3 所示典型的剖分式滑动轴承,由轴承座、轴承盖、对开轴瓦、螺栓等组成。轴瓦和轴承座均为剖分式结构,在轴承盖与轴承座的剖分面上制有阶梯形定位口,便于安装时定心。轴瓦直接支承轴颈,因而轴承盖应适度压紧轴瓦,以使轴瓦不能在轴承孔中转动。轴承盖顶端制有螺纹孔,以便安装油杯或油管。

3. 调心式滑动轴承

调心式滑动轴承的轴瓦位置可以调整以适应轴颈,从而避免轴瓦发生急剧磨损,如图 2-9-4 所示。

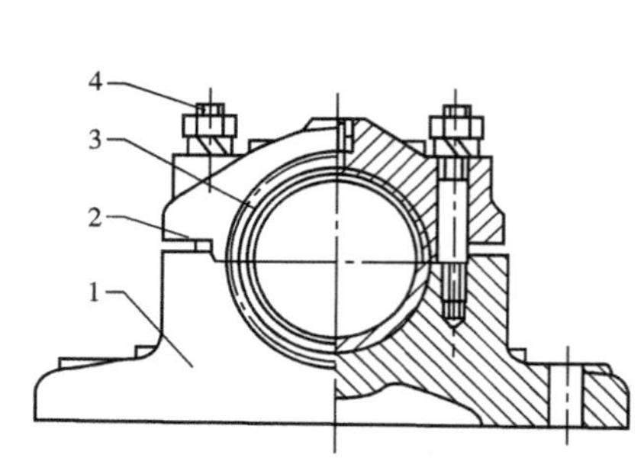

图 2-9-3 剖分式径向轴承
1-轴承座;2-轴承盖;3-对开轴瓦;4-双头螺柱

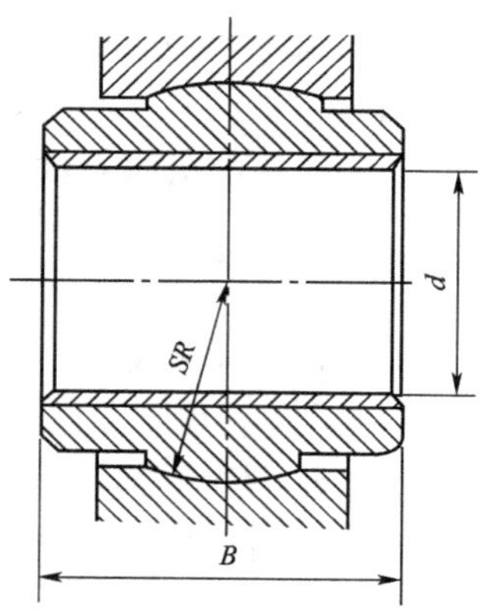

图 2-9-4 调心式径向轴承图

四、滑动轴承的轴瓦结构及其材料

滑动轴承中的轴瓦结构有两种形式,一是整体式结构(图 2-9-5),二是剖分式结构(图 2-9-6)。

轴瓦应开设供油孔及油沟,以便润滑油进入轴承并流到整个工作面上。通常油沟的轴向长度约为轴瓦宽度的80%，如图2-9-7所示。轴瓦的油沟一般应开设在非压力区或剖分面上。

滑动轴承壳体和轴瓦的结构尺寸，可参看有关手册、图册中的经验数据和公式，并结合设计要求确定。

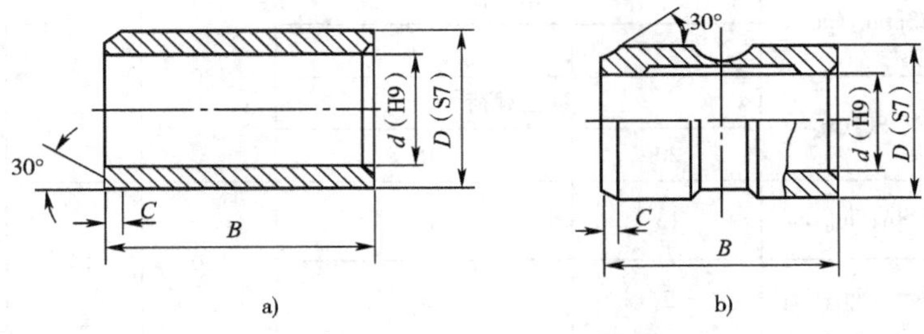

图2-9-5　整体式轴

a)无油沟轴套；b)有油沟轴套

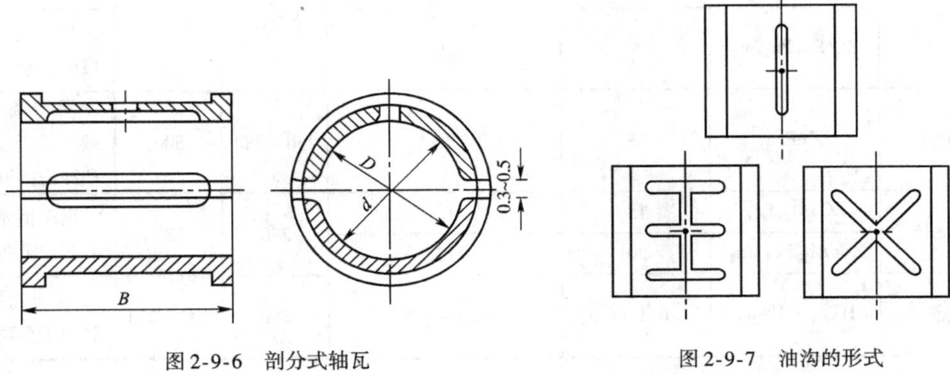

图2-9-6　剖分式轴瓦　　图2-9-7　油沟的形式

根据轴承的工作情况，要求轴瓦材料具备下列性能：

(1)摩擦系数小。

(2)导热性好，热膨胀系数小。

(3)耐磨、耐蚀、抗胶合能力强。

(4)有足够的力学性能和可塑性。

能同时满足上述要求的材料是难找到的，较常见的是用两层不同金属做成轴瓦，两种金属在性能上取长补短。在工艺上可以浇铸或压合的方法，将薄层减摩材料黏附在轴瓦基体上。黏附上去的薄层材料称为轴承衬。轴承衬的厚度应随轴承直径的增大而增大，一般由十分之几毫米至6mm。

常用的轴瓦和轴承衬(通称轴承材料)有三类：

(1)金属材料　如轴承合金、灰铸铁、减摩铸铁等。

(2)金属陶瓷　如含油轴承。

(3)非金属材料　如酚醛塑料、尼龙等。

常用的轴承材料和性能见表2-9-1。

常用的轴承材料和性能 表 2-9-1

材料		许用值 [p](MPa)	许用值 [p_v](MPa·m·s^{-1})	最高工作温度(℃)	最小轴颈硬度(HBS)	应用
锡锑轴承合金	$ZSnSb_{11}Cu_6$	平稳载荷		150	150	用于高速、重载的重要场合
		25	20			
	$ZSnSb_8Cu_4$	冲击载荷				
		20	15			
铅锑轴承合金	$ZPbSb_{16}Sn_{16}Cu_2$	15	10	150	150	用于中速、中载的轴承,不宜承受显著冲击场合
	$ZPbSb_{15}Sn_{15}Cu_3$	5	5			
锡铅铜	$ZCuSn_{10}P_b$	15	15	280	300~400	用于中速、重载及受变载荷的轴承
	$ZCuSn_5Pb_5Zn_5$	5	10			用于中速、中载的轴承
铅青铜	$ZCuPb_{30}$	25	30	250~280	300	用于高速、重载及承受变载荷和冲击的轴承
铝青铜	$ZCuAl_{10}Fe_3$	15	12	280	280	用于润滑良好的低速重载轴承
	$ZCuAl_{10}Fe_3Mn_2$	20	15			
灰铸铁	HT_{150}~HT_{250}	0.1~6	0.3~4.5	150	200~250	用于低速、轻载的不重要场合

五、滑动轴承的润滑

润滑对减少滑动轴承的摩擦和磨损以及保证轴承正常工作具有重要意义。它除了可以降低功耗外,还具有冷却、防尘、防锈和缓冲吸振等作用,直接影响轴承的工作能力和使用寿命。因此,设计滑动轴承时,必须注意合理选择润滑剂及润滑装置。

(一)润滑剂

常用的润滑剂一般为润滑油、润滑脂,在特殊工况下,还可采用固体润滑剂及水和空气等。

1. 润滑油

润滑油是最常用的润滑剂,有动植物油、矿物油和合成油,其中以矿物油应用最广。黏度是润滑油最主要的性能指标。黏度是润滑油抵抗变形的能力,表征液体流动的内摩擦性能,黏度大的液体内摩擦阻力大,承载后油不易被挤出,有利于油膜形成。通常黏度随温度升高而降低。

除黏度之外,润滑油的性能指标还有凝点、闪点等。选用润滑油时,通常以黏度为主要指标,具体选用见表 2-9-2。

常用润滑油的主要性能与用途 表2-9-2

用途	牌号	运动黏度 v (mm²/s)		倾点(℃)	闪点(开口)(℃)	主要用途	说明
		40℃	100℃				
《L-AN 全损耗系统用油》(GB 443—89)(原机械油)	L-AN5	4.14~5.06	—	≤-5	≥80	轻载、老式、普通机械的全损耗润滑系统(包括一次润滑)	用精制矿物油制得,有时加入少量降凝剂。AN油的技术要求很低,不能用于循环润滑系统
	L-AN7	6.12~7.48			≥110		
	L-AN10	9.00~11.0			≥130		
	L-AN15	13.5~16.5			≥150		
	L-AN22	19.8~24.2					
	L-AN32	28.8~35.2					
	L-AN46	41.4~50.6			≥160		
	L-AN68	61.2~74.8					
	L-AN100	90.0~110			≥180		
	L-AN150	135~165					
《车轴油》(SH 0139—92)	L-AY23	30~40	—	≤-40	—	铁路货车滑动轴承	未精制矿物油、低倾点油
	L-AY44	66~81	—	≤-10			
《主轴轴承和有关离合器用油》(SH 0017—90)	L-FC2	1.98~2.42	—	-18~-6	—	主要用于主轴轴承和离合器,也可以用于轻载工业齿轮,液压系统和汽轮机	精制矿物油,抗氧防锈型
	L-FC3	2.88~3.52					
	L-FC5	4.74~5.06					
	L-FC7	6.12~7.48					
	L-FC10	9.00~11.0					
	L-FC15	13.5~16.5					
	L-FC22	19.8~24.2					
	L-FC32	28.8~35.2					
	L-FC46	41.4~50.6					
	L-FC68	61.2~74.8					
	L-FC100	90.0~110					
《L-LH 液压油》(GB 11118—89)	L-HL15	13.5~16.5	≥3.2	≤-9	≥155	适用于机床和其他设备的低压齿轮泵液压系统,也可以用于其他抗氧防锈型的机械设备(如轴承和齿轮等)	具有良好的抗氧防锈性能的矿物油型液压油,可以在循环液压系统内长期使用
	L-HL22	19.8~24.2	≥4.1		≥165		
	L-HL32	28.8~35.2	≥5.0	≤-6	≥175		
	L-HL46	41.4~50.6	≥6.1		≥185		
	L-HL68	61.2~74.8	≥7.8		≥195		
	L-HL100	90.0~110	≥9.9		≥205		

2. 润滑脂

润滑脂可以在相对运动表面形成完全分开的一层油膜。由于其属于半固体润滑剂,流动性很差,故无冷却作用。常用于要求不高、低速重载或仅作往复摆动形式的轴承结构的设计。润滑脂选用的一般原则如下:

(1)当压力高而转速较低时,选择锥入度较小的品种;反之,应选择锥入度较大的品种。

(2)所选用润滑脂滴点,应高于轴承的工作温度 20 ~ 30℃,以免工作时润滑脂流失过多。

(3)在潮湿及有水淋的环境下,应选用防水性的钙基或铅基润滑脂。在工作温度较高的轴承中,应选用钠基或复合钙基润滑脂。

表 2-9-3 列出了常用润滑脂的主要性能和用途,供选择时参考。

常用润滑脂的主要性能和用途　　表 2-9-3

名　称	牌　号	滴点(℃)不低于	锥入度	主要用途
《极压锂基润滑脂》(GB 7323—91)	0	170	355 ~ 385	具有良好的机械安定性、抗水性、防锈性、极压抗磨性,适用于温度范围为 -20℃ ~ 120℃,用于压延机、锻造机、减速机等高负荷机械设备及齿轮、轴承润滑,0、1号可用于集中润滑系统
	1		310 ~ 340	
	2		265 ~ 290	
《通用锂基润滑脂》(GB 7324—91)	1	170	310 ~ 340	具有良好的抗水性、机械安定性、防锈性与氧化安定性,适用于温度范围为 -20℃ ~ 120℃ 的各种机械设备的滚动轴承、滑动轴承及其他摩擦部位的润滑
	2	175	265 ~ 295	
	3	180	220 ~ 250	
《钙钠基润滑脂》(SH 0368—92)	ZGN - 1	120	250 ~ 290	工作温度范围为 80℃ ~ 110℃、有水分或较潮湿环境中工作的机械润滑,多用于铁路机机车、列车、小电动机、发电机滚动轴承(温度较者)润滑,不适合用于低温工作
	ZGN - 2	135	200 ~ 240	
《滚珠轴承脂》(SH 0368—92)	ZGN69 - 2	120	250 ~ 290 -40℃时为 30	用于机车、汽车、电动机及其他机械的滚动轴承润滑
工业凡士林(SH 0039—90)	—	54	—	当机械的工作温度不同、载荷不大时,可用作减摩润滑脂

(二)润滑方式

在选定润滑剂之后,还要选用恰当的润滑方式。滑动轴承的润滑方式可按下式求得的 k 值选取:

$$k = \sqrt{pv^3} \tag{2-9-1}$$

式中:p 为轴颈的平均压强,单位为 MPa;v 为轴颈的平均圆周速度,单位为 m/s。

当 $k \leqslant 2$ 时,若采用润滑脂润滑,则用旋盖式油杯手工加油,如图 2-9-8 所示;若采用润滑油润滑,则用如图 2-9-9 所示的压注油杯或如图 2-9-10 所示的旋套式注油油杯进行定期加油。当 $k > 2 \sim 16$ 时,用如图 2-9-11 所示的针阀式注油油杯或如图 2-9-12 所示的油芯式油杯进行滴油润滑。当 $k > 16 \sim 32$ 时,用如图 2-9-13 所示的油环带油方式,或采用飞溅、压力循环等连续供油方式进行润滑。当 $k > 32$ 时,则必须采用压力循环的供油方式进行润滑。

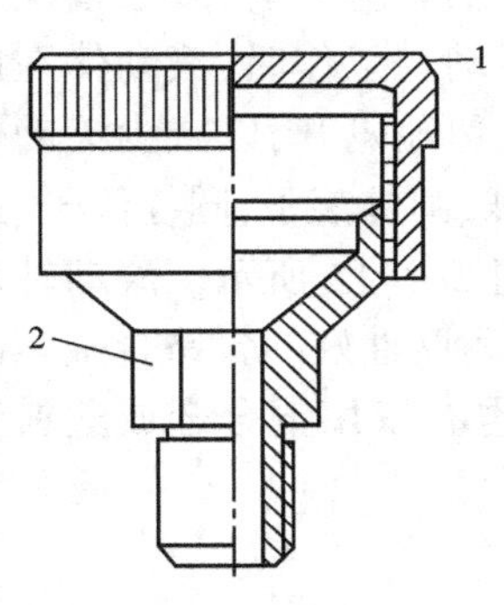

图 2-9-8 旋盖式油杯
1-杯盖;2-杯体

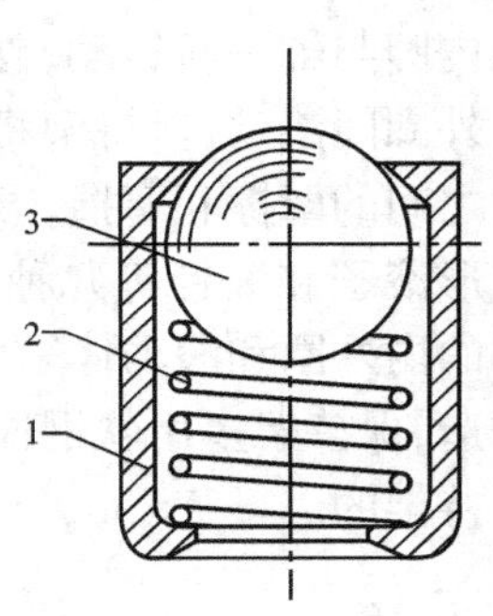

图 2-9-9 压注油杯
1-杯体;2-弹簧;3-钢球

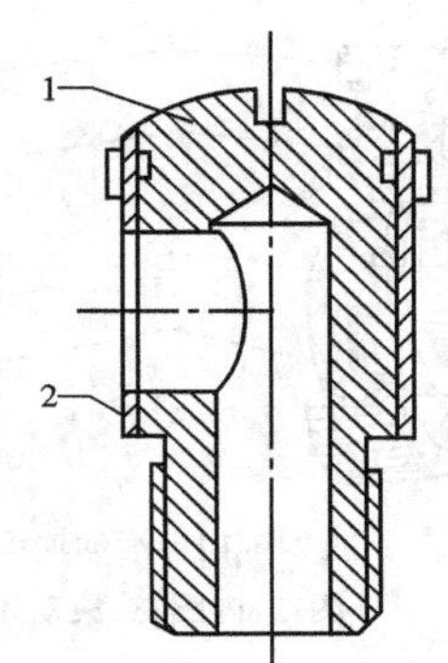

图 2-9-10 旋套式注油油杯
1-杯体;2-旋套

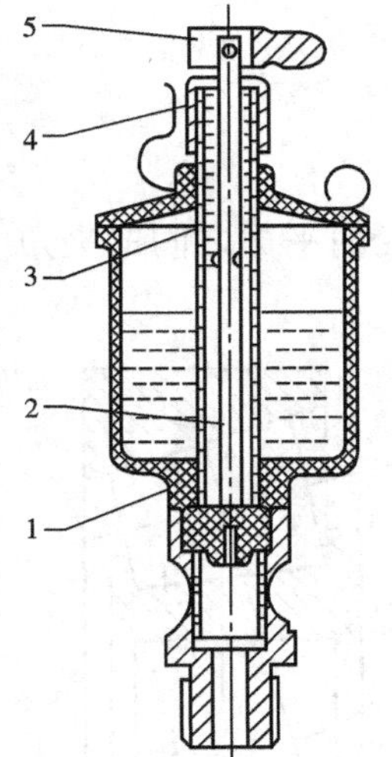

图 2-9-11 针阀式注油油杯
1-杯体;2-针阀;3-弹簧;
4-调节螺母;5-手柄

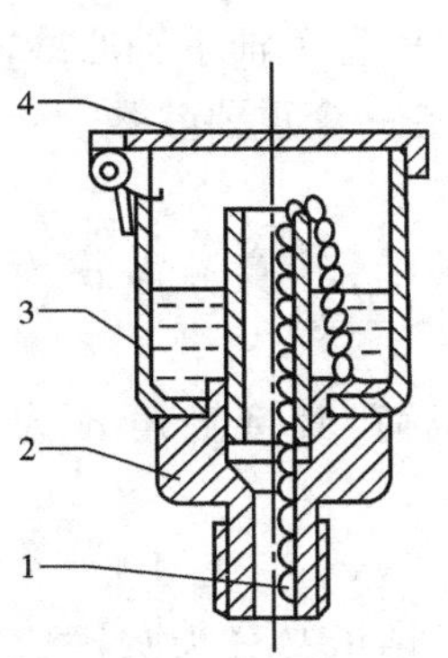

图 2-9-12 油芯式油杯
1-油芯;2-接头;
3-杯体;4-盖

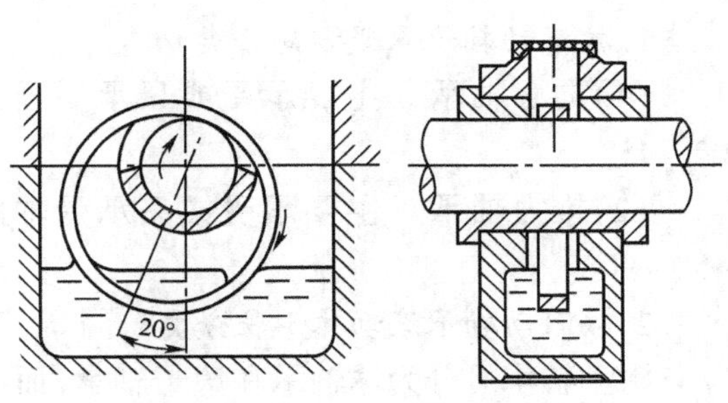

图 2-9-13 油环润滑

第三节　滚动轴承的主要类型、特点和代号

轴承是支承轴及轴上零件的重要零件,主要用来减轻轴与支承间的摩擦与磨损,并保持轴的回转精度和安装位置。根据轴承工作的摩擦性质,可分为滑动摩擦轴承(简称滑动轴承)和滚动摩擦轴承(简称滚动轴承)两类。滚动轴承具有摩擦系数小,已标准化,设计、使用、润滑、维护方便等一系列优点,在一般机械中广泛应用。但是在高速、高精度、重载、结构上要求采用剖分等场合下,宜采用滑动轴承。

一、滚动轴承的结构

滚动轴承的典型结构如图 2-9-14 所示,通常由外圈 1、内圈 2、滚动体 3 和保持架 4 组成。内圈装在轴颈上,外圈装在轴承座孔内,多数情况下内圈与轴一起转动,外圈保持不动。工作时,滚动体在内外圈间滚动,保持架将滚动体均匀地隔开,以减少滚动体之间的摩擦和磨损。滚动体有球、圆锥滚子、圆柱滚子、鼓形滚子和滚针等几种形状,如图 2-9-15 所示。滚动轴承的内外圈和滚动体采用强度高、耐磨性好的含铬合金钢制造,保持架多用软钢冲压而成,也有采用铜合金或塑料保持架的。

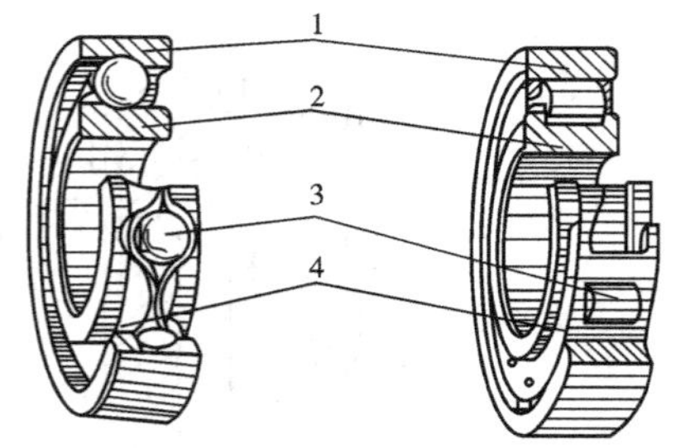

图 2-9-14　滚动轴承的构造

1-外圈;2-内圈;3-滚动体;4-保持架

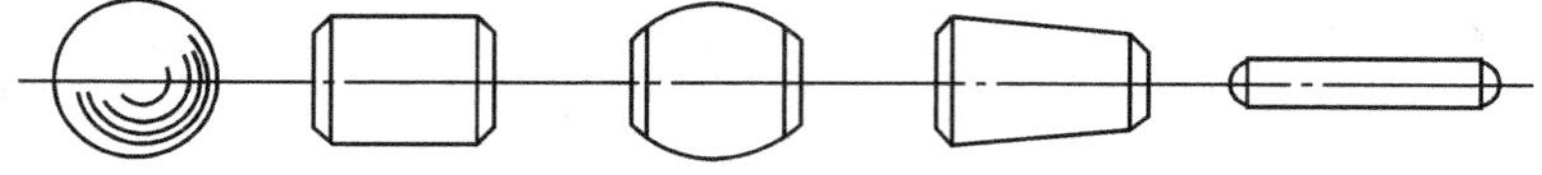
图 2-9-15　滚动体的种类

二、滚动轴承的类型及其应用

滚动轴承中,滚动体与外圈接触处的法线与垂直于轴承轴心线的径向平面之间的夹角 α 称为接触角,如图 2-9-16 所示,它是滚动轴承的一个重要参数。

1. 按滚动轴承承载方向分类

(1)向心轴承　主要承受或只承受径向载荷,其接触角 α 为 0°~45°。

(2)推力轴承　主要承受或只承受轴向载荷,其接触角 α 为 45°~90°。

2. 按滚动轴承滚动体形状分类

滚动轴承可分为球轴承和滚子轴承,而滚子轴承又分为圆锥滚子轴承、圆柱滚子轴承等。

3. 按滚动轴承工作时能否调心分类

滚动轴承可分为刚性轴承和调心轴承。

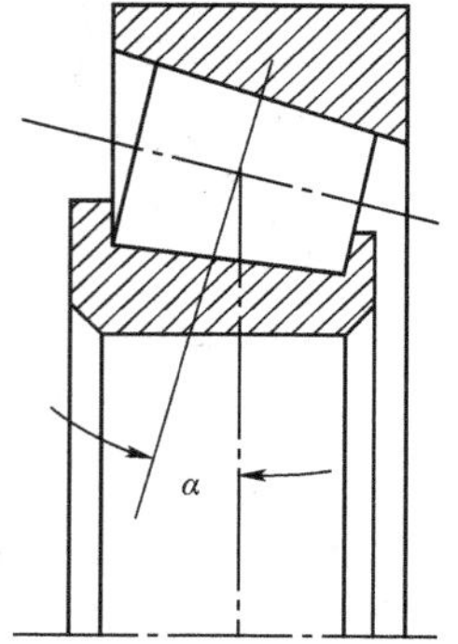

图 2-9-16　滚动轴承的接触角

常用滚动轴承的主要类型、尺寸系列代号及性能特点见表2-9-4。

常用滚动轴承的主要类型　　表2-9-4

轴承名称、类型及代号	结构简图	承载方向	限转速	允许角偏差	主要特征和应用
调心球轴承 1000	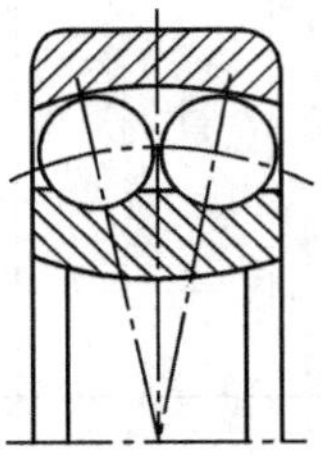		中	2°~3°	主要承受径向载荷，同时也能承受少量的轴向载荷。因为外圈滚道表面是以轴承中点为中心的球面，故能调心
调心滚子轴承 20000C	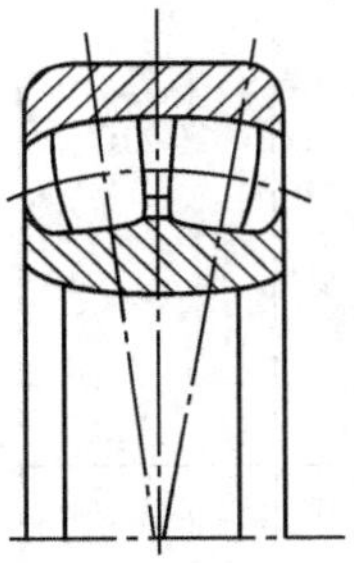		低	0.5°~2°	能承受很大的径向载荷和少量轴向载荷，承载能力大，具有调心性能
圆锥滚子轴承 30000	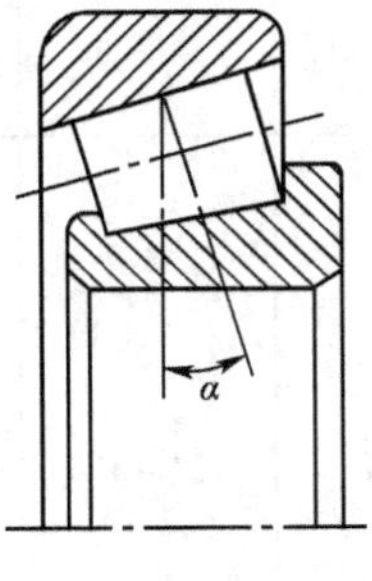 α	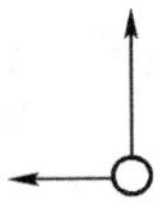	中	2′	能同时承受较大的径向、轴向联合载荷，因系线接触，承载能力大于"7"类轴承。内外圈可分离，装拆方便，成对使用
推力球轴承 50000	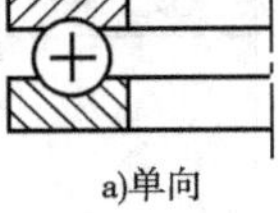 a)单向 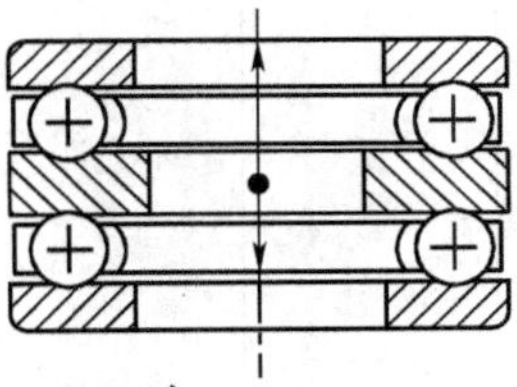 b)双向		低	不允许	α=90°，只能承受轴向载荷，而且载荷作用线必须与轴线相重合，不允许有角偏差。有两种类型：单向—承受单向推力；双向—承受双向推力。高速时，因滚动体离心力大，球与保持架摩擦发热严重，寿命较低，可用于轴向载荷大、转速不高之处

续上表

轴承名称、类型及代号	结构简图	承载方向	限转速	允许角偏差	主要特征和应用
深沟球轴承 60000	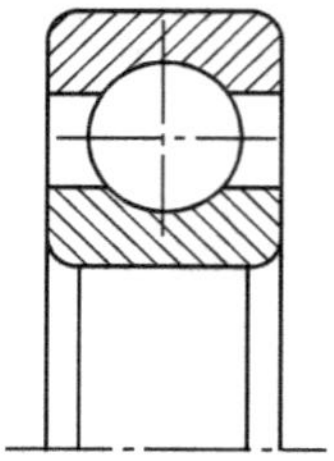	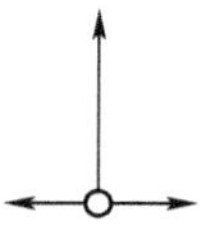	高	8′~16′	主要承受径向载荷,同时也可承受一定量的轴向载荷。当转速很高而轴向载荷不太大时,可代替推力球轴承承受纯轴向载荷。当承受纯径向载荷时,$\alpha=0°$
角接触球轴承 70000C ($\alpha=15°$) 70000AC ($\alpha=25°$) 70000B ($\alpha=40°$)	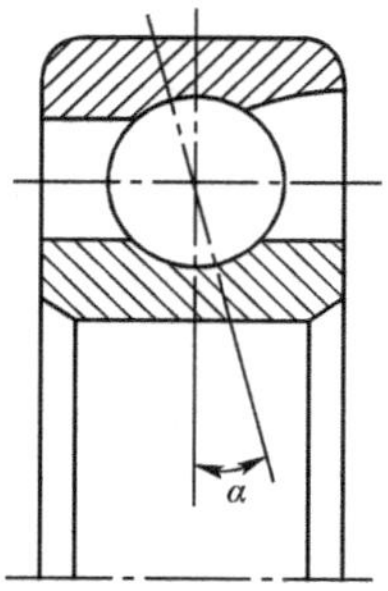 α	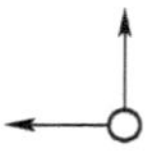	较高	2′~10′	能同时承受径向、轴向联合载荷,公称接触角越大,轴向承载能力也越大。公称接触角 α 有 15°、25°、40°三种。通常成对使用,可以分装于两个支点或同装于一个支点上
推力圆柱滚子轴承 80000	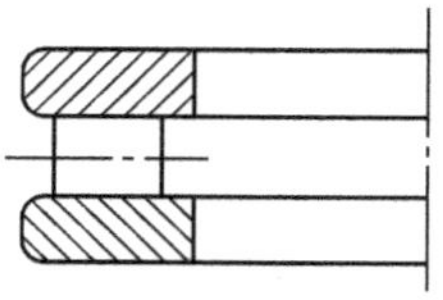		低	不允许	能承受很大的轴向载荷
圆柱滚子轴承 N0000	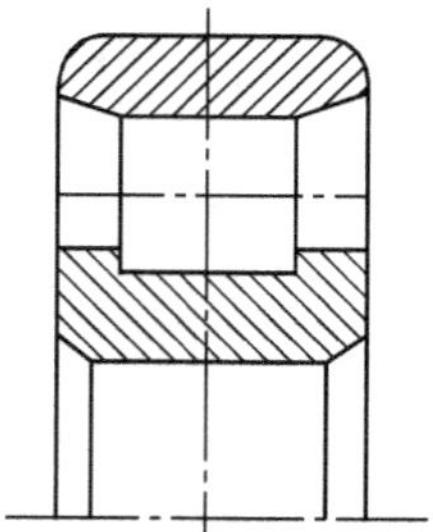		较高	2′~4′	能承受较大的径向载荷,不能承受轴向载荷。因系线接触,内外圈只允许有极小的相对偏转。除左图所示外圈无挡边(N)结构外,还有内圈无挡边(NU)、外圈单挡边(NF)、内圈单挡边(NJ)等结构形式
滚针轴承 a)NA0000; b)RNA0000	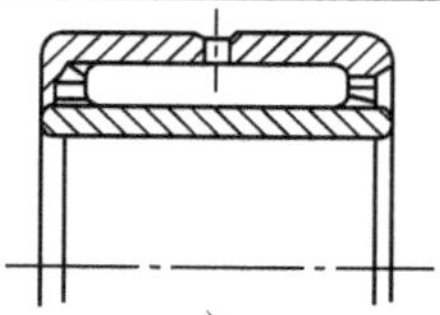 a) 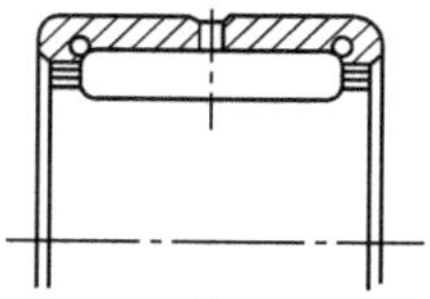 b)		低	不允许	只能承受径向载荷,承载能力大,径向尺寸特小。一般无保持架,因而滚针间有摩擦,轴承极限转速低。这类轴承不允许有角偏差。左图结构特点是:有保持架,图 a)带内圈,图 b)不带内圈

三、滚动轴承的代号

滚动轴承的类型很多，而各类轴承又有不同的结构、尺寸、公差等级和技术要求，为了便于生产和使用，我国规定了滚动轴承的代号，滚动轴承的代号由基本代号、前置代号和后置代号构成，其排列顺序见表2-9-5。

滚动轴承代号的构成　表2-9-5

前置代号	基本代号				后置代号
□ 成套轴承分部件代号	× □ 类型代号	× 尺寸系列代号 宽(高)度系列代号	× 尺寸系列代号 直径系列代号	× × 内径代号	□或加× 内部结构改变、公差等级及其他

1. 基本代号

滚动轴承的基本代号由三部分构成，表示轴承的基本类型、结构和尺寸。按国家标准规定生产的滚动轴承的基本代号，由轴承类型代号、尺寸系列代号和内径代号构成。

(1)内径代号　用自右至左第1、2位数字表示，表示方法见表2-9-6。

常用轴承的内径代号　表2-9-6

内径代号	00	01	02	03	04～99
轴承内径尺寸(mm)	10	12	15	17	数字×5

(2)直径系列代号　即结构相同、内径相同的轴承在外径和宽度方面的变化系列，用右起第3位数字表示。直径系列代号见表2-9-7。各系列之间的尺寸对比如图2-9-17所示。

向心轴承和推力轴承的常用尺寸系列代号　表2-9-7

直径系列代号		向心轴承			推力轴承	
		宽度系列代号			高度系列代号	
		(0)	1	2	1	2
		窄	正常	宽	正常	
		尺寸系列代号				
0	特轻	(0)0	10	20	10	—
1		(0)1	11	21	11	
2	轻	(0)2	12	22	12	22
3	中	(0)3	13	23	13	23
4	重	(0)4	—	24	14	24

(3)宽(高)度系列　即结构、内径和直径都相等的轴承，在宽度方面的变化系列，用右起第4位数字表示。向心轴承和推力轴承的宽度系列代号见表2-9-7。宽度系列为0系列

时,多数轴承此代号不标出(调心滚子轴承、圆锥滚子轴承除外)。

(4)类型代号 轴承类型代号用数字或字母表示,见表2-9-4。圆柱滚子轴承、滚针轴承分别用 N、NA 表示,其余都为数字表示。用字母表示时,类型代号与右边的数字代号之间空半个汉字的宽度。

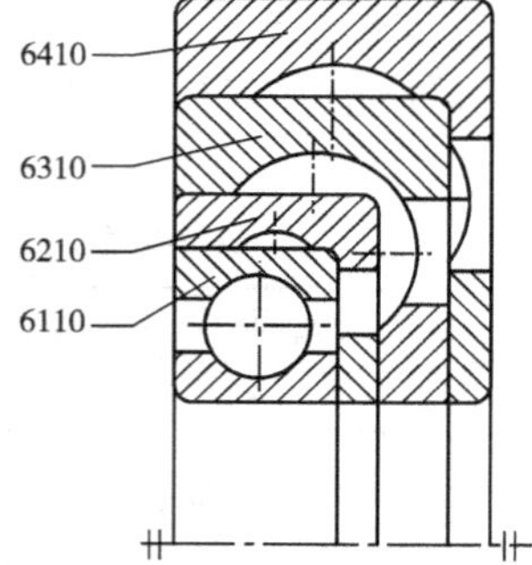

图 2-9-17 直径系列对比

2. 前置、后置代号

前置、后置代号是轴承在结构形式、尺寸、公差、技术要求等有改变时,在其基本代号前后添加的补充代号。

(1)前置代号 前置代号用字母表示,如圆柱滚子轴承代号 LN207 中的 L 表示可分离轴承的内圈或外圈。

(2)后置代号 后置代号用字母和数字表示轴承的结构、公差及材料的特殊要求等内容,与左边的基本代号空半个汉字(代号中有"—"、"/"符号的除外)。后置代号中部分轴承内部结构的代号见表 2-9-8。

部分轴承内部结构的代号 表 2-9-8

轴承类型	代号	含义	示例
角接触球轴承	B	$\alpha=40°$	7210B
	C	$\alpha=15°$	7005C
	AC	$\alpha=25°$	7210AC
圆锥滚子轴承	B	接触角 α 加大	32310B
—	E	加强型	N207E

第四节 滚动轴承的组合设计

一、滚动轴承的支承结构

通常,一根轴需要两个支点,每个支点由一个或两个轴承组成。滚动轴承的支承结构应考虑轴在机器中的正确位置,防止轴向窜动及轴受热伸长后布置将轴卡死等因素。滚动轴承的支承结构可分为以下三类。

1. 两端单向固定

如图 2-9-18 和图 2-9-19 所示,两个支点中每个支点各限制一个方向的轴向移动,从而限制了轴的双向移动。对于有轴向力和轴的跨距较短($L<350$mm)时,可采用这种固定形式。为了补偿轴的受热伸长,在一个轴承外圈与轴承盖之间应留有一定的间隙 C(图 2-9-18),通常取 $C=(0.25\sim0.5)$mm。采用角接触轴承时,间隙 C 和轴承游隙的大小可用调整垫片或调整螺钉等方法调节,如图 2-9-19 所示,其值可查手册。

2. 一端双向固定、一端游动

如图 2-9-20a)所示,左端支点限制轴的双向移动,为固定端;右端支承的外圈可以在机座孔内沿轴向游动,为游动端。当轴的跨距较大($L>350$mm)或工作温度较高($t>70$℃)时,轴的伸缩量大,可采用这种支承形式。采用一端固定、一端游动的支承形式时,其游动端轴承的外圈与座孔应采用较松的配合,轴承外圈端面与轴承盖端面之间应有较大的间隙(一般为 3 ~ 8mm)，以满足轴向移动的需求。选用圆柱滚子轴承作为游动支承时(图 2-9-20b)可依靠轴承本身具有内外圈可分离的特性达到游动的目的。

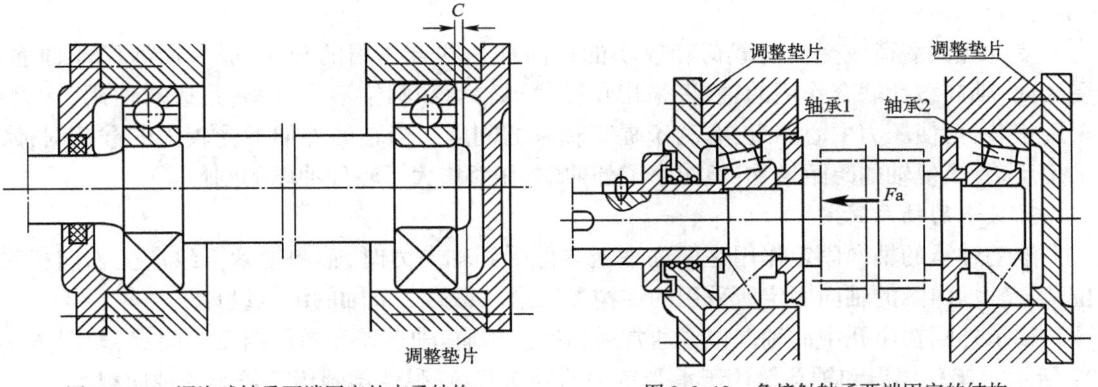

图 2-9-18 深沟球轴承两端固定的支承结构

图 2-9-19 角接触轴承两端固定的结构

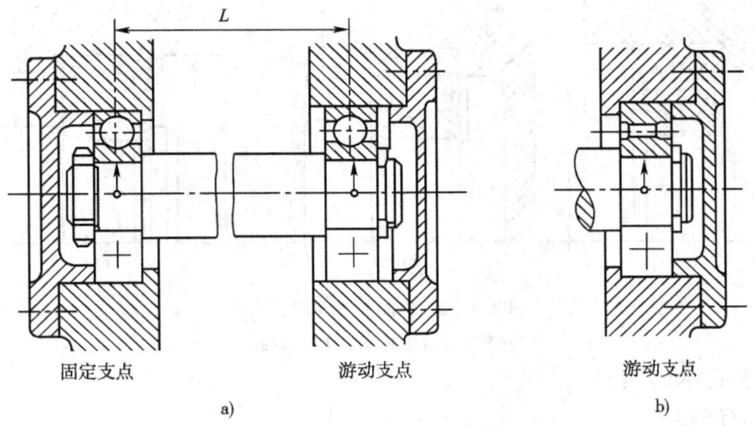

图 2-9-20 一端固定、一端游动的支承形式

3. 两端游动

图 2-9-21 所示的小齿轮轴的轴承为两端游动式支承。两支点均无轴向约束，两支点均采用圆柱滚子轴承。该轴系的轴向位置由低速轴限制，高速轴系可双向轴向移动，以保证人字齿轮的正确啮合。

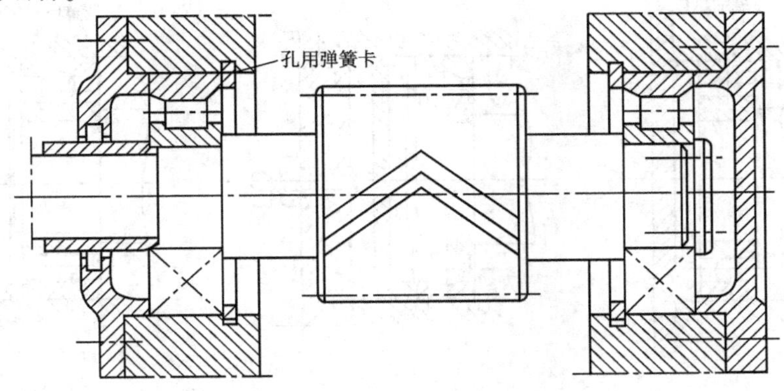

图 2-9-21 两端游动支承

二、轴承的组合及调整

1. 轴承的配备

受纯径向载荷或受径向载荷和较小的轴向载荷联合作用的轴,一般采用深沟球轴承。受径向、轴向载荷联合作用的轴,多采用角接触球轴承和圆锥滚子轴承,且成对使用。一般采用正装,可使压力中心靠近,有利于提高轴系的刚度。当轴的外伸端受较大的载荷时,常采用反装,虽使轴的跨距增加,但减小了外伸端,相对增大了轴外伸端的刚性。

2. 轴承的轴向固定

滚动轴承的轴向固定作用是保证轴上零件受到轴向力时,轴和轴承不致产生轴向相对位移。轴承内圈的轴向固定所采用的结构参见第八章第二节轴的结构设计。

轴承外圈在座孔中的轴向位置通常采用座孔挡肩、轴承盖和弹性挡圈等固定,如图 2-9-22 所示。座孔挡肩和轴承盖用于承受较大的轴向载荷,弹性挡圈用于较小的轴向载荷。

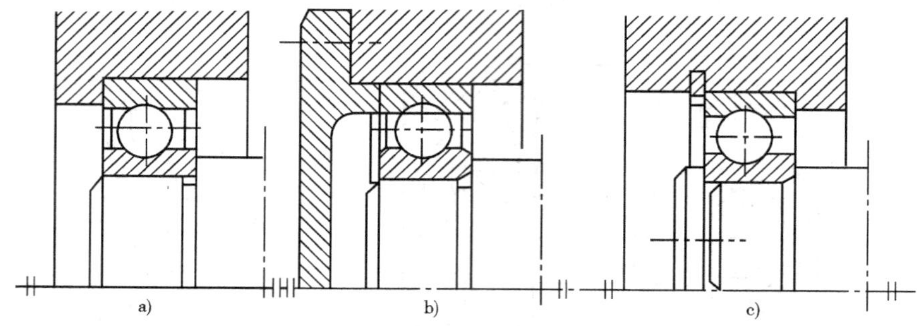

图 2-9-22 外圈的轴向固定装置

a)挡肩;b)轴承盖;c)弹性挡圈

3. 滚动轴承支承的调整

1)轴承间隙调整

轴承在装配时一定要留有适当的间隙,以利于轴承的正常运转。常用的调整方法有:垫片调整、螺钉调整及调整环调整。如图 2-9-23a)所示增减轴承端盖与机座结合面之间的垫片厚度进行调整;图 2-9-23b)所示用螺钉调节可调压盖的轴向位置;图 2-9-23c)所示增减轴承端面和压盖间的调整环的厚度进行调整。

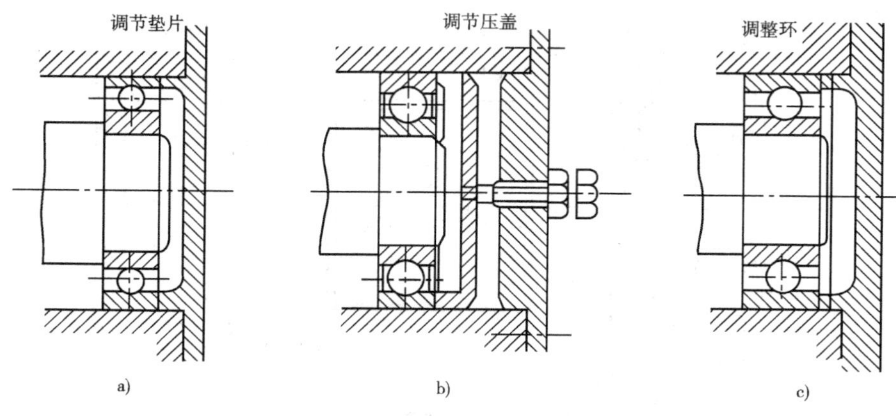

图 2-9-23 轴向间隙调整

2)轴系位置调整

在某些机器中,轴上零件需要准确的轴向位置,这可以通过调整移动轴承的轴向位置而达到。如图 2-9-24 所示,一圆锥齿轮轴轴承组合利用调整垫片来补偿圆锥齿轮传动的锥顶点不重合误差,为了保证便于调整到最好的啮合传动位置,将轴承装在套筒中,用改变垫片厚度的方法调整套筒位置,以达到调整锥齿轮的传动位置的目的。端盖和套杯间的另一组垫片则用来调整轴承的游隙。

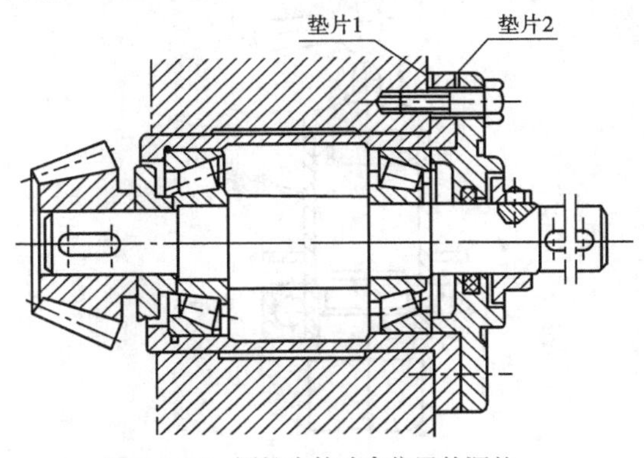

图 2-9-24 圆锥齿轮啮合位置的调整

三、轴承的预紧与拆装

1. 预紧

轴承的预紧是在安装时使轴承受到一定的轴向力,以消除轴承内部游隙,并使滚动体和内外圈之间产生一定的预变形。其目的是为了增加支承的刚性,使轴运转时径向和轴向摆动量减小,提高轴承的旋转精度,减少振动和噪声。预紧力要适当,过小达不到目的、过大影响轴承寿命。预紧的方法有加金属垫片、磨窄套圈及分别安装长度不同的套筒等,如图 2-9-25所示。

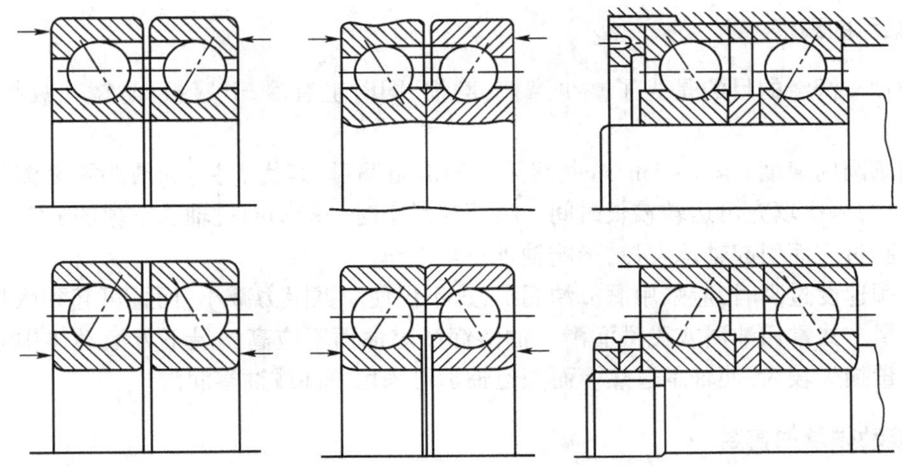
图 2-9-25 角接触轴承的预紧方法

2. 拆装

对轴承进行组合设计时,必须考虑轴承的装拆。轴承的安装、拆卸方法,应根据轴承的结构、尺寸及配合性质来决定。安装与拆卸轴承的作用力应直接加在紧配合套圈端面上,不允许通过滚动体传递装拆压力,以免在轴承工作表面出现压痕,影响其正常工作。轴承内圈通常与轴颈配合较紧,对于小型轴承一般可用压力法,直接将轴承的内圈压入轴颈,如图 2-9-26所示用手捶安装。

对于尺寸较大的轴承,可先将轴承放在 80 ~ 100℃ 的热油中预热,然后进行安装。拆卸轴承一般可用压力机或拆卸工具(图 2-9-27)。为拆卸方便,设计时应留拆卸高度,或在轴肩上预先开槽,以便安装拆卸工具,使钩爪能钩住内圈。

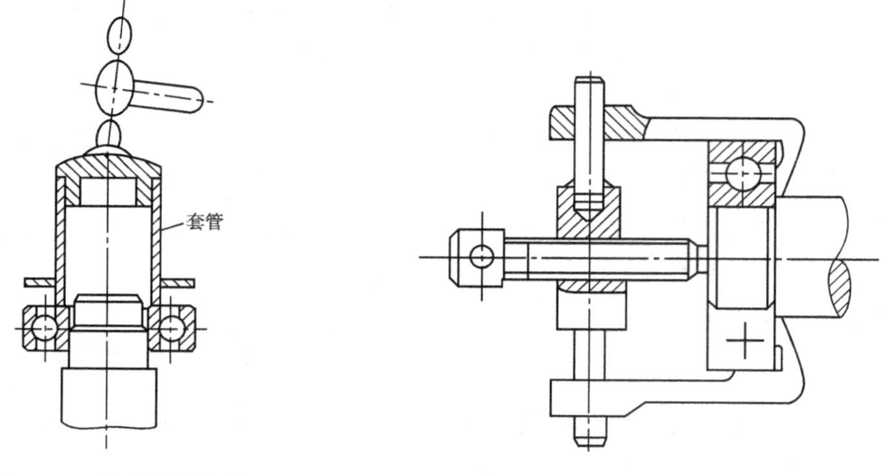

图 2-9-26　滚动轴承的安装　　图 2-9-27　滚动轴承的拆卸

第五节　滚动轴承的润滑及密封装置

一、轴承的润滑

滚动轴承润滑的目的是为了减少摩擦、磨损,同时也有冷却、吸振、防锈和减小噪声的作用。

当轴颈圆周速度 $v<4\sim5\mathrm{m/s}$ 时,可采用润滑脂润滑,其优点为:润滑脂不易流失,便于密封和维护,一次填充可运转较长时间。装填润滑脂时一般不超过轴承空隙的 1/3 ~ 1/2,以免因润滑脂过多而引起轴承发热,影响轴承正常工作。

当轴颈速度过高时,应采用润滑油润滑,这不仅使摩擦阻力减小,而且可起到散热、冷却作用。润滑方式常用油浴或飞溅润滑。油浴润滑时油面不应高于最下方滚动体中心,以免因搅油能量损失较大,使轴承过热。而高速轴承可采用喷油或油雾润滑。

二、滚动轴承的密封

轴承的密封是为了阻止灰尘、水分等杂物进入轴承,同时也为了防止润滑剂的流失。密封方法的选择与润滑剂种类、工作环境、温度、密封处的圆周速度等有关。密封方法分接触式和非接触式两类。

1. 接触式密封

接触式密封常用的有毛毡圈密封和密封圈密封。图 2-9-28 所示毛毡圈密封,在轴承端盖上的梯形断面槽内装入毛毡圈,使其与轴在接触处径向压紧达到密封,密封处轴颈的速度 $v\leq4\sim5\mathrm{m/s}$;图 2-9-29 所示密封圈密封,密封圈由耐油橡胶或皮革制成,安装时密封唇应朝向密封的部位,密封效果比毛毡圈好,密封处轴颈的速度 $v\leq7\mathrm{m/s}$。接触式密封要求轴颈接触部分表面粗糙度 $R_a<1.6\sim0.8$。

2. 非接触式密封

非接触式密封常用有油沟密封(图 2-9-30),在油沟内填充润滑脂,端盖与轴颈的间隙约为0.1～0.3mm。油沟密封结构简单,适用于轴颈速度 $v \leqslant 5 \sim 6$m/s。

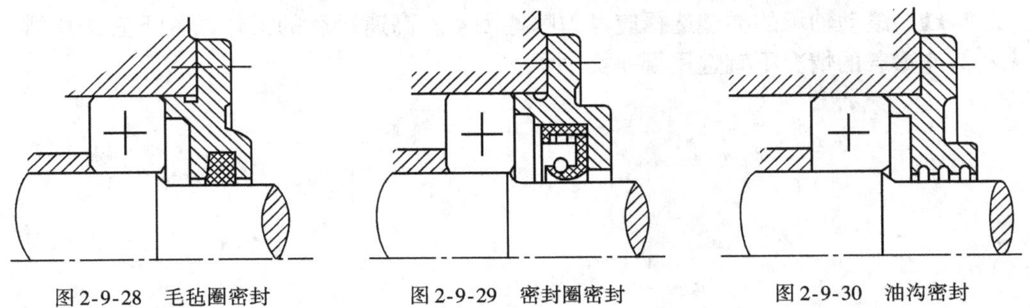

图 2-9-28 毛毡圈密封　　图 2-9-29 密封圈密封　　图 2-9-30 油沟密封

此外,还有迷宫式密封,如图 2-9-31 所示。这种密封为静件与转动件之间有几道弯曲的隙缝,隙缝宽度为0.2～0.5mm,缝中填满润滑脂。迷宫式密封可用于高速场合。

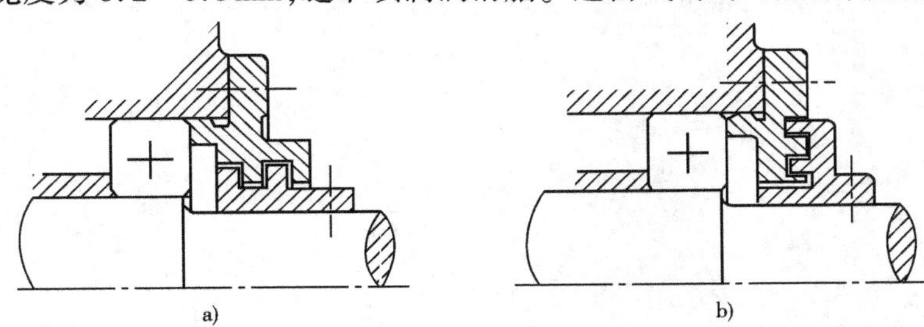

a)　　b)

图 2-9-31 迷宫式密封

a)轴向式(只用于剖分结构);b)径向式

习　题

2-9-1 根据润滑状态不同,滑动轴承可分为哪几种类型?它们各有何特点?

2-9-2 为什么对重要的滑动轴承轴瓦的内表面敷以瓦衬?互衬起什么作用?

2-9-3 轴瓦的材料有哪些?应满足哪些基本要求?

2-9-4 在滑动轴承的轴瓦上为什么要开油沟?其形式有哪几种?应开在轴瓦的什么位置上?

2-9-5 滑动轴承润滑的目的是什么?常用的润滑剂有哪些?

2-9-6 深沟球轴承、圆柱滚子轴承、角接触轴承、圆锥滚子轴承和推力球轴承在结构上有何不同?它们分别能承受何种载荷?

2-9-7 为什么角接触轴承和自动调心轴承常成对使用?

2-9-8 试述下列轴承的类型、内径尺寸、公差等级和结构特点:6210,N211,7206C,7206AC/P4,30312,51307。

2-9-9 试比较6008、6208、6308、6408轴承的内径、外径、宽度、基本额定动载荷,并说明直径系列代号的意义。

2-9-10 轴承常用的密封装置有哪些?各适用于什么场合?

2-9-11 滚动轴承的类型选择应考虑哪些因素?高速轻载的工作条件下宜选用哪一类轴承?低速重载的情况下宜选用哪一类轴承?

参考文献

[1] 金铮.工程力学[M].南京:东南大学出版社,2010.
[2] 金铮.工程力学习题与解答集[M].南京:东南大学出版社,2010.
[3] 昊绍莲.工程力学[M].北京:机械工业出版社,2002.
[4] 吴建生.工程力学[M].北京:机械工业出版社,2003.
[5] 李龙堂.工程力学[M].北京:机械工业出版社,1993.
[6] 王崇革,付彦坤,戴葆青.工程力学教程[M].北京:航空航天大学出版社,2004.
[7] 张功学.理论力学[M].西安:西安电子科技大学出版社,2008.
[8] 王月梅.理论力学[M].北京:机械工业出版社,2004.
[9] 韦林.理论力学习题精选精解[M].浙江:同济大学出版社,2003.
[10] 张洪霞,张玉贤.理论力学[M].哈尔滨:哈尔滨工业大学出版社,2007.
[11] 史艺农,王美蓉.工程力学[M].西安:西安电子科技大学出版社,2006.
[12] 黄孟生,赵引.工程力学[M].北京:清华大学出版社,2006.
[13] 瞿芳.工程机械基础[M].哈尔滨:哈尔滨工程大学出版社,2008.
[14] 哈尔滨工业大学理论力学教研组编.理论力学[M].7 版.北京:高等教育出版社,2009.
[15] 刘鸿文.材料力学[M].4 版.北京:高等教育出版社,2004.
[16] 北京科技大学,东北大学合编.工程大学(静力学、运动学和动力学、材较力学)[M].北京:高等教育出版社,1997.
[17] 赵诒枢.工程力学习题全解[M].武汉:华中科技大学出版社,2008.
[18] 郭祖平.轮机工程基础[M].大连:大连海事大学出版社,2000.
[19] 郭红星,宋敏.机械设计基础[M].西安:西安电子科技大学,2006.
[20] 马永林.机械原理[M].北京:高等教育出版社,1992.
[21] 王俊山.机械基础[M].北京:科学出版社,2004.
[22] 李卫平.机械基础[M].北京:机械工业出版社,2004.
[23] 范思冲.机械基础[M].2 版.北京:机械工业出版社,2005.
[24] 季明善.机械设计基础[M].北京:高等教育出版社,2005.